石化栋梁 时代先锋

让工匠精神在辽石化大璀璨夺目

钱建华 著

中国石化出版社
·北京·

图书在版编目（CIP）数据

石化栋梁 时代先锋 / 钱建华著．—北京：中国石化出版社，2024.3
ISBN 978－7－5114－7447－6

Ⅰ.①石… Ⅱ.①钱… Ⅲ.①石油化工企业－先进工作者－先进事迹－中国－现代 Ⅳ.①K828.1

中国国家版本馆 CIP 数据核字（2024）第 053108 号

中国石化出版社出版发行
地址：北京市东城区安定门外大街 58 号
邮编：100011 电话：(010)57512500
发行部电话：(010)57512575
http://www.sinopec-press.com
E-mail：press@sinopec.com
北京艾普海德印刷有限公司印刷
全国各地新华书店经销
*
710 毫米×1000 毫米 16 开本 20.75 印张 336 千字
2024 年 3 月第 1 版 2024 年 3 月第 1 次印刷
定价：82.00 元

前　言

让工匠精神在辽石化大璀璨夺目

习近平总书记指出："要大力弘扬劳模精神、劳动精神、工匠精神，发挥好劳模工匠示范引领作用，激励广大职工在辛勤劳动、诚实劳动、创造性劳动中成就梦想。"工匠精神源于"工"这一古老的职业。《周礼·冬官考工记》记载："知者创物，巧者述之，守之世，谓之工。""工"的职责就是造物，精湛的技艺是工匠的立足之本。庖丁解牛、鬼斧神工、炉火纯青等成语，都是对工匠技艺的形象表达。

一、工匠精神体现着马克思主义劳动观

马克思指出："整个所谓世界历史不外是人通过人的劳动而诞生的过程，是自然界对人来说的生成过程。"在我国社会主义现代化建设进程中，中国共产党人丰富和发展了马克思主义劳动观。党的十九大报告提出："建设知识型、技能型、创新型劳动者大军，弘扬劳模精神和工匠精神，营造劳动光荣的社会风尚和精益求精的敬业风气。"党的二十大报告提出："坚持尊重劳动、尊重知识、尊重人才、尊重创造。"习近平总书记在全国劳动模范和先进工作者表彰大会上指出："在长期实践中，我们培育形成了爱岗敬业、争创一流、艰苦奋斗、勇于创新、淡泊名利、甘于奉献的劳模精神，崇尚劳动、热爱劳动、辛勤劳动、诚实劳动的劳动精神，执着专注、精益求精、一丝不苟、追求卓越的工匠精神。"劳模精神、劳动精神、工匠精神是以爱国主义为核心的民族精神和以改革创新为核心的时代精神的生动体现，是中国共产党人精神谱系的重要组成部分，是鼓舞全党全国各族人民风雨无阻、勇敢前进的强大精神动力。

二、在高校教育中融入工匠精神具有重要意义

工匠精神作为一种注重精细工艺、追求卓越品质的态度和价值观，具有重要的启示意义。高校教育是社会发展的重要组成部分，不仅是知识的传承和创新的源泉，还承担着培养人才、促进社会进步和创新发展的重要使命。当前高校教育面临着一系列挑战，探索在高校教育中融入工匠精神，引领现代高等教育发展，对提升学生综合竞争力具有重要意义。

在高校教育中，工匠精神可以体现为教师对教学的热情和执着、学生对学习的专注和刻苦，以及学校对教育质量的不懈追求。工匠精神在高校教育中的意义在于提高教育质量、培养优秀人才、促进创新发展，强调了教育的价值追求，让高校教育更加注重个体成长和社会进步，而不仅仅是追求数量和效益。将工匠精神融入高校教育，需要从多个方面进行改革和创新。首先，高校需要建立激励机制，鼓励教师和学生追求卓越，重视教学和学习的过程，而不仅仅是结果。其次，高校教育应注重课程设置和教学方法的改进，鼓励学生参与实践和创新活动，培养他们的综合素质和创造力。此外，高校还需要加强师资队伍建设，提高教师的专业素养和职业道德，激发他们的教育热情。

三、我校在理论和实践教学过程中融入工匠精神

我校1950年创办于大连，是新中国第一所石油工业学校；1953年迁至抚顺办学，时名抚顺石油学校；1958年升格为抚顺石油学院；1970年更名为抚顺化工学院；1980年成立抚顺石油学院；2002年2月更名为辽宁石油化工大学。2007年，学校接受教育部本科教学工作水平评估并获优秀成绩。2010年3月，辽宁省人民政府与中国石油、中国石化、中国海油四方签署共建学校协议。“凡有石油处，就有抚油人。”建校74年来，我校传承发扬铁人精神、雷锋精神和工匠精神，孕育出“抚油精神”，培养了大批管理精英、技术骨干及各类应用型人才，成为石油石化行业人才培养的重要基地。

70多年来，我校始终紧紧围绕国家油气工业重大战略需求，着力解决油气工业领域的重大科技难题，培养石油石化企业急需的高素质人才，为石油石化工

业的发展做出了重要贡献，培养了13万余名高级石油石化专门人才，成为活跃在我国石油石化战线上的中坚力量。辽石化大，是一所底蕴深厚，有着光荣历史的高校；辽石化大，是一所特色鲜明，有情怀、有担当的高校；辽石化大，是一所为石油石化行业培养大国工匠的高校。

首先，充分利用第一课堂让学生传承并弘扬工匠精神。学校每年在新生的入学教育中都会融入工匠精神的教育；在大学生思想政治理论课、人文素质选修课及专业课的教学过程中也融入了工匠精神教育，让工匠精神进教材、进课堂、进学生头脑。各个专业在制订人才培养方案、教学大纲时，要将本专业、本行业的工匠精神贯穿其中，教师要专门讲授该行业特有的工匠精神形成的历史过程、具体内涵、外在表现、代表人物、经典案例等，让学生感受自己专业的魅力，使学生更加专注于专业知识学习，同时让学生自身的思维和言行更具职业特质。

其次，大力营造有利于培育学生工匠精神的校园文化氛围。我校在校园物质文化和精神文化建设中融入工匠精神元素，侧重于对大学生工匠精神的熏陶、培养，如举办优秀企业文化进校园、创业精英分享会、工匠精神大家谈等活动，促进优秀企业文化与校园文化的交汇互融，让学生在校园中就可以直接感受工匠精神的力量。在设计开展各种技能大赛时，尽量结合企业的实际生产需要和技术瓶颈，邀请企业高管、技术专家作为大赛评委，这样既可以宣扬企业文化、工匠精神，又使企业可以在大赛中物色选拔优秀人才，并借助高校的平台攻坚克难。

最后，强化实践体验，推进工匠精神培育的理论与实践相统一。我校有效扩大校企合作途径、合作领域，加强与重点知名企业联合建立实习实训基地、社会实践定点基地，强化学生实践体验，让学生在实际职业场景、职业标准、职业规范、职业原则中感悟专业品质和工匠精神的内涵。科学延伸工匠精神培育平台，组织参加挑战杯、创新创业设计大赛、职业技能大赛等第二课堂活动，推动学生在亲身实践中感受工匠精神之美，弘扬传承工匠精神。

本书通过"育：打造石化工匠，信：铸牢信仰之魂，爱：端正职业态度，实：练就过硬本领，韧：涵养精神气质，恒：明确奋斗目标，合：锤炼意志品质，新：秉承守正创新，精：致力追求极致"九个方面从理论和实践两个维度全方位系统解读工匠精神。从理论的维度，通过论述科学阐述工匠精神的丰富内涵：精益求精是敬业的职业品质，是当代工匠精神的本质内涵；一丝不苟是严谨的工作习惯，是当代工匠精神的重要内涵；追求卓越是开拓的创新思维，是当代工匠精神的核心内涵；追求卓越是开拓的创新思维，是当代工匠精神的核心内涵。阐述了工匠精神生成的理论逻辑，即：马克思主义劳动观是工匠精神形成的理论之源，中国共产党人的劳动观是工匠精神形成的理论之基。阐述了工匠精神生成的历史逻辑，即：技艺经验的传承是工匠精神的源头活水，行会制度的规约是工匠精神的外在推力，工业文化的发展是工匠精神的内生动力。从实践的维度，本书的每一章都结合主题详细介绍了我校建校70多年来涌现出的48名“石油石化的大国工匠”代表的先进事迹，他们用高度的责任和精湛的技艺，以匠人之心，铸大国重器，充分彰显了辽石化大毕业生的使命担当和崇高精神；他们用执着坚守铸就石油石化腾飞的臂膀，将忠诚热爱化为实业报国的力量；他们在平凡中坚守，凭着“一颗匠心”在祖国的油海闪耀发光。他们都拥有一个共同的闪光点——热爱本职，敬业奉献，凭借传承和钻研，靠着专注与磨砺，以匠心筑梦。他们仅是我校13万余毕业生的缩影，他们在平凡岗位上建功立业，他们的精彩人生很感人、很精彩，值得一读，更值得广泛宣传。

本书的撰写得到了我校党委宣传部雷冬海部长，马克思主义学院刘淑艳、刘志丹等17位老师的积极参与和大力支持，得到了我校党政办、宣传部、学生处、招生就业处、各二级学院等单位领导的支持，辽宁省雷锋研究会会长张仲国对本书进行了统筹和统稿，等等，在此一并表示衷心的感谢！

让我们一起努力共同讲好石油石化故事，讲好辽石化大故事，讲好石化栋梁、时代先锋故事，特别是在全社会讲好工匠故事、褒扬工匠情怀、涵养工匠文化，进一步营造劳动光荣的社会风尚和精益求精的敬业风气，激励各行各业技能人才创造活力竞相迸发、聪明才智充分涌流。

匠心聚，百业兴。秉持工匠精神，人人创新创优，撸起袖子加油干、驰而不息向前进，就一定能把强国建设、民族复兴宏伟蓝图一步步变为现实。

钱建华

2024年3月

Contents

目录

第一章　育：打造石化工匠 ······ 1

第一节　工匠与工匠精神 ······ 1

第二节　工匠精神与“抚油精神” ······ 12

第三节　弘扬工匠精神，培育石化行业大国名匠 ······ 22

第二章　信：铸牢信仰之魂 ······ 33

第一节　信仰坚定是工匠精神的灵魂 ······ 33

第二节　心中有党、对党忠诚，做坚守初心的信仰者 ······ 49

第三章　爱：端正职业态度 ······ 65

第一节　爱岗敬业是工匠精神的本质 ······ 65

第二节　恪尽职守、乐于奉献，做臻于至善的奋斗者 ······ 80

第四章　实：练就过硬本领 ······ 97

第一节　脚踏实地是工匠精神的精髓 ······ 97

第二节　业精于勤、脚踏实地，做厚积薄发的实干者 ······ 112

第五章　韧：涵养精神气质 ······ 135

第一节　执着坚韧是工匠精神的标志 ······ 135

第二节　克服困难、永不放弃，做锲而不舍的拓荒者 ······ 151

第六章　恒：明确奋斗目标 …………………………………… 169
　第一节　严谨专注是工匠精神的特质 ………………………… 169
　第二节　专心致志、持之以恒，做善作善成的攀登者 ……… 186

第七章　合：锤炼意志品质 …………………………………… 206
　第一节　职业素养是工匠精神的基石 ………………………… 206
　第二节　自律自信、协作共赢，做团结奋斗的合作者 ……… 222

第八章　新：秉承守正创新 …………………………………… 241
　第一节　守正创新是工匠精神的核心 ………………………… 241
　第二节　恪守正道、勇于超越，做锐意进取的开拓者 ……… 256

第九章　精：致力追求极致 …………………………………… 278
　第一节　精益求精是工匠精神的理念 ………………………… 278
　第二节　一丝不苟、千锤百炼，做追求卓越的先行者 ……… 298

第一章　育：打造石化工匠

第一节　工匠与工匠精神

在中华民族源远流长的历史中曾出现过无数能工巧匠，历史并未完全尘封工匠们创造的辉耀千秋的工匠文明，从商周青铜到明清竹刻，从宋代官窑到明式家具，我们都能从流传至今的各类精美器物中一睹那些能工巧匠身上所体现的精益求精、刻苦钻研、锲而不舍等专业精神。2022年4月27日，习近平总书记在致首届大国工匠创新交流大会的贺信中强调："我国工人阶级和广大劳动群众要大力弘扬劳模精神、劳动精神、工匠精神，适应当今世界科技革命和产业变革的需要，勤学苦练、深入钻研，勇于创新、敢为人先，不断提高技术技能水平，为推动高质量发展、实施制造强国战略、全面建设社会主义现代化国家贡献智慧和力量。"

一、工匠精神溯源

根据马克思主义政治经济学的解释，工匠诞生在以手工业出现为标志的第二次劳动大分工之后。在很长的历史时期内，工匠就是"手艺人"的代名词，指的是熟练掌握一门或数门手工技艺并赖以生存的人；在现代，则一般是指在厂房、工地或家庭作坊等生产一线担负制造职责、从事动手操作的工人或技师等，他们的使命在"造物"，灵魂在"能"和"巧"。

（一）工匠与工匠精神概念的发展

作为一个动态发展的概念，工匠精神的基本内涵同样具有时代性和历史性。

从词源学来看，工匠精神是一个源自传统的现代词汇，它的产生与发展同工匠这一特殊职业密不可分，从某种意义上讲，工匠精神就是对工匠所具有的精神内核的抽象。工匠这一职业最初产生于古代传统社会的手工业。据《周礼·冬官考工记》记载：“国有六职，百工与居一焉。”狭义的工匠是指从事手工业生产的劳动者，广义的工匠是指从事匠艺活动的人。理查德·桑内特（Richard Sennett）认为：“匠艺活动是一种持久的、基本的人性冲动，是为了把事情做好而把事情做好的欲望。”工匠群体经历了漫长的演变历程，由手工技术时代到机器生产时代再到智能信息化时代。在由传统到现代的发展过程中抽象出来的“工匠精神”，则演绎出不同的文化形态。

工匠精神在中国传统文化语境下强调尊师重道、道技合一，主张通过吃苦耐劳、耐心专注来达到物我一致的境界。早在《诗经·卫风·淇奥》中就有“如切如磋，如琢如磨”的佳句。《大学·中庸》对这一严谨专注的精神高度肯定，“如切如磋者，道学也；如琢如磨者，自修也。”朱熹在《四书章句集注·论语集注》中进一步提炼出它的核心特质，即“言治骨角者，既切之而复磋之；治玉石者，既琢之而复磨之，治之已精，而益求其精也”。这些对于工匠精神的阐释彰显了中国古代工匠对于技艺完美的全身心投入和对精益求精的追求。在西方语境下，工匠精神则更多强调循善至美、至善至美。在柏拉图看来，工匠的技艺以及对产品极致的追求都是为了在道德上追求完美与正义。“木匠做木匠的事，鞋匠做鞋匠的事，其他的人也都这样，各起各的天然作用，不起别种人的作用，这种正确的分工乃是正义的影子。”在亚里士多德看来，任何产品的完成过程都是对于善的追求过程。“对于一个吹笛手、一个木匠或任何一个匠师，总而言之，对任何一个有某种活动或实践的人来说，他们的善或出色就在于那种活动的完善。”在西方哲学的视域下，工匠技术的产生与运用是围绕真善美展开的，工匠精神更直接地表现为对作品的极致追求和对高尚人格的崇尚赞美。

（二）新时代工匠精神的形成理路

自2016年的政府工作报告公布以来，“工匠精神”多次在党和国家事业发展的重要论述中被提及，并且不断被赋予新内涵。工匠精神的新内涵发扬了中国古代工匠精神和工匠文化传统，融汇了马克思主义哲学的基本观点和中国革命精神，体现了新时代中国特色社会主义发展的新特点，回应了国际国内市场对中国工人和工匠工作的新要求，从而在文化传统的继承和创新中逐渐形成了新时代工匠精神。

2016年政府工作报告中提倡鼓励各类企业培育“精益求精”的“工匠精神”，这是为了促进当时国内经济发展转型并满足消费升级的需要，通过号召全社会追求科技创新、技术进步从而实现制造业的品质革命和国家经济增长。2016年4月26日习近平总书记在安徽主持座谈会时曾指出：“无论从事什么劳动，都要干一行、钻一行。在工厂车间，就要弘扬‘工匠精神’……”将工匠精神同中国特色社会主义劳动观的内在逻辑打通。由此可见，工匠精神的新提法和新要求，已经体现了中国特色社会主义在新时代发展的规律和特点，并显现出将弘扬工匠精神从工厂范围扩展到全社会范围的趋势。

2017年2月，中共中央全面深化改革领导小组审议通过《新时期产业工人队伍建设改革方案》，将工匠精神同劳动精神与劳模精神并列，以此来培育和引导产业工人敬业、奉献，形成一股积极向上的职工文化；2017年3月公布的政府工作报告中有“厚植工匠文化”的提法，从而使得“工匠文化”在社会各个层面得到广泛的认同和共鸣；2017年10月，在中国共产党第十九次代表大会的报告中又进一步提出了在全社会“弘扬劳模精神和工匠精神，营造劳动光荣的社会风尚和精益求精的敬业风气”的新要求，从而将工匠精神上升到推动社会主义现代化国家建设的国家意志层面上。

2018年4月30日，习近平总书记在给中国劳动关系学院劳模本科班的回信中指出，新时代劳动者应该具有艰苦奋斗、勇于创新、精益求精的“干劲”“闯劲”和“钻劲”，可见工匠精神作为中国共产党人革命精神和红色基因的具体体现，其内涵与伟大建党精神具有一致性和继承性。2018年5月28日，习近平总书记在中国科学院和中国工程院院士大会上发表讲话时曾要求广大知识分子、工程科技工作者和科学家们应该团结一心，要有工匠精神，努力工作以满足国家战略需求和社会民生需求，这意味着弘扬工匠精神不仅要在工人群体中展开，知识分子和科技工作者同样应该学习并具备工匠的精神品格。2018年9月10日，习近平总书记在全国教育大会上讲话时强调要引导学生热爱劳动、尊重劳动、崇尚劳动，认识到劳动的崇高性，从社会教育和形而上的维度解释了为什么要在学生群体中大力弘扬劳动精神、工匠精神。

习近平总书记于2019年8月20日在甘肃山丹培黎学校考察时和2021年4月

12日在全国职业教育大会讲话时，两次强调由于我国经济发展需要实体经济支撑，推动职业教育高质量发展、培养大量优秀的专业技术人才和大国工匠是必不可少的，从而强调了工匠精神的传承对国家培养人才、推动经济发展的支撑作用；2019年9月在表彰世界技能大赛获奖的我国选手时、2020年11月24日在全国劳模表彰大会上和2021年4月对职业教育工作作出的重要指示中，习近平总书记分别指出："激励广大青年走技能成才、技能报国之路。""在长期实践中我们培育形成了……执着专注、精益求精、一丝不苟的工匠精神。"以及要"弘扬工匠精神，提高技术技能人才社会地位……为实现中华民族伟大复兴中国梦提供有力人才和技能支撑。"将职业教育与职业技能和人才的培养、工匠精神的文化传统和新时代的新内涵以及中华民族伟大复兴中国梦的最终目标串联起来，形成了关于新时代工匠精神从起源到发展、从继承到新内涵、从理论到实践、从职业教育和职业精神到国家发展大计的完整论述。

通过整理近年来党和国家层面关于新时代工匠精神的论述可知，新时代工匠精神的形成不是一朝一夕、一蹴而就的，它本身经过了漫长的演变，拥有了适应中国特色社会主义发展的新内涵，被赋予了推动全面建设社会主义现代化国家的新使命。其总体的形成脉络具有高度的逻辑性，吸收了中国古代工匠文化的优良传统，闪烁着马克思主义和唯物辩证法的光辉，是中国共产党伟大实践和红色精神的延续。

二、新时代工匠精神的科学内涵

工匠精神是一种职业精神，它是职业道德、职业能力、职业品质的体现，是从业者的一种职业价值取向和行为表现。

（一）工匠精神的理论界定

从不同学科来看，工匠精神有着丰富的本质内涵。从哲学的角度来看，工匠精神属于一种在组织伦理规范下兼具审美价值取向和设计创造意识或科技意识。古今中外，工匠精神都是个人（组织）在职业传承、技能习得及从业态度方面职业意识和社会意识的综合体现。作为意识范畴的工匠精神对生产活动的重要作用主要表现在：对工匠的生产过程具有合目的的决定性，是工匠生产实践过程中的关键性环节，对人们的行为具有制约和规范作用，对社会存在具有巨大的反作用。正确认识社会意识与社会存在的关系，营造工匠精神兴盛的制度环境和文化土壤，克服错误的经营管理理念和从业意识，以重塑工匠精神，正是工匠精神作为先进社会意识留给我们的宝贵财富和对现实的有益启迪。

从管理学的角度来看，工匠精神首先体现了工匠作为理性经济人及社会人的个体角色意识或规范。作为理性经济人，工匠在制作产品或提供服务时的经济行为是理性的；作为社会人，工匠们都有自己的职业和情感归属，都具有社会性的需求，这种社会性的需求表现在人际关系和组织归属以及经济报酬上具有激励人的行为的作用。工匠精神既是个体在工作中所持有的特定工作价值观，反映了人们内心所坚信的那些值得为之奋斗的工作目标、行为偏好及行动准则；也体现了一种组织（企业）管理理念和管理行为，是个体或组织在追求目标最大化的过程中，投入持之以恒、探索锲而不舍、设计精雕细琢、制造品质卓越的精神。

从文化社会学的角度来看，工匠精神是一种文化现象和文化传承，工匠精神是人的价值观念在社会实践中对象化的过程和结果，包括外在的工匠产品以及对工匠内在心智和德行的塑造。前者表现为技术系统的器用层面，是工匠从事生产的物质生产方式和产品的总和，构成工匠精神的物质基础；后者表现在价值系统的观念层面，即工匠在社会实践和意识活动中形成的价值取向、审美情趣及思维方式，这些凝聚为工匠精神的文化内核。工匠精神是工匠智慧、价值观念和灵感的集中体现。"造物"技能是衡量和决定工匠专业技能水平的关键因素，任何优质产品的制造无不需要精雕细刻，当代高精尖产品更是复杂工序和细致分工的产物。

工匠精神是一个涉及精神、物质、态度、技能、价值观等多个方面的多学科交融的概念，既是抽象的，也是具象的；既可以是个体层面的，也可以是群体层面的。工匠精神同时也是历史的产物，有其特定的时空和条件属性。当代工匠精神虽然与传统工匠精神一脉相承，但是，随着科技进步和社会发展，工匠精神被赋予了新的时代内涵。其突出表现是：工匠精神的生发环境今非昔比；工匠精神已不限于生产制造领域，早已延伸到了设计研发、管理、服务等非物质生产领域。

（二）新时代工匠精神的基本内涵

新时代的工匠精神包括超越创新、协作共进、求真务实、爱岗敬业的精神特质。习近平总书记在全国劳动模范和先进工作者表彰大会上指出，在长期的实践中，我们培育形成了“执着专注、精益求精、一丝不苟、追求卓越的工匠精神”。新时代工匠精神的基本内涵是指执着专注的工作态度、精益求精的能力素养、一丝不苟的履职信念、追求卓越的创新精神。这些理论特质互为表里、相辅相成，集中体现了工匠对于职业、器物、劳动的热爱，与伟大创造精神、伟大奋斗精神、伟大团结精神、伟大梦想精神相契合，共同构成了新时代勇往直前的强大精神动力。

爱岗敬业是新时代工匠精神的本质，新时代工匠精神就是“爱岗敬业”，也就是干一行爱一行、爱一行专一行。首先，快乐地投入工作中。快乐是工作的最高境界，新时代工匠精神就提倡把自己对岗位工作的爱当作使命来对待，并全心全意地投入其中，就能找到其中的乐趣，当你完成工作或解决掉疑难杂症问题，这时工作就不是一种累赘，而是一种享受。其次，工作要有梦想。梦想具有神奇的能力，有了梦想，即使前方艰难险阻，也无法阻挡前进的脚步。工作不仅仅是谋生的手段，更应是追求梦想、实现人生价值的舞台。再次，对待工作心怀感恩。感恩施展才华的舞台，感恩是真善美的体现，也是新时代工匠精神所提倡的品质之一，怀着感恩的心态去工作，将会收获惊喜和成就感。最后，端正工作态度。新时代工匠精神是一种工作态度，以敬畏之心对待自己的本职工作，不敷衍、不应付，做到爱岗敬业、精益求精，良好的工作态度是做好工作的基础。

责任心是新时代工匠精神的核心。责任贯穿工匠精神的始终，它体现了基本的职业精神。新时代工匠精神是强烈责任感的体现，只有认真负责，才能做到精益求精。首先，时刻将责任牢记于心。工匠的责任心在于对自己的劳动高度负责，打造出一流的作品。其次，把认真作为工作的第一信条。新时代工匠精神本质上是一种认真负责的精神，不断追求作品的精致和完美。认真就是严格按照规则办事，具有高度的责任感和敬业精神；认真就是对自己负责，对自己的工作和前途负责。

精益求精是新时代工匠精神的理念。首先，精益求精注重细节。工匠精神是一种严谨的工作态度，无论从事什么工作，都要注重点滴积累，从细微入手，认认真真对待工作的每个细节。所谓“细节决定成败”“不积跬步，无以至千里；不积小流，无以成江海”，都是强调在工作中要注重细节，只有这样才能做到精益求精。其次，精益求精追求完美。工匠精神就是把事情做到最好，把技术做成艺术，工匠精神追求完美，工匠在劳作过程中匠心独具、追求极致，力求制作出最卓越的产品。

创新是新时代工匠精神的延伸。创新是精益求精的保障，也是工匠智慧和灵感的集中体现。创新是一个优秀工匠该有的理念和基本品质，唯有坚持创新，方可在竞争中立于不败之地，方可在百舸争流的浪潮中勇立潮头。首先，勤于学习，学会思考。不断学习积累知识是创新的基础和前提，用一种不断雕琢的心态和方式学习和工作，学好用好新技术。很多工匠做的虽是体力劳动，但也需要思考，勤于学习，这是不断工作创新的前提和基础。其次，巧中求新。"熟能生巧""巧夺天工"，工匠精神强调的"巧"不同于因循守旧、刻板规整，新时代工匠精神更强调不断创新与探索，强调别具一格的创造和创新，巧中求新，以更加合理精湛的工艺技术实现对更精致产品与服务的追求，所以说，创新是工匠精神的延伸。最后，独辟蹊径。新时代工匠精神不仅强调执着专注，更强调在执着专注中推陈出新。这需要不断拓展思维空间，走出就事论事模式，突破常规的思维和习惯的思维，换一种想法、多一条思路去解决问题。

新时代大国工匠要铸牢信仰之魂，信仰坚定是工匠精神的灵魂，心中有党、对党忠诚，做坚守初心的信仰者；端正职业态度，爱岗敬业是工匠精神的本质，恪尽职守、乐于奉献，做臻于至善的实干者；练就过硬本领，勤奋务实是工匠精神的精髓，业精于勤、脚踏实地，做厚积薄发的实干者；涵养精神气质，执着坚韧是工匠精神的标志，克服困难、永不放弃，做锲而不舍的拓荒者；明确奋斗目标，严谨专注是工匠精神的特质，专心致志、持之以恒，做善作善成的攀登者；锤炼意志品质，职业素养是工匠精神的基石，自律自信、协作共赢，做团结奋斗的合作者；秉承守正创新，守正创新是工匠精神的核心，恪守正道、勇于超越，做锐意进取的开拓者；致力追求极致，精益求精是工匠精神的理念，一丝不苟、千锤百炼，做追求卓越的先行者。

三、新时代工匠精神的实践途径

推进社会主义文化大发展大繁荣，建设社会主义文化强国，是党中央立足于中国特色社会主义事业发展全局，科学分析当前形势，深刻总结文化建设的历史经验所做出的重大战略决策。要实现建设社会主义文化强国的宏伟目标，我们当然要坚持马克思主义指导思想，坚持社会主义核心价值体系，坚持中国特色社会主义共同理想。但是，加强科学文化与工匠文化建设，弘扬科学精神与工匠精神，推进科学精神与工匠精神融合创新，让科学精神与工匠精神及其融合创新的理念融入社会主义文化之中，也是当前和今后一个时期实施文化强国战略、实现中国经济社会高质量发展不可忽视的一个方面。

（一）实现科学精神与工匠精神融合创新

深入挖掘中国传统文化中科学精神与工匠精神的共同基因。科学精神与工匠精神的共同源头是中国传统文化，推进科学精神与工匠精神融合创新，就要从优秀传统文化中汲取营养，从既往发展历史中总结经验，深入挖掘中国传统文化中科学精神与工匠精神的共同基因，推进传统文化中科学精神与工匠精神的创造性转化和创新性发展。如前所述，中国传统文化中的科学精神与工匠精神也有自己的缺陷，也有不适应当今时代发展的成分。这在客观上要求新时代科学精神与工匠精神融合创新，必须在深入挖掘中国传统文化中科学精神与工匠精神共同基因的同时，努力做好创造性转化和创新性发展工作。创造性转化和创新性发展是新时代我国文化建设的重要方针，也是推进科学精神与工匠精神融合创新的基本遵循。在中国特色社会主义新时代条件下，推进科学精神与工匠精神融合创新，就要在优秀传统文化中寻找和挖掘科学精神与工匠精神的共同基因，推进传统文化中科学精神与工匠精神的创造性转化和创新性发展；就要厚植科学文化与工匠文化，强化科学精神与工匠精神的中国价值，凝聚科学精神与工匠精神融合创新的社会共识，积极营造科学精神与工匠精神融合创新的社会文化氛围。

切实把科学精神与工匠精神融合创新纳入文化强国建设系统工程。文化强国战略的提出，是我们党准确把握时代和形势发展变化、积极回应各族人民精神文化生活需要作出的重大战略决策。在这种大背景下，厚植科学文化与工匠文化，弘扬科学精神与工匠精神，推进科学精神与工匠精神融合创新，就要在适应社会主义文化强国建设的需要上发力，切实把科学精神与工匠精神融合创新纳入文化强国建设系统工程。当今时代，文化日益成为国家核心竞争力的基础内容，谁占领了文化制高点，谁拥有了强大的文化软实力，谁就能够在激烈的国际竞争中掌握主动权。可以这样说，具有核心竞争力的文化，一定是体现时代要求、充满生机和活力的文化；而体现时代要求、充满生机和活力的文化一定是融合了科学文化与工匠文化、深刻体现科学精神与工匠精神的文化。对此，我们必须站在社会主义文化强国建设的战略高度，切实加强科学文化与工匠文化建设，凝聚科学精神与工匠精神的社会共识，积极推进新时代科学精神与工匠精神融合创新的文化之维。总之，推进科学精神与工匠精神融合创新，必须适应社会主义文化强国建设的需要，自觉将其纳入文化强国建设系统工程。只有把科学精神与工匠精神融合创新纳入文化强国建设系统工程，以科学精神与工匠精神融合创新助推社会主义文化大发展大繁荣，才能充分彰显科学精神与工匠精神融合创新的时代价值，创生真正具有时代特色的新科学精神与工匠精神；只有把科学精神与工匠精神融合创新纳入文化强国建设系统工程，按照社会主义文化大发展大繁荣的要求发力，才能真正使科学精神与工匠精神融合创新落地生根，从而切实推进科学精神与工匠精神融合创新。

坚持以社会主义核心价值观为引领。社会主义核心价值观是社会主义文化的精髓，是社会主义核心价值体系最深层的精神内核，具有强大的感召力、凝聚力和引导力。习近平总书记指出："社会主义核心价值观是当代中国精神的集中体现，凝结着全体人民共同的价值追求。"它集中概括了国家层面、社会层面、公民层面的价值目标、共同追求和价值准则，为社会主义精神文明建设指明了方向，也为新时代科学精神与工匠精神融合创新提供了基本遵循。科学精神与工匠精神在不同历史阶段、不同文化背景下被赋予了不同的价值。在当代中国，培育和践行社会主义核心价值观，既是坚持和发展中国特色社会主义的重大任务，也是"引领社会思潮、凝聚社会共识的现实力量"。大力弘扬科学精神与工匠精神，推进科学精神与工匠精神融合创新，必须以社会主义核心价值观为引领。如果没有社会主义核心价值观的引领，科学精神与工匠精神融合，创新就会迷失方向。这是科学精神与工匠精神融合创新必须坚持的重要原则。坚持这个原则，就要把社会主义核心价值观贯穿科学精神与工匠精神融合创新全过程，就要健全和完善社会主义核心价值观引领科学精神与工匠精神融合创新的制度体系，努力制度化、体系化地推进科学精神与工匠精神融合创新。

保持科学精神与工匠精神融合创新中的生态平衡。科学精神与工匠精神融合创新是一个系统工程，融合与创新必须保持合理的张力，融合创新中的科学精神与工匠精神、融合与创新必须保持生态平衡，使它们之间达到高度适应、协调和统一的状态。从科学精神与工匠精神角度来说，科学精神与工匠精神融合创新不是用科学精神替代工匠精神，也不是用工匠精神替代科学精神，而是要在充分发挥各自优势的同时，使二者之间保持合理的张力。通过融合创新，努力寻求科学精神与工匠精神的共同点，把各自的优势统一起来，协调起来，把各自的力量充分释放出来，进而创生出新的科学精神与工匠精神。就融合与创新而言，科学精神与工匠精神融合创新既强调融合，也强调创新，融合强调的是科学精神与工匠精神的有机结合，创新则要求创生出新的科学精神与工匠精神。融合是创新的基础，创新则是融合的根本，在融合中彰显创新，在创新中强化融合，使创新和融合形成合力，共同推进社会主义文化大发展大繁荣。

（二）健全工匠精神培育运行机制

新时代工匠精神的培育需要以人为本，关注人的主体价值，一切从人出发，以人为本，全力打造“工匠之师”，把忠实、精益、卓越和创新等优秀品质导入职业教育之中。目前，在职业教育过程中仍然存在着金钱功利化和人员工具化的突出问题，培育目标往往忽视了人的本心，而侧重于培养个体的“职业性”，学校紧盯学生的“就业率”，忽视了其职业发展迁移规划能力的培养，这就导致了工作只是个“谋生工具”，如果工作责任意识缺失，工作压根儿不会成为其追求一生的事业，这也就是为什么社会总是会出现“高薪不喜欢”和“低薪很喜欢”的工作争论和博弈。以现实利益为追求目标的劳动者，在职业过程中根本不会存在超越、创新和自我价值实现的想法。所以，职业教育必须马上回归育人的初心、本心正轨，重点关注教育的目的、根本和教育的幸福感以及获得感，技术技能硬实力必须与文化熏陶软实力相结合，这样才可能培育出优质的技术技能型人才。对于职业院校来说，应当改变功利化的价值倾向，“制器”与“育德”要有机结合，要让工匠精神升格为职业院校的精神引领，只有将教育的社会服务价值与个体的人生幸福目标联系起来，新时代工匠精神才能够得到有效树立和培育。

一个人对职业的认识和认同取决于人生观的形成。拥有积极向上的人生观才能形成积极向上的劳动价值观，才会对自己的职业有理性和清晰的认识。价值创造离不开劳动，而幸福的获得也离不开劳动，因此，对于不同行业、工种和岗位中的劳动价值要有相对客观的认识和判断，这样才能对自己的行业、职业和岗位有认同感和接受度。个体对自我的职业价值凝练就会形成一种职业价值观和职业认同感，从而凝聚为一种职业荣誉感，个体的价值荣誉感决定其职业态度，而个体的职业态度又决定其执业过程中的品格和表现，最终决定个体能否在本职行业中升华更高的职业理想，也就是实现从认知向精神的更高境界转化。工匠精神包含职业的态度、品格和理想三重螺旋式上升的结构层次，工匠对职业的喜爱程度决定其职业责任感高低，职业责任感决定了工匠的职业专注度，只有专注于这份事业才能具备认真细致的态度，进而具有爱岗敬业的优良品质，在敬业之上将时间与精力投入工作之中，也就达到了匠心、匠德和匠术的三匠合一的境界，也就能在职业过程中激发出更高的创新力和创造力，从而催生更高境界的追求卓越的工匠精神。

建立和健全工匠精神的培育机制是增强工匠精神，培育实效性、持久性和稳定性的有力保障，新时代工匠精神的培育机制是培育系统各要素之间相互联系和作用的过程和方式，主要包括动力机制和功能机制两方面。

工匠精神培育的动力机制包括引导力、驱动力、支撑力三个子系统。引导力包含多方共建的动力体系：各级教育主管部门发挥着指导和督促作用，构成督促力和推动力；高校尤其是职业院校领导机构根据自身办学特色、人才培养方案、校园文化等因素进行综合研究、整体规划和统筹布局，形成引领力和统筹力；专业课和思政课教师进行工匠精神有关理论教育和实践教育，形成教育引导力；其他社会组织提供资源和平台，构成协同支撑力。驱动力是指作为工匠精神的培育对象的内在驱动力，这种驱动力来自其自身成长的精神需求，这种需求的满足要求个体掌握处理与国家、民族、社会及他人关系的思想原则，要掌握满足时代发展需要的过硬本领或技术技能。支撑力是指来自社会大环境的环境支撑力，包括国家主流新闻媒介和各级党政机构贯彻落实战略规划和战略布局，并为开展宣传教育系列活动所提供的社会氛围支撑；中国特色社会主义文化建设为构筑劳动者平等、劳动光荣、奋发进取、勇于创新、敢于创造的社会风尚提供的社会精神环境支撑；深化供给侧结构性改革、科技创新发展、实施乡村振兴战略、“一带一路”建设等经济工程建设提供的物质基础支撑。

工匠精神培育的功能机制包括激励机制和保障机制。激励机制包含激励对象、激励内容和激励方式。激励对象要实现对培育对象的激励，以及对管理者等各层级或各部门培育主体的激励，以提升其工作的主观能动性。激励内容除物质激励外，还应重点进行精神激励，既要运用适宜的物质手段调动培育对象的积极性，又要对在传承、弘扬和践行工匠精神中的表现突出者给予表彰宣传。激励方式上运用好先进人物事迹，使培育主体发自内心地效仿榜样，或者通过培育主体的躬身示范带动培育对象弘扬和践行工匠精神，在工匠精神教育过程中充分展现人文关怀，做到理解、信任和关爱，从而激励和鼓舞培育对象主动传承和弘扬工匠精神。保障机制既需要制度保障，也需要物质保障。制度保障是以制度的确立和完善确保工匠精神培育顺利有效展开，通过建立工匠精神教育信息反馈平台、实效评价体系和成效评估制度，使培育对象在接受工匠精神教育过程中所呈现出来的认知、情感和践行情况得到真实、及时的跟踪、反馈与总结。还需要给予经费设备等物质保障，在举办技能创新大赛、开展实践体验教育等过程中都需要一定的经费和设备予以支持。

第二节　工匠精神与“抚油精神”

“抚油精神”是辽宁石油化工大学（简称“辽石化大”）建校70多年来创造的精神财富，是教育与石油工业相结合、与中华优秀传统文化相结合孕育出的宝贵精神财富，凝聚着辽石化大人的初心和使命，激励着辽石化大人不断开拓前行。“抚油精神”源于抚顺石油学院（辽宁石油化工大学前身），肩负新中国“石油第一校”的使命和担当，不忘初心，秉承“问学穿石、修身诚化”校训砥砺前行，坚守“心燃烛火、矢志报国”信念，在毕业生“抚油现象”基础上挖掘提炼而成的大学精神，是辽石化大建校70多年来生发出来的一种宝贵的精神财富。“抚油精神”与工匠精神的内涵是深度契合的，通过培育和践行工匠精神与“抚油精神”，辽石化大人不断凝聚奋进新时代、实现民族复兴的磅礴力量。

一、“抚油精神”的内涵

在我国石油石化行业中普遍存在一种“抚油现象”。“抚油现象”集中体现在我校毕业生信念坚、政治强、本领高、作风硬、做人实上；体现在我校毕业生扎根基层、默默为祖国的石油石化事业“奉献燃烧的爱”的人多；体现在石油石化系统中担任中层干部、厂长、副总经理、总经理、董事长的人多；体现在石油石化系统中获得专利发明者、各级劳动模范、先进工作者的人多。这种“抚油现象”源自“一种情怀、四种精神”的“抚油精神”的孕育。“抚油现象”和“抚油精神”共同构成了贯穿我校发展全过程的大学精神，是我校历久弥新、永不褪色的宝贵精神财富，是激励辽石化大人拼搏奋进、担当作为、干事创业的强大精神动力，更是我校发展建设必须遵循的精神基因。

（一）心有大爱、许党报国的爱国情怀

心有大爱、许党报国的爱国情怀是“抚油精神”最牢固的基石。我校毕业生的爱国情怀，是对祖国的一种深深热爱的心境，集中体现在立足岗位、奉献石油和致力于持续发展上。他们从一点一滴做起，每一个操作间、每一口采油井、每一座转油站、每一部钻井机……都体现着爱国情怀，这是他们踏踏实实报效祖国和人民的立足点。他们无论是当干部还是当工人，无论是党员还是普通群众，都为祖国分忧担责，都在任劳任怨、默默无闻地工作。我校毕业生的爱国情怀的核心是献身石油。我校因油而生、因油而兴，我校因为国家的石油石化贡献了技术人才而闻名遐迩。我校毕业生深知，石油是国家良性运行的动脉，新中国成立初期不能缺油，全面建成小康社会和实现中国梦的征程也不能缺油。他们的爱国情怀，不仅体现在以往、体现在当下，更体现在长远；不仅体现在岗位奉献、体现在为祖国加油，更体现在石油石化的持续发展上。

谢在库就是心有大爱、具有许党报国的爱国情怀的代表人物。他1985年毕业于抚顺石油学院，2017年11月28日当选中国科学院院士，现任中国石油化工集团有限公司副总工程师，是基本有机原料催化剂国家工程研究中心主任。他从事催化新材料与催化反应化学研究30多年，始终把国家的需要作为研究的方向，以心有大爱、许党报国的爱国情怀，一丝不苟、坚韧执着的科学精神，锐意进取、不断创新的战略眼光，成为我校毕业生中的佼佼者。他是国家“973计划”项目首席科学家，研制成功多产二甲苯的MXT-01甲苯歧化与C9芳烃烷基转移β分子筛催化剂。曾获1995年中国石化科技进步奖三等奖、2001年中国石化科技进步奖一等奖、2002年国家科技进步奖二等奖。2000年获中国科学技术基金会侯祥麟技术奖，2002年被评为中国石化集团公司有突出贡献的科技和管理专家。授权专利40余件，国际专利4件。近5年在J.Phys.Chem.及J.Catal.等学术期刊上发表论文80余篇，他为能源化工行业、为国家和民族、为全人类做出了积极的贡献。

（二）淡泊名利、任劳任怨的奉献精神

淡泊名利、任劳任怨的奉献精神是“抚油精神”最本质的特征。我校毕业生在各自的工作岗位上每时每刻都诠释着他们的赤子之心、奉献之魂。当国家和事业需要时，他们选择的是一如既往地奉献和坚守。“抚油精神”中的奉献因子有着深厚的源头活水——王进喜。王进喜说：“宁肯少活20年，拼命也要拿下大油田！”我校一批批毕业生在不同时期都立下了铮铮誓言，充分体现着他们为祖国、为人民、为事业甘于奉献的崇高品格。“我为祖国献石油”就要有淡泊名利、甘于奉献的精神，我校毕业生无论贫富贵贱、穷达逆顺，都始终保持定力、坚守初心，都始终克服急功近利的浮躁，远离追名逐利的彷徨，不谋一己之得失，而忧事业之兴衰；无论在哪个岗位上，他们都始终做到吃苦在前、享受在后，勤奋敬业、任劳任怨，勇于创新、敢于担当，脚踏实地干出一番事业，成就有价值的人生。

“到艰苦的地方去，到祖国最需要的地方去！”这一直是我校毕业生最纯真、最赤诚的理想和夙愿。1965年石油加工专业毕业的王素琴志愿到大庆油田工作，她在一线摸爬滚打、风餐露宿，被誉为“铁姑娘”。1977年入学仪表专业的罗真，分配志愿表上三个志向填的都是新疆，30多年过去了，他仍然奋战在祖国的边陲一线。2007年毕业的亓丽莉在校期间先后获得34项荣誉称号，被教育部和团中央评为“全国三好学生”，毕业时，她放弃了许多大企业的招聘，毅然选择回山东农村任职。中国教育网一位网友这样评论她：“每个人心中都有自己的‘香格里拉’。我相信，奉献就是亓丽莉心中的‘圣地’！”

（三）扎根基层、艰苦奋斗的创业精神

扎根基层、艰苦奋斗的创业精神是“抚油精神”最鲜明的特质。我校毕业生始终秉承艰苦奋斗的传统美德，扎根基层。“为石油事业艰苦奋斗一辈子”，这是铁人王进喜的名言，也是我校毕业生的共同意愿和实际行动。我校毕业生发扬创业精神，不仅体现在过紧日子、苦日子、俭日子上，还体现在实干、敬业、奉献上。他们始终牢固树立站排头、当先锋的意识，保持永不服输、不甘人后的进取形象，做到有第一就争、见红旗就抗，在自己所处的岗位和领域，敢于同强者比、向高者攀、跟快者赛，在企业的发展中勇立潮头，在管理提升的道路上敢为

人先。他们始终围绕中心工作，忠于事业、勤于事业、恪尽职守、永不松懈，不论什么时候、什么情况下，他们始终把工作放在第一位，千方百计地把本职工作干好，他们始终在工作中难中求进、难中求成、难中创优。

李汉初就是扎根基层、艰苦奋斗的创业精神的代表人物。1993年毕业于抚顺石油学院石油加工专业的李汉初，曾获得中国石化科技进步奖二等奖、中国石化管理现代化创新奖三等奖、中国石化优秀党员干部、中国石化特殊贡献专家等多项荣誉，现任巨正源股份有限公司董事会秘书、副总裁，兼任东莞巨正源有限公司总经理。2015年，李汉初同志放弃了中国石化化工销售华南分公司的职位，加入巨正源股份有限公司，全面主持广东省重大项目、东莞市重点项目“120万吨/年丙烷脱氢制高性能聚丙烯项目”的建设工作，事业成功的每一步都浸透了他奋斗的汗水，最终获得如今的硕果。他从事化工生产、销售及营销工作20多年，专业技术过硬，且精益求精，潜心钻研高分子材料，组织开发各类新产品，被称为“塑料专家”；他深入施工一线，不分昼夜，狠抓项目进度、装置试车；他立足市场，做好战略布局，与中国石化谈合作，扩充采购和销售渠道，争取多方资金，为二期项目做准备。目前“120万吨/年丙烷脱氢制高性能聚丙烯项目”第一阶段项目已建成投产，主要产品为聚丙烯、氢气，具有较好的经济效益和社会效益。20多年的奋斗历程，李汉初深切体会到“成功容易却艰辛”，“有条件要上，没有条件创造条件也要上”是他的座右铭，也是他成功的秘诀。

（四）严谨治学、知行合一的求实精神

严谨治学、知行合一的求实精神是“抚油精神”最丰厚的基础。严谨治学知行合一的求实精神是与“三老四严”“四个一样”精神一脉相承的，是我校毕业生求实的科学精神、严谨的工作作风、实干的奋发劲头的充分体现。他们工作中始终做到律己从严，遵规守纪。“严”是作风之根，在“他律”越来越突的形势下，从严“自律”已成为他们工作的常态。我校毕业生发扬光荣传统，一切行动严格按照企业的规章制度执行，做到坚持原则、严肃认真，干标准活、上标准岗、交标准班，把工作中的小事抓紧、大事抓牢、难事抓到底，树立起履职尽责、勤业敬业的良好形象。我校毕业生是知与行的统一论者，是理论与实践的统一论者。他们坚守良知，一言一行符合道德规范要求，时刻遵守社会公德、职业道德、家庭美德，守住灵魂深处善恶的“总开关”；他们肯于吃亏，为人处世惟

宽惟厚，有容人、容言、容事的胸襟，用清净之心去思考问题、推动工作；他们做人安分守己、竭力干事、淡泊宁静，看淡金钱名利，内心平静如水，精神境界高尚。

赵岩就是严谨治学、知行合一的求实精神的代表人物。赵岩1986年毕业于我校化工设备与机械专业，曾任中国海油惠州炼化二期项目副总经理。赵岩同志一直从事石油化工行业技术管理工作，30多年来始终严谨笃学、躬身实践，具有丰富的生产运营和项目管理经验。作为主管设计技术、施工建设的副总经理，他参加了中国海油1200万吨/年惠州炼油项目建设，该项目于2006年11月开工建设，2009年4月实现一次投料试车成功，荣获国际卓越项目管理大奖——特大型项目金奖，是PMA历史上唯一获此殊荣的石化项目，为国家在该领域赢得了荣誉。2013年3月起，赵岩同志作为惠州炼化二期项目总经理承担了惠州二期2200万吨/年炼油改扩建及120万吨/年乙烯工程的建设任务，经过五年的砥砺拼搏，该项目于2018年4月实现一次全面投产的壮举。他先后被授予葫芦岛市劳动模范、广东省劳动模范、全国劳动模范、广东省优秀共产党员等荣誉称号。

（五）锐意进取、敢为人先的创新精神

锐意进取、敢为人先的创新精神是“抚油精神”最生动的写照。在我国石油石化工业发展史上，我校毕业生以敢为人先的胆识与气魄，锐意进取、变革创新，为石油石化工业发展贡献着力量。“困难面前有我们，我们面前无困难。”这不仅是我校毕业生的豪言壮语，同时也始终激励着他们在石油石化战线敢想敢干、勇于突破、永不满足。我校毕业生在工作中始终彰显着矢志一流的竞争意识、永不停歇的进取精神、勇攀高峰的英雄主义，在观念、制度，尤其是在科技创新方面，积极拓展发展空间，永不服输，不甘落后，集中展示着“抚油精神”的新时代内涵和创新超越的新品格。他们在工作中勇于探索、锐意进取，加快推进科技创新、管理创新、产品创新、服务创新，实现更多依靠创新驱动、更多具有先发优势的引领性发展。

李家民就是锐意进取、敢为人先的创新精神的代表人物。李家民1985年7月毕业于我校石油加工专业，现任中国石油天然气股份有限公司职工监事，兼任党群工作部主任。他先后当选为全国十二届人大代表、中国共产党第十九次全国代表大会代表、中共甘肃省第十三届委员会委员、兰州大学第一届理事会理事。深

耕石油化工行业30多年，他具有丰富的生产经营管理经验，带领企业推进平稳运行、安全运行、清洁运行、优化运行、节约运行、效益运行，关键性炼化技术经济指标创出历史最高水平，实现了企业与自然生态环境和谐发展，被评为“全国践行生态文明优秀企业家”。他强化科技创新驱动，深化校企合作，打造“产销研用”一体化平台，持续推动科技体系升级，一批优势产品占领国内市场制高点，在主要工艺技术、炼油催化裂化催化剂领域保持国内领先水平。他站在炼化行业发展前沿，坚持质量第一、效益优先，研究建立了以五年规划为统领、十大工程为保障、四大战略为驱动、“五个一流”和“五大基地”为目标的老炼化企业高质量发展框架，参与千万吨炼油、70万吨/年乙烯建设，主持80万吨/年乙烷制乙烯项目建设，高起点打造绿色、智能、效益型国家级精品示范工程。他始终牢记国有企业的历史使命，凝聚和带领全体干部员工奋发进取、开拓创新，企业上缴税费连续多年超百亿元，是国家西部重要的炼化生产基地，充分发挥出经济支柱作用，创造了良好的经济、社会效益。

石化产业是辽宁的首要支柱产业，上缴税金连续多年位居全省首位。为深入贯彻落实习近平总书记在辽宁视察时和在深入推进东北振兴座谈会上的重要讲话精神，打好石化产业链现代化攻坚战，推动辽宁省石化产业高质量发展，2018年10月，辽宁省政协委托辽宁石油化工大学牵头，撰写了辽宁省石油化工行业发展战略资政报告（2019—2023）白皮书。2019年以来，由我校申报的《辽宁省石油化工行业发展战略资政报告（2019—2023）》获辽宁省科技厅智库课题重点支持，《加快我省重化工业升级换代，提高发展新动能问题研究》获辽宁省社科联的重点课题资助，我校被辽宁省社科联确定为辽宁省石化产业发展研究重点基地。特别是2019年，我校有14个本科专业获批辽宁省一流本科教育示范专业，获批专业数在辽宁省高校中位列第三，在省属高校中位列第一。我校核心竞争力、社会影响力和综合办学实力持续增强，这一切都是几代辽石化大人发扬“抚油精神”共同努力的结果。

二、“抚油精神”培养大国工匠

“潮平两岸阔，风正一帆悬。”“抚油精神”是历代辽石化大领导亲自培育、持续哺育，广大辽石化大人接力实践和传承形成的精神文化积淀，饱含着辽石化大人忠诚于党、产业报国的赤子情怀，传承着辽石化大人不畏艰险、战天斗地的红色基因，体现着辽石化大人实事求是、求真务实的思想作风，代表着辽石化大人爱岗敬业、甘于奉献的崇高品格，植根于中华优秀传统文化，积淀着社会主义先进文化，已经成为辽石化大校园文化的一面旗帜。

新时代新征程，我校将以习近平新时代中国特色社会主义思想为行动指南，进一步弘扬大庆精神和铁人精神，把雷锋精神、“抚油精神”与工匠精神结合起来，贯穿学校发展的全过程，围绕办学目标，坚持特色发展、开放发展、和谐发展，以提升质量、内涵发展为主线，抢抓机遇，开拓创新。培养学生坚定理想信念，崇尚劳动、敬业守信、精益求精、敢于创新、立志成才、报效祖国，努力掌握中高端技术技能，成长为支撑“中国制造”走向“优质制造”“精品制造”的生力军。我校将进一步弘扬“抚油精神”，使之成为培养造就更多大国工匠，培育和弘扬工匠精神，加强学生社会主义核心价值观教育的重要品牌，为建设特色鲜明的高水平应用型大学，为国家石油石化行业培养出更多“学石油、爱石油、献身石油”的新时代建设者和接班人，为“中国制造2025”等国家重大战略做出更大贡献。

（一）以爱国情怀和奉献精神培育大国工匠

习近平总书记指出，中华传统文化是中华民族的精神血脉，是实现中华民族伟大复兴中国梦的坚实支撑，是中国特色社会主义植根的文化沃土，是中国共产党治国理政的历史借鉴，是涵养社会主义核心价值观的重要源泉。

中华优秀传统文化在历史的岁月长河中，得以保存、得以发展、得以弘扬，并不断被赋予新的时代内涵，深深地印记于中华儿女心中。“抚油精神”深深地植根于中华优秀传统文化之中，继承了中华优秀传统文化的精华，秉承了中华民族的传统美德。比如，“富贵不能淫，贫贱不能移，威武不能屈”“天下兴亡，匹夫有责”“鞠躬尽瘁，死而后已”等，蕴含着中华民族深厚的文化底蕴。这些正是“抚油精神”产生的文化根基和思想来源。“抚油精神”中体现的以国家与集体利益为重的责任感，自强不息、顽强拼搏的进取精神，先人后己、助人为乐的道德情操等，无不体现着中华民族传统文化的博大精深。

爱国主义是统领“抚油精神”的灵魂。爱国主义更是中华优秀传统文化的时代特征。在中华优秀传统文化中，爱国是古代先贤秉承和追寻的政治抱负和最高目标，爱国主义表现为如屈原、苏武、岳飞、文天祥等与当时社会背景相契合的精忠报国的光辉典范，其蕴含的爱国思想和爱国情操、孕育的报国志向和报国品行、练就的爱国修养和报国实践，是中华民族最为鲜明的精神标识、最为深沉的道德境界、最为深厚的传统美德。爱国主义与社会主义是有机统一的，在中国特色社会主义建设伟大实践中，我们必须发扬自尊、自信、自强的民族精神，以贡献全部力量建设和保卫社会主义祖国为最大光荣，以损害国家和民族利益为最大耻辱。“自强不息”是中华优秀传统文化中有关奋斗精神的经典表述。在《易经》坤卦的《象》辞中有“天行健，君子以自强不息”，即自然万物运行不止，刚强劲健，而君子之为人处世，也当效仿天道的运行规律，刚毅坚卓，不屈不挠。注重自立自强地奋斗，强调不懈怠、持之以恒地坚持发展，既是个人修养的理论指南，也是民族国家励精图治的必由之路。

爱岗敬业是中华民族前进的重要推动力，更是社会主义职业道德的集中体现。人人爱岗敬业，社会经济发展才会充满生机活力，人民群众才会有道德、有品质，国家才会有力量，中华民族才更接近伟大复兴之中国梦。继承和弘扬“春蚕到死丝方尽，蜡炬成灰泪始干”“功崇惟志，业广惟勤”“躬自厚而薄责于人，则远怨矣”等中华优秀传统美德，尤其是始终以为人民服务的社会主义道德标准激励和鞭策师生员工，向社会主义革命和建设的先进典型学习，如孟泰、郝建秀、时传祥等。

（二）以求真务实精神培养大国工匠

“求真务实”“实事求是”“一切从实际出发”“理论联系实际”“实践”和“三严三实”中的“三实”讲的都是一个“实”字，表明中国共产党人是“务”实事、实际、实践的；“求是”“在实践中检验真理和发展真理”说明中国共产党人不忘“真”，做工作、处理问题是遵循事物发展的客观规律的，是为了广大中国人民群众，为了更广大的全世界人民的福祉而不断探索砥砺前行的。新时代践行求真务实，就是传承和发扬中华民族的优良传统。中国是文化大国，文化传承从未间断。中国自古就崇尚“实”，其尚实之风多体现在治学上，而古代诸多学者又以“实学”育人，“实学”传统源远流长，最早可追溯至先秦时期推崇笃行的孔子四教“文”“行”“忠”“信”和格物致知之学。“实学”又经过两千多年的发展和演变在明末清初形成了一场思想变革，以明体达用、实事求是、经世致用为宗旨，后又向近代转型，我们今天提倡的实干实行、求真务实是与中国古代传统“实学”文化息息相关的，是对古代“实学”文化的传承。2017年9月5日，习近平总书记在新兴市场国家与发展中国家对话会上引用清代学者彭端淑的话：“天下事有难易乎？为之，则难者亦易矣；不为，则易者亦难矣。”这与他说的“知行合一”“撸起袖子加油干”“空谈误国、实干兴邦”“以实则治，以文则不治”等讲话一样，都体现了中国人对文化的传承。传承勤学实行的品质，不夸大，不浮躁，踏踏实实创新发展，意志坚定，勇于实践。注重求真务实处处体现了中华民族的优良传统，这是历代中国人不能忘却的。

党的十八大以来，我党秉持将改革进行到底的决心，处理好解放思想和实事求是之间的关系，正确把握我国社会现阶段各方面工作的主要矛盾和主要问题。在党的十九大报告中习近平总书记明确指出：“中国特色社会主义进入新时代，我国社会主要矛盾已经转化为人民日益增长的美好生活需要和不平衡不充分的发展之间的矛盾。”新时代对社会主要矛盾的正确把握就是一种求真务实的表现。而解决主要矛盾更需要求真务实的精神，要求从领导和党员干部，到热爱共产主义事业的普通百姓，都要发扬求真务实的作风。尤其是党员干部，要有人民公仆意识，古人云：“乐民之乐者，民亦乐其乐；忧民之忧者，民亦忧其忧。”在工作上恪尽职守，在精神上要牢固树立“全心全意为人民服务”这一宗旨，在执政为民上要做到“群众利益无小事”。要解决主要矛盾就要正确认识我国正处于并将长期处于社会主义初级阶段这一基本国情，这要求我们要抓住机遇，迎接来自国内外的各项挑战。

（三）以创业精神和创新精神培养大国工匠

弘扬和培育创业精神是推进社会主义现代化建设的客观要求。创业精神不是某个特定历史时代的产物，它与人类社会发展共始终。艰苦创业精神既是中国共产党人领导人民建设中国特色社会主义理论和实践的重要组成部分，也是新时代党的建设思想和教育思想的重要内容。我们要把建设中国特色社会主义推向前进，实现全面建成社会主义现代化强国的奋斗目标，就必须认真学习和掌握这一强大的思想武器。当前，我国在以习近平同志为核心的党中央带领下，已取得全面建成小康社会、实现了第一个百年奋斗目标的伟大胜利，并已开启全面建设社会主义现代化国家，向第二个百年奋斗目标接续奋进的新发展阶段。艰苦创业精神是我们党的优良传统与作风，过去取得的关于建设中国特色社会主义事业的伟大成就正是在坚持这一精神、克服前进道路上的重重困难基础上取得的。今天，我们要实现全面建设社会主义现代化国家，实现中华民族伟大复兴的中国梦，必须要继承和发扬艰苦奋斗的创业精神，使它成为现代化建设、振兴中华的强大动力。

创新思维是创业精神的本质和源泉，是创业精神得以保持长久生机与活力的基础。纵观人类社会的发展历史，创新思维与创业精神始终是推动一个国家、民族排除万难，实现新发展的重要力量，也是推动人类社会不断向前发展的重要力量。进入21世纪，全球范围内新一轮科技革命和产业变革正在蓬勃兴起，而科技创新成为新一轮科技革命的焦点。新兴学科、交叉学科不断涌现，物质结构、宇宙演化、生命起源、意识本质等基础学科领域加速发展，有望取得新的重大突破性进展，信息技术、生物技术、新材料技术、新能源技术互相渗透、交叉融合，引领其他领域并引发了以绿色、智能、泛在为特征的群体性技术革命。这种新兴的技术革命使传统意义上的基础研究、应用研究和技术开发以及产业化的边界日益模糊，科技创新链条灵巧、成果转化和技术更新不断加快，创新活动完全突破传统的地域、组织以及行业技术的界限；而新形成的创新体系的竞争、创新战略的竞争等在国与国的综合国力竞争中的重要性不断显现。寻找科技创新的突破口成为世界各国抢占经济制高点的主要方向。再者，党的十八大以来，中国特色社会主义进入新时代，我国经济发展模式和增长方式都已发生了重大变化，经济发展由原来的高速增长转向高质量发展，不再以单一增长速度作为追求目标，而是要切实转变增长方式，优化经济结构，转换增长动力，把注重质量、效益摆在第一位。完全粗放式的经济发展模式已不能适应新时代发展要求，不能满足人民日益增长的对美好生活的需要，必须切实进行变革，否则将失去国际竞争力。在这一时代背景下，以习近平同志为核心的党中央站在新的历史起点上，从党和国家事业发展全局的角度，围绕现阶段世情、国情、党情的发展实际，高度重视创新思维与创业精神，并将创新摆在国家发展全局的核心位置，对贯彻新发展理念、实施创新驱动作出一系列重大战略部署。党的二十大报告强调，要加快实施创新驱动发展战略。加快实现高水平科技自立自强。在迈入世界创新型国家先进行列的征途中，必须充分认识到："创新是引领发展的第一动力，是建设现代化经济体系的战略支撑。"这是对创新在社会发展尤其是经济发展中的重要作用作出的精要概括。

在全国上下掀起“大众创业万众创新”浪潮的新时代背景下，广大人民群众如何投入创新创业的热潮，并在其中大展宏图为国家和社会创造财富，值得全体国人深思并付诸实践。习近平总书记围绕创新创业思想展开了概括创新是引领社会发展的第一动力，是建设社会主义现代化经济体系的战略支撑；必须把科技创新摆在国家发展全局的核心位置；青年是创新创业的生力军，应走在创新创造的前列；创新创业需要发扬艰苦奋斗、不怕吃苦的创业精神等一系列精辟论述。这些思想精华对于当今干事创业，推进社会主义现代化建设具有重要启迪意义。

弘扬和培养创业精神是立德树人、培养新时代青年人才的需要。进入新时代，大众创业万众创新蓬勃发展，创新作为引领发展的第一动力，在新一轮世界科技革命和产业变革中发挥着至关重要的作用。党的十九大后，以习近平新时代中国特色社会主义思想为指导，深入实施创新驱动发展战略，在凝聚已有的强大持久的科技创新力量之外，国家迫切需要高校培养和输送一批又一批具有创业精神和创新能力的青年人才来为发展提供新动能，进一步提升大众创业万众创新的水平，提高经济发展质量和效益，增进人民福祉，让人民生活更美好。

第三节　弘扬工匠精神，培育石化行业大国名匠

辽宁石油化工大学（原名抚顺石油学院）始建于辽宁省大连市，成立于1950年11月1日，当时校名为“中央燃料工业部大连石油工业学校”，是新中国第一所石油工业学校。1953年，学校从滨海之城搬迁至煤都抚顺，更名为“中央燃料工业部抚顺石油学校”。1956年开始兼办大专。1958年上半年，抚顺石油学校由石油工业部改为辽宁省领导。1958年9月，中共辽宁省委决定，在抚顺石油学校的基础上创办抚顺石油学院，开始开展本科教育。学校在经历了20余年的曲折发展后，于1980年5月14日经国务院批准，正式成立抚顺石油学院。学院由石油工业部与辽宁省双重领导。1984年起，抚顺石油学院划归中国石油化工总公司，实行中国石油化工总公司和辽宁省双重领导。1985年，学校成立研究生科，1990年开始进入全过程培养阶段，1993年被批准为硕士学位授予单位。2000年2月抚顺石油学院划归辽宁省，实行“中央与地方共建，以地方管理为主”的

管理体制。2002年1月9日，经教育部高校设置委员会委员投票通过，抚顺石油学院更名为“辽宁石油化工大学”。辽宁石油化工大学是培育石化行业大国名匠的摇篮，建校70余年来为祖国培育出13万余名毕业生，他们为新中国石油工业的建立和崛起，为祖国的经济建设、社会发展做出了重大贡献。据不完全统计，在中国石油天然气集团有限公司和中国石油化工集团有限公司中，我校毕业生担任主要领导职位的有80多名，担任部门技术骨干或领导的有900多名，部分石油石化企业历届主要领导和中层干部有一半以上是我校的毕业生。辽宁石油化工大学的毕业生在祖国各地为石油石化事业奉献着全部的爱。辽宁石油化工大学为党为国育人育才、弘扬伟大工匠精神，积累了丰富经验。

一、培育学生马克思主义信仰，让热爱常驻心间

青年大学生需要有信仰、有理想、有责任、有担当，信仰坚定才能成长为当之无愧的大国名匠，国家才有发展前途，民族才有希望。自党的十八大召开以来，党和国家越来越重视对青年群体的马克思主义信仰培育。对教育而言，其根本任务在于立德树人。习近平总书记就立德树人工作提出必须做好“六个下功夫”，而在理想信念上面下功夫被放在第一位，由此也明确了新时代高校开展立德树人教育工作的重点、方向和着手点。辽宁石油化工大学始终高度重视信仰教育，将信仰教育作为对学生开展思政教育的关键，引导学生坚定马克思主义信念，做心有大爱，许党报国的奋进者。

建校至今，学校采取了各种有效的措施，提高教师的政治素养、培育学生坚定马克思主义信仰。1980年，学院建立学生思想政治工作领导小组，开始对新生实行军训。1981年成立德育教研室（后改称思想教育教研室），1986年在马列主义教研室基础上组建社会科学部。1986年1月，党委成立思想政治工作研究会，学院先后建立了院、系两级中心学习组，建立了教职员工双周三下午学习制度。1990年2月党的建设和思想政治工作会议召开后，学院党委陆续出台了宣传思想政治工作等决定，“三育人”工作条例，教书育人实施细则和教师、机关干部、后勤职工职业道德规范，以及学生学习行为文明行为规范。经过多年的探索和努力，学院在学生工作中形成了以“两课”（政治理论课、思想品德课）为轴心，以党校、团校、“三学小组”（学马列、学党章、学雷锋小组）和“双整顿、

双达标、双量化”（整顿学习秩序、生活秩序，团支部、团员达标考核，班级、学生量化考核）为两翼，以教书育人、管理育人、服务育人为基础，与评优、评奖、推优入党、推荐就业相挂钩，以思想教育、学风建设、严格管理、校园文化、社会实践相结合为基本框架的大德育体系。1991年党委下发《关于加强思想政治教育课建设的若干意见》和《关于加强和改进马克思主义理论课教学的决定》。党的十四大前着重解决“两课”教师“讲马列信马列，教德育重德育”的问题，党的十四大后着重解决邓小平理论“三进”（进课堂、进教材、进头脑）的问题。按照“一课为主，多课渗透”的要求，把邓小平理论课作为精品课来建设，使之成为学院精品课。1991年，学院荣获全省高校德育课评估第一名。1995年，学院“两课”改革被列为省改革试点院校。1997年，学院加强“两课”队伍建设的经验在全国高校党建工作会议上交流，并被《中国教育报》摘要发表。

进入新世纪后，学校进一步加强了基层党组织建设，按照全国高校党建工作会议精神，积极发展优秀青年教师党员和学生党员，推进班级“低年级有党员、高年级有党支部”工作，高峰时研究生和本科生党员分别占45%和13.7%。在思想政治工作和精神文明建设方面，学校认真贯彻落实中央16号文件精神，坚持改革创新，大力加强和改进学生的思想政治工作。重新制订和修订26项学生管理制度，进一步规范了学生管理工作。创新校、院两级学生管理体制，实行“教导结合、重心下移、以系为主”的改革试点，取得了明显成效。坚持以人为本、质量第一、强化优势、协调发展的办学理念，实施“三个解困”工程，使学习困难生、生活困难生和心理困惑生得到了较好的帮助。通过加强以考风考纪教育为核心的校风校纪教育，积极开展“争先创优”和精神文明创建活动，有力地促进了学生的健康成才。坚持德育为先，深化“两课”改革，加强对师生的思想政治教育，“三个代表”重要思想和科学发展观“三进”工作取得可喜成果。我校学生“三个代表”重要思想学习活动被评为辽宁省大学生思想政治教育精品活动，学生“三个代表”重要思想理论研讨会被辽宁省推荐参评全国优秀理论社团。加强思想政治教育的阵地建设，建立“雷锋精神在线”网站，编写出版《雷锋精神简明教程》并纳入教学计划，总结凝练出雷锋“五个一”精神，完善丰富了用“雷锋精神建校育人”的办学特色。成立学生社区工委和新闻中心，充实学生工作领导和辅导员队伍力量，建立大学生心理健康教育与咨询中心，大力开展校、院、班三级学生社团活动，开辟“百家讲坛”，每年举办大学生艺术节、大学生体育文化节，组织红色之旅和青年志愿者服务等系列社会实践活动，建设健康向上、丰富多彩的校园文化，有力地促进了精神文明建设。大学生艺术团被评为全国高校优秀学生社团和辽宁省大学生示范社团，大学生社会实践活动多次被评为“全国大中专学生志愿者暑期‘三下乡’社会实践活动先进单位”等。

学校党委始终把牢政治方向、提高政治站位，全面贯彻党的教育方针，加强党对学校工作的全面领导，确保在思想上政治上行动上同党中央保持高度一致。把握正确政治方向，深入开展创先争优活动、党的群众路线教育实践活动、“三严三实”专题教育、“两学一做”学习教育、“不忘初心、牢记使命”主题教育、党史学习教育等党内重大教育，不折不扣落实中央及上级决策部署，落实意识形态工作责任制，牢牢把握意识形态工作领导权，认真贯彻党委中心组理论学习制度，坚持用习近平新时代中国特色社会主义思想武装头脑、指导实践、推动工作。近年来，学校党委大力加强思想政治理论课改革创新和“课程思政”建设。加强思想政治理论课改革创新，完善课程体系建设，深入推进习近平新时代中国特色社会主义思想进课堂、进教材、进学生头脑。创新思想政治理论课教学方式方法改革，积极探索适应线上线下融合发展的教学新模式，获首届全国高校思政课教学展示活动二等奖2项，建成辽宁省高校思想政治理论课教学方法改革项目“择优推广计划”重点培育项目2项、辽宁省“精彩微课”3个，获批2019年度高校示范马克思主义学院和优秀教学科研团队建设项目1项。加强思政课教师队伍建设，1人入选教育部“高校思想政治工作中青年骨干队伍建设项目”，1人获“全国高校思想政治理论课教学骨干”称号，1人获全国高校思政课教学展示活动二等奖，1人入选“辽宁省高校思想政治理论课教师2016年度影响力提名人物”，2015—2022年连续八年在辽宁省思想政治理论课教学大赛中获得一等奖，1人获“辽宁好人·最美思政课教师”称号，入选辽宁省高校名师工作室6个。深入推进“课程思政”建设，成立课程思政教学研究中心，在2018年遴选11门专业课程进行试点建设的基础上，2020年制定印发了《辽宁石油化工大学课程思政实施意见》，召开了“课程思政”经验交流与研讨会，优化课程思政体系建设，挖掘课程蕴含的思想政治教育资源，让专业课程上出“思政味儿”。1门课程及其教学团队被确定为国家级课程思政示范课、课程思政教学名师和团队等。

正因为重视马克思主义信仰教育，石化学子才能坚定理想信念，做心有大爱、许党报国的奋进者。他们学习和感受新时代中国特色社会主义和中华民族伟大复兴历史性成就，深刻领悟习近平新时代中国特色社会主义思想，不忘初心，继续前进。他们在各自的工作岗位上自觉用“四个意识”导航，用“四个自信”强基，用“两个维护”铸魂，始终坚守共产党人的精神追求。深入学习贯彻习近平新时代中国特色社会主义思想，领会和把握中国共产党为什么“能”、马克思主义为什么“行”、中国特色社会主义为什么“好”，牢固树立对马克思主义的信仰，对中国特色社会主义的信念，对实现中华民族伟大复兴中国梦的信心，做到忠于党、忠于人民、忠于中国特色社会主义事业，政治上时刻保持清醒坚定，重大问题上态度旗帜鲜明，关键时刻冲在前面，勇做走在时代前列的奋进者。

二、立足石油石化特色，培育学生职业信仰

石化行业是国家发展的基础产业，是一个带动性强的行业，在经济生产发展过程中起着纽带作用，被称为国民经济发展的先导行业、动脉行业。辽宁省作为我国石油和化工大省，是我国重要的石化产业基地，也是中国炼油工业的摇篮。多年来，辽宁石化产业在人才供给、科技创新、产品发展、经济建设中起到了至关重要的作用，对国家经济和社会发展做出了重要贡献。无论学校归属发生怎样的变化，辽宁石油化工大学作为地处辽宁的新中国第一所石油工业学校，在办学中始终坚持“质量立足、特色取胜、创新发展”，形成了鲜明的石油石化学科特色、产学研合作培养人才特色，始终强化为石油石化服务的意识，坚持为石油石化行业培养人才的办学思想。学生在学校的大环境中耳濡目染，早早就树立了崇高的职业信仰，以做未来石化人而努力、而自豪。

学校长期隶属和服务于石油石化行业，学科专业覆盖石油石化行业各个领域，具有鲜明的石油石化特色。划转地方管理后，学校把“顶天立地”作为发展战略，“顶天”就是强力夯实与行业的关系，继续在为行业的服务中加快发展。“立地”就是全面融入地方经济社会发展主战场，以服务求发展。根据这一发展战略，学校始终注重优势特色学科建设，积极主动为行业和地方经济社会发展服务。2001年工业催化、环境工程学科被辽宁省评为重点资助学科。2002年化学工艺、应用化学和油气储运工程学科被辽宁省评为重点学科。2004年化学工程和石油与天然气工程硕士领域被评为辽宁省专业学位培养培训基地，油气储运工程专业被评为辽宁省重点学科领域研究生培养基地。2005年学校被辽宁省确

定为石油化工技术紧缺本科人才培养基地。2009年化学工程与技术、石油与天然气工程两个一级学科被辽宁省确定为提升核心竞争力的高水平重点立项建设学科。2003—2009年，石油化工、油气储运工程、石油化工环境科学与工程、非常规油气资源综合利用、石油化工承压设备安全科学与工程等实验室先后被辽宁省科技厅和辽宁省教育厅评为省级重点实验室；石油化工技术研发及分析测试研究中心、专用化学品工程技术研究中心、生物及可替代能源工程技术研究中心、油田化学工程技术研究中心先后被辽宁省科技厅和辽宁省教育厅评为省级工程技术中心。截至2009年底，学校26个硕士点中的22个、49个本科专业中的36个以及9个工程硕士领域，均是直接为石油石化行业服务的。学校的学科专业特色日益鲜明，已经形成了以优势特色学科为先导的石油化工、石油工程、材料、自动化、环境保护、先进装备制造等适应行业和地区经济社会发展需要的学科群，在人才培养、科学研究、服务社会等方面为行业和地方发展做出了应有的贡献。据统计，目前中国石油在辽宁的5家特大型石化企业中的3位总经理、半数以上的中层干部和技术人员都毕业于我校，国家"十一五"重大石化项目中的4个"千万吨炼油、百万吨乙烯工程"建设的总指挥也是我校的毕业生。

近年来，学校在国家和省一流专业建设上实现重大突破，化学工程与工艺、应用化学、油气储运工程、自动化等13个专业入选国家一流本科专业建设点，获批辽宁省一流本科专业建设点16个，近三分之二的在招专业入选国家、省级一流专业建设点，对深入践行"以人为本"教育教学理念、持续构建高质量应用型专业体系、全面提升专业建设水平具有重大推动作用。化学工程与工艺、油气储运工程、自动化、过程装备与控制工程、高分子材料与工程5个专业获批教育部"卓越工程师教育培养计划专业"，并全部通过中国工程教育质量认证。此外，学校有1个专业获批国家级综合改革试点专业、22个专业获省级专业建设项目。2019年主动对接石油化工智能制造发展需求，布局"新工科"专业，智能制造工程、机器人工程、智能科学与技术、海洋油气工程、大数据管理与应用5个本科专业获准设置，专业结构进一步优化，为人才培养提供了有力保障。2011年以来，建成国家级虚拟仿真实验课2门，省级资源共享课和视频公开课11门。2020年，学校以建设国家一流本科课程为目标，制定出台了《辽宁石油化工大学一流本科课程建设实施方案》，建立了一流课程建设的保障激励机制。2020—2022年获批"双万计划"国家一流线下课程1门、虚拟仿真一流课程2门；省级一流课程71门（含国家一流课程3门）。2011年以来，学校将创新创业教育融入人才培养的全过程，加强实践教学及平台建设，支持学生参加创新创业竞赛，培养学生的创新思维和实践能力。2015年，学校在原教育实验学院的基础上，成立了创新创业学院，承担拔尖创新人才培养和全校学生的创新创业教育。学校把实践教学基地建设作为培养应用型人才、提高学生创新创业能力的重要平台，在地方企事业单位建立了一批稳定的实践教学基地，同时加强校内实践教学平台建设。2016年建成了石油化工产业链实物仿真实践教育基地，包括油气钻采、油气集输、石油加工、石油化工、精细化工和智能仓储6个实物仿真实践平台，本科实践教学条件达到省内领先水平；建成大学生工程训练与创新训练中心。2020年，学校申请的石油化工智能制造教学实践创新中心项目被纳入省发展和改革委员会。2021年教育强国推进工程中央预算内投资计划支持项目，项目投资1亿元。学校建成一批“国”字头的实践教育教学基地，其中国家级工程实践教育中心2个、国家级实验教学示范中心3个、国家级虚拟仿真实验教学中心2个、教育部新工科研究与实践项目3项。

产学研培养人才特色日益明显。十年来，学校紧密结合石油石化工业和地方经济社会发展的需要，充分发挥地处辽宁以及抚顺石油石化企业和科研院所集中的优势，始终坚持产学研相结合的人才培养模式，精心培育了大批志在石化、艰苦创业、勇于创新的高级应用型人才，为石油石化工业和地方经济社会的发展做出了重要贡献。进入21世纪以来，学校始终坚持每两年召开一次实习工作会议，每次都有50多个合作办学单位的近100名代表参加，总结研讨有关实习实训教学工作情况，探讨校企联合培养人才的新模式。2003年12月，学校与抚顺石化研究院联合建立了研究生工作站，此后每年都有20多名研究生进站学习和实践，为研究生培养构筑了新的平台。2006年12月，学校与抚顺石化公司、抚顺石化研究院再次签订了进一步加强产学研合作培养人才的协议，建立了联合培养人才机制。2009年，学校与营口市政府、洛阳石化研究院及省内各大石化公司签订了校地、校企合作办学协议。2010年3月，学校实现了辽宁省和中国石油、中国石化、中国海油三大公司四方共建，辽宁省和中国三大石油公司承诺在人才培养和产学研合作方面给予学校重点资助。在产学研合作中，学校从“五个知识度”（知识密度、知识广度、知识深度、知识鲜度、知识力度）入手，通过打造“五个平台”（教学实践平台、工程应用平台、科技训练平台、社会实践平台、就业培训平台）达到了强化学生“五种能力”（综合能力、实际应用能力、科技创新能力、适应社会能力、自主创业能力）的目的。据统计，学生直接参加教师260多项科研项目，公开发表核心期刊论文280多篇，取得省级科技进步奖和发明专利12项，在全国、省科技和学科竞赛中获国家级、省级奖600多项。2021年，学校坚持向石油化工重点基地发展，成立了辽宁石油化工大学滨海石化产业研究院（天津）有限公司，打造产学研用一体化平台；获省科技厅千万元“揭榜挂帅”项目1项，全省仅有5所高校获批。

学校办学指导思想明确、办学思路清晰、办学定位准确。面向新征程，学校深入贯彻全国教育大会精神，始终把“顶天立地”作为发展战略，主动服务行业、地方和国家重大战略需求，始终保持和发扬石油化工学科的特色优势。学校与新中国的石油工业同起步共发展，石化学子从步入校门的第一天就被教育要有使命与担当，要有职业理想，要继承传扬老一辈石油石化人的革命精神与优良传统。培育学生崇高的职业信仰，是建设石化强国的需要，更是学生成长成才的需要。石化学子着眼于未来的职业发展，消除短期功利主义思想影响，对未来充满憧憬和梦想，他们在校期间努力学习专业知识技能，走上工作岗位爱岗敬业，明白学习与工作是为了实现自我价值，是为了不断完善自我，是为了更好地增强职业本领，是为了祖国的强大，他们尊重、热爱石化行业，志存高远，胸怀家国，渴望进取，脚踏实地，为实现中国梦的伟大使命而努力奋斗。

三、用雷锋精神建校育人，培育学生工匠品格

抚顺是雷锋精神的发祥地和全国学雷锋活动的策源地。1960年1月8日，雷锋入伍到营口，于4月7日随部队来到抚顺。当时，雷锋所在部队奉命到抚顺钢厂参加国防工业建设，执行“751”工程施工任务。部队驻地在现抚顺雷锋纪念馆西北200米处。1962年8月15日，雷锋在驻地因公殉职。雷锋在抚顺工作、生活了两年零四个月，雷锋精神正是在这里形成，并走向全国乃至世界。作为新中国重要的工业基地，抚顺当年创造了共和国第一吨特殊钢、第一吨铝、第一吨石油、第一吨镁、第一台挖掘机等工业成就。同时，抚顺人民艰苦奋斗、甘于奉献等伟大精神，也为雷锋的成长进步提供了丰厚的精神滋养。在抚顺，雷锋三次立功，破格入党，受聘担任两所学校的校外辅导员，当选为抚顺市迄今为止最年轻

的人大代表，最终成长为一名伟大的共产主义战士，在全国树起一座永恒的道德丰碑。由于抚顺和雷锋的特殊渊源，抚顺人民“一杆大旗扛到底”，用半个多世纪的坚守和传承，实现了学雷锋活动的常态化。通过半个多世纪的历史积淀，抚顺形成了全国最集中、最丰富的雷锋文化资源。其中，抚顺雷锋纪念馆在全国建馆最早、规模和影响最大，北部战区雷锋纪念馆是全军学雷锋活动的重要阵地，雷锋墓和雷锋纪念碑是全国仅有的两处雷锋题材全国重点保护文物。此外，百处雷锋馆等雷锋题材的展馆和展室，瓢儿屯火车站等十余处承载雷锋故事的历史遗迹和旧址，辽宁省雷锋研究会、抚顺市雷锋精神研究所等研究机构和组织，党校雷锋精神教育培训基地等，共同形成了全国最大规模的弘扬雷锋精神的宣传、教育、研究、培训基地集群。抚顺还有一个特殊人群，包括乔安山等雷锋生前战友、孙桂琴等雷锋辅导过的学生、王维秀等雷锋故事的亲历者、雷锋团退役官兵等雷锋精神传承者，以及一批雷锋精神的研究者和雷锋文化藏品的收藏者，这些人是解读雷锋精神、讲述雷锋故事的宝贵资源。

辽宁石油化工大学校址就坐落于雷锋生前工作过的地方，“用雷锋精神建校育人”成为学校独特的办学风格和亮丽的育人风景。20世纪60年代初至60年代中期，学校学雷锋活动蓬勃兴起。60年代中期至70年代末，我校师生坚持学习雷锋不动摇，把学雷锋与学习“铁人”精神相结合。20世纪80年代至90年代末，学校坚持与时俱进学雷锋，用雷锋精神建校育人，赢得了社会的广泛赞誉。2003年学校成立的“学雷锋示范班”因成效显著，先后获得辽宁省大学生思想政治教育优秀专项活动一等奖和辽宁省加强和改进大学生思想政治教育优秀工作案例一等奖，示范班学员因素质高、能力强，被《光明日报》以《企业争抢雷锋传人》为题广为宣传报道。学校2005年开设的“雷锋精神在线网站”已经成为辽宁省高校德育工作和思想政治工作的红色品牌网站，被评为辽宁省高校主题教育示范网站。2006年3月4日，辽宁省“用雷锋精神建校育人”研讨会在我校召开，学校介绍了用雷锋精神建校育人的经验。2006年以来，学校成立的大学生雷锋理论与实践协会先后两次被辽宁省命名为“雷锋号”。2007年，学校在校园内建立了雷锋、王进喜的雕塑，并使雷锋擦汽车著名情景在校园原拍摄地再现。2007年5月，学校编写出版《雷锋精神简明教程》教材，雷锋精神被正式纳入教学计划，实现了雷锋精神进教材、进课堂。2007年9月5日，学校举行中日专家学者雷锋精神研讨会。2008年3月31日，辽宁省委宣传部和辽宁省教育厅联合在我校举办了全省高校纪念雷锋活动45周年理论研讨会。2008年10月，辽宁省雷锋研究会正式成立并挂靠在我校。2010年3月5日，辽宁省雷锋研究会首届雷锋精神与校园文化建设、雷锋精神与企业文化建设、雷锋精神与和谐社区（村）建设大型论坛在我校隆重举办。学校“用雷锋精神建校育人”的经验在全国高校党建工作会议和中国石油化工总公司及省市有关会议上做了交流，《光明日报》《中国教育报》《中国石化报》《辽宁日报》等多家媒体多次报道我校学习雷锋的事迹和经验。学校团委被评为抚顺市“学雷锋先进单位”，机械系团委被市委、市政府和军分区命名为“学雷锋先进集体”等。

学校充分利用雷锋精神资源打造学生的工匠品格。学校坚持用雷锋精神塑魂育人，努力构建雷锋精神育人体系，总结凝练了新时代雷锋“五个一”精神，即“一团火”的忠诚为党精神、“一块砖”的爱岗敬业精神、“一颗钉”的刻苦钻研精神、“一滴水”的团结友善精神、“一片叶”的无私奉献精神，成为促进师生健康成长的巨大精神力量和宝贵的精神财富，涌现出了以“潜心育人、爱生如子”的师德楷模路永洁和辽宁省大学生“十佳道德标兵”之一的李勇等为代表的一大批学雷锋先进典型，《光明日报》《中国教育报》《中国石化报》《辽宁日报》《抚顺日报》等多家新闻媒体曾60多次报道我校学习雷锋的事迹和经验。

学校持续加强《雷锋精神概论》课、“雷锋精神在线”网站建设，实施“雷锋精神种子工程”，成立新时代雷锋精神研究中心，获批辽宁省新时代雷锋精神研究基地，连续举办十三届雷锋精神主题论坛，建成雷锋精神育人展馆并被确定为辽宁省爱国主义教育示范基地、省委党校现场教学基地，创办《雷锋文化研究》杂志，开通“中华雷锋号”微信平台，成立“雷锋书苑”，雷锋精神伴随时代发展与时俱进，通过线上线下得到大力传播和弘扬，成为学校的育人品牌，融入师生血脉，涌现出一批学雷锋先进集体和先进个人。学校进一步引导师生学习“三个榜样”，弘扬“三种精神”，即学习雷锋好榜样，弘扬忠诚为党、小善大爱的雷锋精神；学习王进喜好榜样，弘扬艰苦奋斗、攻坚克难的铁人精神及时代化的工匠精神；学习路永洁好榜样，弘扬精益求精、报效祖国的“抚油精神”。近几年来，学校连续承办辽宁省大中小学“雷锋精神我传承青春闪耀新时代”学雷锋启动仪式，大力推进大中小学思政课一体化建设，获评辽宁省教育系统雷锋式学校，成为省内高校学雷锋高地。学习雷锋好榜样，石化学子走上工作岗位后能够像雷锋那样忠诚为党、爱岗敬业、刻苦钻研、团结友善、任劳任怨、无私奉献，将一腔热血奉献给所从事的石油化工行业！

可见，从建校到今天，辽宁石油化工大学一直坚持把将学生培养成为德智体全面发展的建设者和普通的劳动者作为教育目标。辽石化大的毕业生以思想进步、政治可靠、爱岗敬业、基础扎实、接受能力强、勤劳朴实、肯于吃苦、团结协作而深受用人单位和工人师傅的欢迎。学校通过走访和问卷调查的方式，收集了200余家省内外用人单位对毕业生的评价，问卷调查的满意率在80%以上。他们认为我校毕业生专业理论基本功扎实，感悟能力强，在生产实践中能够触类旁通，勇于提出技术改进意见；勤学好问，自觉拓宽知识面，再学习能力比较强；思想稳定，能适应艰苦工作环境，进步速度比较快；作风踏实，不怕吃苦，不计较个人得失，工作冲在前面，人际关系融洽；进入工作角色比较快，到企业后很快和老员工打成一片，实际工作中动手能力强。总体评价是：我校毕业生素质好、能力强、作风实，在同类专业毕业生中具有较强的竞争力。实践中，毕业后经过一段时间的艰苦奋斗，绝大部分毕业生已经成长为企业、工厂的中坚和骨干力量，许多毕业生走上了领导岗位，有些毕业生已经成了我国石油石化行业的高级干部，辽宁石油化工大学也被誉为大国石油石化工匠人才的摇篮。

第二章　信：铸牢信仰之魂

信仰是人对于生命的终极诉求，也是对精神家园的最高向往。习近平总书记指出："人民有信仰，民族有希望，国家有力量。实现中华民族伟大复兴的中国梦，物质财富要极大丰富，精神财富也要极大丰富。"工匠精神外在表现为一种执着专注、精益求精、一丝不苟、追求卓越的态度，内在本质体现了一种对共产主义信仰、马克思主义信仰的坚守。只有以科学的理论引领和培育工匠精神，坚持以马克思主义为指导，坚定共产主义理想信念，才能让信仰之光照亮奋斗的征程，以信仰之魂激发奋斗的活力，奋力实现中华民族伟大复兴的中国梦。

第一节　信仰坚定是工匠精神的灵魂

文化的核心是价值观，价值观的核心是信仰。信仰是人特有的一种心理和文化现象，是对人生意义问题的追问。信仰位于人的价值观的最深层次，它对于人生境界的提升与社会的稳定和发展具有重要意义。社会需要信仰来提高凝聚力，人生需要信仰来支撑生命的意义与价值。信仰是一个政党、一个国家、一个民族的精神支柱，也是共产党人安身立命的根本。工匠精神是中国精神的具体呈现，是民族精神和时代精神的结晶，必须以坚定的信仰信念，铸就工匠精神之基，培养更多能工巧匠、大国工匠，发挥劳模工匠的典型示范作用。

一、信仰的基本概念诠释

信仰作为一种普遍存在的精神现象，在人类与社会发展过程中是不可缺失的。恩格斯说："即使是最荒谬的迷信，其根基也反映了人类的本质的永恒本性。"也就是说，人的信仰基于人的本性，源于人的生存自觉。可以说，关注信仰问题，就意味着关注人类与社会的生存和发展。信仰是人类活动的精神积淀，同时又制约和引导着人类走向未来。

（一）信仰的内涵

信仰是人独有的精神世界，信仰随着人类社会的产生而产生，随着人类社会的发展而发展，在不同的历史时期形成了不同的信仰。有的信仰存在了较短的时间，很快就消失在历史长河中，而有的信仰虽历经了漫长的发展过程却始终存在、源远流长。信仰是人类的精神活动，是一个具有多层次复杂内容的系统概念，它以自身的变化和发展来反映和追踪人类实践活动和社会现实生活的变化发展。

信仰的内涵可以从多方面来理解。从价值论的角度看，信仰是一种终极价值追求，为人类提供价值目标，信仰是主体对象的信服与敬仰并作为自己的精神追求与情感寄托，信仰是价值观的核心，是世界观、价值观、人生观的集中体现。从认识论的角度看，信仰作为人类特有的精神现象，是人们在认识过程中形成的对世界的一种整体性理解和把握。人们的信仰不是天生的，而是在实践中形成的一种认识，但是从认识升华成信仰还需要情感的认同，所以信仰是理性与非理性的统一。从信仰产生的心理过程看，信仰是人类的一种特殊的心理状态，信仰的形成有特定心理机制，是人的认识过程、情感过程及意志过程的辩证统一。

历史唯物主义认为，社会存在决定社会意识，信仰是一种精神现象，来源于人类的实践活动，信仰主体是实践客体在信仰实践中的具体化。从信仰的起源看，信仰是实践的产物，是人类社会发展到一定阶段的产物，信仰是人类特有的一种精神现象。在人类实践发展过程中，由于主客观条件的限制，人类认识到自身的有限性，却追求一种自我超越，即对人生意义的追求。只有这样，才能找到人生前进的方向，并为之不懈奋斗，即使遇到困难与挫折也甘之如饴。因此，从人生的终极意义角度看，信仰是信仰主体对信仰客体的一种极度信服，奋斗的目标，信仰的主体是人，人本身是一个复杂体，人是思想与实践的统一体。信仰是人的情感寄托和行动指南，因此信仰客体是某种现象、某个事物、某种观点、某种理论体系或者某个人所承载的价值追求，这种价值追求要想为主体极度信服，必先为主体所认知，而后引起主体内心的尊崇和敬仰，这种敬仰不是一种海市蜃楼式的观望，而是通过“我”已有的经验和认识，“我”坚信通过“我”未来的努力一定可以向这个目标无限靠近甚至实现。

（二）信仰的特征

作为一种自我意识以及一种社会精神现象，信仰是人类历经千万年的发展过程中，对于自身的生存背景、生存意义、生存条件的意识和追求。信仰产生于社会实践，也在实践中发挥着重要作用。

1. 信仰具有精神超越性

人需要一种精神作为内驱力，这种内驱力首先表现为一种不满足当下的存在状态，永远想要超越，永远想要突破人的有限存在。人类之所以追求信仰，在于信仰能够提供一种超越性，信仰的产生过程就是人不断实现超越的过程。信仰就是人类不满足于现存的生活条件，渴望超越现存的生存状态，从而把希望寄托在信仰对象身上，这样就产生了信仰。信仰是在对现实世界可变的、有限的事物的不断超越中，实现其对价值目标的不断接近。对个体来说，就是个体生命有限性的不朽追求，把有限的生命转化为无限，从而获得无限的价值，获得信仰对于个体的意义。在原始信仰中，人们认为灵魂是不灭的。在宗教信仰中，人们信仰上帝，是因为“人生而有罪”，只有上帝才能拯救人类，宗教信仰就是人们的精神麻醉剂。现代社会的信仰更多的是追求自身价值，这也是一种精神超越性，给人以心灵的安慰和寄托。

2. 信仰具有社会实践性

信仰的主体是人，人首先是自然存在物，人类为了生存，首先得满足自己的生活需要，在实践中创造自己所需要的生活资料。信仰还具有社会性。人又是社会存在物，人在实践中逐渐追问关于人的问题。信仰是一种精神现象，是由社会存在决定的。信仰是社会实践的产物，信仰随着社会实践的产生而产生，随着社会实践的发展而发展。信仰作为人类的精神活动，是社会生活的现实表达和反映。对社会实践来说，信仰也具有反作用。信仰以自身的变化与发展来反映人类实践活动与社会现实生活的变化和发展。人在社会实践中对人与社会关系、人与人的关系的思考，形成对自我的社会价值的基本认识，并且在社会文化环境的熏陶下，通过学习、教育、自我调节等形式，不断地反思，逐渐确立并强化自己的信仰。

3. 信仰具有历史性

信仰属于社会意识的范畴，不是凭空产生的，而是在继承先辈们积累下来的思想材料的基础上形成的，这种思想材料和社会的条件都具有历史继承性。每一个时代有每一个时代的信仰，信仰是每一个时代现实社会生活在人们精神层面的反映。信仰是一种发展变化着的东西，有其自身产生发展的过程，是人类文明发展到一定阶段的产物。随着社会现实的变化以及人的认识的不断发展，信仰的具体内容会发生变化，这就决定了要将信仰置于特定的历史背景之中去研究。信仰不可能自发地产生，人不是天生就有信仰的，而是通过后天培养，再经过本身在社会生活中的观察、体验最终领悟出信仰的真谛，从而建立起自己的信仰。从信仰的心理发生角度看，信仰的形成会经历一个知、情、意、信、行的复杂过程。一旦信仰形成，会具有相对稳定性，但是守护信仰也是一个艰难的过程，社会生活实践或者社会历史环境的变化会对原有的信仰产生一定程度的冲击，原有的信仰会经受一些考验，信仰主体可能会质疑、怀疑原有的信仰，而科学的信仰一定能够历久弥新，经受得住实践和时间的考验。所以，信仰是动态的历史过程。

4. 信仰具有神圣性

从神圣的字面来看，指尊贵、崇高，庄严，神圣性是指主体对某事物的尊敬、敬畏之心。有人认为“神圣”一词与宗教相关，其实不然，就像信仰不仅仅是指宗教信仰。神圣性是一切信仰的共性，并不是宗教的特权，不能仅将“神圣”一词归为宗教，比如说红旗、党徽、国徽都是崇高的、庄严的、神圣的。信仰的神圣性特征表现为信仰者心中的信仰对象的神圣性，是信仰者对信仰对象的尊敬、敬畏，庄严而不可亵渎，体现在信仰的观念中。也是因为信仰的神圣性使信仰者有了强大的心理动力与行动的感召力从而引导其自身行为。

二、共产主义信仰是工匠精神的鲜明底色

作为一种价值追求，共产主义信仰是建立在科学研究基础之上的对人类未来社会的科学展望。共产主义信仰既是人们对理想社会的美好憧憬，又基于客观的实践逻辑。共产主义信仰是工匠精神的鲜明底色，弘扬工匠精神，就要坚定理想信念，坚守精神追求，使心中信仰照亮现实的路，脚踏实地，在任何艰难险阻面前不畏惧、不退缩。

（一）理想信念是工匠精神的支柱和力量源泉

无论是一个人，一个政党，还是一个民族，一个国家，理想信念在任何时候都至关重要。理想是经过艰苦奋斗就有可能实现的目标，是社会生活实践中人们对未来的追求和向往，也是一个人的价值观的具体体现，是人们的精神支柱。信念是对理想所持的坚定不移的态度和决心，是人们在一定的认识基础上确立的对某种思想或事物坚信不疑并身体力行的心理态度和精神状态，是认识、情感和意志的融合与统一。一个人如果缺乏理想信念，即使有非常健壮的躯体且过着富裕的生活，也无异于行尸走肉，犹如“魂不附体”。一个政党的衰落，往往是从理想信念的丧失或缺失开始的。习近平总书记指出：“理想信念就是共产党人精神上的‘钙’，没有理想信念，理想信念不坚定，精神上就会‘缺钙’，就会得‘软骨病’。”因此，坚定理想信念，补足精神之“钙”，固牢思想之元，十分重要且一刻也不能放松。

工匠精神蕴含着先进的政治属性、崇高的政治理想、纯洁的政治品质。其中，理想信念在工匠精神养成的过程中，十分重要。研究显示：“如今的中国，很多领域不缺技术，不缺设备，不缺人才，缺的是一颗沉静的心，缺的是做事的情怀、信念和态度，更缺的是信仰。”在社会生产和生活中，工匠的成长与他们的理想信念紧密相关。工匠精神是一种以理想信念为支撑，以家国情怀为主体的敬业创新精神和责任担当意识。工匠们只要心怀远大理想，就能经受住一次次失败和挫折，就会变得无坚不摧，坚强有力。工匠们只有始终保持坚定的理想信念，自觉做共产主义远大理想和中国特色社会主义共同理想的坚定信仰者，才能深刻认识自身职业道路与中国梦的关系，与全面建成设社会主义现代化强国的关系，才能将个人梦融入国家梦之中。工匠们只有心怀远大理想、信念坚定，才能树立正确的价值观，以执着专注、精益求精、一丝不苟、追求卓越的信念为党和国家的事业贡献力量。因此，坚定理想信念为工匠精神的培育提供了最为根本的支撑，为工匠精神的养成筑牢了信仰之基。

（二）工匠精神内含了对共产主义信仰的坚定信念

在对资本主义社会基本矛盾及其运动规律辩证分析的基础上，马克思、恩格斯揭示了人类社会发展的规律，划分出了各个时期的历史阶段。这种由低到高的阶段形式勾画出了人类未来理想的社会图景。共产主义是一个从低到高的实现过程，它作为最高的存在，要经历现实不断地演变。在共产主义的高级阶段，社会生产力高度发达，能够满足人的一切发展需求，能够在实践活动中各尽所能，按需分配，获取生产生活中所需要的生活资料，真正平等的分配原则将在共产主义的高级阶段得以实现。

共产主义作为一种完善的社会形态，是在社会历史发展的基础上呈现出来的，“资产阶级的灭亡和无产阶级的胜利是同样不可避免的”。共产主义是一种未来的社会理想。无产阶级实现自身解放的过程，是一个推翻资产阶级统治，打破阶级压迫，改变自身被资本奴役的过程，是一个坚定共产主义信仰，实现无产阶级专制，推进人的自由全面发展的过程。共产主义作为预期的目标有其实现的客观必然性，马克思对于社会历史规律的认识就体现在共产主义实现的全过程。人类设想的共产主义及其实现，对社会实践活动的展开起着推动作用。

在历史观中，共产主义是社会历史的最高体现，现实是以共产主义为目的的展开。马克思在现实中找到了一条人自我实现、自我解放的道路，使得共产主义信仰超越以往的哲学，有着全新的模式。在共产主义信仰的引导下，人类在改造世界的实践活动中不断地追求着理想。共产主义信仰提供了一种价值理想，每个人都能自由自在地构建、创造自己的精神家园。为了实现这个共产主义理想，我们在当下的历史阶段必须自主地去“改变世界”，不但使整个世界革命化，还要使整个世界理想化。

共产主义作为人类社会发展的必然结果，其目的是消灭现存的资本主义社会形态，而它本身就是人类社会的未来形态。迄今为止，人类社会的全部历史运动都是为了实现共产主义这一社会形态，共产主义是一种没有剥削压迫、没有国家阶级之分的全新社会，是一种人以劳动为乐趣并全面发展的社会，它是人们不断为之奋斗的目标，虽然这一目标还很遥远，但有着坚实的理论基础，是可以期待并最终一定会实现的目标。共产主义自身作为整体性的存在，作为科学的理论学说，作为人的解放的终极价值旨趣，是人现实的生活方式的追求。它在自身生成的运动过程中，成为人内在的理想信念，人有了这一终极的价值追求，以及这一精神追求的力量的注入，能够方向明确、道路正确地对世界进行改造，以实现自身的终极价值。在共产主义的引导下，坚定共产主义的远大理想，人对于自身生存的现状就有了变革的需求和精神动力。

共产主义社会是人类获得自由并全面发展的理想社会。坚定共产主义理想信仰是共产党人的生命根基稳固的根本。习近平总书记指出，要用理想之光照亮奋斗之路，将信仰化作前行的力量，用信仰之力开创美好未来。工匠精神内含了崇高的共产主义理想信念，体现了工匠们为共产主义事业奋斗不息的政治信仰。工匠们所体现的崇高理想和坚定信念，决定了他们能够在工作中解放思想、实事求是、全心全意为人民服务。工匠精神与从业者自身崇高的共产主义信念具有一致性。工匠精神彰显了工作过程高于一切、敬业实干的作风，体现了慢工出细活的优良传统，凸显了艰苦奋斗、淡泊名利的珍贵品质，是不同时期、不同行业优秀者及成功者的理想信念的生动而深刻的诠释。坚持共产主义的理想信念和精神追求，始终是工匠们保持执着专注、精益求精、一丝不苟、追求卓越的根本，是其取得一切重大成绩的精神动力和力量源泉。“千磨万击还坚劲，任尔东西南北风。”大力弘扬工匠精神，进一步强化工人阶级和广大劳动者的理想信念教育，用坚定的信念铸就“匠魂”，学习劳模工匠的“有理想守信念”，从劳模工匠始终如一、持之以恒的奋斗故事中感悟信仰的力量、理想的力量、信念的力量，弘扬光荣传统、锤炼思想品格、补足精神之“钙”，引导广大劳动者用初心砥砺信仰、用理论坚定信念、用实践增强信心。

（三）工匠精神体现了对中国特色社会主义共同理想的坚定信心

革命理想高于天，共产主义理想和中国特色社会主义共同理想，是当代中国共产党人的精神支柱和政治灵魂。中国特色社会主义的伟大实践，是马克思主义在中国的现实体现，始终同马克思的共产主义世界观一脉相承，不仅体现了马克思主义的基本原则，也体现了社会主义本质的必然要求，为人的自由、全面发展创造了前所未有的客观条件。人类历史的进程是由不同发展阶段构成的，每个阶段有每个阶段的发展目标，但阶段性的发展目标必须以远大理想或共同理想为指引，才能端正发展方向。中国特色社会主义虽然为自己确立了多个阶段性目标，但只有深入理解共产主义世界观，才能端正各个阶段的发展方向，才能真正形成中国特色社会主义的文化自信。

1. 工匠精神是全面建设社会主义现代化国家的必然要求

新时期，我国提出了符合实践要求的现代化建设战略部署，即“从2020年到2035年，在全面建成小康社会的基础上，再奋斗15年，基本实现社会主义现代化；在基本实现现代化的基础上再奋斗15年，到本世纪中叶把我国建成富强民主文明和谐美丽的社会主义现代化强国”。任何国家的现代化之路都是将吸收借鉴同自身传统相结合的创造过程，现代化道路的选择是要摒弃自身特色。中国式现代化道路就是在探索中逐步形成的，既来源于实践又最终回归实践，中国作为社会主义现代化强国的崛起，既体现了中国特色，又丰富了世界多元现代化模式，有着重要的意义。

习近平总书记强调，要改变原来只注重生产规模的方式，要把高质量发展融入整个生产过程，所有行业都要重视产品质量，从而推动经济的高质量发展。实现这种转变，就需要铸造高品质制造业，培育更多具有创新能力的人才，尤其是大力弘扬工匠精神，使这种精神成为匠人骨髓里的东西，成为国家民族生生不息的精神力量。一方面，工匠精神中精益求精、追求卓越的内容，使得工人不断将工匠精神蕴含的价值内涵融入产品开发与制作过程中，更新自己的观念，改进自身的技术，从而不断培育高素质的劳动者，提高产品的价值，从而打造出精益求精的产品。另一方面，工匠精神有利于激发从业者的爱岗敬业、创新能力及奋斗精神，培养劳动者认真、严谨、一丝不苟的态度，使工匠们极为重视每一个部件、每一步流程，重视产品的质量，精雕细琢、追求极致，进而提高全要素生产率，促进我国经济的发展。

2. 工匠精神是实现中华民族伟大复兴中国梦的有力保障

实现中华民族伟大复兴的中国梦，是全体中华儿女的共同心愿，也是全国各族人民的共同目标。习近平总书记指出：“中国梦的本质内涵是国家富强、民族振兴、人民幸福。”作为一个民族的集体梦想，中国梦是中华民族的复兴梦，符合中华民族和中国人民的整体利益。在社会主义革命、建设、改革的实践过程中，中国共产党建构了一个个精神坐标，形成了独特的精神谱系。其中，工匠精神是以爱国主义为核心的民族精神和以改革创新为核心的时代精神的生动体现，是鼓舞人民奋勇前进的精神力量。在迈向第二个百年奋斗目标的征程中，我们需要一大批执着专注、精益求精、一丝不苟、追求卓越的劳动者，需要通过培育杰出工匠，助力中国梦的实现。工匠精神作为具有创新内涵的精神力量，继承和发扬工匠精神，就是在提倡创新；培育具有工匠精神的人才，就是将提高创新意识落到实处，增强创新能力。要使我国的资源优势转变为创新优势，就要继承和发扬工匠精神，创造条件不断激发劳动者的创造热情，培育具有自主创新意识的人才，推动我国高端产业、科技事业的发展，助力中国梦的实现。

（四）工匠精神体现了对中国特色社会主义文化的坚定自信

习近平总书记指出："文化自信，是更基础、更广泛、更深厚的自信。"工匠精神作为当前劳动者追求的一种精神文化，体现了对中国特色社会主义文化的坚定自信。

1. 工匠精神是传承中华优秀传统文化的内在要求

中华优秀传统文化是我国几千年历史文化的沉淀。习近平总书记指出："中华优秀传统文化已经成为中华民族的基因，植根在中国人内心，潜移默化影响着中国人的思维方式和行为方式。"我国作为一个文明古国，在历史上出现了许多杰出的工匠，他们利用精湛的技艺，创造出了无数的优秀作品，比如，鲁班的曲尺、铲子，顾恺之的画术，等等。我国有着许多历史古迹，长城、苏州园林、赵州桥、故宫以及大运河，这些古迹的存在体现了我国杰出的工匠精神。工匠精神传承了中华优秀传统文化的核心内容，充分体现了我国古代人民的智慧和创造力。如今，我们大力宣扬工匠精神，利用大型纪录片《大国工匠》《我在故宫修文物》等，展现工匠们那种不怕困难、坚持不懈、始终如一、精益求精的精神。弘扬工匠精神，不仅要从我国优秀传统文化中吸收有益的物质，同时要把工匠精神与时代发展相结合，实现中华优秀传统文化的传承和创新。

2. 工匠精神是践行社会主义核心价值观的具体要求

社会主义核心价值观与工匠精神在本质上具有契合性，两者都展示了中华民族一致的价值目标与追求。工匠精神倡导的执着专注与社会主义核心价值观的爱岗敬业具有一致性。执着专注要求工匠敬畏所从事的职业，专注于自己的工作，即爱岗敬业。一个国家工匠精神的培育，需要大量具有爱岗敬业品质的劳动者，比如，屠呦呦、袁隆平等。他们以优秀的品质和精湛的技艺为社会做了突出贡献，把一生献给了自己热爱的国家。工匠精神追求产品质量，通过产品质量的竞争，减少了过于看重物质利益、投机取巧等行为，助推着社会公正平等价值观的践行。工匠精神是国家富强的推动因素，是推动"中国制造"向"中国质造"转变的精神力量。因此，在培育和践行社会主义核心价值观的过程中，人们应该把工匠精神蕴含的精神品质融入社会生活中，使其成为人们的一种精神追求。

三、马克思主义信仰是工匠精神的内在核心

信仰是理想的核心，无论是集体还是个人，有了坚定的信仰，就有了立身之本、精神之“钙”、力量之源。作为一种理论，马克思主义是不断发展的，是由哲学、政治经济学、科学社会主义有机统一的理论体系，而贯彻始终的追求是实现人的自由全面发展，这就是马克思主义信仰的本质。“马克思主义信仰是人们对马克思主义的信仰，是人们对理论的相信与信奉，并作为行动指南。”马克思主义信仰实现了人类信仰史的变革，集中体现为唯一性与开放性、科学性与价值性、现实性与超越性相统一。

（一）对马克思主义的理论认同是工匠精神的集中体现

马克思主义是一种科学理论，其根本的追求在于实现人的自由与全面发展，而当人们充分理解、接受并且信奉马克思主义的基本理论和对现实世界的科学分析，以及对未来人类社会发展方向的科学预测以后，它就转化为一种信仰，在人的实践活动发挥重要作用。因此，马克思主义信仰就是人们对马克思主义理论所描述的实现人的自由与发展，实现共产主义社会理想的远大目标的一种确信，并将之作为行动准则和终身奋斗目标。马克思主义信仰具有自身的独特性，其本质特征是通过马克思主义理论的价值指向性以及与马克思主义信仰相关的实践活动表现出来的。一是唯一性与开放性相统一。马克思主义信仰所追求的终极目标具有唯一性，即实现人的自由全面发展。马克思主义始终将人的生存和发展问题摆在最重要的地位。马克思主义的信仰具有开放性，这种开放性体现在马克思主义是与时俱进、不断发展的科学理论体系。马克思、恩格斯创立的马克思主义，在历史的发展进程中其内容不断丰富。马克思主义在历史发展的进程中发挥着自己的作用，也在历史实践中不断丰富自己的内涵，并不断接受实践的检验。二是科学性与价值性相统一。马克思主义信仰的理论载体马克思主义是在逻辑上和实践中不断得到证明的科学真理。马克思、恩格斯用辩证唯物主义和历史唯物主义这一科学的世界观和方法论来考察资本主义社会，揭示了资本主义社会不可克服的内在矛盾，推断资本主义灭亡的必然性，同时用唯物史观证明了人的解放程度是社会进步的重要标志。马克思主义信仰的人民性立场，将每一个人的利益都看得

十分重要，有着强烈的人本主义关怀，代表了绝大多数人的利益和历史进步方向，表明马克思主义的价值取向和价值追求是符合历史发展规律的。三是现实性与超越性相统一。马克思主义信仰从现实的人出发，从现实人的生存处境出发来构建人的意义生活。马克思主义信仰主张个人以一种非常积极上进的态度对待生命，对待生活，将命运掌握在自己手里，在改造客观世界的同时改造自己的精神世界，不断提高人生境界，通过不断地自我超越和自我实现，不断地为社会做出应有的贡献，不断创造条件促进自身的全面发展。马克思主义信仰独特的超越性体现在第一次确认了人的本质力量，提出实现人的本质复归，人是自己的命运的主人，彻底实现人的解放的力量在于人本身。

马克思主义信仰是终极价值与现实价值，人文情怀与以人为本的统一，它以其自身的科学性、真理性和实践性力量引发人们信仰的选择，其所蕴含的价值取向引起人们的价值共鸣进而对其产生坚定的信念，昂扬向上的精神因素对人们的鼓舞作用促使其认同马克思主义信仰。马克思主义信仰是科学的信仰，不可能自发地产生，只有通过系统的理论学习才能了解和掌握马克思主义理论，为情感认同奠定基础。工匠精神以人的自由全面发展作为价值指向，旨在通过精益求精的劳动技能、爱岗敬业的精神来不断提高人们的劳动水平，人们对自我价值的不断完善，在追求自由全面发展的过程中，促进了人类社会的不断发展。工匠精神体现了工匠们对马克思主义理论及其所包含的价值目标的认知，对马克思主义信仰的历史形成过程及其重要意义的了解，体现了工匠的价值判断和价值选择能力以及对马克思主义信仰的价值追求和理性认同。习近平总书记对工匠精神的重视，反映了马克思主义关于人的全面发展的观点。这种观点一方面体现在我国新时代教育方针的确定上，即培养德智体美劳全面发展的社会主义建设者和接班人。与德智体美相比，劳动教育在新时代再次被叫响的原因之一，就在于保障人的全面发展。缺少劳动的教育是片面的，缺少教育的劳动也是不系统的。另一方面表现在发展目标上，就是习近平总书记强调的，实现我们的发展目标不仅要在物质上强大起来，而且要在精神上强大起来。工匠精神是精神强大的具体表现，也蕴含了人的全面发展的观点。工匠精神不仅是业务水平的模范精神，更是道德修为的榜样精神；不仅是对劳动对象的改造精神，更是对劳动者自身素质的提升精神；不仅是技术和产品的极致精神，更是对自我要求的完美精神。

（二）马克思主义劳动观是工匠精神的重要理论依据

马克思主义劳动观在认识论和方法论上对以往旧的劳动观进行了批判和超越，在批判现存劳动观的不合理之处的过程中实现自身的理论超越，创立了历史唯物主义的马克思主义劳动观。马克思主义劳动观的内涵极其丰富，揭示了在劳动建构起来的感性生活的基础之上，如何于漫漫历史长河中因其自身的“异化”或“外化”，建构起人类社会的政治、法律和宗教、艺术、哲学等各种意识形态的“上层建筑”。马克思主义劳动观告诉我们，劳动不仅创造出人本身，更创造出物质世界。马克思把劳动作为人类发展的重要基础，他指出：“整个所谓世界历史不外是人通过人的劳动而诞生的过程。”在这个物质世界中，人们为了能够“创造历史”，必须能够生活。但是为了生活，首先就需要吃喝住穿以及其他一些东西。因此，第一个历史活动就是生产满足这些需要的资料，即生产物质生活本身。因此，劳动是人类的本质活动，是创造价值的唯一源泉。马克思主义劳动观不仅在人类劳动学说史上具有重要的理论价值和历史地位，而且对新时代正确认识劳动的主体性、培育人的劳动精神和工匠精神、树立劳动幸福观具有重要的意义。

工匠精神把人的活动看作“美的规律”，在追求产品精益求精的过程中体现对美的憧憬，把劳动最光荣、劳动最崇高、劳动最伟大、劳动最美丽的观念贯穿其中，体现了崇尚劳动，造福劳动者，以劳动托起中国梦的价值追求。

（三）以马克思主义为指导的工匠实践是工匠精神的源头活水

马克思主义哲学的基本观点是实践观，实践观是马克思主义理论的基础，贯穿于整个马克思主义哲学体系之中。实践的主体、实践的对象、实践的手段都是客观存在的，并不是人的主观臆造所产生的。其中，物质生产是人类实践活动的基本形式，人们利用自己的劳动，对自然界中的事物进行改造，从而改善自身的生活环境，满足自己对物质条件的需求。马克思强调从实践的角度认识和改造社会，实践构成了社会关系的基础条件，人们通过实践这一社会历史活动，将自身与社会中的其他人的活动联系在一起，形成包括人与人、人与社会、人与自然等在内的社会基本关系。

工匠精神是工匠这个主体所具备的精神品质，但这个精神品质并不是人们主观臆造出来的，而是工匠们投身于社会实践，在打磨一件件产品的实践中所形成的。工匠精神是工匠们进行实践的最为直接的体现。脱离社会实践来谈论工匠精神是毫无意义的。针对中国制造业大而不强等客观问题，工匠们在马克思主义实践观的指导下，根据收集到的材料，在对实践对象进行考察后经过反复修改，形成最佳方案。他们在多次的实践锻炼中打磨产品，兢兢业业，乐意为产品质量的哪怕一小点提高而付出巨大的心血，以求取得完美的实践成果，与此一脉相承的是，他们以产品质量出现瑕疵为耻辱，断不能容忍一件质量不合格的产品从自己的手上流出，甚至到市场上以次充好。工匠精神体现了工匠实践活动中的能动性，使得工匠们劳动积极性得以充分调动，在自己的意愿下进行劳动，将“要我做”变成“我要做”，从而激发出无限的创造力，即创新能力。如今，在机器人取代人工进行生产的情况下，机器人并不具备能动性，不能对事物进行创新，因而具备创新能力的工匠们仍然具有重要地位。

四、坚持党的领导是工匠精神的集中体现

（一）坚守党的初心和使命是凝聚匠心与实操精干的根本

实现好、维护好、发展好最广大人民的根本利益，既是共产党人的价值追求，也是马克思主义政党的本质要求。党的二十大党章修正案在总纲第十自然段，增写关于“不忘初心、牢记使命”的内容，指出“中国共产党自成立以来，始终把为中国人民谋幸福、为中华民族谋复兴作为自己的初心使命”。党的初心使命，是党的理想信念、性质宗旨、奋斗目标的生动表达，深刻揭示了我们党始终保持先进性和纯洁性、始终赢得中国人民拥护和爱戴的根本原因。这个初心和使命是激励中国共产党人不断前进的根本动力。这个初心和使命决定了中国共产党始终代表中国最广大人民的根本利益，始终把人民放在心中最高位置，始终把人民对美好生活的向往作为自己的奋斗目标，始终坚持以人民为中心。对于我们党来说，一切奋斗都是为了人民，党和人民始终心连心、同呼吸、共命运，我们党的党性和人民性始终是高度统一的。正如习近平总书记所指出的，“从本质上说，坚持党性就是坚持人民性，坚持人民性就是坚持党性，党性寓于人民性之中，没有脱离人民性的党性，也没有脱离党性的人民性。”

正是由于矢志践行初心使命，一百年来，不管形势和任务如何变化，不管遇到什么样的惊涛骇浪，我们党都始终把握历史主动、锚定奋斗目标，沿着正确方向坚定前行。习近平总书记指出："要在全社会弘扬精益求精的工匠精神，激励广大青年走技能成才、技能报国之路。"党的二十大报告提出，努力培养造就更多大师、战略科学家、一流科技领军人才和创新团队、青年科技人才、卓越工程师、大国工匠、高技能人才。这极大地鼓舞了电院学子技能报国、矢志创新的勇气和决心，大家对于工匠精神也有着各自不同的理解和坚定。工匠精神体现了心中有党的忠诚信念，强调了新时代所赋予的新使命。工匠们摒弃了"差不多就行""随便应付了事"等心态，把工匠精神融入干事创业、责任担当、信念信仰等各个方面，凝心聚力，实操精干，不断"雕琢"自己，以坚定政治信念和初心使命引领包括制造业在内的各项事业的发展，使自己朝着成为一名优秀的大国工匠奋进。矢志践行初心使命，就要坚持以人民为中心，同人民站在一起、为人民利益而奋斗。习近平总书记对工匠精神的重视，本质上是对人民的重视，充分体现了以人民为中心的治国理政思想。习近平总书记指出，伟大的事业需要伟大的精神，伟大的精神来自伟大的人民。工匠精神就是伟大的精神，是为了人民、依靠人民的精神。工匠精神就是人民群众的先进精神，其核心就是践行全心全意为人民服务的宗旨，就是用心做一件事情。工匠们本着人民至上的原则，以敬业、专注、踏实、坚持等精神面对生活、工作，在平凡的岗位上书写不平凡的人生。

（二）对党的绝对信任与忠诚是劳模工匠的政治品格

在中国共产党成立之前，中国社会积贫积弱，人民饱受磨难，许多仁人志士探索救国救民道路都走向了失败。自中国共产党成立以来，在马克思主义的指引下团结带领全国人民开展革命运动，建立了新中国。中国人民从此站起来了，成为国家的主人。之后一直沿着社会主义道路前进，虽然遇到过挫折，但是坚持社会主义的方向始终没有改变，并在实践中不断探索适合中国国情的道路。我们党领导和团结全国各族人民进行社会主义改造、建立社会主义基本制度，开辟中国特色社会主义道路、推进中国特色社会主义伟大事业。党的十八大以来，中国共产党带领人民推动党和国家事业发生历史性变革，取得历史性成就，中国的国际地位和话语权也得到提高，中国特色社会主义进入新时代，近代以来久经磨难的中华民族取得了从站起来、富起来到强起来的伟大飞跃。

历史和实践证明，中国共产党是中国特色社会主义事业的领导核心，是最高政治领导力量，中国共产党领导是中国特色社会主义最本质的特征，是中国特色社会主义制度的最大优势。工匠精神来自内心的热爱，源于对党的忠诚和信任，不图名声、不为利益，只求单纯地把一件事情做到极致。一代代工匠们亦是如此，他们始终坚守职责，默默无闻，接力奉献，将忠诚化为劳动者最鲜明的政治品格、最牢固的政治基因、最优良的传统作风。然而，工匠是党和国家事业的认同者、维护者和建设者，具有无限忠诚、信念坚定、胸怀全局、爱党爱国的政治品格，自觉把人生理想、家庭幸福融入国家富强、民族复兴的伟业之中。坚持党的领导、听从党的召唤、服从党的指挥，在血与火的考验中、在实现伟大复兴中国梦的历史进程中，工匠们彰显了对党绝对忠诚、对国家诚挚热爱、对理想信念始终如一的鲜明政治品格，绽放出坚定的理想信念的璀璨之光。弘扬工匠精神，筑牢新时代奋斗者理想信念底色，就必须终生恪守对党忠诚的誓言，坚决执行党的路线方针政策，重大问题旗帜鲜明，关键时刻头脑清醒，始终同党中央保持高度一致，自觉忠于理想信念、忠于党的事业、忠于人民群众、忠于党纪国法、忠于道德规范，要把提高对党的忠诚度作为党性锤炼的终生实践，以实际行动彰显和体现最强党性，做对党忠诚的模范，坚守绝对忠诚的初心，只有这样才能让党放心、让人民放心，才能真正彰显匠人的本色。

（三）为党的事业而无私而忘我地拼搏奉献是工匠精神的生动体现

历史长河波澜壮阔，时代洪流滚滚向前。党的二十大胜利召开，擘画了全面建设社会主义现代化国家、以中国式现代化全面推进中华民族伟大复兴的宏伟蓝图，吹响了奋进新征程的时代号角。面对严峻复杂的国际形势和艰巨繁重的国内改革发展稳定任务，以习近平同志为核心的党中央坚持解放思想、实事求是、守正创新，统筹推进“五位一体”总体布局、协调推进“四个全面”战略布局。党中央团结带领全党全国人民坚持以习近平新时代中国特色社会主义思想为指导，坚持稳中求进工作总基调，立足新发展阶段、贯彻新发展理念、构建新发展格局，推动高质量发展。在以习近平同志为核心的党中央坚强领导下，全党全军全国各族人民迎难而上、团结奋斗，自信自强、守正创新，创造了新时代中国特色社会主义的伟大成就。

工匠精神体现了工匠对平凡岗位的坚守，在坚守中默默地无私奉献，反映了他们对党和人民事业不求回报的热爱，忘我的拼搏和全身心的付出。这既是一种高尚的情操，也是一种不平凡的精神。这种精神渗透于人们日常的工作和生活中，书写在国家和社会各行各业的岗位之上。比如，一名铁匠打造一件器具，需经历选料、烧火、锤打、成形、淬火等十几道工序，既要忍受烟熏火燎之苦，又要承受汗流浃背之累。如果没有迎难而上的“铁心”和厚实过硬的“铁骨”，根本无法打出好东西。一个木匠需要认真细致、精雕细刻，既注重尺寸标准，又讲究设计精巧。木匠们对质量的精益求精、对工艺的一丝不苟、对完美的孜孜以求值得推崇。一名弹花匠要弹成一床好棉被，需经历弹活棉花、拢棉成被、铺底线拉面线、点缀扎角、压磨成形等几十道工序，既要忍受灰尘扑面之苦，又要承受腰酸背痛之累。如果没有十足的耐心和恒久的定力，就无法弹出洁白柔软、舒适耐用的棉被。无论是铁骨铮铮、精准细致的精神品质，还是吃苦忍耐、滴水穿石的毅力、铁杵磨针的韧劲，等等，都蕴含了工匠精神为党的事业拼搏奉献的特质。

五、社会主义道德信仰是工匠精神的重要基础

道德的取舍判断就是一种信仰的活动，因为信仰道德，所以人们产生了这种崇高性的道德自愿。道德信仰是人们对于自身所认同的道德理想、道德规范、道德行为、道德品格的信仰，并以此内化为自己的人生目标和行为标准，外化为最终的道德行动。马克思主义认为，道德是建立在一定经济基础之上的、一种特殊的社会意识形态，是上层建筑的一部分，道德的产生、发展和演变都根源于社会经济关系的变化。在马克思、恩格斯关于道德论述的基础上，列宁基于俄国无产阶级革命和社会主义建设的实践，批判了资产阶级的道德，揭露了“人人为自己，上帝为大家”口号的欺骗性，驳斥的道德虚无主义和道德自发论，肯定了共产主义道德的存在，强调共产主义道德作为真实的个人的真实思想和感情，产生于无产阶级的社会活动，符合无产阶级的利益，是从无产阶级斗争的利益中引申出来了一种新的道德。共产主义道德是以“大家为一人，一人为大家”为准则，以巩固和完成共产主义事业为基础的。共产主义道德作为科学的世界观，是维护

无产阶级利益的根本保障，以实现人的全面而自由发展为价值追求，它是无产阶级革命取得胜利的重要武器，也是建设社会主义社会的力量源泉，更是迈向共产主义社会的精神支柱。

习近平总书记指出："共产党人拥有人格力量，才能赢得民心。全党同志都要明大德、守公德、严私德，清清白白做人、干干净净做事，做到克己奉公、以俭修身，永葆清正廉洁的政治本色。"同样，工匠们也要明大德、守公德、严私德，坚持社会主义道德。工匠精神反映的不仅仅是一种职业操守，反映了从业者的职业道德和职业能力，它更是集敬业奉献、精益求精、勤奋专注于一体的优良品质，而这正是坚持社会主义道德信仰的体现。工匠精神价值目标中精益求精、追求卓越，虽不是道德情感的直接体验，但催生了从业者积极愉悦的道德情感，并在对极致、完美的追求中逐步把情感体验上升到劳动成就感、荣誉感、幸福感，进而强化了精益求精、追求卓越的道德行为，形成高质量的道德情感与道德行为的良性循环。

第二节　心中有党、对党忠诚，做坚守初心的信仰者

用奋斗诠释能源报国

一、个人简介

姜永明，中共党员，辽宁石油化工大学石油与天然气工程学院（原储运与建筑工程学院）油气储运工程专业2011届硕士研究生，高级工程师，注册一级建造师，注册安全工程师，现就职于海洋石油工程股份有限公司（简称"海油工程"）设计院，担任海洋石油工程设计项目副经理。2011年7月参加工作以来，姜永明一直从事海洋石油工程项目加工设计工作，十二年如一日，兢兢业业、无私奉献，用青春和汗水践行了一名党员的初心使命。曾先后承担过多个海洋石油工程

建设项目的配管专业工程师，专业负责人，设计项目副经理等职务。先后参与完成了20余个海洋石油工程建设项目的60余座单体的加工设计工作。同时参与完成了各级科研项目5项。在工作中注重技术创新与质量改进，项目技术创新成果获海油工程级科技成果奖6项、分子公司级科技成果奖18项，质量改进成果获全国石油和化工行业奖励2项、中国海洋石油集团有限公司奖励2项。科技期刊发表论文8篇、获授权实用新型专利13项，软著登记证书2项。以异标PE管材混接技术、模块集成化建造技术成果在工程项目中得到广泛的应用，取得良好的经济效果。获得优秀员工表彰1次、优秀党员2次，优秀指导老师1次。

二、先进事迹

1. 爱党爱国爱岗，模范作用充分发挥

姜永明政治素质过硬、政治立场坚定，持之以恒深入学习习近平新时代中国特色社会主义思想，积极贯彻习近平总书记系列重要讲话精神，坚决拥护中国共产党的领导，牢固增强“四个意识”、坚定“四个自信”、做到“两个维护”，思想上和行动上始终同党中央保持高度一致；工作上，瞄准制约工程项目实施的技术瓶颈，始终以高昂的斗志、饱满的热情、忘我的精神奋斗在技术革新和创新成果应用的第一线。

2. 致力方案优化，助推降本增效

项目要降本增效，设计是关键，姜永明带领项目设计团队始终致力于设计方案的优化和提升，助推降本增效。

渤海某油田开发项目的3座井口平台组块最上层为房间层，为缩短建造工期、降低建造成本，姜永明主动请缨，带领项目设计团队，根据建造场地吊装及喷涂资源实际情况，结合项目结构特点，打破常规结构甲板片逐层空组后机管电仪讯总装的建造工艺模式，首次在该3座组块的房间层开展房间模块集成化建造工艺的探索及应用研究。在设计阶段通过统筹考虑房间整体吊装结构强度、施工计划、房间设备到货计划、房间整体吊装空组时间，优化设计图纸及一体化施工指导方案，对于无法按时到货的设备给予预留侧进安装路径，据此校核最终的房间整体吊装重量及结构强度，对不满足结构强度要求的位置进行局部加强。房间层整体需采用建造场地龙门吊上、下小车配合进行吊装，吊装时上小车需要撑杆

配合，在场地无撑杆的情况下，为降低撑杆预制的设备、材料及人工成本，姜永明带领项目设计团队深挖场地现有资源，探索对建造场地现有的抬梁进行改造设计，经计算校核，改造后抬梁可以配合龙门吊上小车进行总组吊装。通过优化建造工艺、吊装工艺设计方案，取得了以下几项创新和效益：

（1）将结构空组施工的串行作业变为并行作业，缩短了建造工期；

（2）将房间结构的高空组装变为低空组装，降低了高空作业安全风险，同时节省大型吊机台班资源；

（3）实现结构、机、管、电、仪、讯、暖通、舾装等相关设备、构件的低空集成安装，散构件集成安装率达96.8%、到货大型盘柜设备集成安装率达100%，管线安装率达100%；

（4）降低二次涂装工作量。

通过实施房间模块集成化建造工艺，该项目的3座井口组块取得经济效益折合人民币150余万元，缩短工期近1个月。更难能可贵的是，此项目推动建立了模块集成化建造工艺、吊装工艺等施工技术体系，极大地提升了海洋石油工程模块建造技术。

3. 创新不辍，技术革新屡获突破

姜永明长期专注于海洋石油工程项目技术创新，始终坚持“技术创新攻关和施工生产深度融合”“创新围着生产转、生产牵着创新走”的工作理念，致力于技术创新及创新成果的转化和推广应用，并取得显著成效。

多分支有色金属管汇建造尺寸控制技术创新——某国外项目配管专业施工涉及4台有色金属管汇的建造，每台管汇均存在母管开孔多、管座焊口密集、焊接应力集中、易变形等不利因素，如何确保管汇建造过程中数十个支管间距、平行度，支管与母管间垂直度，母管直线度满足项目技术要求是整个管汇建造的核心和难点。为此，姜永明联合项目配管、焊接专业团队同时开展了联合技术攻关，研制了一套新型管汇制作组合工装，实现了以多分支有色金属管汇母管开孔焊接尺寸控制技术、多分支有色金属管汇分支管预制及装配技术为核心的技术突破，为该项目及后续项目有色金属管汇的建造提供了强力的技术保障。该技术在某国外项目4座海洋石油生产平台的管汇建造中成功应用，结果表明，可有效降低管汇焊接变形量，提高管汇的制作施工精度；提高管汇的施工效率达26.8%，节约人工成本20余万元。

异标PE管材混接工艺技术创新——针对海洋石油工程建设项目用到的PE管材，各生产厂家均依据各自的厂标进行PE管材的生产，因而制造标准存在一定差异，导致其产品技术参数不同，如管件的插入深度、电熔时间、螺栓长度等，该问题已影响到前期的设计建模及后期PE管材的施工连接。为此，他认真分析研究，以“创新驱动，降本增效”为出发点，带领项目配管专业同时联合开展异标PE管材混接工艺研究及其接头承压性能试验与应用课题。根据研究结果，确认了异标PE管材混接的适用性，为异标PE管材的混接提供了技术支持和保障。该成果仅在渤海某油田开发工程项目的2座生活楼的异标PE管材施工中就取得了降本约55万元的良好经济效果。同时进一步打破了该产品在同一海洋石油工程建设项目中由一家供应商垄断的局面。

姜永明参加工作12年以来，始终扎根一线，用献身海洋石油工程建设的实践谱写着碧海丹心、能源报国之歌，全力为项目提供全方位的技术支持和保障，在不同的岗位上不断突破自我，与技术团队凝心聚力，为海洋石油工程建设贡献自己的全部力量。他说，作为一名海油青年，在以后的工作中我会争做不负时代的“赶考人”、不负韶华的“奋斗者”。

三、寄语母校

感谢母校的培养，祝愿母校积历史之厚蕴，再展宏图！再谱华章！再创辉煌！望我辈辽石化大学子紧跟前辈之步伐，延续抚油之血脉，保持“越是艰难越向前”的英勇气概与奋斗精神，我们必能在新的赶考路上再创佳绩。

用信仰追逐青春梦想

一、个人简介

孙正卓，男，1988年3月出生，中共党员，现同时担任河南省天然气管网伊薛有限公司和镇邓有限公司的副总经理。2011年7月辽宁石油化工大学机械工程学院材料成型与控制工程专业毕业，在校曾获国家励志奖学金、辽宁省优秀毕业生等奖励，毕业后一直从事石油、天然气长输管道项目管理工作；先后参与了中石油西气东输三线西段天然气管道工程、中石化中原—开封输气管道工程、中石化天津LNG输气管道工程、中石化新气管道工程、国家管网新气管道广西支干线、河南管网洛阳—郑州输气管道工程等国内重点管道工程建设项目。2012年开始担任中石化中原油建管道分公司技术主管，2017年担任管道分公司副经理，2020年担任中原油建潜江—韶关输气管道工程线路六标段项目部经理，2021年担任中原油建管道工程项目管理部经理、国家管网广西支干线二标段项目部经理、各重大工程项目经理。

二、工作成果

孙正卓同志从技术员到技术主管、副经理、经理，再到副总经理，一直兢兢业业，不怕苦、不怕累，积极解决急难险重问题，通过大型项目锻炼，不断创新，始终坚持学习新技术、新工艺、新标准，先后获得过中石化中原油建工程优秀公司专业技术标兵、优秀管理者、十佳青年、优秀共产党员、中石化石油工程建设公司先进个人、中原油田知识型员工标兵、中石化石油工程公司“铁军青年榜样”、中石化中原石油工程有限公司“优秀共产党员”、国家管网广西支干线工程“大干90天、攻坚保目标”工程管理先进个人等荣誉，曾带领技术团队多次获得中石化中原油建工程有限公司“青年文明号”荣誉。

结合自身专业特点，总结以往项目施工经验，2019年，孙正卓编写的《长输管道全位置自动焊技术研究与应用》获得“河南省建设厅科技进步奖一等奖”，《含纳米改进剂的环氧砂浆优化设计与质量控制技术研究》获得“河南省建设科技进步奖三等奖”。在2019年、2020年新气管道六标段项目施工过程中带领项目技术团队成立科研小组，攻克了“西河定向钻”易破碎地质条件下穿越技术难题，为今后大型长输管道特殊地质条件下定向钻穿越施工提供了宝贵的经验。组建QC小组，取得了“减少长输管道喷砂除锈时扬尘污染及砂料喷射伤害”技术成果，在中石化新气管道建设单位组织的QC评比中获得局级第2名的好成绩。同时，申请发明专利3项、核心期刊发表论文6篇。孙正卓同志创新能力较强，技术水平较高。

三、先进事迹

参加工作以来，他一直工作在生产一线从事石油、天然气管道项目管理工作，始终坚持学习，不断丰富完善自己，业绩突出，成绩优秀，连续9年单位考核结果均为优秀，是青年铁军榜样、十佳青年楷模。

1. 立场坚定、乐于奉献

孙正卓作为一名共产党员，长期在艰苦条件下扎根一线、默默坚守、尽职尽责、任劳任怨，忠诚石油、奉献管道，政治立场坚定，对党忠诚，具有强烈的责任感和使命感。不骄不躁，努力奋斗，加强学习，弥补自身的知识短板和工作中的不足，从不退缩，敢于正视缺点，高标准严格要求自己，与时俱进，敢于创新，脚踏实地工作，态度端正，坚定方向，尊重、团结同志，关心员工，与群众密切联系，经常与职工谈心交流，主动帮助有困难的同事，在工作上形成共识，注重在团结中推动工作。

（1）坚持做到讲大局、讲党性、公平公正处理事情，在大是大非问题上立场坚定，观点鲜明，勇于开展批评和自我批评，对照自己的职责进行自我反省、自我总结。带头执行领导干部廉洁自律的各项规定，坚持廉洁教育，开展谈心谈话，常提醒并加强对配偶的教育，不以权谋私。

（2）始终把集体和员工的利益摆在第一位，不违纪违法，不违反上级要求，严格执行廉洁从业有关规定，时刻要求自己按规矩、按程序办事，凡事不能偏离原则，当利益摆在眼前时要多想想家人，凡事要正确对待，不留私心，绝不能有贪婪的念头。在思想和行动上要与上级党组织保持高度一致，始终牢记并遵守党的政治纪律和组织纪律。在落实中央八项规定方面始终严格要求自己，厉行节约，反对铺张浪费，纪律方面能够做到高标准、严要求。

（3）在生活方面时刻注意自己的言行，拿党员的标准来要求自己，也要求自己的家人、亲属廉洁自律，自觉接受组织和群众监督。努力做守规矩的清白人、做政治上的明白人，守住原则、底线，干干净净工作，清清白白做人，严格进行自我约束，时刻保持清醒的头脑。

2. 脚踏实地、敢于担当

孙正卓同志工作思维清晰、方向目标明确，日常分管工作安排合理，遇事敢冲、敢拼、敢担，不怕困难。2016年陕西榆林突发山洪，造成中石化天然气分公司榆济管道外露，安全风险大，管道被迫中断停输，接到通知后，他带领项目团队连夜赶往榆林。在施工现场抢险过程中，暴雨不停地下，可管道能否安全运行关乎着下游众多民生工程，五天六夜他没回过附近宾馆休息，困了、累了就躺在沙袋上睡会，起来接着和项目团队奋战，他从不抱怨，勇挑重担、敢于拼搏、敢于担当。

2017年、2018年他参与的新气管道六标段项目工程，也是困难重重，山高坡陡、地形极其复杂，施工难点多，安全风险高，管理难度大，遇到了国内大型长输管道典型项目在施工过程中可能遇到的各种困难，而他总能冲在最前面，70多度的陡坡施工、十几米的深基坑作业，他和项目团队一起想办法，最终克服各种急难险重问题，同时他在与监理、设计、业主等单位工作对接过程中得到了很高的评价，大家均认为该同志思维敏捷、反应迅速，是一名敢于承担责任和敢于承担压力的优秀管理人员。

3. 不断积累、勇于创新

通过组织的栽培，个人的学习，孙正卓的技术水平得到了很大的提升，他不断总结经验，拓展思路，勇于创新。他组织协调能力强，善于沟通交流，不断努力提升自身管理能力。他注重生产管理、分包管理、经营管理，在签证、变更方面，将技术与经营充分结合；同时，狠抓在建项目管控，在中石化新气管道工程项目上带领项目部获得2019年“三讲三比三创”“转观念勇担当创一流”先进集体。2020年，从副职到正职的转变，对他个人提出了更高的要求，但他坚持学习，不断提高自身业务水平，明确工作思路和目标，带领项目团队最终出色地完成了业主和公司领导交给的各项任务，始终坚持用现场换市场的理念，在2021年成功中标国家管网新气管道广西支干线工程项目线路二标段，中标金额高达2.08亿元，为当时公司市场开发工作添砖加瓦。

在2021年国家管网广西支干线项目管理过程中，他不断总结，与项目上其他单位进行横向对比、沟通，找出差距，带领项目部管理人员到其他项目组学习交流，学习兄弟单位的管理方法，提高项目部人员的素质和工作积极性，他归纳了一套项目“分包管理经验交流材料”，为使今后项目上分包管理少走弯路，总结项目上遇到的问题，提出解决思路和方案，努力提高项目管理人员的业务水平。

4. 凝心聚力、团结向上

孙正卓拥有较强的大局观念和团队意识，团结班子成员，与公司员工相处融洽，能够与团队齐心协力地解决困难，能够带领团队屡获佳绩。在2021年国家管网广西支干线项目上，中石油3家单位、中石化3家单位，以及众多国内石油石化优秀施工单位同台竞技，各显神通，他带领项目团队获得综合评比多个第一名，在项目赶进度、保目标的攻坚克难阶段，带领项目团队第一个完成主线贯通任务，获得国家管网广西支干线工程“大干90天、攻坚保目标”工程管理先进个人。

2022年转战到河南省天然气管网有限公司，根据组织安排，同时担任两个单位的副总经理，分管工程、安全、质量等主要职能部门，在做好总经理助手的同时，完成了各项节点目标任务，其中带领镇邓项目在6个项目公司中第一个实现联络线投产任务，带领伊薛项目在2023年各公司考核中连续2次获得第一名的好成绩，同时在河南管网公司组织的各项目工程管理评比中也获得了第一名的佳绩。他对未来充满希望，不断追逐自己的梦想，相信自己的人生一定会绚丽多彩。

用忠诚履行消防使命

一、个人简介

王臻古，男，1991年2月出生，中共党员，2013年7月毕业于辽宁石油化工大学机械工程学院，同年入职抚顺市消防救援支队，历任副中队长、中队长、政治指导员。

在消防队伍工作的10年里，王臻古累计参与灭火救援战斗1500余次，抢险救援现场300余次，解救人民群众200余人，挽救社会财产1000余万元。荣立个人三等功1次、个人嘉奖2次、多次被评为优秀共产党员、优秀党务工作者以及全市优秀干部。

二、先进事迹

1. 学习践行训词精神，坚定投身消防立新功

2018年10月全国消防部队实现改革转制，习近平总书记的授旗训词是新时

期消防救援队伍的工作指南和行动纲领；全国的消防队伍承担着习近平总书记训词赋予的千钧使命。“我志愿加入国家消防救援队伍，对党忠诚，纪律严明，赴汤蹈火，竭诚为民，坚决做到服从命令，听从指挥……”授旗训词引领前进方向，主题教育凝聚心中力量。随着改革的深入，消防卫士面临的任务将更加繁重、形势也更为复杂，“绳短不能汲深井，浅水难以负大舟。”我们必须始终坚持战斗力标准，在思想观念、能力素质、装备保障、救援机制上来一次大提升；要加强队伍能力建设，推进实战化救援训练，练就过硬的应急救援本领；要在处置各类灾害事故中当先锋、打头阵，以更高标准、更好状态展示消防救援人员的新形象、新作为。作为国家综合性消防救援队伍的一员，王臻古牢记习近平总书记重要训词精神，脚踏实地、苦练本领；主动作为、埋头苦干，以钉钉子精神抓落实。在履行应急救援中坚守初心、勇担使命，肩负起维护全辖区经济稳定发展和人民群众生命财产安全的重任。

（1）训词是立队之魂。在单位中做对党忠诚的践行者。“征程万里风正劲，重任千钧再奋蹄。”“对党忠诚”是“四句话方针”的第一句，也是第一位的政治要求。牢铸忠诚信念，进行“学训词、铸忠诚，守初心、树形象”学习教育，不断增进消防指战员对训词的思想认同、政治认同、情感认同和实践认同，牢固树立许党许国、报党报国的忠诚信念，激励广大指战员知党恩、感党恩、报党恩，听党话、跟党走，为消防救援事业奋斗终身。

（2）训词是建队之本。在单位中做纪律严明的维护者。“号令一致才能步调统一。”“纪律严明”是打造过硬队伍的根本路径，是推进消防救援队伍建设发展的重要保证。严格纪律标准，不断强化号令意识、规矩意识、纪律意识和执行意识，坚持从自身严起、从干部严起，保持队伍正规有序的教育训练、执勤备战、日常管理等，确保队伍令行禁止、纪律严明。

（3）训词是强队之基。在单位里做赴汤蹈火的逆行者。“千锤万凿出深山，烈火焚烧若等闲。”“赴汤蹈火”确立了忠诚履行使命的根本指向，是对消防救援队伍精神特色和职业操守的高度概括。大抓训练备战，加快推动队伍转型升级，牢固树立大应急、大救援理念，培育队伍英勇顽强、不怕牺牲的战斗作风，刀山敢上、火海敢闯的战斗精神，召之即来，来之能战，战之能胜的战斗能力，从难、从严、从实训练备战，提升队伍的实战化、专业化训练水平，实现应急救援能力现代化。

（4）训词是治队之需。在单位中做竭诚为民的服务者。“先天下之忧而忧，后天下之乐而乐。”“竭诚为民”是消防救援队伍价值追求的实践诺言，这要求我们永远做人民群众的贴心人，尽心竭力守护民生民安，在服务人民中践行初心使命。坚持人民至上，把群众的呼声作为第一信号，把确保人民群众生命财产安全放在第一位，一旦人民群众有需要，就义无反顾、一往无前，最大限度降低人民群众生命财产损失，当好党和人民的忠诚卫士。

2. 学习传承雷锋精神，护航全面振兴三年行动

王臻古同志入伍10年来，在消防救援队伍党组织的关心、教育和培养下，始终以雷锋同志为榜样，牢记宗旨，一心为民，爱岗敬业，开拓进取，在平凡的岗位上取得了不平凡的业绩。60年的时代变迁，雷锋精神依旧光辉耀眼。60年的岁月洗礼，雷锋精神历久弥新。60年来，雷锋精神鼓舞着亿万中国人民在全面建设社会主义现代化国家的征程中踔厉奋发、勇毅前行。抚顺是雷锋的第二故乡，王臻古同志坚持以雷锋精神为动力，以雷锋传人为标杆，传承雷锋精神，以忠诚、干净、担当的一身正气守护清正廉洁的一城清风，为全面振兴新突破三年行动提供坚强的保障。

（1）自强不息，勤学苦练，立志报效祖国。当兵习武，怀抱利器，才能保家卫国、服务人民，王臻古深深懂得这个道理。他常常告诫自己：“一定要当好兵、练好武，锻造过硬服务本领！”刚入伍时，消防业务训练强度、难度很大，由于大学刚毕业从未经过训练，王臻古在训练中感到非常吃力，相当长一段时间内训练成绩一直落后。然而生性要强的他并没有向困难低头，而是充分发扬钉钉子精神，以超常的毅力，挑战自己的身体极限。无论是烈日炎炎的盛夏，还是寒风刺骨的严冬，练兵场上总能看到他刻苦训练的身影，大家一起练时他抢着练，别人练一次他练八次十次，别人休息时他继续练，早晚没人时他偷着练。在一次训练中，由于上单杠没有抓牢，掉落造成右手骨折，缝了3针，仅仅休息三天后，他不顾医生和领导的劝阻，绑着绷带又回到了工作岗位上。一年训练下来，他穿破了两双胶鞋，磨烂了一套作训服。“宝剑锋从磨砺出，梅花香自苦寒来。”一年的培训结束后，他从一个普通的大学毕业生成长为一名精通业务的消防队伍干部。“面对苦难，有许多选择，但决不能选择自卑和自暴自弃。”王臻古在日记中如此激励自己。他说：“我能够做的，就是把工作干好，把本领练好，以自己最大的努力来回报消防队伍，回报这个美好的社会。”

（2）不辱使命，赴汤蹈火，谱写忠诚乐章。国家综合性消防救援队伍是一支同火灾作斗争的专业化队伍，同时也承担着繁重的抢险救援任务。在每次战斗中，他总是置个人安危于不顾，一马当先，冲锋在前，在血与火、生与死的考验中，机智勇敢，屡立战功，向党和人民交上了一份份合格的答卷。2014年10月27日傍晚，一场大火震惊了抚顺市民。抚顺清原县一施工隧道发生火灾，施工隧道井口浓烟翻滚、火光冲天，隧道内的易燃物质猛烈燃烧、热浪滚滚、毒烟弥漫。火灾发生在距离隧道口100多米的深沟中，火场空间狭窄、环境复杂，扑救异常困难。王臻古第一个下到隧道，紧抱水枪，在齐腰深的热水中与肆虐的火魔展开斗争，艰难地将进攻阵地向前一步一步推进。他进攻的地方离火点最近，温度也最高，井口的电缆线被烤化，四周的墙壁被烧红，隧道顶部的水滴溅落到他的脖子上，烫起了一个个水泡。在灭火战斗中，他先后5次深入隧道，更换了4具空气呼吸器。在第4次进攻时，由于空气呼吸器面罩带突然断裂，他因呼吸困难、脑部缺氧而昏迷过去，幸亏被战友们及时救出。战友用手捶他的胸，用水喷他的脸，才使他苏醒过来。看到战友们仍在浴血奋战，他又戴上呼吸器，不顾阻拦，第5次冲进了火海！23时36分，肆虐了8个多小时的大火终于被扑灭了，而王臻古却因劳累过度躺在了医院的病床上。

王臻古在赴汤蹈火中总是勇往直前，在抢险救援中舍生忘死。2017年7月17日，抚顺市顺城区一名少女因中考成绩不理想，登上6楼阳台哭喊着要跳楼，楼下聚集了数百名围观群众。到达现场后，王臻古带领2名战士迅速登上6楼实施救援。当时，楼内没有固定物，由于时间紧迫，他将安全绳的一头系在腰间，绳子的另一头系在扶手栏杆上，让战友们用力拽住，他双手攀住另一侧窗口从少女所在阳台的侧面爬过去。为了不惊动少女，他面向墙壁，用双手撑着身体，轻轻地从侧面向6楼阳台接近。在挪到6楼阳台的一瞬间，他突然双腿用力一蹬，转身一扑，将女孩扑入阳台安全地带。刚才还紧张的围观群众顿时报以热烈的掌声。事后，获救少女的家人送来一面绣着“舍生相救，大恩不忘”八个大字的锦旗。王臻古怀着对祖国无限忠诚、对人民无比热爱的心情，充分发扬一不怕苦、二不怕死的革命精神，发挥共产党员的先锋模范作用，敢为人先，勇挑重担，在党和人民需要的紧急关头，在生与死的考验面前，冲锋在前，敢打敢拼，舍生忘死，英勇顽强，为保卫人民生命财产安全做出了突出贡献。

（3）无私奉献，为人民抛洒一片爱心。王臻古敦厚质朴，胸怀宽广，扶危济困，乐于助人，在十多年的消防生涯中，把自己的爱无私地奉献给了一个个素不相识的人，用雷锋精神抒写了消防队员爱民为民的壮丽诗篇。在王臻古单位的驻地，贫困家庭闫春娇一家，是村里的低保户，丈夫在外地打零工，闫春娇一人既要照顾家中生病的老人还要抚养两个孩子，生活非常艰难。王臻古得知后，把有限的津贴节省出来，给孩子买学习用品和日常生活用品，并利用节假日带领队站消防员帮其打扫房屋，陪老人聊天。老人逢人便讲："我这帮孙子对我真亲啊！"寒来暑往，冬去春来，在王臻古及其战友们的精心照顾下，多病老人的生命延续到2022年11月，才带着对人世间的深深眷恋安详地离去。此外，王臻古还是抚顺市将军二校的校外辅导员，定期前往学校传授消防知识，组织消防培训，被学校师生亲切地称为"小老师"。加入消防队伍以来，他为抚顺百姓做好事近百件，为驻地学校军训学生500余人次，讲授消防常识90多课时。

3. 学习发扬工匠精神，助力国家发展新跃升

工匠精神是对自己的产品精雕细琢，追求完美的一种精神理念。消防部门弘扬，专注消防执勤工作，一丝不苟、精益求精，只为成为消防执勤、灭火、应急救援的消防工匠。深入了解消防救援队伍的工作细节，你方知道，他们的信念不是空喊口号，而是体现在日常工作的细节中。消防救援队伍除了日常训练，每次救灾之后，还要进行"战评总结"，要求"每战必评"，为的是吸取好的经验，总结不足之处，保证下一次出警时，无论是人力，还是物力，都可以更好地调配，以更快、更好地救灾。大家都觉得消防队员体能好、实战技术好，应该做到位了吧？其实作为一名优秀的消防员，还要多读书，灭火知识、化学知识、化工处置知识、火场安全意识、安全防护要领、火灾救援现场对策和注意事项等，都要做到烂熟于心。比如："凡是物质燃烧后产生的物质不能继续燃烧，这种燃烧叫完全燃烧；凡是物质燃烧后产生的物质还能继续燃烧，这种燃烧叫不完全燃烧。""可燃物、助燃物、着火源是燃烧的三要素"等理论知识是多么枯燥啊，知道就行了，为什么还要把它们像背课文一样背熟呢？这样做，一方面是可以温故而知新，另一方面胸中有知识，训练才更可有的放矢，总结才更可发现问题、解决问题。每一行都需要工匠精神，扑灭熊熊大火的不仅是烈火英雄，也是伟大的工匠。工匠有着更深远的意义，但他代表着一个时代的气质。锲而不舍、精益求精、激情进取、拼搏创新、快乐工作、自信自强，严谨、严格、坚定、踏实、求实、求是，这些就是工匠精神之所在。"从99%到99.99%，其利虽微，其益

永久。”其核心是树立一种对工作执着、对所做的事情或者生产的产品精益求精、精雕细琢的信念！

中国是一个制造大国，距离“制造强国”和“创新强国”还有相当长的路要走，更需要大力弘扬工匠的职业精神。在形势复杂的当下，工匠精神正是我们所需要的。有一种职业，只在烈火中冲锋，在危急中逆行。很多人不知道、不熟悉、不理解他们为何敢于牺牲自己。天灾发生后，他们坚韧不拔，科学施救；毒气泄漏时，他们视死如归，勇敢前行；熊熊烈焰里，他们逆火而行，英勇无畏；滔天巨浪中，他们击水中流，力挽狂澜；作为一名消防指战员，工作中团结协作就是对工匠精神最好的践行；每次成功出警就是对工匠精神最好的践行；每次平安归队就是对工匠精神最好的践行。一个承诺，一颗初心，一生信仰。作为新时代的党员、消防员，王臻古将始终坚持人民至上、生命至上，更好统筹发展和安全，尽心竭力做消防救援各项工作，坚决扛起保民平安、为民造福的神圣职责，努力在新的奋斗征程上为党和人民做出更大贡献、争取更大光荣。

用初心逐梦油气财务

一、个人简介

刘思旭，男，中共党员，辽宁省沈阳市人。2019年毕业于辽宁石油化工大会计学专业。在学校期间曾担任会计1502班组织委员、班长，博教论学协会副会长等职务，曾荣获校二等勤奋奖学金、校优秀学生干部、校优秀团员等荣誉。现工作于中石化东北油气分公司。

二、先进事迹

1. 以“钉子精神”夯实财务基础

2019年毕业后，刘思旭养成学习专业知识、刻苦钻研的良好习惯，不仅积极参加会计继续教育，还积极参与各级部门组织的财务培训和相关业务交流。在工作中学习，在学习中总结，在总结中进步，坚持学以致用，注重融会贯通，理论联系实际，巩固和丰富综合知识，努力提升自己的专业技能。“做一名优秀的财务人员”是他踏入财务系统这个队伍以来一直致力追求的目标，为此，他时刻要求自己从实际出发，坚持高标准、严要求，力求做到业务素质和道德素质双提高，顺利完成领导交给的各项工作任务。

2. 以“砖头精神”践行岗位职责

工作以来，刘思旭始终践行着雷锋“干一行爱一行、专一行精一行”的敬业精神，先后负责价税、报销核算、资金、资产及成本、预算工作。在工作期间，除把日常基础工作做好外，不断改进工作方法，提升工作水平，近两年荣获公司财务方面精益管理提案5项，优化油气成本核算方法，精细年度预算区块分解，使预算数据更加合理，成本数据更加准确。2022年8月起，担任四平采油厂经营管理室副主任，在工作期间，严肃认真工作，在经营管理室人员紧张、工作压力巨大的严峻形势下，主动承担起大部分的工作，放弃个人休假时间，保障经营管理室的正常运转，为完成四平采油厂年度目标，严格把控当年及每月的利润指标、成本指标、资金指标，严格审核每一张发票、每一笔挂账的真实有效性，每一笔付款的合理合法性，保证每一个数字的真实准确性，保障全厂生产经营指标以及每位员工的切身利益。

3. 以“海绵精神”加强自身建设

刘思旭深知“打铁还需自身硬”，业余时间他积极学习油气生产方面知识，加强业财融合，探索油气井降本增效措施。工作期间积极参加党务、安全、环保等知识竞赛，坚持理论学习与实际工作相结合，不断加强理论修养，在真学真信中坚定理想信念，在学思践悟中牢记初心使命，在知行合一中铸牢政治忠诚。练就高人一筹的政治能力，不断增强适应时代的必备本领，在高质量发展、服务群众、防范化解风险等方面扎实学习，始终坚持向最好者看齐、与最强者比拼、跟最快者赛跑。

工作期间主要荣誉：东北油气分公司财务管理先进个人、四平采油厂先进个人。

三、寄语母校

树高千尺根深在沃土，步遥万里不忘来时路，感谢母校四年的悉心教导和辛勤付出，祝福母校桃李芬芳，明朝更辉煌。

做雷锋精神的种子

一、个人简介

袁艾琦，女，1999年7月出生于黑龙江省牡丹江市，2021年毕业于辽宁石油化工大学，获得管理学学士学位。现就职于中建四局北京公司。

二、先进事迹

1. 在大学全面发展

袁艾琦是2017级市场营销专业学生，营销1902班班导生，曾担任班级团支部书记，经济管理学院学生会文艺部副部长，院艺术团副会长，于2019年6月光荣加入中国共产党。

袁艾琦在校期间勤学敬业，团结创新，品行良好，一次性通过了大学英语四级、六级考试，自学考取了CRA全国市场调查与分析专业技能证书。先后获得电子商务“三创”挑战赛省级二等奖、市场调查大赛校级二等奖、“互联网+”比赛校级优秀奖。

作为一名学生干部，袁艾琦在工作上态度端正，以身作则。先后获校级勤奋奖学金、院级“优秀团干部”、院级“优秀团员”等荣誉，并因毕业论文表现优异被评为省级优秀毕业生。

2. 在岗位平凡闪光

袁艾琦在四局工作期间，立足本职工作，严格遵守各项工作制度，认真完成上级交付的任务。

2021年7月至2022年1月，进入建筑工地实习，克服现场艰苦条件，在轮岗实习中了解各部门工作职责、旁观学习现场施工各道工序，并全程负责项目的宣传报道工作，工作期间积极参加公司组织的党建、文娱等活动。

2021年2月至今定岗于市场部，负责市场口基础设施板块工作，协助领导进行客户考察与接待，完成报告的撰写，独立组织项目投标工作，极大地提高了自身的沟通协调与解决实际问题的能力，通过投标期间接触商务、技术等部门，强化了生产过程中的质量、成本、进度意识，在集体投标的过程中感受到了强大的团队精神，任职期间自身的人际交往能力，信息收集与处理能力也得到了提升。秉承党员为人民服务的宗旨开展工作，让领导放心、让业主满意。

三、寄语母校

七十余载风雨兼程，积淀深厚底蕴；数磨难，砥砺成钢，铸就英姿飒爽。我将继续带着母校对我的期待，披荆斩棘，勇往直前，祝愿母校美誉传天下，造就无数精英。

第三章　爱：端正职业态度

伟大事业需要伟大精神，伟大精神托举伟大梦想。作为中国共产党人精神谱系的伟大精神之一，工匠精神已经成为推动社会转型发展，全面建设社会主义现代化国家，实现中华民族伟大复兴的重要支撑。工匠精神具有强大的力量，在当今社会具有重要意义，推动社会进步和发展，在2020年11月24日举行的全国劳动模范和先进工作者表彰大会上，习近平总书记精辟概括了工匠精神的深刻内涵，指出工匠精神是鼓舞全党全国各族人民风雨无阻、勇敢前进的强大精神动力。在我们身边，就有很多人将技艺融入岗位、用匠心推动行业高质量发展。

第一节　爱岗敬业是工匠精神的本质

一、爱岗敬业的内涵

爱岗敬业是爱岗和敬业的总称，爱岗，即爱护珍惜自己的岗位，端正职业态度；敬业，即专心致志，以事其业。爱岗敬业就是愿意在一件事上花功夫，能够坐得住冷板凳，不浮躁，不懈怠，不止步，像老黄牛一样耕耘好脚下的土地。爱岗和敬业互为前提、相互支撑、相辅相成，爱岗是敬业的基石，敬业是爱岗的升华。

（一）爱岗敬业是古人的传统美德

爱岗敬业是中华民族的传统美德。《论语》中有这样一句话“居之无倦，行之以忠”，意思是说居于官位不懈怠，执行君令要忠实。“居之无倦”指为政者一定要坚守自己的职位，爱岗敬业，勤勉尽责，忠于职守，永不松懈倦怠。这既是一种孜孜以求、坚持不懈的敬业精神，也是一种乐以忘忧、乐此不疲的工作境界。除此之外，《论语》当中还提到了“敬事而信”，“子曰：‘道千乘之国，敬事而信，节用而爱人，使民以时。’”“敬事”就是一件事认真做，例如一个职务可以不接受，但如果接受了，就要克尽厥职。“而信”与“敬事”密不可分，前者以后者为基础。作为领导干部，只有让下属信服，信守承诺，以身作则，方能在事业上有所作为。“敬事”之“敬”，可以理解为用心专一，使精神集中。《荀子·议兵》云：“凡百事之成也，必在敬之；其败也，必在慢之。”朱熹对“敬”字评释说：“敬者，一心之主宰，而万物之本根也。”他强调：“凡事须是敬，则能立。才有慢心，事日趋于弊坏。”即做任何事情都要精神集中、心无旁骛，如此才能成功。稍有轻忽、怠慢之心，事情就可能走向失败。“敬事而信”，就是敬业，“敬业者，专心致志，以事其业也”。“敬事”既是一种外在的态度，也是一种内在的责任，更是一种文化的传承。对党员干部来说，“敬事而信”与践行党的宗旨相通。作为中华优秀传统文化的传承者和践行者，党员干部全心全意为人民服务，与“敬事而信”一脉相承。恪守党的宗旨，是在更高境界、更深层次上对“敬事而信”的发展与升华。

《尚书》中提到，“功崇惟志，业广惟勤。”意思是之所以取得伟大的功业，是由于有伟大的志向；完成伟大的功业，在于辛勤不懈地工作。习近平总书记在第十二届全国人民代表大会第一次会议上说：“‘功崇惟志，业广惟勤。’中国社会主义仍然处于并将长期处于社会主义初级阶段，实现中国梦，创造全体人民更加美好的生活，任重而道远，需要我们每一个人继续付出辛勤劳动和艰苦努力。”

（二）爱岗敬业是当今社会主义核心价值观的基本要求之一

爱岗敬业是新时代的新要求，是当今社会主义核心价值观的基本要求之一。在公民职业道德规范中爱岗敬业处于首位，说明了它的重要地位，在革命、建设和改革、中国特色社会主义进入新时代的不同历史时期，爱岗敬业精神都有着同样的价值表达，涌现出许多“爱岗敬业”的典范。

在兰考群众最困难的时候，焦裕禄被派到这里，全身心投入治理内涝、风沙、盐碱，“心里装着全体人民、唯独没有他自己”。有一次，焦裕禄下乡检查工作。路上，他突然跳下自行车，向一块高地走去。原来，那里长着几株棉花。焦裕禄说：“为啥别的地方不长，这里长呢？”他捏起一小撮土放进嘴里品尝。随行干部不解，他说：“我的舌头是个化验器，能尝出土里包含的盐、碱、硝的情况。”在焦裕禄的带领下，治理“三害”调查队在风里、雨里、沙窝里、激流里干了一个月又一个月，跋涉五千余里，掌握了兰考“三害”的第一手资料。为改变兰考面貌，他殚精竭虑，躺在病床上还惦记着张庄的沙丘封住了没有……在焦裕禄心里，“敬”重的是如何治理“三害”，如何为兰考群众排忧解难。

著名地球物理学家黄大年，未曾留恋剑桥大学的教授头衔、花园洋房，秉持“振兴中华，乃我辈之责”的家国情怀，毅然回到祖国的怀抱。当有了科研成果后，领导催促他抓紧提交申报院士的材料，他却一拖再拖：“先把事情做好，名头不重要。”黄大年不知疲倦地工作，常常忘记吃饭和睡觉。面对国家急需，他只争朝夕，三分之一的时间都在出差。为了节省白天的时间，他总是订夜里的航班，在飞机上打个盹。如此惜时不惜命，黄大年带领400多名科学家创造了多项“中国第一”，为我国“巡天探地潜海”填补多项技术空白。在他的带领下，中国“深部探测技术与实验研究”项目5年的成绩十分显著，深部探测能力达到国际一流水平，局部处于国际领先地位……在黄大年心里，“敬”重的是解决国家科技急需，以实际行动报效祖国。

司马迁有言：“常思奋不顾身，而殉国家之急。”陈毅诗云：“祖国如有难，汝应作前锋。”从焦裕禄念兹在兹治理“三害”、改变兰考贫困落后面貌，到黄大年魂牵梦萦抓紧培养科技人才、加快国家科技进步，无数党员干部以血肉之躯践行党的宗旨，把人民利益举过头顶，把群众事、国家事“敬”在心中，鞠躬尽瘁，竭诚奉献，赢得了人民群众的信赖与赞誉。不亲自干事创业，就不能取信于群众。党员干部应见贤思齐，强化宗旨意识，对工作负责任，对同志对人民热忱，努力以忠于职守、精益求精的态度和行动，“敬事而信”做表率。

爱岗敬业是尽职工作的基本准则，更是社会主义核心价值观的基本要求。要表现在日常工作中的方方面面，比如说，要服从上级的指挥和调遣，要认真收集倾听群众的意见等，当然，最重要的就是把自己的本职工作做好，将爱岗敬业精神融入自身血液，忠于职守、克己奉公、服务人民、服务社会，自觉做到吃苦在前、享乐在后，只有以更加开阔的视野理清思路、找到出路、开拓新路，中国特色社会主义事业才能无往而不胜，才能奏出风清气正、政通人和的美好音符。

二、爱岗敬业是工匠精神的本质体现

工匠是什么？是行业的人才、社会的精英。工匠精神是什么？是一种职业精神，是爱岗敬业、脚踏实地、执着坚韧、精益求精、守正创新，是职业道德、职业能力、职业品质的体现，是从业者的一种职业价值取向和行为表现，爱岗敬业则是工匠精神的本质体现。

（一）爱岗敬业是一种执着专注的职业精神

工匠精神，敬业是基石，专注是灵魂。爱岗敬业是一种热爱工作的职业精神——坚守初心、执着专注。敬业是古人的传统美德，也是当今社会主义核心价值观的基本要求之一。如“敬业乐群”“忠于职守”，都体现着对事业的执着坚持，对专业的执着探索，对工作的执着专注。

工匠精神是对专业的实干与执着，爱岗敬业正是对这种职业态度的完美诠释，它也是工匠精神生生不息的基础和前提。敬业要爱业，也就是热爱自己所从事的行业。所谓“爱而不敬，非真爱也；敬而不爱，非真敬也”。敬是一种发自内心的情感，只有发自内心地热爱自己的职业，才能做到真正的敬业。每一份工作、每一个岗位，在社会上都扮演着不同的角色，具有不同的作用，虽然分工不同，创造的价值不同，但都是职业的代名词，都是一个人赖以生存和发展的基本保障，不同的人对待工作的态度决定了他的职业发展方向。只有爱岗敬业的人，才会在自己的工作岗位上勤勤恳恳，不断钻研学习，一丝不苟，精益求精，踏实肯干，才会为集体、为社会做出贡献。也只有爱岗敬业的人，才有可能成为单位的栋梁之材，希望所在。

禾下乘凉梦，一梦逐一生。袁隆平院士一生只做一件事，那就是追求“人类没有饥饿的未来”。他的科研成果改变了中国，改变了世界，改变了人类。敦煌的女儿樊锦诗，中国具有国际影响力的石窟考古专家，文化遗产管理保护理论专家，70年默默奉献守卫敦煌，用半个多世纪研究敦煌文物保护和利用。

“12306”网站背后的最强大脑——单杏花。1996年，中国铁路客票发售和预订系统研发项目启动，来自不同高校的28个人和铁科院电子所组成团队。12月，售票系统在全国7个铁路局的车站投入使用，单杏花参与的是九江站和南昌站。1997年1月15日6时，南昌站首次运行计算机售票系统。售票系统从1.0到4.0版本，不断升级改造，单杏花全程参与，从手工售票向计算机售票，从车站独立售票向全国联网售票。2005年，她主持了售票系统5.0版本的研究与开发推广工作，取得了一系列的创新与突破。2010年前后，再一次开始了革命性的尝试，研发铁路“12306”互联网售票系统。

态度决定人生。有人“当一天和尚撞一天钟”，敷衍了事，最终一事无成；有人“板凳甘坐十年冷”，爱岗敬业，最终变得卓越。希望你能选择后者，干一行，敬一行。要知道，用心去工作，最大的受益者是自己。

在工作中持有什么样的态度，决定了一个人在工作中的发展前景。做任何事情，专业执着的职业精神是首要前提。因此，爱岗敬业首先是一种职业态度、一种职业精神。任何人都有追求荣誉的天性，都希望最大限度地实现人生价值。而要把这种理想变成现实，靠的是什么？靠的就是在自己平凡岗位上的爱岗敬业。歌德曾经说过：“你要欣赏自己的价值，就得给世界增加价值。”在给世界增加价值的同时，自我价值也得到了实现。但往往说起来容易，做起来难。一般来说，条件好、工作轻松、任务单一的岗位，做到敬业容易，而那些工作环境比较艰苦，工作压力大，任务较繁重，做到爱岗敬业确实有些困难。即便如此，我们绝大部分人仍然在环境艰苦、任务繁重的工作岗位上兢兢业业、任劳任怨地工作，我们的社会正因为有像他们这样具有崇高敬业精神的队伍，才能在一次次的任务中夺取胜利，赢得荣誉，取得辉煌的业绩。干一行，爱一行。如果我们选择了这份职业，哪怕工作环境再艰苦恶劣，工作内容再枯燥烦琐，我们都应该满腔激情地工作，应该像热爱自己的家庭一样去爱岗敬业，端正职业态度。

（二）爱岗敬业是一种“干一行、爱一行”的职业品质

朱熹说：“敬字工夫，乃是圣门第一义。”此话不无道理。古往今来，成大事者，无不敬业实干。大禹治水，三过家门而不入；诸葛亮治蜀，鞠躬尽瘁死而

后已；程开甲献身国防，几十年躬身于大漠核武基地……一个人愿意在“敬”字上下功夫，肯定可以干一行，爱一行，精一行，最终必有大成。

工匠精神，爱岗是源泉，只有心中有爱，才会有源源不竭的动力。热爱是劳动的动力源泉，因为热爱，才能把一件事做到极致。执着专注，是心无旁骛，是矢志不渝的热爱。热爱，是被誉为“火药雕刻师”的航天人徐立平专注雕刻火药30余年，仅凭手感就能将药面整形误差从0.5毫米提高到0.2毫米；是从事数控加工20年潜心钻研的秦世俊对飞机零部件0.01毫米的较量，誓让中国制造更有话语权。爱岗敬业作为处理个人与职业关系的道德规范，要求从业人员礼敬职业，既要践行“礼在外表”，更要做到“敬存内心”，也只有内心敬业才会真心爱岗，才会牢固树立由内到外礼敬职业的职业态度。

干一行，就要爱一行。择一事终一生，坚定的理想信念，是工匠精神的核心。习近平总书记指出：“三心二意、心猿意马，是不能把工作干好的。”“心浮气躁，朝三暮四，学一门丢一门，干一行弃一行，无论为学还是创业，都是最忌讳的。”淘粪工人时传祥、公交车售票员李素丽、水电工人徐虎、邮递员王顺友……无数个平凡岗位上干出来的劳动模范，传递着鲜明的价值导向：劳动没有高低贵贱之分，一切劳动，无论是体力劳动还是脑力劳动，都值得尊重和鼓励。爱岗敬业，是干好工作的重要前提，是一个人应有的职业操守，也是社会主义核心价值观的基本要求。一切劳动者，只要立足岗位和本职工作，兢兢业业把工作做好，就能在劳动中发现广阔的天地，在劳动中体现价值、展现风采、感受快乐。

在被誉为“新中国第一店”的北京市百货大楼前，一座半身铜像静静伫立。铜像塑造的是一位普通售货员——张秉贵。1955年，36岁的张秉贵来到这里。为了更好服务顾客，他苦练售货技术和心算，练就了令人称奇的“一抓准”和“一口清”技艺，不管顾客要几斤几两商品，他一把就能抓准分量，在商品称好、包好的同时，价钱也就心算出来了，分毫不差。30多年里，他接待顾客近400万人次，没跟人红过一次脸、吵过一次嘴，被称赞为“燕京第九景”。

干一行，就要钻一行、精一行。要求每个人都要在工作中练就自己的“金刚钻”。这需要我们多一些老黄牛式的敬业实干，多一些孺子牛式的勤业奉献，更多一些拓荒牛式的创新进取、精进卓越。如此，方能让个人进步，让社会发展，更让国家腾飞。习近平总书记指出：“无论从事什么劳动，都要干一行、爱一行、钻一行。在工厂车间，就要弘扬‘工匠精神’，精心打磨每一个零部件，生产优质的产品。在田间地头，就要精心耕作，努力赢得丰收。在商场店铺，就要笑迎天下客，童叟无欺，提供优质的服务。”三百六十行，行行出状元。要想成为行家里手，就不能“当一天和尚撞一天钟”，不能有得过且过、凑合应付的思想。只有沉下心来干工作，心无旁骛钻业务，才能练就一身真本领，掌握一手好技术，在平凡岗位上干出不平凡的业绩。广大劳动者只有精益求精、追求卓越，把“敬业”上升为“精业”，才能更好适应事业发展需要。

“心心在一艺，其艺必工；心心在一职，其职必举。”凡做一件事，便忠于一件事，将全部精力集中到这事上头，心无旁骛，便是敬。工作虽不同，但都需要敬业精神。无论是卫星上天、蛟龙下海，还是看门扫地、送外卖快递，都需要一种敬业精神，这样才能把事情做好。所谓敬业精神，就是凡做一件事，便忠于一件事，将全部精力集中到这事上头。有了敬业精神，三百六十行，行行可以出状元。在全面建设社会主义现代化国家新的伟大征程上，每一位劳动者都不可或缺，每一份事业都有宽广舞台。新时代的奋斗者，应以“择一事终一生”的执着专注，“干一行钻一行”的精益求精，一步一个脚印，一点一滴努力，立足岗位成长成才。“百职如是，各举其业”，定能汇聚成无往不至的磅礴力量，将党和人民的事业不断推向前进。

（三）爱岗敬业是一种尽职尽责的奉献精神

爱岗敬业，尽职尽责是一种奉献精神，是一种高度的责任感，是一种持久的毅力，是一种平凡中的升华，是我们终身应遵循的一种职业道德。爱岗就是热爱自己的工作岗位，敬业就是“专心致志以事其业”，就是用一种恭敬严肃的态度对待自己的工作，认真负责、任劳任怨、精益求精。一份职业，一个工作岗位，对于整个社会来说，都是一个细节，但每个细节的存在，往往也会为人类社会存在和发展做出贡献。坚持做好工作和生活中的每一件小事，也可以成为一个平凡而伟大的优秀共产党员。所以，爱岗敬业，从小事做起，这不仅是个人生存发展的需要，也是一个企业一个单位发展进步的需要，更是社会存在发展的需要。甘于平凡，注重细节，认真负责，爱岗敬业，在平凡中燃起辉煌，这不仅是中华民族的传统美德，更是一个人为国家，为社会，为人类发展应该具备的奉献精神。一个人如果饱食终日，无所事事，那么他这一生，最终必然庸庸碌碌，一事无成。相反，如果一个人爱岗敬业，选好一个点，用心去挖掘，那么迟早可以挖出宝藏，终有所成。

爱岗敬业，尽职尽责就要甘于奉献。如果一个人仅仅把自己的职业看作“挣钱”的行当、飞黄腾达的跳板，那他对什么职业都会敬而远之，都不会真心待之，就更谈不上为之奉献。要真正做到爱岗敬业，不是一件容易的事。一般说来，环境优，收入高，工作轻松，各方面条件好的行业，做到爱岗敬业容易。相反，就统计职业而言，天天与枯燥数据为伴，社会地位平平，有些人思想上难免会有波动，再加上有些人心情比较浮躁，缺乏对统计工作真正的认识，自然这山望着那山高，连爱岗都谈不上，也就无须谈敬业了。所以，明确爱岗敬业的现实意义，对个人职业道德修养尤为重要。

爱岗敬业、尽职尽责更需要高度的责任感来支撑。一个真正的爱岗敬业者，会积极面对自己的社会责任和义务。只要是爱岗敬业，就会对工作认真负责，任劳任怨、精益求精，一丝不苟，干一行，爱一行，干就干一流，不敷衍塞责。只要是真正爱岗敬业之人，对待工作就敢于坚持正确观点，无论是对领导，还是对同事都能以诚相待，敢于说不，敢于争论，因为是对工作有着高度的责任感，对领导和同事有着百倍的责任心，所以不会是阿谀奉承，人云亦云，你好我好，以致延误工作进程，损害领导和同事的形象和声誉。因为有了这份责任感，自然就能做到爱岗敬业，事业就能不断完善、修养不断提高，在平凡的工作中做出不平凡的业绩。

李培生、胡晓春在黄山风景区分别从事环卫保洁和迎客松守护工作，2012年和2021年先后入选敬业奉献类“中国好人”。作为黄山风景区玉屏环卫所的一名放绳工，李培生需要在悬崖峭壁上捡拾垃圾和塑料袋。23年来，李培生累计放绳高度近1800千米，相当于攀爬了200次珠穆朗玛峰。作为黄山风景区第19任守松人，“一人一松十二载”，胡晓春与迎客松朝夕相伴，已经写下70多本、超过140万字的《迎客松日记》。作为“中国好人”群体的旅游业代表，李培生、胡晓春在“护山”“守松”的平凡工作岗位上生动诠释了旅游业人默默奉献、奋斗坚守的精神追求与责任担当。习近平总书记给安徽黄山风景区工作人员李培生、胡晓春回信，对他们“长年在山崖间清洁环境，日复一日呵护着千年迎客松，用心用情守护美丽的黄山”的敬业奉献精神给予充分肯定，对他们继续发挥好“中国好人”榜样作用提出殷切期望。习近平总书记在回信中强调：“‘中国好人’最可贵的地方就是在平凡工作中创造不平凡的业绩。希望你们继续发挥好榜样作用，积极传播真善美、传递正能量，带动更多身边人向上向善，弘扬社会主义核心价值观，争做社会的好公民、单位的好员工、家庭的好成员，为实现中华民族伟大复兴奉献自己的光和热。”习近平总书记饱含深情的“黄山回信”，为我们指出了在平凡工作中坚持、坚守的重大意义，必将进一步激励广大人民以榜样为引领，切实发扬敬业奉献精神，凝聚向上向善力量。

三、爱岗敬业精神的培育与弘扬

我国自古就推崇工匠精神。我们耳熟能详的庖丁解牛、游刃有余的故事，就是对匠心匠魂的形象表述。新时代，高铁动车、航天飞船、大国重器等成就，都离不开工匠精神的支撑，离不开我们对工匠精神的继承与弘扬。工匠精神是时代精神的生动体现，折射着各行各业劳动者的精神风貌，每个人都可以是工匠精神的诠释者和践行者。爱岗敬业精神的培育和弘扬对新时代践行工匠精神具有重要意义。

（一）国家：引领风气，为培育工匠精神创造条件

1. 教育先导：加强基础教育，强化职业教育

爱岗敬业精神需要源头培育。基础教育是造就人才的奠基工程，要把爱岗敬业精神的培养纳入国民教育体系，贯穿到义务教育、基础教育中，从小抓起。将爱岗敬业精神融入基础教育中，从小培养学生的认真专注的态度，培养想象力、数学思维能力、空间思维能力，让孩子坚定踏实，精益求精。潜移默化地让学生树立劳动光荣的观念，树立正确的择业观和就业观。

1950年至今，我国先后召开16次表彰大会，表彰全国劳动模范和先进工作者超过3万人次。改革开放号角吹响，劳动模范勇立时代潮头，开拓进取，产业工人许振超先后7次打破集装箱装卸世界纪录，创下令世界惊叹的“振超效率”。

党的十八大开启中国特色社会主义新时代，越来越多知识型、技能型、创新型的劳动者为实现中华民族伟大复兴梦想而奋斗，“金手天焊”高凤林先后为90多发火箭焊接过“心脏”，先后攻克航天焊接200多项难关，成为航天航空领域“大国工匠”。在劳模身上，体现了一以贯之的主人翁事业心和责任感，勇攀高峰的坚定志向和坚韧品格，崇尚劳动、爱岗敬业、恪尽职守的高尚情操。

2. 职教加强：加快构建现代职业教育体系，办好职业教育

职业教育体系已经形成一种和普通高等教育体系并列的态势。学生进入职业学校，不但可以在技能上深耕，还可以获得硕士和博士学位，增加了社会对职业教育和技能人才的认可度。目前，我国已建成世界规模最大的职教体系，共有职业学校1.12万所，在校生超过2915万人。职业院校要把办学质量提上去，培养出真正高水平的职业技能人才服务国家。注重德技并修，将爱岗敬业精神培育融入各个学习环节，引导学生服务国家战略、适应社会需求，树立爱岗敬业、精益求精的职业精神，走技能成才、技能报国之路。

进入新时代，我国工人阶级、广大劳动群众、刚步入工作的新青年在实现中国梦伟大进程中拼搏奋斗、争创一流、勇攀高峰，为决胜全面建成小康社会、决战脱贫攻坚发挥了主力军作用，用智慧和汗水营造了劳动光荣、知识崇高、人才宝贵、创造伟大的社会风尚，谱写了“中国梦·劳动美”的新篇章。

1微米有多细？一根头发丝的1/60 ！把模具精度控制在1微米之内，是全国劳模、无锡微研股份有限公司高级技师陈亮的拿手绝活。“再仔细一点点，离1微米的精度就能更近一点点！”为了更好应对每一次挑战，陈亮为自己立下了这样一条工作准则。立足本职、淡泊名利、爱岗奉献，这是一代代劳模的奋斗品格。劳动是一切幸福的源泉。人民创造历史，劳动开创未来。在劳模精神激励下，千千万万劳动者正在各自岗位上埋头苦干，将自己的拼搏付出、奋发进取汇聚成实现中华民族伟大复兴的磅礴力量。

3. 政策引领：政治上要有待遇，经济上要有保障，社会上要有地位

着力开辟优秀技工的上升通道，完善技能人才的评价机制与优秀技能人才奖励制度，大力评选表彰杰出技能人才，树立爱岗敬业精神先进示范。第一，经济上要有保障。确保技能人才充分就业，企事业单位按规定设立特聘岗位津贴、带徒津贴等，激励在人才培养、技术创新、技能大赛等方面取得突出业绩的人才，提高“巧匠”“大匠”的收入、待遇，让劳动者无须为基本生活烦忧，充分享受

自己的劳动成果。第二，社会上要有地位。充分认清、高度重视工匠的作用，扭转固有观念，要尊重技术人才，特别要尊重一线技术人才。在全社会形成尊重技能人才、认同技能人才、争当技能人才的主流价值观念，让劳动最光荣、劳动最崇高、劳动最伟大、劳动最美丽的价值追求蔚然成风。畅通人才向上流动通道，使他们获得更高社会地位。第三，政治上要有待遇。着力开辟优秀技工的上升通道，完善技能人才的评价机制与优秀技能人才奖励制度，让他们对职业前景有信心。让有突出贡献的技术技能人才在工会等群团组织中兼任职务，推荐他们成为党代会代表、人大代表等。比如评选表彰杰出技能人才，树立爱岗敬业精神先进示范，设定"技术技能大师"等称号，让技术技能人才获得价值感、认同感。

4. 风气促成：营造人人皆可成才、人人尽展其才的良好环境

着力提高人才培养质量，弘扬劳动光荣、技能宝贵、创造伟大的时代风尚，促进形成"崇尚一技之长、不唯学历凭能力"的社会氛围，营造人人皆可成才、人人尽展其才的良好环境，努力培养数以亿计的高素质劳动者和技术技能人才。大力宣传高素质劳动者和技术技能人才的先进事迹和重要贡献，引导全社会确立尊重劳动、尊重知识、尊重人才、尊重创造的观念，提高职业社会影响力和吸引力。

天津航空飞行员谢珂，现任天津航空A330机型机长，同时担任A330机队党支部书记，荣获2021—2022年度天津航空优秀共产党员荣誉称号。他保持着12年安全飞行纪录，累计安全飞行9200余小时。他以蓝天为纸，初心为墨，书写了爱岗敬业的答卷。在记者问到"你如何定义飞行员这一职业"时，他回答道："神圣、担当、职责。还应保持初心，要追寻光，成为光，散发光，去照亮他人。"谢珂大四的时候第一次面试，就一路过关斩将顺利通过选拔，成为一名飞行学员。为支援海外战"疫"，谢珂主动请缨参加了第一班武汉—巴黎包机航班，运载着口罩等20吨医疗物资助力全球防疫工作。面对这些困难他表示："能凭着自己的职业本领，去为全球防疫贡献力量，我感到很自豪。"在生活中，谢珂一直是一个热心肠的人，身为一名志愿者，多年来他一直坚持参加公益活动传递爱心。在2022年8月重庆缙云山山火中，作为重庆本地人的谢珂更是在第一时间就加入运送物资的志愿队伍中，并自发组织起了一支天津航空党员志愿先锋队，一起上山查找复燃点、组成人墙传递紧急救援物资。"虽然一人的行为看起来微不足道，但是一人可以影响另一人，慢慢地就能带动起很多人。"谢珂如是说。在

飞行中，谢珂时刻保持着强烈的责任意识。谢珂认为只有最严谨的作风、最扎实的技术才能更好地捍卫安全底线。“每一次航班的起降都关系到上百个家庭的幸福，这是担在我们肩上的重担，未来我还会继续践行初心，不负期许，去成为光，照亮他人。”

（二）社会：搭建平台，为弘扬爱岗敬业精神提供条件

1. 注重理念培养，形成培育爱岗敬业精神的思想基础

习近平总书记强调，要坚持正确政治方向，把理想信念教育贯穿人才培养全过程，引导人才深怀爱党爱国之心、砥砺报国之志。努力建设一支爱党报国、敬业奉献、服务人民，具有突出创新能力、善于解决复杂难题的卓越人才队伍，是适应新一轮科技革命的必然要求，也是贯彻落实党的二十大精神、有效推动国家综合竞争力提升、促进经济社会高质量发展的重要着力点。每个时代都有每个时代的精神，每个时代都有每个时代的价值观念。价值观念如引航灯塔，而社会主义核心价值观则集中体现了当代中国精神。社会主义核心价值观的个人层面，倡导爱国、敬业、诚信、友善。其中敬业是公民层面的基本价值要求，要求公民忠于职守、克己奉公，服务人民、服务社会，充分体现了社会主义职业精神。实现人生价值的途径在于敬业和奉献，引导广大人才爱党报国、敬业奉献、服务人民，就是要在全社会大力倡导敬业和奉献的价值追求，引导广大人才自觉把国家和人民利益放在首位，把个人利益融入国家和人民利益之中，全心全意为国家和人民做贡献。

寻找“最美工匠”，讲好“爱岗敬业”故事，身边榜样是看得见的标杆，坚持走基层看亮点，培养爱岗敬业理念，形成培育爱岗敬业精神的思想基础。着眼广大人民群众特点调整教育思路，突出受教育者主体地位，组织开放式讨论、互动式教育。火箭军某团三营曾在操场上开展“夸夸我的连队，赞赞我的战友”活动。官兵围坐一圈，聚精会神地听三级军士长王超超讲述工程师魏江的励志故事。身边人身边事，让官兵们进一步加深了对“担当”二字的理解。兵言兵语入兵心，兵说兵事更感人。王超超讲完后，工程师宋机鹏站起身来，向大家讲起在白山黑水间参加红蓝对抗的经历：“经过长途跋涉、辗转千里，我们终于在傍晚时分到达某训练基地，不料突然下起了瓢泼大雨，平常6个人可以抬起的帐篷，那次需要12个人……在那漆黑的夜晚，地钉清脆的回响声和战友的呐喊声不绝

于耳。随着最后一顶帐篷搭好和最后一箱物资落地，战友们的衣服早已被雨水淋透。直到第二天，有的同志才发现自己的手划破了，腿划伤了……”听着宋机鹏的生动讲述，官兵们个个心潮澎湃。一个个感人至深、催人奋进的故事，展现了一幅幅为部队发展而不断奋斗的感人画面。官兵在深受触动的同时，进一步坚定了立足本职岗位、矢志强军兴军的信念追求。军士马龙禹激动地说：“听了这些故事，发现典型离我们并不远。我们要以先进典型为榜样，立足本职，爱岗敬业，在平凡的岗位上为单位建设做出自己应有的贡献。”

2. 营造积极氛围，形成培育爱岗敬业精神的良好环境

工匠精神反映劳动者的精神面貌，爱岗敬业则是良好精神面貌的最佳表达，是时代精神的生动体现。培育爱岗敬业精神，营造积极氛围，形成培育爱岗敬业精神的良好环境，需要多方面协同合作，形成合力。放大已经树立起的“劳模先进形象”的辐射引领效应，注重抓好高技能人才、劳模先进的传帮带作用，搭建交流平台，推动创新创效和成果转化。组织劳模事迹报告团深入单位、社区巡回宣讲，大力弘扬劳动精神、劳模精神和工匠精神。组织开展各级各类技能竞赛活动，为广大技能人才提供展示精湛技能、相互切磋技艺的平台，提升其职业荣誉感和获得感，营造学习工匠、争当工匠的社会氛围，激发培育和弘扬爱岗敬业精神的内驱力。健全技能人才岗位使用机制，支持鼓励技能人才在岗位上发挥作用、管理班组、带徒传技。完善以职业能力为导向、以工作业绩为重点，注重爱岗敬业精神培育和职业道德养成的技能人才评价体系，推动考核评价结果与人才使用、待遇、荣誉等相衔接，让更多大国工匠、优秀技能人才脱颖而出。

3. 组织技能培训，夯实培育爱岗敬业精神的人力基础

完善培育格局，搭建“多元促精”平台。培养“好工匠”需要搭建“好平台”。要聚焦发展定位目标，结合重点行业、重点领域的发展实际和企业需求，持续优化竞赛活动的“学、训、赛、评、宣”运行机制，广泛深入持久开展线上线下劳动和技能竞赛，为高技能人才搭建交流学习的平台；整合院校、企业、社会等优质资源，借助大数据、信息化手段，打造多元化、立体化、融合式的职业技能培训平台；以专项行动为契机，下足“绣花功”，构建更高水平职工服务体系，不断提升职工幸福感、获得感和安全感。充分利用网上培训资源，组织开发更多线上教育、远程教育技能培训课程，助产业工人提档升“技”，引导企业通过设置多个通道，打破技能工人成长“天花板”。

除此之外，坚持赛训结合，畅通职业通道，激励骨干技术梯队成长。大力开展各等级技能竞赛，锤炼技能人才队伍的实战能力。同时注重以制度保证职业鉴定工作规范化、常态化，从实践上搭建竞赛、训练和职业技能鉴定的通道和平台，提升协同效应。对技术技能人才实行岗位聘用制，建立考评机制，加大薪酬分配倾斜力度，调动技能队伍的积极性。以劳动竞赛为载体，提升职工技术技能素质。一是加强竞赛指导，制定切合实际的竞赛计划和方案，认真分析活动中出现的新情况、新问题，加强分类指导；进一步完善检查考核机制、表彰奖励机制，使广大职工学有榜样、赶有目标、超有动力。二是丰富竞赛形式，既赛进度、赛数量，又比技能、比创新，通过形式的变化增强竞赛对职工的吸引力。三是注重竞赛实效，坚持党政需要、职工欢迎、注重实效的原则，突出办赛特色，善于发现和培养典型，及时总结推广竞赛经验，发挥示范引领作用，以点带面，逐步推进。完善培训机制，提升技术人员岗位本领。根据业务分工，细分培训对象，定制专项培训计划，让职工技术技能项目培训定位准确、与工作联系紧密。协同人力资源建立资源共享、教育培训、赛训一体培养机制，为工匠培育打下坚实基础。

（三）个人：自身努力，立志成为大国工匠

1. 强化责任意识

习近平总书记在党的二十大报告中强调："坚定历史自信，增强历史主动，谱写新时代中国特色社会主义更加绚丽的华章。"在认清历史重任中强化责任担当的主动意识，不断深化理想信念、培育斗争精神与奉献精神，是有效化解现实困境的重要举措，也是增强主动担当意识的关键所在。一是坚定理想信念，引领传承红色基因。管理者、教育工作者要主动提高政治引领能力，帮助教职工、青年学生学习领悟贯穿百年党史的历史主义精神，将坚定的理想信念转化为自身的精神动力和自觉行动，引领他们做红色江山的坚定守护者、社会主义事业的可靠接班人、共产主义信仰的坚定拥护者。二是培育斗争精神，引领教职工、青年学生敢于主动斗争。历史主动精神生动体现了中国共产党人在历史重任面前敢于斗争、敢于胜利的精神面貌。躺平没有出路，成功没有捷径。要办好、讲好"大思政课"，将党史学习教育与斗争精神培育有机结合，注重榜样教育和示范作用，

激发青年的奋斗精神，引导青年学生从百年党史中汲取敢于斗争的勇气和力量。三是涵养奉献精神，引领教职工、青年学生乐于无私奉献。肩负中华民族伟大复兴重任的新时代青年，要从党的百年奋斗历程中体悟我们党不忘初心、不怕牺牲的奉献精神，胸怀“国之大者”，努力成长为对社会进步、国家发展、人民幸福无私奉献的时代新人。

新时代的青年学生要把更加主动的责任担当作为人生目标引领，克服浮躁心态，保持历史定力，以党和人民赋予的历史使命激励自己，以坚定的历史自信牢牢把握历史主动，在党的领导下同全国人民一道奋力谱写敢于斗争、勇于奋斗、敢做善成的崭新篇章。

2. 树立职业理想

以工匠精神为引领，把工匠精神与专业内容整合，按“工匠精神—岗位能力—职业自信—职业信仰”的设计思路，通过具体可操作性的方式，增强对工匠精神、爱岗敬业精神的形象认知，从而进行工匠精神教育，在行动中养成职业岗位所需的爱岗敬业精神，从而在实践中增强职业自信，而职业自信自然而然又促进守正创新、追求卓越，那么，职业信仰也就油然而生了。无论是在什么时期，“工匠们”都是在实践中打磨技艺，在这个实践过程中，他们不为名利所惑，不惧艰难困苦，坚持着追求完美作品的职业信念，从而形成专注执着、精益求精的职业精神。因此，专注执着、精益求精的职业精神的养成必须依托于职业行为与实践。真实的职业场域，是坚定职业信念的现实土壤，以工匠精神为指引，在真实的企业生产环境中坚定职业信念，培养质量意识、劳动意识、责任意识和精品意识，为引导他们发扬专注执着、精益求精的职业精神，树立正确的职业信仰奠定扎实的现实基础。最后，以工匠精神为基础，共同营造崇尚工匠精神的文化氛围。崇尚工匠精神的文化氛围，会潜移默化地影响到职业价值观，从而在无形中引导他们认同专注执着、精益求精、爱岗敬业的职业精神，在认同过程中树立职业信仰。

伟大事业孕育伟大精神，伟大精神引领伟大事业。在全面建设社会主义现代化国家的新征程上，需要我们每个人主动践行、弘扬工匠精神，厚德至诚，创新致远，精工至善，匠心至臻。只要秉持着工匠精神的初心，让工匠精神成为扎根于血脉的精神导向与奋斗标杆，中华民族伟大复兴的不朽伟业就一定能实现！

第二节　恪尽职守、乐于奉献，做臻于至善的奋斗者

爱岗敬业锻造铁军

一、个人简介

郭春荣，男，汉族，湖南衡阳人，中共党员，高级工程师。2004年7月毕业于辽宁石油化工大学过程装备与控制工程专业。历任中石化胜利油建工程公司四分公司技术员、专业二级师、副经理；公司项目管理中心副主任，项目经理（副处级），中石化重型起重运输工程公司副总经理（挂职）等，现任中石化胜利油建工程公司总经理，党委副书记兼中石化石油工程技术服务公司技术攻关课题组长。

二、工作成果

“提高淶水定向钻穿越回托一次成功率”“陡坡隧道内大口径管道施工工法”等6项成果荣获市局级以上荣誉；“阀门并联试压装置”“一种高压水喷头全回转可调式桩内切割机构”等6项专利被授权实用新型专利；先后被授予石油工程技术服务公司“岗位奉献先进个人”、集团公司“建设项目先进个人”、胜利石油管理局“油田持续稳定建功立业二等功”等荣誉。

三、先进事迹

中石化胜利油建工程公司是中石化集团公司最大的油建施工企业，具有五十多年的发展历史，现有在职员工3960人，非在职人员10349人，拥有长输管道工程、海洋石油工程、油气储运工程三大核心业务，年均运行项目300余个，总产

值40亿元以上。作为国有特大型企业的行政主要领导，郭春荣始终秉承“执着专注，精益求精，一丝不苟，追求卓越”的大国工匠精神，敬业勤勉履职，专注企业发展，精益求精管理，创新技术实践，以工匠精神推进企业精益管理，创效增盈，用实际行动诠释了“敬业、精益、专注、创新”的工匠精神内涵，以工匠精神锻造石油工程建设铁军典范。

1. 敬业勤勉履职，无悔奉献守初心

“为企业谋发展，为员工群众谋幸福”，是郭春荣一直坚守的“初心”。多年来，他始终弘扬执着专注的工匠精神，传承石油石化优良传统，践行党“全心全意为人民服务”的宗旨，忠诚履职，勤勉敬业，在无悔奉献中彰显了一名党员领导干部的先锋本色。

（1）艰苦奋斗，“甘愿奉献”的表率。施工企业具有生产任务重、管理幅度大、野外施工多等特点，特别是石油工程建设企业，既承担着保障国家能源安全的重要政治任务，又肩负着保油上产、重大能源工程建设的重要责任使命，施工任务异常艰巨，且工作环境特别艰苦。无论是在基层项目成长锻炼时期，还是担任领导干部以后，郭春荣始终秉承石油石化“艰苦奋斗”的优良传统，坚持工作在现场，参建的每一个项目工地上，都挥洒着他辛勤的汗水。2015年济青二线项目冲刺阶段，他带领职工顶着37℃以上的高温，连续奋战20多个昼夜，高效完成了大码头段12千米管线焊接安装，以及11条定向穿越施工任务，为项目提前投产打下了坚实基础。2018年运行潜江—韶关输气管道期间，严抓现场问题现场协调解决，从开工到投产151千米管线走了整整3个回来，真正做到对施工现场情况了如指掌，现场解决问题事不过夜，得到了业主和上级的高度赞誉。

（2）敢为人先，“敢打必胜”的典范。作为企业首任“80后”主要领导，郭春荣十足的闯劲、韧劲给各级领导、业主和广大干部员工留下了深刻印象。任职伊始，恰逢新冠肺炎疫情暴发，企业经营发展也遭受了较大冲击，在严守国家各项疫情防控政策的同时，他不顾个人安危，奔波于遍布全国的业主和项目工地，拓市场、抓运行，数十个地市的“行程码”就是他心系企业发展的最真实写照。2022年12月，他在出差途中感染了新冠病毒，在定点隔离、持续高烧40度的情况下，吃上一片退烧药，仍然有条不紊按时参加和组织各类视频工作会议，通过网络视频和电话等方式，及时了解企业生产经营情况，做出经营管理部署安排，保障了在企业员工大范围感染期间，生产和经营管理有序高效运行。

（3）牢记宗旨，“扎根基层”的楷模。任职企业总经理后，郭春荣将服务基层和员工群众作为两级领导班子和机关人员做好工作的重要前提，立足基层热点难点问题，建立月度收集基层意见建议机制，机关把方便送下去、把麻烦揽上来，全面提高机关综合协调能力和优质服务能力，主动为基层服务，切实为基层减负担、解难事，年均累计收集基层意见建议150余项，当期解决率95%以上，一时不能解决的，滚动接续督办，直到问题解决为止。“郭总不在办公室！”公司机关人员对郭春荣的工作方式最为了解，到办公室找他汇报工作的基层干部经常会扑个空。他始终聚焦项目一线，坚持抓工作到现场、到基层、到项目，每月近三分之二的时间都在外出拜访业主、下基层，现场帮助解决热点难点问题，得到了干部员工的充分认可和一致赞誉。

2. 专注企业发展，深耕细作拓市场

“必须全力以赴开拓市场，提升企业核心竞争力。”郭春荣把市场开拓作为企业生存发展的“根基”和“命脉”，以执着专注的工匠精神带头拓市场、夺项目，谋划实施差异化、专业化发展战略，成功开辟了诸多新领域、新区域市场，企业发展根基持续巩固，核心竞争力显著提升。

（1）谋划市场策略，实现“精准化”开发。“要果断放弃风险和低效市场。”郭春荣坚持开拓优质高效市场，落实市场开发“六不干”策略，每次大型项目投标前，严格组织相关部门进行标前评估，做好源头把控，从源头杜绝承揽亏损及存在安全风险项目，提升优质项目占比，果断放弃低效无效风险市场，近三年累计弃标达45亿元。他精准市场布局，靶向市场开发，针对目标市场，陆续组建浙石化海管、新能源、海上风电、物资装备、国家管网等专项市场开发工作组，带头拜访业主，承揽项目，接续承揽了中俄管道八标段、CCUS管道、三峡阳江等一系列重点工程。2020年10月，经多次与浙石化业主现场谈判，成功中标中石化最大合同额的单体海管项目——浙石化海管项目，中标额达14.25亿元。企业市场开发质效显著提升，2022年，累计新签合同额达64.5亿元，创企业历史之最，维护了企业健康持续发展的良好局面。

（2）聚焦核心产业，凸显“差异化”优势。核心产业是维系企业生存发展的重中之重，郭春荣结合公司实际，谋篇布局，落实“专业化运营、一体化融合、差异化发展”策略。2018年，作为生产运行部负责人和副处级项目经理，积极建言献策，完成海洋工程公司专业化重组，统筹管理SL901、SL902两艘铺管船和船舶装备，加强中石化系统内唯一海洋石油工程一级承包资质运用，大力承揽海管、海上风电、海洋平台施工，海洋工程公司组建以来，已累计承揽项目达63亿元。2021年以来，为顺应未来管道市场发展新需要，适应国家管网长输管道业务新布局，他会同班子成员谋划组建专业化长输管道和油气储运队伍，经过两年多的充分调研论证，2023年3月，撤销了具有五十多年历史的第一至第五等项目管理部，组建2个专业化管道工程公司，将长输管道队伍握指成拳，打造国内长输管道第一梯队。同时，以第七项目管理部为主力承建大型站库工程，以金属结构厂专业化“五化”建设、炼化工程施工优异业绩为基础，组建储运工程公司和炼化工程公司。企业海洋工程、长输管道工程、油气储运工程三大核心产业专业化优势更加明显，核心竞争力显著增强。

（3）开辟新兴业务，突破“专业化”领域。2020年，受新冠肺炎疫情、低油价、长输管道等大型市场放缓等前所未有的不利因素影响，企业市场和经营情况一度遭遇瓶颈。为打造企业新的经济增长点，郭春荣与班子成员研究，决定做强大型储罐业务。经过努力争取，首次承揽中石化集团10万方储罐——库车原油商储库项目，凭借“干好在建工程赢得后续市场”理念，该项目优质高效完工投产，并接续中标岳阳原油商储库10万立方米储罐、湖北宜昌枝江油库、上海工程公司基地、东营原油库迁建等一系列大型储罐项目。目前，大型储罐工程已成为企业油气储运工程的最强核心竞争力，处于业内第一阵营，系统内首选建设单位，为企业创造了良好的经济和社会效益。与此同时，他聚焦企业电气工程、场站施工等专业化优势，加强与集团公司炼化板块对接，连续攻克炼化220千伏变电站、贵州能化场平、塔河炼化管廊、顺北五号联及六号联等项目，取得丰硕成果，开辟了电气工程及场站工程专业化市场领域。积极响应国家“双碳”目标和“倡导人与自然和谐共生，绿水青山就是金山银山”的环保理念，布局新能源市场，接续承揽并高效实施国内首条百万吨级二氧化碳长距离超临界压力管道——齐鲁石化CCUS管线，胜利油田首个集中式光伏发电项目——孤东106MW光伏等新能源工程。积极拓展公司产品营销市场，公司四季工作服入选集团公司年度框架，年销售5000万元以上；调压橇等产品入围天然气分公司年度框架，弯管机等25项产品被列入石油工程建设公司内部优势产品目录。企业专业化发展优势更加明显，经营创效水平持续提升。

3. 精益求精管理，强基固本谋经营

“在企业生产运行和经营管理中，规范严细的基础工作是关键。”基于这种认识，郭春荣自任职企业总经理以来，始终以精益求精的工匠精神严抓管理，陆续提出并实施了“经营管理年”“管理提升年”“单项目经营管理模式”等一系列精益管理举措，企业生产运行质效和经营管理水平显著提升。

（1）严抓项目管控“全过程”，创树重点工程先锋队。郭春荣自参加工作以来，就扎根项目一线，具有长期从事项目管理的经验。任职总经理后，他始终严抓项目这个企业根本创效单元，坚持“一切围绕项目转，项目围绕创效干”理念，对项目全过程进行精细运行管控。加强项目策划管理，分析项目毛利率及效益增长点、风险点，真实还原标后预算，精准分包核量，使经营项目能力持续提升。建立严格工期管理机制，不断完善周、月计划监管机制，实行每日监控、每周审查点评、每月考核通报，及时预警纠偏和应急处置。一系列从严管理举措使得企业项目工期正点率达到98.5%以上，项目毛利率持续提升，经营创效能力不断增强，连续三年产值突破40亿元大关。特别是在建设保障国家能源安全，助力黄河三角洲生态保护和高质量发展的重大民生工程——东营原油库迁建项目中，统筹项目全周期高效运作，分级编制科学总控计划，用好“五化”建设优势，创新实施“网格化”管理，仅10个月时间就完成了10台储罐安装投产，创造了东营原油库速度，被中国能源化学地质工会全国委员会授予“立功集体”，获评“中国石化重点工程建设先进单位”荣誉称号。

（2）搭建劳动竞赛“大平台”，打造各级坚强执行力。如何夯实企业基础管理工作，自上而下锻造坚强的执行力，是郭春荣在企业推行精益管理的重要内容。他会同企业党委书记，提出了坚持党建引领，精准开展劳动竞赛的举措。自2021年以来，着眼“抓基层、打基础、强管理”，组织开展以“七比七赛”和“管理提升”竞赛为主要内容的“50项争第一、夺冠军”劳动竞赛，竞赛内容涵盖市场开拓、生产运行、资金保障、经营管理、党的建设等各项重点部署，以及各业务系统重要工作、薄弱环节，依据工作提升情况，科学优化、动态调整指标，每一项指标均做到按周运行、按月评比通报、按季考核奖惩，真考核、真奖惩、真兑现；用好奖罚激励、帮扶带动，先进带后进，互促提升。依据重点工程推进情况，适时组织专项竞赛或“擂台赛”，企业各项经营指标清晰明了、持续向好，基础管理工作水平明显提升，极大激励调动了广大干部员工主动创效积极性。

（3）推行项目经营“新模式”，激活全员创效积极性。针对企业以往“大兵团”作战，项目团队经营项目水平不高、创效能力不强的问题，郭春荣在改变项目管理体制机制上下功夫，围绕单项目承包经营、核算、资金收支管控，配套实施了一系列改革举措，初步打造形成了以项目为核心的管理型施工企业架构。强力推行单项目承包经营。改变多年经营承包模式，由对三级机构的经营考核转变为对项目的经营考核。公司与直管项目直接签订经营目标责任书，项目承包集团实行“上缴利润比例包干+超交分成”制，员工按上缴利润规模实行绩效奖金包干制，项目团队拿到项目，精打细算、从严管理就能够得到比以往高数倍的绩效奖金，极大调动了项目人员创效主动性。强力推行单项目全成本核算。改革项目管理模式，改变以往“分片”“切块”的内部关联交易和组织会战模式，所有资源由项目统一调配，有效解决了以往项目成本利润管控难的问题。抓实人力资源优化。借助公司单项目改革契机，坚定不移做实企业“人才池”，除两级机关“三定”人员外，所有人员“入池”统一管理，落实派工单制，实现公司人才“一盘棋”，解决了公司长期以来的“冗员与缺员并存”的问题。积极推进干部“去行政化”。推行聘期制、契约化，建立以竞争和市场为核心，以业绩为导向的项目经理人选聘机制，构建起了“党政正职+项目经理”的基层班子配备模式。项目班子成员实行合同契约化管理，明确安全质量、利润指标、收款节点、一岗双责等责任清单，签订项目承包责任书，资历延迟认定，全力打造水平过硬、职能相符的项目经理队伍。通过一系列改革优化措施，企业体制机制不断优化，全员创效活力持续攀升。

4. 创新技术实践，科技引领强赋能

“抓牢技术攻关，实现科技赋能提效”，郭春荣始终坚持“技术创新、科技强企”理念，以追求卓越的工匠精神，打造技术领先优势，仅用两年多时间，高效建成“五化”建设示范工厂，陆续攻克一系列科技立项、技术难题，凭借科技成果转化，助力优质高效生产运行，提升了企业核心竞争力。

（1）抢抓机遇优势，高标准打造“五化”建设示范。近年来，中石化集团公司提出以“标准化设计、工厂化预制、模块化施工、机械化作业、信息化管理”为内容的油气田地面工程“五化”建设新模式。郭春荣紧跟上级决策部署，顺应行业发展新趋势，大力加强“五化”建设，提升企业核心竞争力。陆续推动建成了企业东、西部工厂化预制基地，引进固定式、移动式工艺管道作业线，实现了从工艺管道切割、坡口、组对、焊接等全流程机械化作业，年预制能力达7万吨；积极打造形成“生产设计三维化、预制施工数字化、管道焊接自动化”工厂预制模式，年预制工艺管道10万寸径以上。截至目前，企业已形成局级“五化”施工工法4项；参与制订中石化集团公司“五化”管理办法3项，集团一级企标1项。并依托“五化”工程，高效率、高质量完成了东营原油库迁建、顺北二区天然气处理厂、CCUS管道、上海工程公司基地等一系列重点能源工程建设，得到了上级和业主的高度评价，为企业后续市场拓展和工程建设奠定了坚实基础。

（2）创新科技引领，高水平推进“赋能”技术创新。企业科技创新必须实现成果转化，运用到具体实践中，这是郭春荣科技引领企业发展的根本理念。他陆续牵头组建了7个标准化全自动焊机组，以及27个“1+2组合”自动焊机组、6个机械化补口机组，引进直铺管装备，组织研制了隧道内管道自动焊配套工装，发明的“陡坡隧道内大口径管道施工工法”荣获局级先进工法第一名；自主研发了国内第二套带压封堵实验平台及系列施工装备，“液压封堵装置”被授权为实用新型专利，“管道带压封堵试验平台模拟试验技术推广应用”获局级技术推广一等奖。组织技术团队自主设计完成公司SL901、SL902两艘大型铺管船综合改造，适应大口径、深水区、大海流铺管作业；推广数字化平台模块化设计及建造技术，助力高效完成昌邑海上风电升压站陆地建造、赵东OPA平台模块等项目实施；研发推广高压水切割技术，优质高效完成海上7座平台弃置拆除……在郭春荣的带领下，高水平技术创新引领，赋予企业高质量发展新动能，推进科技强企真正落地见效。

（3）带头技术攻关，高质量助力“创优”典范工程。凭借多年项目运行管理的经验，郭春荣在做好企业经营管理的同时，亲力亲为，紧密结合项目施工重点难点，牵头组织科研攻关、技术创新，作为中石化集团公司科研课题负责人，带头组织了“水网地区一机多用型施工装备集成设计与应用研究”（省部级），“山地地形长输管道自动焊工艺适应性研究（市局级）”等科研课题；获得“陡坡隧道内大口径管道施工”“滩海铺管船铺设海底管线”等省部级和局级施工工法7项；“提高涞水定向钻穿越回拖一次成功”等4项成果荣获局级以上科技进步奖、管理创新成果奖。他牵头研发的各项成果均及时高效运用在项目施工实践中，提升了重点工程运行质效，2020年以来，企业20项工程荣获国家优质工程、优质焊接工程奖。进一步擦亮了企业石油工程建设先锋队的光辉形象。

国家需要大国工匠，企业管理者更需要弘扬大国工匠精神。郭春荣坚持精益管理、卓越经营的工匠精神，不仅为企业创造了良好的经济效益，更为企业积淀了宝贵的精神和文化财富，在企业新时期经营发展的历程中，留下了精彩厚重的历史印记，为锻造石油工程建设铁军典范，推进企业高质量发展做出了积极有力贡献。愿工匠精神代代相传，中石化胜利油建工程公司发展蒸蒸日上，鹏程万里！

以企为家创新尖兵

一、个人简介

陈皓宇，男，1996年11月出生于辽宁省阜新市，2015年入学，就读于辽宁石油化工大学经济管理学院管理科学与工程系。在校期间认真刻苦，努力上进，曾荣获“2017—2018学年国家奖学金”，“优秀毕业设计（论文）奖”；多次参与专业内外校级、省级、国家级竞赛，获得“2018全国中高等院校BIM招投标竞赛全国三等奖、北方赛区二等奖”“第六届辽宁省建设类院校广联达（BIM）应用技能大赛——算量赛项本科组三等奖”“2018创青春辽宁省大学生创业大赛银奖”“第五届全国高等院校建筑软件技能认证大赛——BIM5D大赛三等奖”“第五届全国高等院校建筑软件技能认证大赛——BIM算量大赛三等奖”等多项荣誉。

2019年7月毕业，通过校园招聘就职于中建八局装饰工程有限公司设计研究院，担任主管设计师，从事BIM设计及管理工作。2019年起，先后参与了“深圳机场卫星厅项目”“上海世博会A区世博绿谷项目”“WeWork嘉会医院办公室装修正向设计项目”“宁波国际会议中心项目”“中山大学附属第一（南沙）医院幕墙项目”“创新抗体药物产业化及数字化工厂建设项目”“雄安商务服务中心幕墙项目”“深圳新小梅沙大酒店幕墙工程”“江阴希尔顿五星级酒店项目”“杭州香格里拉酒店改造项目”“西安咸阳国际机场三期扩建工程”等重大项目建设及管理工作。

二、先进事迹

1. 以企为家，敬业乐业

中建八局的铁军文化深深影响着陈皓宇的一言一行，“令行禁止，使命必达”的企业文化造就了他的成长。

作为一名中建八局央企员工，陈皓宇在工作中敬业乐业，充分发挥自己的才能和智慧，为企业的发展贡献力量，将企业视为共同努力的平台，时刻珍惜这难得的机会，把自己所学、所思、所能贡献给企业，让企业在激烈的市场竞争中茁壮成长。时刻牢记全身心地投入工作，以高度的责任感和使命感，对待每一个任务，始终保持求知若渴的态度，不断学习新知识、新技能，提高自己的业务水平。

陈皓宇在工作中享受工作的过程，实现人生价值，从工作中找到乐趣，将工作变成一种享受，积极与同事沟通交流，形成良好的团队氛围，共同为企业的发展献计献策。同时，关注企业的文化和价值观，将个人的成长融入企业的发展中，实现个人价值与企业价值的高度统一。

以企为家、敬业乐业，在企业中实现个人价值、推动企业发展，不断努力，保持良好的工作态度，为伟大祖国的发展尽心尽力。

从业以来，完成十余项大型、特大型项目建设及管理工作，多次被评为“优秀新人”“优秀员工”“首届青年骨干人才”。

2. 乐思进取，自强不息

在这个日新月异的时代，我们面临着无数的挑战和机遇。要想在竞争中脱颖而出，我们必须具备乐思进取、自强不息的精神。只有这样，我们才能在不断变化的环境中找到自己的位置，为实现个人价值和社会进步贡献力量。

在工作中，乐思进取让陈皓宇时刻保持着对知识和技能的热爱。在这个信息爆炸的时代，通过不断学习、探索，适应不断变化的环境。时刻保持积极的心态，对新事物充满好奇，不断拓宽视野，丰富自己的知识体系。

在工作中，陈皓宇通过不断的学习和知识扩充，努力实现自我认知的拓宽。多次组织及参与BIM类竞赛，荣获“龙图杯”第九届全国BIM大赛施工组二等奖、第十一届“创新杯”建筑信息模型（BIM）应用大赛拓展应用类BIM应用三等奖、第五届“优路杯”全国BIM技术大赛铜奖、第三届“智建杯”智慧建造创新大赛金奖、第十一届“龙图杯”全国BIM大赛施工组优秀奖、第四届全国建筑装饰BIM大赛公装组三等奖、第四届全国建筑装饰BIM大赛幕墙组二等奖、第三届浦东新区BIM技术应用创新劳动和技能竞赛个人建模赛房建组三等奖、上海建筑施工行业第九届BIM技术应用大赛一等奖、第三届工程建设行业BIM大赛一等成果等十余项奖项。以赛促学，以学促进，乐思进取，自强不息。

同时在学习与促进过程中，实现个人价值、推动企业及社会发展。不断努力，坚定信念，勇敢面对挑战，在不断变化的世界中找到自己的位置，为社会的进步和繁荣做出更大的贡献。

3. 坚韧不拔，勇于创新

从业以来，陈皓宇时刻保持着一颗坚忍不拔，勇于创新的心。在学习传统施工技术的同时，考虑创新的可能性，以牢固的专业知识为基础，以创新思维为手段，不断优化创新。在工作中一丝不苟，坚忍不拔，本着对科技创新的强烈执着及热情，大胆尝试，反复实验论证，以实现结构优化、工艺优化及科技创新。

在遇到各种困难和挫折时，敢于尝试，不怕失败，将失败当作成功的垫脚石，只有经历过失败，才能不断进步，面对失败，保持积极的心态，从失败中汲取经验和教训，为下一次的尝试做好准备。凭借着坚韧不拔的精神，最终克服了一个又一个技术难题，认准目标，不轻易放弃，用顽强的意志力战胜了一切挑战。

在工作中积极思考，勇于创新，以科技水平代替繁重劳力，并积极总结经验，形成示范性创新工法。认证“超高造型墙饰面装配式安装施工工法”“高大空间复杂异形铝板天花造型安装施工工法”2项公司级工法。

勇于创新是我们在这个快速发展的时代所必备的品质。创新是推动社会进步的重要动力，只有不断追求创新，我们才能掌握时代的脉搏，跟上时代的步伐。要敢于挑战权威，勇于尝试新事物，将自己的创意和想法付诸实践，推动社会的不断发展。工作中勇于创新，敢于尝试，并通过反复论证，最终形成创新类科技成果。

授权的国家实用新型专利有“一种钢骨架轻钢龙骨隔墙结构”“一种逆装式天花转换层系统”“一种带暗装疏散指示灯的不锈钢墙裙”“一种金属板墙面装饰结构”“一种装配式屏风墙面装饰结构”“一种异形铝板天花装饰结构”6项；受

理国家发明专利“基于BIM+AR技术的施工辅助定位方法”“一种超高造型墙面装配式结构及其安装方式”“一种建筑垃圾回收处理装置”“一种可移动隔断上部隔音墙系统结构”4项。

积极参与学术研讨会及行业内学习沙龙活动，在探讨学习中不断进步，在国家级期刊发表的论文有《会议中心公建类装饰装修项目中“三维激光扫描+BIM技术”模式的应用研究》《BIM技术在高大空间类建筑装饰中的应用探析》《装配式设计及施工在绿色建筑中的应用分析与探讨》3篇，参与编制及发布《BIM技术理论与应用实践》BIM类专著，获得“基于BIM的建筑工程综合管理系统”“装配式结构信息转换及建模系统”软著2项。

同时在公司级行业内积极参与科技类竞赛活动，以赛促学。获得“2022‘五小成果’竞赛”公司级三等奖、“2022‘企业高质量发展金点子’竞赛”公司级二等奖、2022年度公司优秀专利成果奖二等奖、2022年度优秀工法奖优秀工法等多项公司科技竞赛类奖项，获评“设计研究院2022年度科技之星”。

工作之余，陈皓宇多向发展，积极学习相关门类技能类知识，考取“综合BIM应用（三级）”、装配式工程师（设计）、碳资产管理师、碳排放核算师、碳排放评估师、碳排放管理师、碳排放咨询师、碳排放交易师等8项技能类证书。

时光飞逝，但在陈皓宇心中，学校生活的点点滴滴，还历历在目。他认为母校是自己的精神源泉，是塑造和培养自己的地方，迷茫的时候，正是母校的教导为其指引了方向。本着坚韧不拔，勇于创新的精神，通过不断的努力及学习，勇敢地面对挑战，保持创新的精神，在不断变化的世界中找到自己的位置，为企业及个人的进步和发展做出更大的努力。

三、寄语母校

学校一直坚持以雷锋精神建校育人，这个办学特色对我影响也很大。雷锋“五个一”精神，和中建八局央企人员的价值观“忠诚、使命、奉献”一脉相承。雷锋愿做一颗螺丝钉，在自己的岗位上发光发热，热爱人民，愿意到群众中去，为祖国的伟大发展多做一些力所能及的事情，雷锋一生都在奉献，但不求回报，内心无私，格局宏大。实际工作中，无数人在默默奋斗，在自己的岗位上坚守。困难关头，凭借着对祖国和人民的深厚情感和政治觉悟让自己做出正确的抉择。

作为从辽石化大走出去的八局央企新兵，更是要严格要求自己，把雷锋精神的种子，播撒到每一处可以发出光热的地方。

恪尽职守金融新秀

一、个人简介

时浩，男，1995年8月出生于美丽的牡丹之乡山东省菏泽市，2013年入学，就读于辽宁石油化工大学经济管理学院会计系，任会计1302班班长职务，在校期间勤奋好学，积极进取，内塑修养，外树形象，曾荣获“勤奋奖学金”“优秀学生干部”等奖项；在服务班级的同时，积极参与各项竞赛活动，在大学生挑战杯沙盘模拟竞赛中荣获辽宁省团体三等奖；始终怀着感恩的心，带着饱满的热情，一直走在学习的道路上。

2017年7月毕业后，时浩通过校园招聘进入中国核工业二四建设有限公司，先后从事资金管理、税务管理、融资管理等工作，现就职于中国核工业二四建设有限公司子公司徐州中淮置业有限公司，担任财务总监兼董事会秘书，全面负责公司财务工作及重大事项决策。2017年起，先后参与了海阳核电项目、徐州云鼎新福地项目、徐州睢宁历史文化街区改造PPP项目、徐州新彭花园、徐州吉祥佳苑定销房项目等重大项目建设管理工作。先后担任中国核工业二四建设有限公司徐州项目公司财务负责人、中核二四江苏润城文旅发展有限公司财务负责人、徐州中淮置业有限公司财务总监等职务，协助公司融资20余亿元，助公司返还税款6000万余元，多次被公司评为先进个人。

二、先进事迹

1. 忠于职守，爱岗敬业

刚进入大学校园时，时浩对毕业后的工作有着美好的憧憬，从学校毕业进入社会后认识到，不是我们选择工作，而是工作选择我们，渐渐地时浩褪去了当初的浮躁和骄傲，更深刻地了解到了现实社会对个人工作能力的要求。在中国核工业二四建设有限公司工作中，作为一名财务人员，时浩始终秉持诚信为本、操守为重、爱岗敬业的工作态度，恪尽职守维护财经纪律，保护财产安全，保证账目和会计报表的可靠性，树立正确的人生观和价值观。从最简单的基础业务，如装订凭证、打印回单、填制报表，到投融资管理等顶层设计始终兢兢业业，未有任何懈怠。曾为了公司在徐州市场竞争新项目，做测算、写投标文件熬夜至天亮；曾为使公司渡过资金难关，在银行等金融机构连续蹲守2个月；曾为了节约公司成本，防止国有资产流失，与相关供应商唇枪舌剑数日……始终把爱岗敬业的精神深植于心，以忠于职守的态度投入工作，在平凡的岗位上造就不平凡的自己。

2. 不断学习，精益求精

工作期间，书本中的理论知识已经无法满足实际工作的需要，为适应复杂多变的情况不断挑战书本上的理论知识，临大事而不乱，临利害之际而不失故常，在工作期间，时浩认识到不停地学习是积累经验、提升自身本领的唯一途径，把学习当成了一种生活态度，一种工作责任，一种精神追求。他积极参加公司各项知识竞赛，参加公司外部和内部培训，不断学习，增强工作的科学性、预见性、主动性，使每一项决策体现时代性，把握规律性，思想富有创造性。从曾经对工作不知所措到现在对工作的精益求精，是母校给予其理论底气，是公司赋予其理想平台，是社会赠予其时代机遇。天下大事，必作于细。身为一名合格的财务工作人员始终坚持规范化运营，保证各项工作有规可依、有章可循，建立和完善各项规章制度，优化组织结构，明确职责分工。2022年，时浩在中淮置业起草和更新了19项规章制度和管理办法，经过评审后发布实施。在原有组织机构的基础上完成了优化，并重新对各个部门的职责进行分工调整，责任到人。充分发挥文化引领作用，凝心聚力。在文化细节方面，整合了江苏淮海企业和中核二四企业文化，以高度的责任心和担当精神，把国企和民营两套人马的思维整合到一起，心往一处想、劲往一处使，让公司员工始终以饱满的热情积极投身工作。鼓励员工学习专业技能，并且按照公司要求，组织“人人上讲台”活动，为公司投资业务转型培养了一批懂投资开发、懂预算造价、懂项目管理、懂成本控制、懂财务管理的人才。在采购模式上，细化各项建造及管理成本，广泛邀请意向单位开展询价，组织合格供方开展源地考察活动，将各项采购成本控制在预算范围内。徐州两地块各项分包工程相比最初估算成本，均有节约。比如，在新彭花园及吉祥佳苑项目电梯采购上，多方询价及实地考察相结合，灵活谈判，通过四轮报价比对，最终选定两家电梯单位，两个项目仅电梯采购就节约预算资金2200余万元，大大降低了采购成本，保证了国有资产的合理利用，做到了精益求精。

3. 坚持不懈，开拓创新

回溯在中国核工业二四建设有限公司工作历程，时浩对待每一项工作都严肃认真，精益求精，不达目标不罢休，在工作过程中不断开拓创新工作方式和方法，正是这股子“拼劲”和“创新”，使得公司完成了不可能完成的任务。其中最典型的当数为徐州中淮置业有限公司融资、留抵退税和资金回收这三项工作。

在融资方面，中淮置业自2019年底与建行徐州分行对接后，前后又对接了13家国家及地方银行，通过不懈努力，历时70天有余，进行了多轮谈判和博弈，最终与南京银行徐州分行签订融资8亿元协议。但在提款过程中，又遇到了工程进度滞后及银行放款限额等一系列问题，时浩带领团队采取灵活手段，积极与南京银行沟通，逐个问题解决，持之以恒蹲守银行，银行最终也出于对重大民生项目的责任和担当，将8亿元贷款陆续给提出。2022年9月，通过全周期资金计划排布，提前测算春节前资金需求，预见因进度滞后等原因可能导致原贷款还款计划不能按期履约问题，为了避免违约带来的风险，提前筹划，形成预案，以吉祥佳苑项目为依托，新增贷款4亿元。通过坚持不懈地努力，争取到春节前放款2亿元，既解决了融资还款问题，又解决了春节前工程款支付问题，保证了公司资金链的正常运转。不仅为公司赢得了口碑，而且为后续良性合作奠定了基础。中淮置业公司目前在徐州已被多家银行列为良性合作伙伴，累计完成贷款20多亿元。

在资金回收方面，时浩积极与各上游公司沟通，与各个上游公司建立了良好的合作关系。在新彭花园项目回购款时，春节前为维稳，时浩曾在上游公司办公室蹲守三天三夜，只为见到对方单位董事长，对方被其诚意所感动，在春节前提前拨付了工程款，保障了民工的权益，让民工过上好年。催收上游回款带来了充足的资金，不仅保证了公司正常生产经营，有效地缓解了施工端在两个项目上的垫资压力，为两个项目维稳工作奠定了坚实的基础，目前已帮助公司回款15亿余元。

在税务方面，时浩积极与税务部门沟通，做好各项税务工作，按要求纳税，合理避税。为满足徐州市泉山区和平办事处税收要求，2022年5月，临时将注册地迁至泉山区，按规定预缴增值税及附加税584万余元，完成和平办事处年度指标，建立了良好的地方关系，为延期批复开了个好局。2022年11月，在徐州市鼓楼区税务局完成附加税退税72万余元。12月，在地方财政吃紧且在鼓楼区税务局总额度仅为2000万元的情况下，通过与各方协调，完成增值税留抵退税5477万元。据了解，此为鼓楼区2022年度最大的一项退税。被公司多次评为先进个人等称号。

三、寄语母校

身为一个光荣的劳动者，我的理想不是进名校，更不是做首富，而是用自己的职业技能为国家添彩，在工作中悄悄坚守，孜孜以求，或倾一己之力，或践一生之诺。在平凡的岗位上追求职业的极致。

作为新时代青年，我们生在红旗下，长在春风里。时代给予了我们大展身手的舞台。发现每一个个体的力量，当每一个青年力量汇聚起来时，便是坚如磐石的中国力量。涓涓细流，最终汇成蜿蜒水道，奔向大江大海。这个时代从不辜负人，它只是磨炼我们，磨炼每一个试图改变自己命运的平凡人。每一个人都可以尝试更多的东西，在合适的时候就能起飞。也是母校多年的谆谆教诲，让我坚守梦想；春风育桃李，秋果谢恩情，教诲如春风，师恩似海深。我一定不忘初心，坚守岗位，在工作与生活中践行雷锋精神、“抚油精神”，传递正能量。

立足岗位奉献社会

一、个人简介

贺启明，男，1997年5月出生，辽宁阜新人，2019年6月加入中国共产党，2021年毕业于辽宁石油化工大学工程管理专业，获得学士学位。现工作于中铁大桥局九公司江鹤项目部。

二、先进事迹

1. 大学的成长足迹

来到大学后，贺启明勤奋好学，认真学习专业知识和技能，在学习之余十分注重全面发展，先后担任学生组织主要干部、工程1701班长、经济管理学院团委学生会主席、大学生自律委员会学风督察组长，他在各种锻炼中一步步成长起来。在校期间获得“辽宁省优秀毕业生”“校优秀学生干部标兵”“校优秀学生干部”等荣誉称号，在学科竞赛上，获得首届辽宁省大学生BIM应用技能大赛一等奖，创业创新大赛校级二等奖等。

2. 在工作岗位上努力奋斗

大学的锻炼提升了贺启明各方面素质，在工作岗位上，逐渐发挥自己的优势和作用，业务水平稳步提升。

2023年是他工作的第三个年头，两年的基础工作让他有了丰富的基层经验，让他对所从事的工作有了更深刻的认识，逐步接触到清单工程量计价、组价，零号清单核对等专业内容，在以后的工作中，贺启明将继续深入学习业务知识，提升个人本领，不负母校的培养和公司的关爱，以期早日成为独当一面的技能型人才。

在工作之余，作为支部的一名青年党员和组宣委员，他立足支部的建设，积极参与到支部党员教育培训和相关活动的组织策划中，认真完成上级党组织安排的支部建设任务，落实公司党委的政策和相关安排，做到事事有回应，基层党建工作有抓手，同时积极服务广大职工群众，增强基层支部的战斗堡垒作用，牢记为人民服务宗旨。还有幸参加了公司在井冈山组织的学习贯彻习近平新时代中国特色社会主义思想主题教育和党的二十大精神党员干部培训班，感受到了革命圣地的红色基因，学习到了井冈山精神的时代价值和根本内涵，成为未来工作的正确指引。

贺启明还热衷于做志愿服务活动，工作期间参与数次社会志愿服务活动，尤其是在新冠肺炎疫情期间，积极参加单位组织的交通疏导、核酸检测指引、隔离酒店建设等工作，不辞辛苦，在前线为广大人民群众奉献自己，协助地方做好疫情防控相关工作，降低核酸传播风险。

三、寄语母校

我在辽宁石油化工大学经管学院接受了系统而完整的本科教育，我为自己曾在这里求学而感到骄傲。母校作为一个有着悠久传统的老牌石油工业院校，除了坚实的基础理论教学，还给予了我们许多富有石油石化特色的专业知识，这些对我们未来的职业发展都是十分有益的。

问学穿石，修身诚化的校训，早已经走进每一位石化学子的内心，在全国各地乃至国外发扬光大。最后，衷心祝愿我的母校能够越办越好，专业和师资力量都更上一层楼，为祖国输送更多的复合型人才。感恩母校！我与母校共同进步！

第四章　实：练就过硬本领

第一节　脚踏实地是工匠精神的精髓

在新时代背景下，高校工匠精神的精髓是脚踏实地，激励引导新时代高校大学生练就过硬本领，成为一名德、智、体、美、劳全面发展的高素质技能型人才，为实现社会进步、民族复兴、国家富强而贡献自己的青春力量。

一、脚踏实地的内涵

（一）源远流长、脚踏实地的实干精神

中华民族的传统文化包含了丰富的实干精神。古往今来，每一次成功都需要脚踏实地地艰苦奋斗，没有艰苦奋斗的实干精神根本无法实现预定的目标和理想。顾炎武在《日知录·正始》中提出“保国者，其君其臣肉食者谋之；保天下者，匹夫之贱与有责焉耳矣。”而此句又被后来的梁启超精练为八字“天下兴亡，匹夫有责”，强调了“匹夫”应积极实干，为国之昌达而勇敢担责。南宋岳飞在民族存亡的关键时刻，选择了“精忠报国”，明代更有戚继光等抗倭名将，明末清初有王夫之集民众抗清，晚清的曾国藩、左宗棠等中兴名将更是传承了中华民族的“济世忧国”和实干兴邦精神。这种爱国情怀和实干精神已融于中华民族传统文化，成为实干人士为国之崛起而努力奋斗的不竭动力。就中华民族伟大复兴的中国梦而言，也是如此，它的实现离不开广大人民的艰苦奋斗与辛勤劳动。用实实在在的行动，解决社会改革和发展过程中面临的种种问题和矛盾，即

实干精神。实干精神体现在习近平总书记的工作中：在梁家河组织建设的第一个沼气池，在正定建设“半城郊型”经济，在福建制定的“四下基层”制度，等等。他真正从实际出发做到了艰苦奋斗、知行合一。进入新时代，习近平总书记赋予了吃苦耐劳、脚踏实地的实干精神更加丰富的时代内涵和实践意义，就是奋力实现伟大梦想，进一步为广大党员干部明确基本的行为规范。习近平总书记在《做焦裕禄式的县委书记》中强调干事创业一定要树立正确政绩观，做到民之所好好之，民之所恶恶之。要求真务实、真抓实干，做工作自觉从人民利益出发，求真务实，即正确把握实际规律，务求实效。

世间事，成于严，落于实。历史实践表明，任何一个国家、任何一个民族文化都具有脚踏实地的内容。脚踏实地是中华民族流传下来的需要广大青年继承和发扬的优良品质。当今社会的发展与国际局势的变化异常迅速，如何把握新时代的机遇以及应对新时代的挑战都与实干精神密切相关。在我国现代化事业建设中，实干精神是制胜法宝，亦是不可或缺的精神力量。精神力量与物质力量有所不同，它的可见性不是那么明显，但它却发挥着不可替代的作用。历史的发展与实践证明，实干精神是中华民族发展的基石，也是中华民族宝贵的精神财富。

（二）知行合一、脚踏实地的实践精神

脚踏实地是工匠精神的精髓。勤奋是打开成功之门的钥匙，只有勤劳肯干、勤学苦练，才能不断实现自我突破，才能开辟人生和事业的新篇章。实地，就是要脚踏实地，拒绝空想，就是要真抓实干，不务虚功。知是行的基础，只有做好充分的知识储备，才能用理论指导实践，用实践验证理论；同样，求实是创新的基础，创新是求实的更高层次体现。

马克思主义政党要保持优良的作风，就是不讲空话，多做实事。中国共产党在带领人民的实践探索中，必须对实践经验和教训进行翔实的总结，“少来一些政治空谈”，进而巩固和加强无产阶级政党与劳动人民的密切联系，更有效地领导人民群众进行革命和建设的实践。工匠精神要求我们既要勤勤恳恳又要脚踏实地，这是工匠精神的精髓。要着眼于未来的职业发展，消除短期功利主义思想影响，把眼光和理想追求都放长远，对未来有无限的憧憬和梦想，并为此不断努力。明白发扬工匠精神是为了实现自我价值，是为了不断完善自我，是为了更好地增强职业本领。要胸怀家国，渴望进取，脚踏实地；要志存高远，看淡名利，

放下浮躁。在实践中，要脚踏实地，刻苦钻研，吃苦耐劳，勤勤恳恳，要追求卓越，精雕细琢，反复思考，追求完美。听课、读书、参加实践活动不是走马观花，不是只知皮毛，不是急功近利，要真正把脚踏实地的至善追求落到实处。它往往在不知不觉中发挥着效用，对具体实践工作有着引领和指导作用。发扬实干精神一方面需要全面提升自身的修养，把最普通的工作做好、落实好。这就需要我们注重学习，勤奋学习，使它成为一种自觉力量、一种永恒力量。发扬实干精神还要敢于担当甘于奉献，积极落实党中央的政策。在日常生活中，要秉持人民利益无小事的态度，对于群众的诉求，要积极解决，耐心处理。若要运用好这种精神力量，必然要注重具体实践环节，从实际的工作处入手，使精神力量充分发挥作用，激励人们奋勇向前、不懈努力。

（三）孜孜不倦、脚踏实地的时代精神

脚踏实地，实事求是、与时俱进是工匠精神的时代特征。工匠精神中的严谨要做到求真务实，不能只谈严谨而忽略客观实际，必须按照事物发展的规律做到严谨务实，不能违反标准与规律。在党的十八大上，习近平总书记就庄重承诺，要致力于以实现人民对美好生活的向往，要坚持不懈地为人民群众创造优美的生活环境、稳定的社会氛围、良好的教育条件、更加公正法治的社会环境和更加民主的政治参与渠道。2012年11月29日，习近平总书记在国家博物馆参观《复兴之路》展览时，向全党提出“空谈误国，实干兴邦”的诫勉。全体党员要深刻领会转变工作方式的重要意义，摒弃过去的说空话、不作为的恶习，做群众工作要认真，避免形式化；要坚决反对官僚主义、享乐主义和奢靡风气。到了党的十九大，习近平总书记再次强调，“坚持实干兴邦，始终坚持和发展中国特色社会主义”。2019年，习近平总书记在春季学期中央党校（国家行政学院）中青年干部培训班开班式上指出，“要牢记空谈误国、实干兴邦的道理，坚持知行合一、真抓实干，做实干家。”

工匠的工作是制造、生产和创造，一个产品小工艺、小部件的革新，新产品、新技术的研发和对前人技艺的改良都是工匠们不断钻研、不停探寻，在工作中的点滴积累实现的。在追求完美的基础上推陈出新是工匠精神内涵的延伸。实干精神伴随着中国近代历史的厚重书页而被时代珍藏，无论是在饱经风霜的过去，或是在和平稳定的当前，弘扬实干精神均具有高度的时代价值。

习近平总书记在与优秀青年座谈时强调了青年人勤奋学习的必要性和重要性，指出学习对于青年人来说是当之无愧的首要任务，是青年一辈未来发展的重要基石。学习也不仅仅局限于书本、课堂，更是人与人之间的学习，是为人处世、生活态度的学习。学习是一份责任，关系着个人的成长和发展，更是一个家庭幸福生活的保障，也是社会不断发展的动力。

新时代，实干精神是立足于当前我国的基本国情，着眼于解决现阶段社会的基本矛盾，旨在加强全党全国人民脚踏实地、真抓实干的实干精神，最终实现民族复兴中国梦的伟大目标。实干苦干精神是一个国家和民族在发展的进程中不可缺少，是指引我们实现国家富强、民族振兴的一种强大的精神力量和物质保障。社会主义是干出来的，幸福也是干出来的，从来不是等出来的、想出来的，只有发扬苦干、实干、巧干的精神，撸起袖子加油干，才能干出中国特色社会主义的新天地。

二、实干精神的必要性

回望中国共产党带领中国人民实现民族复兴的历程，共产党人的精神品质始终没有改变。改革要务实，建设要务实；改革需要实干，发展需要实干，中国的伟大复兴梦想需要实干，实干是所有人共同的责任。

习近平总书记强调要大力弘扬埋头苦干的良好作用，只有坚持百折不挠的实干精神才能梦想成真。没有实干，奋斗就失去灵魂，成为形式化的劳动，梦想就无法实现。指出“一种价值观要真正发挥作用，必须融入社会生活，让人们在实践中感知它、领悟它。要注意把我们所提倡的与人们日常生活紧密联系起来，在落细、落小、落实上下功夫。要如实把社会主义核心价值观贯穿于社会生活的方方面面。要通过教育引导、舆论宣传、文化熏陶、实践养成、制度保障等，使社会主义核心价值观内化为人们的精神追求，外化为人们的自觉行动”。而实干精神就是这种价值观，它在人们的日常行为中，在人们的生活中的各个层次，都展现出了启迪与激励的重要意义。习近平总书记在诸多场合反复强调实干精神的重要性，“尽管前进道路并不平坦，改革发展稳定任务仍很艰巨而繁重，但面对未来，我们充满必胜信心。我国工人阶级一定要在坚持中国道路、弘扬中国精神、凝聚中国力量上发挥模范带头作用，万众一心、众志成城，为实现中华民族伟大复兴的中国梦而不懈奋斗”。实干兴邦，唯有通过实干才能将美好的生活与理想变为现实，唯有通过艰苦卓绝的实干才能实现个人的价值与意义。实现中华民族伟大复兴并非一朝一夕的事情，需要长期坚持不懈地努力。因此，无论是我国的现代化建设，还是全面深化改革，抑或依法治国建设都要一步一个脚印地推进，切不可急于求成。所以，实干精神无论是对于国家建设而言，还是对个人的价值实现来说，都是至关重要的。没有辛勤的劳动和脚踏实地的奋斗，任何理想和目标都不会实现。弘扬实干精神，把功夫落到细微之处是实现中国梦与提升自身修养的必备前提，是建设中国特色社会主义事业的永恒力量。总之，实现中华民族伟大复兴离不开实干精神。

（一）实干精神是实现“四个全面”战略目标的必由之路

弘扬实干精神是坚持中国特色社会主义道路的客观需求，是实现“四个全面”的必由之路，更是提升党的执政能力和水平的应然之选。习近平总书记曾强调：“幸福不会从天而降，梦想不会自动成真。”“空谈误国，实干兴邦。”实干首先就要脚踏实地劳动。当前，我国推进“四个全面”的新征程需要实干，只有在科学的理论指引与精神激励之下脚踏实地创造，实现“四个全面”才会从计划变成现实。而弘扬实干精神，可以在全社会形成齐心协力实现“四个全面”的精神共识，为推进“四个全面”建设创造良好的社会心理基础。全面建成小康社会、全面深化改革、全面依法治国、全面从严治党无一不需要实干。“四个全面”的实现并不是一蹴而就的，而是需要一步一个脚印地真抓实干，在反复的实践摸索和教训总结中，得到发展和深化。纲举目张，实干兴邦。要想一次次地创造“中国奇迹”，就必须要依托实干。

目前，“四个全面”的战略目标已经指日可待，全面深化改革需要敢于啃硬骨头，敢于涉险滩的勇气和魄力，全面依法治国需要顽强的意志和真正转变观念的决心，全面从严治党则更需要弘扬实干精神，从而提高党的战斗力与领导力。可以说，实现“四个全面”的任何一个目标都需要实干。当前，在我国社会发展的攻坚阶段，党和人民更需要保持清醒的头脑，一切以实干为先，一切用成效说话。因此，弘扬实干精神，加强全社会的实干意识培养，是实现“四个全面”的必由之路，也是解决纷繁复杂的社会问题的重要方法之一。

（二）实干精神是提高党执政能力与执政水平的应然之选

脚踏实地是党的优良作风。正是因为怀揣脚踏实地、实事求是的精神，我们才走出了农村包围城市的道路；正是怀揣脚踏实地、一往无前的向上精神，我国实行的改革开放政策才得以成功；正是怀揣脚踏实地、热情积极的向上精神，我国在社会主义建设过程中才能一路高歌猛进。戒骄戒躁，力避形式主义是我党作风建设的重要部分；“实事求是、实干兴邦”等思想正是历代思想家、革命家的智慧结晶。“空谈误国，实干兴邦”更是对我国基本国情、社情与民情的忧患与关照。

首先，弘扬实干精神，加强与当前习近平总书记提出的实干倡导的结合，可以使党更加深刻地认识中国社会发展的过去、当前与未来。实干精神无论是在革命战争时期，还是在当前社会建设阶段，都是党领导与服务群众的原则和理念。弘扬实干精神，可以使党员干部戒骄戒躁，在成绩面前不忘历史教训，脚踏实地地在本职工作上恪尽职守。

其次，弘扬实干精神可以明确党的政治方位，提升党的公信力与凝聚力。每一个党员干部对实干精神的践行都是维护党性纯洁、增强党组织战斗力的重要贡献。通过实干，可以增强党员干部对主流意识形态的深刻认同，坚定政治立场，更好地处理好党群、干群关系，有效抑制形式主义和官僚主义。始终保持党组织的先进性，增强党领导社会各项建设事业的能力，厘清党性与人民性之间的逻辑，使党员干部了解自身的职责和角色。

最后，弘扬实干精神有助于党员干部有效落实当前党的各项政策，提升党员干部的危机意识。当前，倡导的“空谈误国，实干兴邦”就是理论与实践的结合，“实干”是对客观现实的深刻领悟与回应，是知与行的统一。弘扬实干精神，有利于党员干部提高防范意识，用具体的工作和服务践行和落实党的政策。有助于指引党员干部执着实干，用心听取群众意见和建议，改良自我工作方式方法，用“行动上的落实”代替“言语上的争论”，用动真格的“实干”来取代“空谈”，从而全面提高党的执政能力与水平。

（三）实干精神是共产党人干事创业的基本要求

实干精神体现了马克思主义政党的先进性。社会主义革命和建设发展的进程中，实干精神始终是共产党人所坚持的干事原则。马克思曾经指出：“哲学家只是用不同的方式解释世界，问题在于改变世界。”不难看出，马克思主义的实践品格就是注重实干，脚踏实地、真抓实干。我们党坚持以马克思主义为指导，结合中国发展到不同阶段的实际情况，把伟大的发展目标、奋斗纲领与坚持不懈、脚踏实地、艰苦奋斗、埋头苦干紧密结合起来，以实干苦干、不怕牺牲的革命精神推进社会发展，使国家日益走向繁荣富强。改革开放40多年来，在党的领导下，中国人民经过不懈努力，完成了三大脱贫攻坚任务，可见，实干精神不只是一种精神，更需要一鼓作气、坚持不懈，要有钉钉子的精神，更要有“咬定青山不放松”的那股子韧劲。只有坚持下苦功夫、坚持坐冷板凳，才能够不畏艰难、铁杵成针。

习近平总书记不断强调：“空谈误国，实干兴邦。”展望未来，要实现伟大的中国梦，更需要发扬实干苦干的精神，脚踏实地、艰苦奋斗，需要我们“撸起袖子加油干”。只有将伟大的目标落实到“干”上，才能使党的方针政策更好地落实，才能让目标变为现实，才能真正实现伟大复兴的中国梦，这是历史的昭示、时代的内涵和实践的要求。

（四）实干精神是青年实现理想所必需的优秀品质

习近平总书记在党的二十大报告中对广大青年提出了殷切期望：“立志做有理想、敢担当、能吃苦、肯奋斗的新时代好青年。”作为新时代社会主义事业的接班人，生于这特殊的时期，就应担起这一份沉甸甸的责任，只有更好地继承并践行脚踏实地的实干精神，练就过硬本领，才能在这个高速发展的社会上立于不败之地。

实干精神对于当代青年追寻中国梦有着重要的促进作用。实干精神不仅能够为青年的寻梦提供精神指导，更为青年的寻梦贡献了科学的方法。新时期，部分青年人思想过于理想化，缺乏实干精神，渴望胜利但停留于思想，这就要求青年脚踏实地将理想转化为现实，自觉将个人理想与国家理想统一起来，在实现自我理想的同时推动国家的发展。着眼当下，能够有一番作为的人，无一不具有求真务实、脚踏实地的优良品格。在原子核理论方面做出突出贡献的于敏先生，如果没有沉潜二十八年的艰苦奋斗，就没有如今中国原子核理论界的辉煌成就；袁隆平先生在自己的领域不畏艰辛，研究杂交水稻；屠呦呦奋斗六十载解决了抗疟治疗难题。这些人的事迹告诉我们，青年群体要想有所作为，必须怀揣脚踏实地、热情积极的向上精神，通过点滴积累，汇聚出磅礴成就，用实际行动在追逐梦想的道路上不断前行。

中国历史表明，唯有实干，才能兴邦，青年唯有实干，才能真正在追寻中国梦的进程中有一番作为。党的十八大报告中所强调的“坚持实干富民、实干兴邦”，就是对于中华民族务实文化的沿袭和时代传承。习近平总书记也曾多次在对中国梦的阐述中强调了实干的重大意义。在参观复兴之路主题展览时，习近平总书记强调指出：“空谈误国，实干兴邦。”提出了实干精神对于实现中国梦的重要作用。强调了实干精神对于凝心聚力，使全体中国人民团结一心，共同为实现中国梦而努力奋斗的核心作用。

三、实干精神的现实指导意义

从新中国成立到改革开放，尤其是党的十八大以后，中国共产党率领全国上下苦干、实干、拼命干，使中华民族再一次站在世界之巅，实现了从站起来到富起来再到强起来的历史跨越。全国人民始终坚信：想幸福就得奋斗，想发展就得靠自己苦干、实干、拼命干。当今的中国大力倡导实干精神，实干精神在诸如推动全社会树立实干理念、惩治不作为干部、监督考核干部的实干作风、形成崇尚实干的良好氛围等方面，仍有着广泛深刻的现实指导意义。

（一）树立实干理念践行初心使命

恩格斯曾经指出：“在社会历史领域内进行活动的，是具有意识的、经过思虑或凭激情行动的、追求某种目的的人；任何事情的发生都不是没有自觉的意图，没有预期的目的的。”因此，实干精神的培育只有以科学的思想作为宏观指引，才能确保我国在经济、政治、文化、生态等多领域事业发展的科学性。实干精神形成和发展于特殊的历史阶段，是其实干意识的凝结，体现出了推翻封建帝制、建立新的社会制度的鲜明目标，这使我们了解到坚定的信仰是脚踏实地做实事的基本前提。

伟大梦想的实现需要实干精神。中国梦的实现是一个需要全体人民长期奋斗的过程，任何躺在历史功劳簿上的想法都是错误的。习近平总书记指出，“中华民族伟大复兴，绝不是轻轻松松、敲锣打鼓就能实现的。”从确立社会主义制度，历经二十多年的艰苦探索，进入了改革开放的新时期，从新时期到新时代的迈进，中国人民和共产党人经过一代代的奋斗才实现了党第一个百年奋斗目标。迈向新的征程，我们会面临诸多机遇，同时也会遇到新的问题和挑战，全党唯有永不懈怠地实干才能一步步将伟大事业推向前进。

当前，在“空谈误国、实干兴邦”理念的倡导下，首先，应始终坚持社会主义核心体系的引领和导向。明确党员干部在实干过程中的服务目标、基本立场与实干方向。确立党员干部实干精神培养的内容坐标。其次，坚持用马克思主义最新成果武装实干精神培育的指导思想，坚持用发展着的马克思主义指导社会各项事业的建设，将实干精神的培育与社会主义主流意识形态的领导权和主导权结合起来，增强党员干部在复杂社会背景下的意识形态自信，全面树立党员干部崇高的政治信仰，夯实中国特色社会主义共同理想，提高党员干部的实干意识和实干要求。习近平总书记指出，“当前，很多重大改革已经进入推进落实的关键时期，改革任务越是繁重，越要把稳方向、突出实效、全力攻坚，通过改革有效解决困扰基层的形式主义问题。”可见，破除形式主义真抓实干是全面深化改革的必然要求和关键环节。在全面深化改革的进程中，只有充分发挥实干精神，面向建设实践解决改革的真问题，才能将改革不断引向深入，才能取得更为明显的改革效果。最后，实干精神启示我们，以爱国主义为核心的民族精神是凝心聚力的重要法宝，无论任何时候都应以爱国主义情怀为精神滋养，以改革创新为核心的时代精神武装自己，只有如此才能保证整体社会运行的活力。

在党的十八大报告中，曾提出了弘扬社会主义核心价值观，即“倡导富强、民主、文明、和谐，倡导自由、平等、公正、法治，倡导爱国、敬业、诚信、友善。”社会主义核心价值观的这24字箴言，每一个目标都需要实干，社会主义核心价值观是指导党员干部用心服务、指导人民群众踏实劳动的科学理论。只有坚持科学的理论指导，才能确保实干理念的全面落实，从而保证我国社会建设方向的正确性与合理性。

习近平总书记指出：“要真正做到一张好的蓝图一干到底，切实干出成效来。我们要有钉钉子的精神。”可见，实干的可贵之处在于持之以恒，要想确保实干的长期性和稳定性，就必须要依靠健全的保障及激励机制，用钉钉子的精神培育党员干部的实干观念。

（二）强化监督实干有为的考核机制

全面从严治党需要实干精神。实干精神既是推进全面从严治党的目标指向，也是始终如一需要遵循的行动准则。愿望与成功之间永远需要一个重要的步骤，那就是“做”，“做”就是实干，实干永远是考量一个人综合素养的重要标准之一。当前，面对复杂多变的国际国内环境，面对激烈的多元文化的碰撞，党的组织建设必须开拓创新，制定具有说服性和可操作性的考核措施、用人措施、作风建设措施以及监督措施，提高实干的信度与效度。

实现中华民族伟大复兴的中国梦，社会中的每个人，无论是领导干部还是普通职员都应立足于本职工作，求真务实，把握规律，真抓实干，将每一项工作落到实处。“打铁还需自身硬”，实干需要党员干部领导能力进一步地提升。通过发挥实干精神才能进一步提升本领和能力，达到学于实干、提高于实干的要求。没有过硬的本领，只凭借热情和蛮干的想法也是不切实际的。应坚持“实在用人、用实在人”。实干精神集中反映了党员干部的精神品质、工作作风和道德素养，更是工作和服务能力的直接体现。实干同时也是考察和任用党员干部的衡量标杆。在党员干部的选拔过程中，应将实干要求融入考核标准之中，综合考察党员干部的实干意识、实干行为和实干能力。遵循全面依法治党的相关要求，优先选择那些在日常工作中踏实肯干，能提出实际建议和看法，并具有良好法治、政治素养的党员干部。在人员任免的过程中，必须从实际出发，实实在在地选择最适合解决问题的人来委以重任。所选党员干部必须具备实干品质，避免那些夸夸其谈、纸上谈兵、不干实事的“不实在”的人混入党员干部的队伍。从而使以实干为核心的领导干部选拔标准在党内形成强大的感染力，让每一位党员干部都能够了解“空谈误国、实干兴邦”的深刻内涵，从而形成积极效应，激发全体党员干部自觉践行实干理念的内在动力。如何在国外大变局和国内发展新阶段实现我国社会主义现代化强国的奋斗目标，只有发挥实干精神，更好地解决发展问题，实事求是、脚踏实地，一步一步解决人民的真正需求，唯有“撸起袖子加油干”，我们才能创造出让广大人民认可的辉煌成绩。

（三）大力推崇实干的良好氛围

弘扬实干精神的目的就是把目标蓝图自觉化为实际行动，在内化于心的同时外化于行。当前，我国正处于发展关键期、改革攻坚期，有众多深层次的问题和矛盾正待解决。在这个过程中，每个人都必须弘扬实干精神，狠抓各项工作的落实且必须抓得具体、细致、扎实，用“天下大事必作于细”的态度深入矛盾和问题的最深处研究问题、解决问题。求真务实、真抓实干的对立面，是弄虚作假，搞形式主义，结果是催生“形象工程”“政绩工程”。因此，抓落实工作的落脚点应放到办实事、求实效上，而不是追求表面政绩，搞“形象工程”；抓落实工作的重点应放到立足现实、着眼长远、打好基础上，而不是盲目攀比、竭泽而渔。

当前，网络新媒体时代的全面到来改变了传统话语的发展特点，在网络新媒体的传播之下，社会话语的形成和发展更加快速，话语传播的后果影响范围大且深远。在多元社会思潮激荡之下，在宣传思想工作中加强对实干精神的弘扬，形成实干的积极社会风潮，有利于社会领域和党组织内部实干基础的奠定。与当前我国实干兴邦的理念要求结合在一起，实现理论和实践的创新。应将实干精神的教育与宣传同中国优秀传统文化教育结合起来，提高优秀传统文化在党组织学习中的比例，使党员干部从中华优秀传统文化中汲取实干精神，感受优秀传统文化经典故事。同时，营造求真务实的社会环境。应面向全体社会成员加强实干精神的宣传与教育，形成良好的社会实干风气。

首先，要建立政府、基层党组织、学校、企事业单位、公益组织等多元主体的实干精神教育体系，发挥社会各个单元的合力。其中，学校应组织群众开展围绕实干兴邦主题的文艺演出、诗歌比赛、征文等，将群众的智慧在实干精神的学习中体现出来。同时应重点借助知名企业的社会影响力，将实干精神融入企业文化，使实干精神能够在社会经济和文化的发展中得到传扬，从而使全体党员干部和社会成员都能够受到实干精神的熏陶，在全社会范围内形成良好的实干风气与学习和传播实干精神的热烈氛围。

其次，应利用网络新媒体加强实干精神的宣传，把握实干精神在网络新媒体中的话语权。各大新闻媒体的电子阅读平台、网络运营商等组织机构，应在信息推送中加大与实干相关内容的信息比例，包括国家政策与倡议、实干先进人物的褒扬等，使那些在平凡岗位上默默实干的模范人物，获得更多人的关注和学习。例如，河南省执教40载的乡村教师陈俊德，“80后”最美女检察官门美子，恪尽职守的一线工人郭明义，等等。他们为国家建设的实干作为应在网络新媒体中体现出来，这种弘扬实干精神的“正能量”作为一股新媒体“清流”，有助于实干精神的弘扬，对全体党员干部和社会成员均具有教育和熏陶的作用。

四、实干精神的当代价值

实干精神的重要论述内含深厚的文化传承和丰富的党执政经验，是伴随世情、国情、党情的变化不断发展的，站在新时代的起点上，我们比以往任何时候都需要传承好、弘扬好实干精神。关于实干精神的重要论述对于新时代实现“四个伟大”、推进“四个全面”、实现国家治理现代化具有十分重要的价值和意义。

（一）实干精神是“四个伟大”的重要基础

实干精神是进行伟大斗争的有力武器。马克思主义认为，矛盾是无时不在、无时不有的，有矛盾就会有斗争，社会的发展与进步离不开矛盾斗争。党要团结带领人民有效应对重大挑战、抵御重大风险、克服重大阻力、解决重大矛盾，就必须具有与时俱进的实干精神。站在新时代的起点上，进行新的伟大斗争，就必须用实干精神武装全党。当前，我国已顺利实现第一个百年奋斗目标，正意气风发向着第二个百年奋斗目标前进，更加需要践行初心使命，团结带领人民发扬好实干精神。党的十八大以来，党和国家的事业取得了重大成就，我国顺利完成全面建成小康社会的第一个百年奋斗目标，站在全面建成社会主义现代化强国的第二个百年奋斗目标新起点上，也面临更多新的风险和挑战。如果经受不住新的风险和挑战，就会危及国家的安全，实现中华民族伟大复兴的中国梦也会成为虚谈。因此，我们绝不能有贪图享乐、松口气、歇歇脚的想法，必须以艰苦奋斗精神武装全党，使之成为增强抵御挑战、化解风险的精神盾牌。当前，我国正处于发展的黄金时期和重要的战略机遇期，但与此同时，改革也进入深水区和攻坚期，所显现的矛盾也愈加复杂、尖锐，改革发展仍任重而道远。“党敢于直面问题、勇于揭露和纠正错误，以自我革命精神不断地同党内不正之风作斗争”。对此，中国共产党必须牢记实干精神，始终脚踏实地，以实干精神力量剑指问题，闯关夺隘，为推动社会主义现代化建设提供重要力量。

实干精神是建设伟大工程的有力保障。党的十八大以来，党内监督力量不断加强，党风廉政建设和反腐败斗争取得压倒性胜利，但在新形势下，党内仍面临“四种危险”“四大考验”，加强党的建设仍需久久为功。这就决定了新时代党的建设工作需要发扬实干精神，克服官僚主义、形式主义，避免精神懈怠、脱离群众等危险。党要避免脱离群众的危险就要继承好、发扬好实干精神，只有坚持脚踏实地的实干精神，始终遵循从群众中来到群众中去，为群众办实事，密切联系群众，深入服务群众，才能赢得群众的支持和信任，使各族人民始终团结在党中央周围，为实现共同理想而不懈奋斗。

实干精神是推进伟大事业的必然要求。习近平总书记指出："伟大的事业孕育伟大的精神，伟大的精神推进伟大的事业"。进入新时代，全面推进中国特色社会主义伟大事业仍有许多硬仗要打，仍要用好艰苦奋斗这一重要法宝。实干精神的重要论述孕育于中华民族的传统美德，也是在党和人民百年奋斗中积淀而成的文化瑰宝，为推进伟大事业提供了精神动力。艰苦奋斗既是文化自信的重要来源，也是坚定"四个自信"的重要内容，站在新时代新起点，传承和发展实干精神，有助于我们稳稳立足于各类文化相互激荡的历史洪流，增强"四个自信"，为走好新时代的长征路提供了强大的精神动力。习近平总书记关于艰苦奋斗精神的重要论述为推进"五位一体"总体布局提供了强大的精神支撑。推进实现中国特色社会主义伟大事业是长期而复杂的，党的十九届五中全会对中国特色社会主义建设总体布局做出新的部署和安排。坚持和弘扬好实干精神为各项工作的顺利完成提供了价值遵循，促使党始终以务实奋斗的精神推动改革深入发展，始终以为民奋斗的清醒想民之所想、办民之所需，始终以创新奋斗的决心发展和弘扬中华优秀传统文化，同时，也在全社会营造起艰苦奋斗的良好社会生态。这深刻表明了艰苦奋斗精神为推进中国特色社会主义伟大事业提供了有力支撑。

实干精神是实现伟大梦想的精神源泉。党的十九大报告中指出，今天我们比以往任何时候都更加接近、更有信心、更有能力实现中华民族伟大复兴中国梦。关于实干精神重要论述为实现中华民族伟大复兴中国梦提供了不竭的信心和精神力量，实现中国梦最根本的就是实现中国人民的幸福梦。以治国理政的实践活动为基础，围绕满足人民的幸福生活目标，始终坚持夙夜在公、执政为民，赢得人民群众的支持和拥护，使人民紧紧团结在党中央周围，为实现中国梦凝聚起强大力量，弘扬实干精神有助于推动中国梦的实现。马克思认为，民族的希望和光明所在都在于奋斗，实现中国梦关键也在于奋斗。党的十八大以来，党和人民赓续奋斗使中国的发展进入了新的历史阶段，在党和人民的不懈努力下，我们顺利完成全面建成小康社会第一个百年奋斗目标，经济政治文化社会建设等取得重大成就，综合国力得到极大的提高，人民物质条件得到阶段性改善，在新时代下，以实干精神继续朝着实现第二个百年奋斗目标前进。

（二）实干精神是国家治理体系和治理能力现代化的精神力量

实现国家治理体系和治理能力现代化是我国一项重大战略任务。所谓国家治理体系现代化实质上就是不断完善顶层设计和制度安排，使制度体系日趋科学完备，运行更加规范有效；所谓国家治理能力现代化，实质上就是要将制度优势转化为治理效能。当前，推进实现国家治理体系和治理能力现代化已经从“入题”阶段进入“解题”阶段，但实现国家治理体系和治理能力现代化仍需久久为功。无论是制度建设的完善还是治理过程的优化都不是一蹴而就、轻而易举的事情。实干精神已经成为新时代推进实现国家治理现代化不可或缺的精神力量之一。

首先，实干精神为完善制度建设、推进治理体系现代化提供精神支撑。坚持和完善中国特色社会主义制度，推进实现国家治理体系现代化是一项艰巨且复杂的任务，任重而道远。虽然当前我国制度建设已经趋于完备，取得显著成效，但不容忽视的是，在工作中仍存在不足和问题，例如没有充分发挥好制度效能等。对此，我们要认清工作中的不足和缺点，正确认识治理体系和治理效能两者间的关系，久久为功，以持之以恒的耐心和艰苦奋斗的恒心解决好实现现代化目标中的新问题、新挑战，强化体制创新，不断完善和发展具有中国特色社会主义制度体系。

其次，推动党员干部发挥好表率作用，为将制度效能转化为治理效能提供思想保障。治理体系与治理能力两者一脉相承，如果只重视体系建设，忽视治理能力不足的问题，无论多完善的制度体系也转换不成治理效能，那国家治理现代化的目标就不可能成为现实。对此，党员干部应切实强化自身的制度意识，以不屈不挠、艰苦奋斗的精神和毅力，发挥好表率作用，维护好制度的权威，推动社会形成守制度、讲制度的良好风尚。因而，实干精神在一定程度上为制度效能向治理效能转换提供了有力的思想保障。

最后，明确为人民治理，为营造全民奋斗的社会提供思想引领。实现治理体系和治理能力现代化不仅要搞清楚谁治理、如何治理的问题，更应明白其关键在于为人民而治理。只有这样才能不断提升治理效能，实现国家治理现代化。人民群众不仅是社会治理现代化过程中的受益者，同样也是实现这一目标的参与者和实践的承担者，无论是领导干部还是普通群众，每个人都需要付出努力助推这一目标实现。因此，在复杂的社会环境下，提倡艰苦奋斗精神是实现国家治理现代化这一目标的必然。关于实干精神的重要论述为营造全民奋斗的社会提供了思想引领，激励人民继续努力。

（三）实干精神是实现新时代“四个全面”的基本保障

全面深化改革需要继续发扬实干精神。改革开放是推进中国式现代化建设的动力源泉，也是我们党和人民事业不断向前迈进的重要法宝。习近平总书记指出：“我们已经啃下了不少硬骨头但还有许多硬骨头要啃，我们攻克了不少难关但还有许多难关要攻克。”改革力度越大、幅度越广，遇到的阻力就可能越严峻、越复杂，因而，我们就越需要发扬实干精神。面对严峻复杂的国内外形势和经济社会发展的艰巨任务，我们必须始终凭借实干精神抓好改革方向，解决问题矛盾，化解风险，发挥脚踏实地的实干精神，紧紧抓住改革这个推进党和国家事业发展的制胜法宝。

全面从严治党需要继续保持实干精神。中国共产党历经百年风风雨雨，始终保持强大的生命力和战斗力，其秘诀就在于勇于进行自我革命，始终坚持“刀刃向内”全面从严管党治党，以实干精神不断加强党的自身建设。习近平总书记强调：“治国必先治党、治党务必从严。”党的十八大以来，党中央围绕党风廉政建设和反腐败斗争持续强化党内监督作用，严厉惩治了党内存在的经济腐败、官僚主义、享乐主义等问题，塑造了良好的工作作风，营造了风清气正的党内政治生态。随着社会主义现代化进程的推进，党内腐败现象也衍生出新的表现形式，更加隐蔽难辨，面对社会不良风气对党员干部的冲击以及解决党内面临的“四种危险”“四大考验”，推进全面从严治党仍需进一步践行和发扬实干精神。实干精神是坚定党员干部政治立场的精神良方，也是党员干部必补的“精神之钙”，有利于为全面从严治党固其“根本”。

全面依法治国需要继续发扬实干精神。法治兴则国家兴。全面依法治国，既是协调推进“四个全面”战略布局的重要内容，也为实现“四个全面”协调发展提供了坚实的制度保障。百年来，全国各族人民紧紧团结在党中央周围，在党的领导下推进中国特色社会主义事业取得重大发展，迎来了从站起来到富起来再到强起来的历史性巨变。当前我国已顺利实现全面建成小康社会第一个百年奋斗目标，开启了“十四五”规划的新征程，朝着第二个百年奋斗目标前进，但“行百里者半九十”，距离实现第二个百年奋斗目标仍有很长的路需要走，我们仍要以艰苦奋斗的精神加强法治建设，为新时代新征程做好法治保障。除此之外，法治作为社会文明进步和国家长治久安的鲜明标志，进入新时代新征程，人民对美好生活提出更高要求，对法治的需求和期盼也提到更高的标准。这就要求各级党组织及党员干部要充分发挥好先锋模范作用，始终做到不忘初心、牢记使命，以实干的精神和作风，砥砺前行奋斗到底，满足人民对法治的期待，开启全面依法治国的新篇章。

全面建设社会主义现代化国家需要继续发扬实干精神。实干精神作为我国优秀传统文化流传至今，是我国民族精神的重要组成部分，在国家发展、民族复兴中都迸发出强大的精神力量。2021年脱贫攻坚战完美收官，党在团结和领导人民不懈奋斗的实践中取得巨大成绩，我国全面建成小康社会，实现了第一个百年奋斗目标，开启了全面建成社会主义现代化强国的新征程，为实现这一目标仍然需要党和人民艰苦奋斗。中国共产党人在不同时期艰苦卓绝的奋斗精神，共同凝结成了党和国家事业发展的宝贵的精神财富，是我们党和国家克服各种困难的动力之源。当前，我们正迈向全面建设社会主义现代化国家的新征程，任务繁重、困难重重，无论是建设创新型国家、基本实现国家治理体系和治理能力的现代化，还是把我国建设成为富强、民主、文明、和谐、美丽的社会主义现代化强国，都离不开全国人民的艰苦奋斗，更需弘扬和践行实干精神，勇于克服各种困难，为全面建成社会主义现代化强国而不懈奋斗。

第二节　业精于勤、脚踏实地，做厚积薄发的实干者

有一种成功叫勤奋

一、个人简介

张欢，男，满族，1995年12月，出生于辽宁省葫芦岛市，2015年加入中国

共产党，2017年毕业于辽宁石油化工大学石油与天然气工程学院，获工学学士学位，并入职于海洋石油工程股份有限公司。2022年获得中国石油大学（北京）硕士学位。2017年大学毕业至今一直从事海洋石油开发流动保障设计工作，担任流动保障工程师。

二、个人成果

2018年度海油工程“安装杯”安全知识竞赛优秀奖。

2019年度海油工程设计院优秀讲师。

2020年参与完成的“深水半潜平台与水下设施一体化动态模拟研究与应用”和“深水油气田双海管输送流动安全设计技术与应用”获得2020年度设计院级科技进步奖二等奖。

2021年参与完成的“千米级深水气田水下生产系统初始启动技术研发与应用”获得2021年度设计院级科技进步奖一等奖、海工级科技进步奖二等奖、2022年度中国造船工程协会科技进步奖二等奖。

2022年参与完成的“陵水25-1项目流动保障及平台处理流程优化设计”获得2022年度设计院技术革新一等奖、海工级技术革新一等奖。

获评2022年度海油工程设计院优秀员工。

截至目前参与发表论文5篇，专利5项。

三、先进事迹

1. 勤奋中收获

2017年7月，张欢入职海洋石油工程股份有限公司设计院，担任流动保障工程师一职。刚参加工作，作为技术小白，他深知只有对自己要求严格，才能快速进步。他每天踏实认真做好师父交代的工作，仔细研读学习国内外海洋石油开发设计规范，钻研以往项目设计资料，争分夺秒学习专业知识，提升专业技能。仅用一年时间，专业知识技能就得到了领导肯定，被推荐为番禺气田项目流动安全保障分析项目专业负责人。在项目执行过程中，认真负责，技术方案完善，项目计划严谨，高质量地完成了项目所有要求，专业技术方案提前完工验收，得到了业主的高度认可。他始终秉承着“设计无小事”的设计原则，严格要求自己，在2018年独立完成了4项浅海开发项目流动保障设计，大幅提升了自己浅海流动保障设计技术能力，积累了大量的浅海流动保障技术经验。

2. 努力中进取

2019年，我国首次开发深水气田——陵水17-2，水深达1500米，采用世界先进的水下生产系统开发模式，海工设计院更是首次接触深水流动保障技术，毫无经验和成熟的技术体系。张欢深知此项目困难重重，但他迎难而上，主动请缨加入深水流动保障技术开发小组，作为小组技术人员，他与其他成员加班加点讨论技术方案，查找国外资料对比论证，技术细节反复验证推敲，成功地攻关了我国深水流动保障详细设计技术，最终团队高质量完成了陵水17-2深水流动保障的全部设计工作，自主设计成果与国外第四方公司WOOD独立设计的结果基本一致，形成了公司首套深水气田开发流动保障详细设计技术体系，其中“千米级深水气田水下生产系统初始启动技术研发与应用”获得了设计院级科技进步奖一等奖、海工级科技进步奖二等奖、2022年度中国造船工程协会科技进步奖二等奖。

攻关深水流动保障技术同时，张欢还担任工信部高技术船舶科研项目——东方1-1气田水下生产系统集成技术工程示范——水下油气生产系统施工方案设计流动保障专业负责人，助力我国浅海水下生产系统国产化，项目试运行阶段，他主动深入现场一线，保障现场安全运行。

3. 开拓中成长

2021年，我国迎来回接距离最长的混相输送开发项目——陵水25-1气田，水深1000米，回接距离长达115千米。海底混输距离亚洲排名第一，世界排名前十，深水流动保障技术又一次面临着重大挑战。虽然项目重大且难度极高，但张欢仍义无反顾地担任起详细设计流动保障专业负责人，组建深水长距离混相输送流动保障团队，攻关深水长距离混相输送流动保障保障技术。他出差近一年的时间，主动深入跟踪前期开发方案设计细节及进度，做好前期方案沟通落实工作，后续方案衔接优化。2022年详细设计开始后，他带领流动保障团队，夜以继日地研究技术方案，审查技术模型，搭建技术体系，推动我国首个深水长距离输送全流程流动保障关键技术应用，高质量地完成了详细设计工作，我国深水流动保障技术得到了进一步发展，迈进了世界先进水平行列。在此项目中，他对技术细节进行反复剖析推敲，论证技术方案，大胆提出优化软管系统尺寸，提升外输管道设计低温方案，得到了专家委员会一致认同，为项目节省近4000万元投资成本，收到业主公开表扬信两封。他主导推动的“陵水25-1项目流动保障及平台处理流程优化设计”获得2022年度设计院级技术革新一等奖、海工级技术革新一等奖。

“路漫漫其修远矣，吾将上下而求索”，这是参加工作六年的他心中一直坚守的初心，工作亦是积累经验，开拓向前，勇攀高峰的过程。作为新一代石油人，接过前辈手中光荣的旗帜，牢记使命，做好一颗螺丝钉，在平凡的岗位上刻苦钻研，发光发热，为祖国伟大的石油事业添砖加瓦！

有一种态度叫务实

一、个人简介

陈思晨，北京工业大学材料与制造学部22级物化班硕士研究生，中共党员。2018年9月进入辽宁石油化工大学环境工程专业1801班，2022年6月毕业，取得工学学士学位，并于同年8月进入北京工业大学材料与制造学部资源环境与循环经济专业攻读硕士学位。

二、工作成果

陈思晨曾获2023年北京工业大学材料与制造学部文体奖学金、北京工业大学2022年硕士研究生学业奖学金、第十五届“挑战杯”不忘辽宁省大学生课外学术科技竞赛三等奖（2021年）、校第十三届“挑战杯”大学生科技创新创业竞赛一等奖（2021年）、校三好学生（2021年）、校第十二届“挑战杯”大学生科技创新创业竞赛银奖（2020年）、辽宁省本科大学生环境生态保护科技大赛优秀奖（2020年）等。在辽石化大学习期间，担任校党委新媒体主编、环安学院主席团主席等职务。

自2022年于北京工业大学攻读硕士学位以来，参与课题组国家重点研发计划子课题（两项）、国家自然科学基金、中国科协2022智库青年人才计划、北京市自然科学基金（面上）等项目。已发表SCI一区论文一篇（Environmental impact assessment of multi-source solid waste based on a life cycle assessment, principal component analysis, and random forest algorithm）（第一作者）；已授权PCT国家阶段（美国）专利一篇（A microcosmic culture device and its application in quantitative analysis of soil carbon diffusion and microbial utilization processes）（学生一作）。

三、个人事迹

1. 问学穿石，修身诚化

初入辽宁石油化工大学时，陈思晨最先感受到的是来自学校的工匠氛围。是东北与生俱来的热情和辽石化大工匠传承的精神，消除了她对未知生活的恐惧，并激发了她对工匠精神的不断探索。在校训“问学穿石、修身诚化”的督促下，陈思晨保持勤奋探索的学习态度；严谨治学、努力汲取、刻苦钻研。谆谆教导的老师们给予她最大的帮助！在入学时传承伟大的工匠精神，为之感慨的同时也在心里默默学习；在她对未来迷茫时，老师们献身于祖国的伟大工匠精神，为她指明了前路。是工匠般的辽石化大老师们，教她勤于学习善于思考，培养了她的开拓进取精神，给予陈思晨创新创造的本领和追求卓越的能力。

环境工程学院导师李长波院长曾在新冠肺炎疫情期间申请驻校，帮助陈思晨顺利开展实验。作为学院的领导，李老师白天处理学校公务，一有空闲就去实验室督促学生们开展实验，甚至到了晚上十二点钟的时候，李老师还会不辞辛苦地帮学生们搬气瓶测流速，那时候陈思晨总在想这就是工匠精神了吧！现在她也在科研的道路上探索，每每忙到凌晨的时候，陈思晨总会想起那时在辽石化大和李老师讨论实验的时光，便觉得应该向老师学习，发扬刻苦为先的科研精神，秉承辽石化大的工匠精神。老师们展现榜样力量，青年人迸发拼搏热情，匠心技艺获得传帮带，加快了匠人精神的换代传承，更为我国储备了无限的后备人才。习近平总书记曾说“培养更多的高技术人才和大国工匠”，并发出走技术成才、技能报国之路的号召，这是对广大劳动者特别是青年一代的巨大鼓舞。努力让青年在发展上有空间，大力培育尊崇工匠精神的社会风尚。

即便已经离开了大学校园，但“问学穿石、修身诚化”的校训始终是她求学路上的指引。陈思晨将继承辽石化大心系国家民族命运的传统，秉承辽石化大对伟大工匠精神的传承，肩负社会责任，完善自我、服务社会、报效国家。

2. 不息为体，日新为道

2022年秋天，陈思晨来到北京工业大学，与辽石化大不同，这里的生活节奏骤然加速，每个人都步履匆匆地奔向更好未来。秉承着工匠精神，她在北京工业大学继续深造自己，在更广阔的平台继续学习伟大的工匠精神。“根植首都、科技报国”，她坚持立足北京、服务北京、辐射全国、面向世界，使自己成为高素质人才。新时代立足高质量发展，着力数字化绿色化协同的转型升级，发力数字北京；践行生态文明建设，贡献和谐宜居之都、碧水蓝天工程。结合自身科研方向，陈思晨坚持“绿水青山就是金山银山”的发展理念，发展新型材料、治理现有污染，节约能源、实现资源的循环利用。她以实际行动实现了“首都重大工程有贡献、国家超级工程有身影”。

校训中写道“不息为体、日新为道”，知为行之始，学为用之先。北京工业大学坚持抓好主题教育，办好互促创新。在校风校训的熏陶下，陈思晨师从龚书记和吴教授，入学后先后参与课题组国家重点研发计划子课题两项、国家自然科学基金、中国科协2022智库青年人才计划、北京市自然科学基金（面上）等项目。见过更广阔的科研天地，发掘更伟大的匠人精神。众多优秀的前辈都值得陈思晨去学习，他们的匠人精神是时间、精力和汗水的结晶。每一个人都有自己的成长轨迹，她或许成不了一代伟大匠人，但可以攀登属于她自己的顶峰。而使陈思晨感悟最深刻的是，先进的知识和经验要学，但北京工业大学校训“不息为体、日新为道”告诉她的是，不能用固定的思维模式去导入，一定要独立思考，自主创新，形成独到的见解。这也是匠人精神随传承而日益璀璨的原因之一。

“择一事，终一生”的执着专注，“偏毫厘不敢安”的一丝不苟，“千万锤成一器”的追求卓越……以工匠精神激励更多的劳动者争做高技术创新型人才，用实干成就梦想，必将汇聚起推进高质量发展的巨大力量，在新征程上创造属于自己的未来。在这个信息爆炸的时代，独立思考是每个人自我立项实现的保证，更关系着我们国家和民族的未来。“不息为体、日新为道”教导陈思晨在言行上时刻保持慎重严谨，不放任，不随波。勤奋与思考并行，勤奋是个人成长的基础，独立思考则是自身知识体系形成的基础，使自己成长为真正对社会对国家有贡献的人。

3. 学海无涯，奋楫者先

曾听人说过，读研就像在黑色的屋子里洗衣服，虽然陈思晨才读了一年，但深有体会。做过的实验，写过的论文，遇到的人们，偶然碰见的日落，工位桌脚的咖啡……一个个清晰的片段拼贴出这一年的读研日记。理论是灰色的，但生命之树常青。读研的日子比备考更加艰难，实验的失败，反复地修改论文，无止境地模拟数据，就像是在六便士里的自我拉扯，脑海的理想全是六便士，可眼前的现实一地鸡毛，明知道头顶有月光，却来不及仰头欣赏。

可是这又怎样呢，既然选择了科研道路，选择了匠人精神，就应该为此付出时间和精力。如切如磋、如琢如磨。陈思晨深知现在的自己还不够优秀，与身边的老师长辈相比，在匠人之路上还有很长的一段路要走，也需要长时间地去打磨雕刻自己。“执事敬、事思敬、修己以敬”，行事严肃认真不怠慢，凡事专心致志不懈怠，加强自身修养保持恭敬谦逊的态度。精益求精，对每件事都凝心聚力、追求极致。拥有内心笃定而着眼于细节的耐心、执着、坚持的精神，这是陈思晨所理解的“大国工匠”所必需的精神特征。创新和发明是弘扬工匠精神的重要力量。

陈思晨相信学海无涯但奋楫者先，不管未来多么危险激荡，努力的人一定会走在最前面，敢于前进的人才会胜利，敢于创新的人才会走得更远。作为新时代的青年，应当秉承前人的智慧与精神，“干一行，爱一行”。在如今这个沉浮的时代沉下心来，努力钻研。“三百六十行，行行出状元”，伟大的事业呼唤着我们，庄严的使命激励着我们。时代的接力棒已经传递到我们手中，虽然时代在变化，但工匠精神永不过时！

有一种追求叫筑梦

一、个人简介

彭金媛，女，预备党员，2019年毕业于辽宁石油化工大学应用化学专业，同年7月入职中国石化齐鲁石化公司，现为齐鲁石化塑料厂全密度聚乙烯车间高密度聚乙烯装置室内操作工，从事流化床聚乙烯生产操作。

二、工作成果

入职以来，彭金嫒不断加强理论学习，钻研操作技能，取得了以下成绩：

2021年，在全国行业职业技能竞赛聚乙烯装置操作工竞赛中获得金奖；

2021年12月，被授予中国石化技术能手称号；

2022年1月，被授予中国石化青年岗位能手称号；

2022年4月，获得中国石化优秀共青团员称号；

2023年被评为齐鲁石化塑料厂十佳女工。

三、先进事迹

1. 勤恳工作，快速成长

步入工作岗位后，彭金嫒紧随师父的步伐，查流程跑现场，深入装置区，学习管线流程的具体走向；学习不同控制点的控制原理，锻炼实际操作能力。彭金嫒工作勤恳，责任心强烈，扎实学习各项操作技能，在学习本岗位操作技术的同时也会虚心向周围同事请教其他工段的操作知识，培养大局意识和稳定好前后参数的能力。遇到难题认真总结，取长补短。在入职第四年，彭金嫒顺利通过公司各项考核，成长为高密度聚乙烯装置内操。

彭金嫒作为车间班组的新生力量，她行动力强，对操作精益求精，不断磨炼技能，加强理论知识学习。并且积极参与车间劳模创新工作室技术改造。2019年，彭金嫒参与车间对催化剂返回过滤器滤芯结构形式的改造。车间催化剂输送系统返回过滤器滤芯耐压能力较弱，在压力波动相对大的情况下，滤芯极易损坏，丧失过滤效果，频繁更换滤芯加大了人工成本与材料成本。彭金嫒在原有工艺基础上，对过滤器滤芯材料进行改进，改造后选用耐压能力较强的金属材料，提高了滤芯的使用寿命，便于维护，节约了装置生产成本。该项改造于2020年1月，获得齐鲁石化塑料厂2019年劳模创新工作室创新成果奖二等奖。流化床聚烯烃生产过程中的结块问题一直都是生产过程中的技术难题，操作人员无法监测块料以及掌握块料量。彭金嫒加入研发团队，参与研发《一种流化床聚烯烃反应器内块料监测装置》专利，对流化床聚烯烃反应器内块料进行安全、有效监控，有效提高了反应器运行的平稳性。

2. 匠心筑梦，荣获金奖

2021年彭金媛通过选拔，拿到了全国行业职业技能竞赛聚乙烯装置操作工竞赛的入场券。能够参加全国性质的大赛是一件令人兴奋的事情，随之而来的是实际情况带来的巨大压力。这也是彭金媛向大国工匠前进所面临的第一个困难。

首先是工作与学习之间的平衡，2021年刚好赶上了装置四年一次的大检修，最后时期，装置的生产却到了瓶颈期，为维持装置的安全平稳运行需要操作人员投入更多的精力。车间正值用人之际，彭金媛与队友们决定进行半脱产学习，夜班时间正常上班，白班时间在厂部集中学习，休息时间到厂部学习。经常早上从宿舍出来，第二天早上下了夜班才能回宿舍，背包中装着竞赛复习资料以及一天需要的各种东西，彭金媛仿佛回到了高考时期。

其次是彭金媛参加工作时间较短，基础知识较为薄弱。大赛共指定了四本教材，内容涵盖了聚乙烯操作基本知识，树脂的性质与应用，催化剂知识，安全环保类知识。考试还要求进行视频纠错，装置的仿真操作，3D事故的应急处理。彭金媛还通过之前参加过此类竞赛的前辈了解到，竞赛还需要对设备有足够的认识，化工原理知识也要烂熟于心，仪表电气知识也要进行了解。由于彭金媛大学时期所学的专业是应用化学，方向是工业分析，聚乙烯树脂、高分子方面的知识较为薄弱，对动设备机械方面的知识了解也不多。对于聚乙烯树脂性能与应用、后加工、催化剂等，基本上都是从头学起。四本书厚厚地叠放在一起，虽然学起来令人焦头烂额，但是这也正是弯道超车，补充专业知识的好机会，掌握这些知识，对以后的工作一定有非常大的帮助。彭金媛和队友们从零开始，一页一页地去看，去想，遇到不理解的地方就和队友们一起查阅资料，互相讨论，在网上搜索，直至解决所有的问题。

将书中的内容翻看一遍，只是熟悉了一下内容，并不能将所有的知识点都记下来。大学时彭金媛就养成了一个好的习惯，喜欢把知识点都总结下来，记到本子上。但是刚开始学习完全抓不住重点，每个知识点都感觉很重要，她意识到如果自己不找到更加适合的学习方法，会浪费很多时间，会让本就紧张的时间更加不够用。最终彭金媛决定先反复看书，看题库，边看边总结，然后将认为重要的部分整理到本子上，再牢牢记住。两个月的时间，彭金媛与队友们日复一日地学习，不敢松懈。

时间很快来到了2021年8月10日，彭金媛与一起参赛的同事开始在齐鲁石化党校培训中心进行封闭式培训，教练也开始脱产同队员们一起住在培训中心。学习内容也有所不同，之前主要学习理论知识，来到培训中心后主要主要学习实际操作：仿真操作，3D应急处理，视频纠错。最开始是学习正常的开停车操作，全系统的开停车对经验为零的彭金媛来说学习起来极为困难。彭金媛与队友们通过反复实验找到最适合他们的学习方法，比如，同时打开两台电脑，一台用来操作，另一台显示操作步骤，再拿出纸质版的教程与操作步骤对照，并用本子随时记录。彭金媛来到培训中心的第一个星期操作一次需要四个小时，满分100分也只能得到80分左右，离比赛90分钟内有干扰开车的要求还有很大的距离。除此之外各种原料的浓度也总是达不到要求。距离比赛只剩下一个月的时间了，而仿真操作却是最考验熟练度的项目，彭金媛便日夜练习，她相信勤能补拙，只要不断地练习定能取得优异的成绩。付出终于有了收获，在她和队友们的不断尝试下，终于掌握了其中的关键点，仅仅半个月便可独立在90分钟内完成正常的开车。接下来就是细节的问题，怎样才能把系统运行的平稳率提上去，这又是一个新的挑战，彭金媛与队友及时沟通，相互学习，尽量争取高分。学习事故处理时，最开始只是单纯地看到标题为某个事故，然后按照步骤处理，后来教练为参赛队员设置了难度，将十个故障的处理顺序打乱，没有标题，自己判断。而在距离出发去上海只有十天时，彭金媛与队友们突然得知，事故处理不只是单纯地判断属于哪种事故，还可能伴随着其他阀门设备故障，所以，他们不断加大事故处理的训练难度，直到出发去上海的前一天，他们都不曾松懈。

比赛是一场体力与脑力的双重考验，近七个小时的比赛，考试题目安排得满满当当，考试时间只是刚好够用，让人根本来不及再重新检查，必须果断地给出答案。尤其是在仿真操作过程中，时间紧任务重，好多选手措手不及，好在培训期间彭金媛和队友们对此做了充分的准备，未雨绸缪才会有备无患。

功夫不负有心人。在此次技能竞赛中，彭金媛拿到了金奖，这与她平时的勤奋与努力是分不开的，天道酬勤，没有白白地付出，有付出，就一定会有所收获。

3. 匠心以赴，一丝不苟

在茂金属新产品开发过程中，彭金媛始终积极参与。齐鲁石化公司高密度聚乙烯（HDPE）1#装置，于1987年6月投产，装置的设计生产能力为14万吨/年，多年来不断进行技术改造，目前产能已达17万吨/年以上，但是同国内新上装置相比产量仍偏小，若只生产通用料已不能在市场中占据优势。随着聚乙烯树脂生产技术的发展，目前聚乙烯树脂市场产品趋向更高的应用性能与市场价值。为提高产品市场竞争力，应对市场需求，让装置焕发新生机，发挥综合优势，创效增效，开发高端产品已成为迫切需要。彭金媛与同事在车间领导与车间技术人员的帮助下结合气相流化床装置生产特性与装置现状，通过对茂金属聚乙烯树脂产品生产工艺的研究，最终得出切合实际的生产方案，并制定出茂金属防水卷材聚乙烯树脂、包装重膜聚乙烯树脂开发技术指标，成功开发出性能优异的茂金属防水卷材聚乙烯树脂与包装重膜聚乙烯树脂，并成功试产极低密度茂金属聚乙烯树脂。

在岗期间，彭金媛细心负责，把每项工作、每件事情都做到极致。2022年5月16日，彭金媛在正常生产期间，发现反应器的一个测温点温度突然降低，通过对比反应器其他测温点及床层压差等参数运行趋势，判断流化床运行正常，为仪表异常显示，联系室外仪表人员现场检查，发现该测温点位置乙烯气味明显，确认为热电偶套管泄漏，立即汇报车间，确认无法在线处理，车间汇报厂部，商议后进行了紧急停车处理，避免了一起因可燃气体泄漏导致的爆炸事故，获得公司嘉奖。

有一种卓越叫坚守

一、个人简介

刘忠全，男，汉族，1990年9月出生，中共党员，工程师职称，现任中国兵器工业集团北方华锦化工研究院研究员，同时担任聚烯烃专用料研发与产业化项目负责人。2013年毕业于辽宁石油化工大学高分子材料与工程专业，自参加工作以来，他立足岗位，刻苦钻研，积极参与装置工艺优化、高附加值新产品生产与研发工作，逐渐成长为企业的岗位能手和青年科技人才。在不断自我学习的同时，他还积极参加公司组织的各种学习培训，包括：2017年中国兵器集团质量管理小组诊断师培训并取得诊断师资格证；2018年华锦集团第六期“青年骨干培训班”，2018年华锦集团第一期“团干部培训班”；2019年大连理工大学英语翻译强化班等，通过培训获得了个人能力和素质的提升。

2013—2017年，刘忠全在华锦集团乙烯分公司聚乙烯车间从事一线倒班工作，历任现场主操、总控主操、班长等职位。

2017—2020年，刘忠全任华锦集团乙烯分公司聚乙烯车间技术员。

2020年至今，刘忠全任华锦化工研究院研究员。

二、工作成果

主要工作成果：

双峰聚乙烯的新产品研发；

聚乙烯大中空系列专用料的开发；

聚乙烯克拉管专用料WP4570-H新产品的开发；

聚丙烯锂电池隔膜专用料的开发；

高刚性聚丙烯专用料的开发；

高抗冲透明聚丙烯的开发；

耐*Y*射线医用透明聚丙烯研发；

抗菌聚丙烯的制备研究。

主要荣誉：

2018年获得辽宁省青年创新创业大赛三等奖；

2018年获得辽宁省工业设计大赛技术融合奖；

2017年、2018年、2019年连续三年获得兵器行业优秀质量管理小组成果奖一等奖；

2019年获得中国兵器工业集团科技进步奖二等奖；

2020年获得盘锦市石化及精细化工产业创新创效大赛一等奖；

2020年获得“中国创翼”盘锦市创新创业大赛二等奖；

2020年获得“中国创翼”辽宁省创新创业大赛三等奖；

2020年获得第20届全国青年岗位能手；

2020年获得盘锦市“五一劳动奖章”；

2023年获得辽宁省“五一劳动奖章”。

三、先进事迹

1. 刻苦钻研技术，立足岗位成才

“勤奋好学，虚心求教”。2013年大学毕业后，刘忠全来到华锦集团乙烯分公司，成为聚乙烯车间的一名操作工，工作期间他勤奋好学，熟记工艺操作步骤、装置管线流程。在进入总控岗以后，他对工艺流程的熟练掌握使其迅速学会了操作总控DCS集散控制系统，遇到问题就虚心向领导、前辈请教，个人业务能力迅速提高。

"忠于职守，爱岗敬业，谦虚谨慎"。2016年6月12日凌晨3：30，正在总控岗当班的刘忠全发现旋转阀RF4001突然出现故障报警，当时只有他一人在总控岗，但他并没有慌乱，一方面通知电气仪表人员检查故障信息，一方面联系车间领导和技术人员。十多分钟后，电气仪表人员还没有确定故障原因，但他意识到，不能再等了，再等V-4003罐内就会出现树脂粉料结块的风险，于是果断对装置采取了刹死停车措施，并在总控操作室独立完成了装置刹死停车操作（一般情况下总控至少需要两人配合才能完成刹死停车步骤），完成了一个人几乎不可能完成的任务，避免了装置长时间大面积停车事故，为乙烯分公司"安稳长满优"运行做出了突出贡献。在工作上刘忠全始终保持勤勤恳恳的态度，认真完成领导下达的各项任务，严格落实各项生产要求，2017年，因在工作上表现突出，被任命为聚乙烯车间技术员，靠着多年来忠于职守，爱岗敬业的精神和谦虚谨慎的作风，赢得了公司领导和同事们的认可和信任。

"刻苦钻研，刨根问底，实现突破"。2020年来到化工研究院后，刘忠全从一名技术人员转变为一名科研人员。面对新的任务，他积极调整心态，改变工作方式，对不懂的事情，坚持深入一线学习。在装置掌握上，他也不仅仅局限于聚乙烯装置，通过学习进一步掌握了华锦集团其余两套聚丙烯装置的工艺流程和产品性能，为华锦集团聚烯烃新产品开发打下坚实基础。刘忠全作为锂电池隔膜专用料等研发项目的主要负责人，在每次试生产期间，都深入一线参与倒班工作，上至生产研发，下至产品评价使用，他都付出了大量心血，使得锂电池隔膜专用料在2020年取得飞跃式进步，实现全年产量4200余吨，为企业创效1300余万元。

2. 善于创新创造，勇于开拓进取

早在2014年，由于专业技术扎实，刘忠全被吸纳到乙烯分公司新产品研发团队，并逐渐成为研发团队的青年负责人。2020年，他更是成为华锦化工研究院的首批研究员。在产品创新方面，他先后参与和主持了聚乙烯大中空系列专用料、双峰聚乙烯、锂电池隔膜专用料、聚乙烯克拉管专用料WP4570-H等研发项目，每次新产品研发，都能看到他忙碌的身影，无论白天黑夜，他都坚守在生产一线，对产品质量进行全过程跟踪，发现异常问题，总能在第一时间处理解决。所参与研发的新产品累计为公司增效2亿多元，且产品质量通过了美国FDA认证、欧盟ROHS等国际级专业组织认证，其中“管材料、单丝料、大中空系列吹塑料等聚乙烯新产品研发及产业化”项目获得了华锦集团科技创新二等奖；“聚丙烯高熔指薄壁料HJ9060新产品的研发”通得了中国兵器集团科技成果鉴定，获得兵器集团科学进步奖二等奖等，各项科技成果累计申请国家专利24项。

在技术创新方面，他参与了五项关键技术攻关及改造：如聚乙烯装置膜回收系统改造，针对膜回收系统氮气排火炬损失，增加排放火炬氮气反送线至二膜回收，减少氮气损失，此项改造节约氮气400标立方米/小时，每年可节约成本120余万元；通过优化操作工艺提高催化剂活性，针对新厂家供应的催化剂NTR931-TD催化剂活性偏低问题，积极改进工艺操作方式，提高催化剂活性，其中“提高催化剂NTR931-TD的活性”被评为兵器行业优秀质量管理小组成果奖一等奖；聚乙烯进料集管改造，针对环管反应器进料集管频繁堵塞问题，通过分析堵塞原因提出改造建议，将带有残留催化剂的高压溶剂进料切出，改为直接进入环管反应器，避免提前在集管反应堵塞集管，大大增加了装置运行稳定性，减少了不必要的停车，相关技术“异丁烷进环管反应器在线切换”已申请国家专利；聚乙烯驰放气回收改造，针对车间贫异丁烷回收塔驰放气排放火炬问题，通过改进工艺回收方式，将驰放气进行回收，每月可回收乙烯50余吨，每年可节省300余万元；聚乙烯过滤器骨架改造，针对旧版过滤器骨架不稳定的问题，重新设计改造骨架形状，大幅降低过滤器骨架损耗频率，避免由于过滤器问题产生停车现象；参与并撰写的专利项目“一种孔状式过滤器骨架”，获得国家专利局实用新型专利认证。刘忠全多年来靠着自己大胆的新想法、新思路，不断开拓进取，积极建言献策，为企业降本增效做出了重要贡献。

3. 创造一流业绩，打造一流团队

“团结协作，冲锋在前，创新创效”。2017年，刘忠全作为车间的团支部书记和聚乙烯一车间总控岗的岗长，积极响应组织号召，在车间创建青年文明号，紧密结合生产实际，以提高经济效益为己任，以严把产品质量关为使命，团结协作，创新创效，圆满完成车间各项任务，取得了优异的成绩。他所带领的团队先后被评为盘锦市、辽宁省及全国“青年文明号”和辽宁省“青年文明号示范集体”等荣誉称号。在2018年装置大检修期间，刘忠全组织车间十多名青年员工加入乙烯分公司青年突击队中，在更换R-5002处理器内分子筛、清理环管反应器等急难险重任务中冲锋在前，加班加点解决装置问题，使装置按时间节点提前完成检修计划。鉴于刘忠全同志在工作中的突出表现和典型示范作用，2018年他被集团公司授予“青年岗位能手”，并在11月当选共青团中国兵器工业集团第一次团代表大会代表，2020年更是被评为“全国青年岗位能手”。

“以老带新，传承经典”。2021年，化工研究院成立了“刘忠全劳模创新工作室”，进一步带动周围的研究员们共同成长。面对新入职的大学生，他当起了“师父”，为大家讲解装置流程、装置特点，以及如何利用装置优势进行新产品开发，以传帮带的方式助力青年成才，并开展技术攻关，攻坚创效，成效明显。工作室组建了16人的创新团队，团队成员构成年龄层次分明，以老带新，形成了技能等级梯队，积极开展集团公司组织的名师带高徒活动，发挥领军带头作用，提升全员技术水平。在开展师徒结对的基础上，力行传帮带，培养更多化工专业精英，传承技术技能。近年来，工作室成员在集团公司组织的技能竞赛中分别获得聚合操作和反应器操作金奖、银奖等奖项。一年来，他所在的聚烯烃专用料研发及产业化项目组协助生产单位完成了聚烯烃新产品开发1万余吨，累计创效1500余万元。2023年，刘忠全个人被授予2023年度辽宁“五一劳动奖章”。

刘忠全对待每一件事，都用心做到更好，他善于捕捉大家工作中的闪光点，进行学习和自我提高，把刻苦学习和钻研理论作为自己的行为准则，把踏实肯干和创新创效作为自己的工作信条，把助人为乐和团结同事作为自己的处事原则，在平凡的岗位上谱写不平凡的青春，他像一棵石缝中顽强生长的嫩芽，坚持自己心中的梦想，用不懈的努力和奋斗，不断突破和超越自己，实现自己的人生价值，彰显了化工行业一线青工顽强拼搏、敬业奉献的青春风采。

有一种感恩叫反哺

一、个人简介

张立先，1992年出生，山东寿光人，系辽宁石油化工大学化学化工与环境学部化学工程与工艺专业（天然气方向）2015届毕业生，现为中国海洋石油集团有限公司下属单位中海沥青股份有限公司储运作业区技术员。

二、工作成果

在2016—2017年连续两年获得中海沥青股份有限公司优秀共产党员荣誉称号；在2019—2020年两次参与储运系统技术革新，分别获得中海石油炼化有限责任公司技术革新奖；2019年顺利通过ISO 16949体系学习考试，成为一名体系内审员；2020年通过考试获得中海石油油品调和工高级工技能资格。

三、先进事迹

1. 做脚踏实地的好学生

张立先在校期间，学业上努力认真，目标明确，计划性强，积极参加学校社团活动和学习小组，在大学二年级顺利通过英语四六级考试和计算机二三级考试，学习成绩优异，多次获得校级荣誉称号和奖助学金。在思想上，有良好的道德修养，热爱祖国，热爱人民，积极学习党的先进理论知识，政治上自觉向党组织靠拢，并于2014年光荣加入中国共产党。同时他具有钻研精神、独立分析和解决问题的能力，曾长期担任班长职务，在同学和老师之间起到了很好的桥梁纽带作用，他带领的班级成绩在学院中多年排名靠前，积极带领同学参加各项集体活动，所在班级在各项团体活动中多次排名第一。他性格开朗，团结同学，待人诚恳，能很好地处理人际关系，追求人格升华，能出色地完成上级交代的工作任务。

2. 做脚踏实地的石化人

毕业后，他进入中海油下属单位中海沥青股份有限公司，经过培训，他迅速实现由一名学生到石化人的职业转变，不怕苦、不怕累成为他的标签，他充分发挥共产党员先锋模范带头作用，被评选为公司优秀共产党员。他作为中海沥青股份有限公司储运作业区技术员，始终秉持“问学穿石，修身诚化”的辽石化大校训，坚持开拓创新，始终以“抚油精神”鞭策鼓励自己，两次参与储运系统革新并获奖。他作为石油行业的年轻人，不畏艰苦，积极扑下身子，冒着烈日严寒指导项目建设、落实生产，不断丰富着自己工作经验，一步步成为部门内部的骨干和中坚力量。

四、寄语母校

母校殷心，学子殷情，绿叶情，学子心，校训记心间，师恩永不忘。人生的目标在远方，人生的希望却早已在母校萌生。今天我以辽石化大为荣，明天辽石化大以我为荣。唯愿母校再创辉煌，桃李满天下！

有一种踏实叫坚韧

一、个人简介

陆宽，中共党员，现于中海壳牌石油化工有限公司担任DCS工程师职务。2015年7月毕业于辽宁石油化工大学信息与控制工程学院并获得学士学位。2015年8月加入中海油惠州炼化分公司担任生产操作员。2016年11月加入中海壳牌石油化工有限公司担任仪表技术员。2017年12月担任DCS技术员。2020年1月被选举为维修部团支部宣传委员。2021年10月担任DCS工程师。2023年7月毕业于广东工业大学自动化学院并获得硕士学位。

大学在校期间曾担任班级班长，学生会社联副主席，发展规划部部长。曾获得“优秀学生干部”“优秀团员”“三好学生”等荣誉。研究生在校期间曾担任班级班长，授权实用型专利2项，发获计算机软著2项、发表学术论文3篇；在工作期间曾负责中海壳牌石油化工有限公司二期项目公用工程装置，乙烯裂解装置，聚醚多元醇装置的控制系统，并一次性开车成功。曾负责物流自动化系统、网络升级改造、DCS系统升级、SIS系统升级、PCS7升级等大小100余项。曾获得仪表竞赛二等奖、行动迈向卓越三等奖、总监嘉奖、经理嘉奖等荣誉。

二、先进事迹

1. 在校园生活中

陆宽在学习中勤奋刻苦，成绩优异，做事情有条理。身为班级班长，学习起带头作用，他将班级同学按照学习情况分组，班委作为组长，进行小组制学习，组员之间相互监督，共同提高；在学校活动中他会主动带着大家参加各项活动，只要有班级同学作为选手参加的活动，他都会到现场鼓气加油，在班级同学的相互支持与共同努力下，班级荣获“优秀团支部”；在校园实践活动中，他在大一时加入学生会实践部，与人为善，踏实肯干，积极参与到各项大小活动中去，学会如何处理问题，同时提升了人际交往能力。在大二时担任学生会办公室副主任，做事认真负责，参与策划学校各项活动。曾组织“信控达人秀”活动，当时由于串场歌手身体不适提前离场，导致投票环节冷场无表演，但他遇事不乱，及时播放校歌，组织在场观众和评委进行大合唱，慷慨激昂的歌声响彻整个会场，为投票统计争取了时间，最终活动圆满成功，并被评为“精品活动”，为学院加分。大三担任学生会社联副主席兼发展规划部部长，并在“DIY风筝大赛”中再次获奖，为学院加分。

他曾在招生就业处担任学生助理，对于大大小小的招聘会，他都统筹全局，一丝不苟，尽心尽力为每个到校招聘企业服务。在一次招聘活动中，由于企业误删已收集的学生电子简历，导致后续工作不能正常进行。作为招生就业处的学生助理，他思路清晰，沉着应对，召集组员对投递该单位的同学进行逐一确认，同时以口口相传和短信群发的方式，确定简历是否二次投递成功，缩短了收集时间，成功在面试时间前完成简历收集。他也因此得到了招聘方单位领导的肯定和大力赞扬。

2. 在工作岗位上

在中海壳牌石油化工有限公司二期项目建设期间，“三查四定”是项目验收标准，验收截止时间已经迫在眉睫，但还有大量的装置设备需要排查安全隐患，为保证项目顺利进行，装置安全投产，陆宽同志取消不必要的假期，减少个人休息时间，加班加点完成了该项任务，并排除了重大隐患。例如，机柜内I/O端子板上的保险安装在负极，该问题会导致现场侧有大电流信号干扰时系统运行波动或连接硬件故障，更有甚者会使控制系统失控从而发生火灾或爆炸。他经过反复设计和实验，提出了更改管脚焊接方式的整改方案，完美地排除了该项隐患，保证了二期项目一次性开车成功。

在中海壳牌石油化工有限公司二期项目投产期间，由于设备理论设计与现场施工有一定偏差，工艺包设计的理论数据需要根据实际情况不断优化和修改，相关的顺控步骤和逻辑也需要重新修改或设计。为了保证装置的平稳运行，陆宽刻苦钻研每一个工艺包的控制方案，大胆创新，不断地进行模拟控制实验，不断地改进工艺控制方法，不断地创造新工艺控制方案，攻克了一个个难关。在一个个控制方案上线投用后，各个装置运行逐渐平稳，并且给操作人员带来了极大的方便。一键启动，一键屏蔽，一键记录，参数自整定，自动计算赋值等不同形式的功能，为实现工厂自动化打下结实的基础。

随着市场对公司产品需求的不断增加，管线互联的贸易结算产生了诸多难题。控制系统通信协议具有封闭性，导致传输的物料量只能通过人工手动记录和计算，结算量常有偏差。为解决这一难题，陆宽攻坚克难，进行系统通信搭接测试，最终找到以MODBUS协议为基础，以串行传输方式为核心的方式，经过反复制定和更改通信参数，成功提取该数值；之后他又运用扎实的基础知识进行程序软件编写，使物料传输量可以自动计算和记录，同时各项参数还会定时通过中转服务器发送至各职能人员的邮箱。该成果不仅减少了操作人员的工作量，而且避免了贸易结算时的纠纷，每年为公司节省资金数百万元。

在高密度聚乙烯日常生产中，频繁发生造粒挤压机自动停机事故。陆宽作为项目负责人需进行事故调查，在仔细阅读操作记录和报警记录后，确定问题在于主站与重站之间的通信中断，导致造粒挤压机停车。尽管查到事故原因，但又有两个难题摆在了他的面前，就是通信中断的原因是什么以及如何解决通信中断问题。为了尽快解决问题，他将制造商的技术专家请到现场，但经过7天紧急排查，依然无法找到故障原因。与此同时，陆宽经反复分析示波器高频状态下捕捉的电流和电压的曲线，多次模拟事故，最终攻克难关。机柜内的继电器节点侧和线圈侧共用一个电源，节点侧为低压直流，线圈侧为高压交流，线圈侧带有的瞬时高额交流电使瞬时电压上升，造成电源瞬间压降保护而失电，导致通信中断。之后陆宽又进行了线路改造，将两侧的供电方式分开，彻底解决了该问题，避免经济损失数千万元。

现场装置为24小时不间断运行，因此在非工作日值班时，DCS值班人员以每月20次出勤现场装置的数字稳居第一位，几年来一直是DCS团队难以解决的痛点，团队人员为保证装置设备正常运行，加班加点工作已是常态。作为DCS部门负责人，他仔细梳理值班响应遇到的问题，重新对其进行分项和归类，统计非必要问题并编制值班指导，通过编制值班指导，优化值班体系并对人员进行培训，将每月20次成功减至4次，让团队人员可以安心下班回家，与家人团聚。该工作每月为团队节省工时约50小时。

3. 在科研道路上

在国家“863”攻关项目制造企业数据空间构建方法与技术研制中，陆宽通过优化算法和算法结合等，编写故障预测系统，以近15年的数据为基础，预测未来3年的故障率。经过反复更改算法以及大量实验，最终将预测故障率与实际故障率的偏差降至最小，解决了无法预估电子元器件生命周期的难题，该项可以为各个工厂减少大量备品备件费用。

随着现代化工企业的工艺技术提升和生产规模的日益扩大，工艺复杂程度也越来越高，因此故障诊断对于现代化工厂有着至关重要的作用。但在现实化工生产过程情况复杂多变，因而化工过程数据具有信号噪声大于局部时域内高关联性和强非线性的特点，从而严重影响了故障诊断的效果。陆宽针对这种情况，不断研究新型算法和优化算法，以实际化工过程数据为基础，以仿真软件为平台，通过基于优化小波降噪的循环神经网络算法解决了数据噪声大的问题；通过优化遗传算法和BP神经网络算法解决了局部时域内高关联性和强非线性的问题。并将研究方案和结果发表论文，申请了实用新型专利。该研究可有效避免安全事故，保障化工装置平稳运行。

陆宽同志性格谦和、为人真诚，勤恳敬业，在同行、同业、同事中均有良好口碑。工作和生活中，他始终心怀感恩，做事踏实坚韧，做人诚信友善、谦虚谨慎，真正做到了干一行、爱一行、精一生，练就了一身绝技绝招。在扎根石化企业近8年里，用勤奋与韧劲解决了一个个生产难题，在实干与奋斗中传承着工匠精神，为化工企业打造出强劲的“中国心”。

有一种平凡叫坚守

一、个人简介

马驰，男，1995年11月，出生于辽宁省彰武县，2018年毕业于辽宁石油化工大学，获得工学学士学位。现就职于中建八局装饰工程有限公司。

二、先进事迹

1. 在大学时期勤学善思

2014年入学，就读于辽宁石油化工大学经济管理学院，在校期间曾获得“国家励志奖学金”、第十五届中国国际住博会最佳BIM大学生实践组一等奖、第五届辽宁省广联达BIM管理沙盘及软件应用比赛三等奖、广联达全国算量认证大赛三等奖等荣誉。

2. 在平凡岗位奋斗逐梦

2018年就职于中建八局装饰工程有限公司后，作为一名新时代的工程人，马驰开始参与多个重点项目的预算工作，将理论联系实际，最大化实现自身价值。同时，结合自身不足，积极申请去项目一线工作，经过不懈努力取得了卓越的成绩，参与的施工项目获得省级优质工程等多个奖项。同时，在新冠肺炎疫情期间主动抗疫，获得了上海市志愿者荣誉称号并收到感谢信等。

三、寄语母校

华年似水，四年的大学生活转瞬即逝；马驰难忘大学期间各位恩师的辛勤教诲，一届届学长们的经验传递，以及四年的知识储备，几经打拼，几经沉浮，他找到了人生的第一个坐标。回首过往，有过消沉，有过彷徨，感情丰富了，头脑也复杂了。“路漫漫其修远兮，吾将上下而求索。”前方的道路虽然依旧坎坷，但是辽石化大学子们带着恩师的嘱托，同学的鼓励以及四年的学习积累奋斗在各自的工作岗位上。任时光飞逝，任岁月轮转，这份师生、同学情如陈年佳酿，历久弥香。《隋书卷四十一》中说道：“舟大者任重，马骏者远驰。”希望学子们在辽石化大这片充满文化氛围的沃土上不断升华自己，成为时代的佼佼者。

有一种坚守叫践行

一、个人简介

袁祥轩，男，1996年7月生，安徽省濉溪县人，2016年5月加入中国共产党，2018年7月毕业于辽宁石油化工大学，获工学学士学位。现就职于中建八局第二建设有限公司。

二、工作成果

2014年入学，就读于辽宁石油化工大学经济管理学院，曾任校大学生宣讲团团长、雷锋精神育人展馆讲解团队负责人、工程管理本科学生党支部书记。大学期间积极学习专业理论知识，四年专业课总排名第一，曾获国家励志奖学金、辽宁省政府奖学金，并获评辽宁省普通高等学校优秀毕业生，通过大学英语四级、英语六级考试，通过培训、自学等，考取了REVIT初级应用工程师、CAD二维三维应用工程师、广联达BIM钢筋算量、土建算量熟手级应用工程师等。经选拔进入辽宁省大学生红色理论宣讲团和抚顺市大学生理论宣讲团，并在同学们的认可和支持下，获校优秀学生标兵、校优秀学生、优秀团员等荣誉。

三、先进事迹

进入被誉为“铁军”的中建八局之后，秉持“令行禁止、使命必达”的企业精神，在工作中，对自己高标准、严要求，苦心钻研，不断提高业务水平，毕业两年后独立负责项目商务管理工作，毕业三年后经公司选拔担任“南宁·中关村”科技广场项目商务经理，并出色完成各项经济指标。

作为党员、党支部书记，袁祥轩发挥模范带头作用，2022年初主动参加百色田东县新冠肺炎疫情防控隔离点改造任务，为1355间隔离房提供了必要保障，相关建设情况受到中央电视台等各级媒体的关注和报道，个人获评“中建八局二公司抗击新冠疫情优秀共产党员”。在全区住建行业共56支参赛队伍近300人参加的南宁市住建系统党史知识竞赛中，带领项目代表队荣获优秀奖第一名；并带领支部获评南宁市红色工地党建工作先进单位。

作为分公司团总支书记，袁祥轩积极组织公司开展各项活动，承办共青团南宁市住房城乡建设行业工作委员会关于开展“喜迎二十大，永远跟党走，奋进新征程”主题团日活动；连续两年承办广西区直机关青年联谊活动；多次担任公司及南宁市住建行业党委等活动晚会主持人，受聘为公司“青锋”宣讲团成员；组织青年员工义务植树、志愿清扫、志愿劳动等活动近30场次；组建两支青年文明号团队，打造“521公益性”活动品牌，成功创建南宁市青年文明号。带领广西公司团总支荣获南宁市“五四红旗团支部”、中建八局青年文明号、中建八局“五四红旗团支部”等荣誉。个人曾获公司演讲比赛获第一名、广西区住建系统青年演讲比赛二等奖；获评“南宁市优秀共青团干部”“广西壮族自治区优秀共青团员”等。

四、寄语母校

母校是新中国第一所石油工业学校，我曾在这里学到了安身立命的专业知识，留下了烙印心底的精神印记，不论是莫言湖畔早读背英语的清晨，还是雷锋精神育人展馆练讲稿的深夜，点点滴滴的记忆都汇聚在了这所用雷锋精神建校育人的母校。现在的我，褪去稚气，锤炼本领，积极投身于祖国基础建设的大潮中，将母校传授的宝贵的雷锋精神财富带到建设一线，传承雷锋精神，深耕志愿服务，在奉献中服务群众，在奉献中成就自我，雷锋“五个一”精神不仅是我人生中的精神支柱，更是助力工程一线建设的稳固基石。

第五章　韧：涵养精神气质

第一节　执着坚韧是工匠精神的标志

一、执着坚韧的内涵

工匠精神之所以是一种可贵的精神财富，被全人类所推崇，不仅是因为工匠掌握了高超的技艺，更重要的是它强调钻研创新的执着、坚韧不拔的品质以及追求卓越的恒心。工匠精神，实际上是一种对于自己工作的执着专注、坚持不懈和精益求精的精神。

（一）执着专注是一种态度也是一种责任

执着，指如果确定了要从事的职业，就会付出长时间的努力，在自己的岗位上兢兢业业，永不放弃。专注，指一旦确定了目标，就会把全部精力投入进去，一丝不苟，全神贯注，直到实现目标。执着专注是一种态度，一心一意工作的态度，对所有事情一视同仁，认真地完成每一项工作。执着专注也是一种责任，是从业者在从事工作时专心致志，坚定信念并注重细节，遇到困难锲而不舍的精神品质，这是大国工匠所应具备的特质，是工匠精神的标志。执着专注展示的是工匠们心无杂念、全心投入的状态。所谓“艺痴者技必良”，一个人对技艺十分痴迷，他的技术必定会达到精湛的程度。

一件事一做就是十年、二十年甚至是一辈子！一生只做一件事，唯有一心一意，心无旁骛，才能独树一帜，引领时代。王国维在《人间词话》中说：“古今之成大事业、大学问者，必经过三种之境界：‘昨夜西风凋碧树，独上高楼，望尽天涯路。’此第一境也。‘衣带渐宽终不悔，为伊消得人憔悴。’此第二境也。‘众里寻他千百度，蓦然回首，那人却在，灯火阑珊处。’此第三境也。”第一境是“高瞻远瞩立大志”，第二境是“心甘情愿吃大苦”，第三境是“百折不挠成大业”。凡是最终成“家”的，他的心中没有“家”，他勤勤恳恳、孜孜以求的唯有他的事业，事业才是他的最爱，过尽千帆，落尽繁华，都与他无关，他的一生只做一件事，并且一心一意做好这一件事，把这一件事做到最好，做出成绩，一生足矣。

世界闻名的数学大师陈省身，高寿93岁，他的一生也只做了一件事——研究数学。他的信条就是：“一生只做一件事。”他经常对人说，自己只会做一件事，那就是研究数学。他爱数学，一个很直接的原因是，数学简单，只要一张白纸和一支铅笔就行。他说他不喜欢复杂的人际关系，也不会处理这些关系。面对一道道数学题，面对白纸和黑板，他会如老僧入定一样，把尘嚣摒绝于外。于是，他的一生得到了最大的成功，他的生命能量发挥到了极致。杨振宁说：“陈省身是可以与阿基米德、高斯和嘉当并列的数学伟人。”

（二）坚韧不拔是百折不挠的毅力和坚持不懈的奋斗

工匠是坚持不懈者、精雕细琢者。工匠精神蕴含的是坚如磐石、心无旁骛的品质。“贵有恒，何必三更眠五更起；最无益，莫过一日曝十日寒。”要完成一项工作最为难能可贵的就是善始善终地坚持到底。在建功立业的过程中，我们难免会经历孤独、遇到困难、面对诱惑，这时一定要执着地坚持下去，耐住寂寞、稳住心神、禁得住诱惑，不达目标，决不言弃。事业千古事，非一朝一夕之功。工作推动像工匠求艺那样，要有滚石上山的勇气和气魄，少一些急功近利，多一些真抓实干，一步一步推进，一点一点积累，实现量变到质变的跨越。其实，成功的法则很简单，那就是锲而不舍，只要你能坚持到底，你就会赢得最后的胜利。世上的事，只要不断努力去做，就能获得成功。哪怕事情再苦、再难，只要我们持之以恒、坚持到底，我们就有希望，就有成功的可能。每一个伟大的成功，其秘密都在于不屈不挠的意志力和执着顽强的忍耐力；即便因为屡次失败而遍体鳞伤，仍然痴心不改，坚持到底。

一生做好一件事，真的很了不起。因为这需要坚定的信念，需要执着的坚守，即便“人憔悴”，依然“终不悔”，但求耕耘，不问前程，不抛弃，不放弃，一步一个脚印，一年一年坚守，超越困惑，超越浮躁，超越诱惑，一念执着，一生坚守，把这一件事做到极致，做到顶峰。2015年诺贝尔医学奖得主屠呦呦，就是一念执着、一生坚守、终成大业的典范。46年的执着坚守，46年的孜孜以求，才终有所成，赢得世界喝彩。

1969年，中医科学院中药研究所参加全国“523”项目，屠呦呦被指定为课题组组长，承担抗疟中药的研发。接受任务后，屠呦呦开始收集整理历代中医药典籍，走访有名老中医，同时调阅了大量的民间方药，调查了2000多种中草药制剂，选择了其中640种可能治疗疟疾的药方。编写出以640种中草药为主的《疟疾单验方集》。最后，从200种草药中得到380种提取物在小白鼠身上做抗疟疾检测，但进展并不顺利。面对挫折，屠呦呦也曾苦闷。她后来回忆说：“我也怀疑自己的路子是不是走错了，但我不想放弃。”后来东晋葛洪所著《肘后备急方》中记载的“青蒿一握，以水一升渍，绞取汁，尽服之”的描述给了她新的启迪。1971年10月4日，屠呦呦第一次成功地用沸点较低的乙醚制取青蒿提取物，并在实验室中观察到这种提取物对疟原虫的抑制率达到了100%，这是青蒿素的成功提取迈出的关键性的一步。这个成功却是在经历了190次失败之后才出现的。

在20世纪70年代初期的中国，根本就没有好的实验条件。屠呦呦当年的同事姜廷良说：“当时实验室连基本的通风设施都没有，但任务时间又很紧迫，急需寻找能够容纳大量溶剂和实验品的合适器皿。然而，紧张的经费却让人一筹莫展。急中生智的屠呦呦，想到了家中腌咸菜用的瓦缸。最终，靠着这些瓦缸，她们成功提纯了100克青蒿素结晶。屠呦呦却因为长期接触这样的环境患上了中毒性肝炎，其他成员也出现了不同的中毒症状。”但这些没有动摇屠呦呦的决心，病情一好转，她就急忙跑回实验室继续进行科研工作。

经过反复实验和研究分析，发现青蒿含有抗疟活性的部分是叶片，而非其他部位，而且只有新鲜的叶子才含有青蒿素有效成分。此外，课题组还发现最佳采摘时机是在植物即将开花之时，那时叶片中所含的青蒿素最为丰富。为了尽快让青蒿素用到临床上，在动物安全性评价的基础上，她和科研团队成员在自己身上做试验；当青蒿素片剂临床试用效果不理想时，她们尝试改用单体胶囊……正是这种超越常人的坚持不懈的努力，使她最终取得成功。在青蒿之前，屠呦呦还筛选过很多物质，她的同事坦言，“青蒿提取物在开始的实验中对疟原虫的抑制率最高不过68%，最低才百分之十几，远远不及胡椒的90%，如果不是因为屠呦呦的百折不挠，青蒿素的研究很难取得成功”。

靠着这份坚韧，屠呦呦从古代医书中找到青蒿；靠着这份坚韧，她倾尽一生的时间来研究这株看似普通的小草；靠着这份坚韧，在很多想放弃的时候她选择了坚持；靠着这份坚韧，她终于实现了人生的梦想！46年的执着坚守，终于获得丰厚的回报。

行多远，方为执着？10年？20年？46年抑或整整一生？坚守自己的信念，坚守自己的理想，坚守那值得坚守的东西，不管多久都不会后悔。念念不忘，必有回响，执着坚持，必有回报。只要目标正确，就要坚守到底。没有一念的执着，就不会倾尽一生的光阴；没有一生的坚守，不可能达到技艺和作品的极致与完美。只有执着于自己的追求，坚守理想，并为之倾尽一切，才会有真正的成就。一念执着，其实就是要求我们坚定自己的信念，专注于自己的工作，踏踏实实为工作努力；一生坚守就是要求我们耐得住工作寂寞，扛得住各种诱惑，不为外力影响，坚持自己的方向，不断精进，不断完善，并最终实现自己的理想，成就自己的人生。这是工匠的信念，也是成功的箴言。

坚持是解决一切困难的钥匙，它可以使我们在面对困难时把万分之一的希望变成现实。歌德这样描述坚持的意义：“不苟且地坚持下去，严厉地驱策自己继续下去，就是我们之中最微小的人这样去做，也很少不会达到目标。因为坚持的无声力量会随着时间而增长，到没有人能抗拒的程度。”所以，为了我们肩负的责任，我们应该坚守执着，也许收获有迟有早，有大有小，但我们坚守执着的本身，就是人生的一大收获。坚持是一场漫长的分期分批的投资。而落实是对这笔投资的一次性回报。作为一个执行者，他决不会在困难面前停滞不前，因为执着于工作本身就是执行者的工作作风。

（三）执着坚韧是对精益求精的追求，是工匠的基本素养

工匠需要具有认真的态度，强烈的责任心和使命感，对自己的工作负责，不

满足于细微的成就，力求制造出高品质产品。工匠们利用自己的高超技艺，坚持没有最好，只有更好的态度，不断地对作品进行精雕细琢，成就精品，力求尽善尽美，这是工匠精神蕴含的对精益求精的执着追求。成功就是一个长期的过程，对待工作，要有一丝不苟的精神，把细小的事都做到完美，这样才有可能成功。精益求精展现了工匠对产品高质量的追求，对精湛技艺的追求；体现了工匠对生产的产品以及对消费者负责任的态度，精益求精是工匠精神的主题。

我国的工匠们努力追求、精益求精的品质，由古至今从未间断。在古代，工匠们始终专注于自身的工作，不断精进技艺，刻苦训练，同时自身对于崇高理想的追求，造就了对产品精益求精的品质追求，“如切如磋，如琢如磨”。在《核舟记》中记载了微雕家王叔远的故事。他可以用大概一寸的木头雕刻宫殿、人物、鸟类、动物、树木和石头，不仅不改变这些物体的形状，还能模仿其形态，因而雕刻出来的作品各具情趣神态，栩栩如生，无论是在明朝还是现今都令人叹为观止，展示了他高超的技艺以及专注、精益求精的态度。正是对待自己的工作精益求精、注重细节的态度，才造就了我国古代工匠们精湛的技艺。现代的工匠们不仅应秉持一丝不苟的态度，同时应关注生产的成本、产品的价格，特别是产品的质量，对产品的性能严格要求，使生产出来的产品更加精致、适用，从而创造高品质的生活。雪域高原上的爆破工匠彭祥华，把爆炸误差限定在15毫秒以内，攻克爆破难题；高级技师高凤林，把火箭发动机的焊接误差控制在0.16毫米之内，并且将焊接停留时间缩短到0.01秒。他们在工作过程中态度严谨、精雕细琢、注重细节，不断提升技艺，制作精致的产品，同时严格遵守规定，避免事故发生。执着坚韧是实现产品精雕细琢、精益求精的必要途径。执着坚韧、精益求精的工作态度是造就精品的重要保障。能否达到最佳的效果，取决于劳动者在工作过程中对精益求精的追求。

顶级产品的出现一定是伴随着工匠认真与负责的态度，精益求精是所有大国工匠都具备的优秀品质。我国的港珠澳大桥作为世界上最长的跨海大桥，有大约6千米是海底隧道，需要用长180米、宽38米，高11.4米，重约8万吨的水泥沉管在深海对接，对接的海底隧道是全封闭的，并且对接时的误差只能以毫米计算，这是极其困难的，对于技术工人来说也是极大的挑战，这也是整个工程建设过程中难度最大的部分，这样大的工程只能靠技工的操作，然而我国的技工们不怕困难，在工作中执着追求、坚韧不拔、精益求精、认真负责，从而保证了海底隧道的对接质量。在制作产品的过程中，以一丝不苟的工作态度，重视任何一点细节，认真细致，尽心竭力，才能铸造出符合时代要求的精品。

工匠在拥有高超技术的基础上，不骄不躁，精雕细琢，对产品质量有着极高的要求，追求完美，他们执着于理想，专注于产品品质提高，不断克服困难，坚持不懈，精益求精，从而生产出越来越好的产品，满足人们的生活需要。

二、培养工匠精神离不开执着坚韧的努力

（一）工匠精神源于玉汝于成的执着

在工作中，困难和失败在所难免。要能忍住困难和失败带来的困惑、迷茫、伤心和难过，要相信每一次失败和挫折都是在为成功铺路，都是为我们的未来积累经验。要明白失败和困难并不可怕，古往今来，哪一位有所成就的人没有经历过艰难曲折、失败困苦？司马迁在《报任安书》中就举出许多例子："文王拘而演《周易》；仲尼厄而作《春秋》；屈原放逐，乃赋《离骚》；左丘失明，厥有《国语》；孙子膑脚，《兵法》修列；不韦迁蜀，世传《吕览》。"就连司马迁本人，也是在遭遇宫刑之后发愤著书，才有《史记》传唱于世。如果他们在面对这些困难挫折时沉不住气，忍不下苦，那么又如何能在中国历史上留下光辉篇章呢？

没有人能够一辈子交好运，也没有人会一辈子走坏运，任何人都不可能随随便便成功，失败、打击、痛苦都是成功前必须经历和承受的，都是在为成功铺路。身处困难和失败的挫折时，只有沉住气、忍住难、耐住苦，才能获得成功，迎来日出。

陈天桥，盛大网络董事会主席和首席执行官（CEO）。1993年，陈天桥以优异的成绩与另外17名优秀学生获得了提前一年毕业的机会。毕业时的喧闹还犹在眼前，但陈天桥却出乎意料地被"雪藏"了长达10个月：当时，满怀抱负的陈天桥被分配到陆家嘴集团公司，他的主要工作就是每天在一个小房间里放映介绍集团情况的录像片。而这一放，就是10个月。在这10个月里，陈天桥根本无

法去跟别人谈论自己的远大理想，也没办法在简单的放映工作中施展才华和抱负，他第一次感受到了人生巨大的落差。此时年仅20岁的陈天桥品尝到了寂寞的滋味。毕竟，自己是一个复旦大学的毕业生，而且还是一名跳级生，又是全市优秀学生干部。对于20岁正年轻气盛的人来说，这种情况下很可能不会有人留下来，但陈天桥留下来了。陈天桥很快就意识到寂寞也是磨炼意志的绝佳机会。这段时间，他潜心读了很多书，为他后来独特的管理风格打下了基础。“我认识到，无论有怎样的抱负，首先是要社会接受你，而不是要求社会来适应你，这是当时一个很大的收获。”陈天桥说，“在我当时那个年纪，这样一个背景，我能耐得住10个月的寂寞，在一个小房间里放录像，我自己感觉这对年轻人还是有所启示的。很多年轻人觉得自己怎样怎样，要干这个，要干那个，但无论干什么，首先要适应环境，而不是等着环境来适应你。”10个月之后，机会来了。集团下属的一家企业有个干部挂职锻炼的机会，集团选定陈天桥担任那家有着200多人企业的副总经理。来自复旦大学经济系的教育使他拥有出色的战略眼光，而寂寞的锤炼让他克服了一般年轻人好高骛远、不脚踏实地的缺点。在这家企业，他推行了一系列改革，并开始形成自己独特的管理风格。不久，他直接晋升为集团董事长兼总裁的秘书。从此，开始了他的非凡人生。

执着是面对困难和压力不放弃、面对失败和质疑的不回避，逢山开路、遇水搭桥、化压力为动力、变被动为主动的积极态度，是不达目的不罢休的义无反顾的精神。正是这种执着使新手变熟手，熟手变能手，能手成为工匠，是工匠精神形成的必由之路，经历无数的失败和挫折正是工匠默默一生终成大器的成功之路，也是许多伟大的人物历尽艰辛最终成就自己的理想的成功之路。

（二）工匠精神成于迎难而上的坚毅

工匠精神是一种孤独的坚持，不为一夜成名，只在知行合一。为何普罗大众大多能成为工匠，却难以成为工匠大师呢？其区别就在于其对“工匠精神”的面对困难迎难而上的坚持与坚守——当一个人坚持不懈、精益求精：不达目标不罢休、越过此山上顶峰，心中“没有最好、只有更好”等事业与理想的追求时，他们就会有一种耐得住寂寞的毅力与坚强，拥有追求无止境的卓越精神，就会成为一生的目标：乘工匠精神之翅，飞越一个又一个人生巅峰的理想，就能够实现。

徐立平，中国航天科技集团公司第四研究院7416厂航天发动机固体燃料药面整形组组长，国家高级技师、航天特级技师。参加工作30余年来，他一直从事极其危险的航天发动机燃料药面微整形工作，被称为新时代的火药雕刻师。1987年，不满19岁的徐立平从技校毕业后，在母亲的建议下来到她曾经工作过的装药整形车间工作，虽然做足了心理准备，但进场第一课的点火试验，现场巨大的轰鸣声和腾起的蘑菇云，还是把他惊呆了，这堂课给他留下了深刻的记忆，自此以后他深知要规避风险，唯有胆大心细练好手中的这把刀。1万多个日日夜夜，徐立平和他的同事们用心做着一件事，"给发动机药面进行微整形，按工艺要求用特制刀具对已经浇注固化好的推进剂药面进行精细修整，以满足导弹飞行的各种复杂要求。"徐立平从事的工作需要极高的精准度，而与精准相比，这个岗位的高危险性则更令人生畏，固体燃料的特殊性，使得操作人员在整形时犹如躺在炸药包上，一旦刀具不小心碰到金属壳体，或摩擦过大产生静电放电，就会瞬间引起燃烧甚至爆炸，几千度的高温，操作人员一丝安全逃生的机会都没有。

由于固体火药有很强的韧性，含有粗糙的颗粒，用刀的力道很难把握，一刀切下去，药面很难保持平整，一旦切多或者留下刀痕，药面精度与设计不符，火药就不能按照预定走向燃烧，导致发动机偏离轨道，甚至爆炸。药面平不平，每次用刀切多少，都靠技能人员自己判断。为了练好手上功夫，徐立平不停地琢磨和练习怎么用力、怎么下刀，比画着切、削、铲等基本功，揣摩着刀具切削量、切削角度、切削力度，手臂酸痛还不放下，上岗操作时更是一丝不苟，虚心请教，一刀一刀地勤学苦练，多年下来练坏了30多把刀具，手却越来越有感觉，药面平整度也越来越高。到后来，用手摸一下，他就知道如何修整出符合设计要求的药面，经过他整形的产品保持了100%的合格率。

2005年徐立平的班组接到一项紧急任务，要给一台已经装满推进剂的高能发动机挖药。徐立平第一个钻进了发动机里，接连干了一个多月，最终通过挖药，成功找出问题所在，保证了型号试验圆满成功。在承担任务时，徐立平同志总是先召集班组主操作，商讨操作方案和步骤，制定安全和质量措施。执行危险和重大任务时，他总是第一个进入现场，率先钻进发动机壳体进行操作。狭小的空间，半躺半跪在成吨的炸药堆里，忍着浓烈而刺鼻的气味，突击队员们用木铲、铜铲小心翼翼地一点一点抠挖。高度的紧张和缺氧，使得每人每次在里面最多只能干上十几分钟。而作为最年轻的突击队员，徐立平每次进去总要多坚持几分钟，“当时，在里面除了挖药的沙沙声，都能听到自己紧张的心跳。”就这样，如同蚂蚁搬家一般，历时两个多月，挖出300多千克推进剂，成功找到了故障原因，修复后的发动机地面试车圆满成功。任务结束后，徐立平的双腿已疼得几乎无法行走，“只要组织和任务需要，我仍会毫不犹豫地上！”

徐立平从开始工作面对的就是超高的技术标准及高危的工作环境，但是他却凭借坚强的毅力和执着的努力，不断地迎接挑战，战胜困难。在工作中，我们总会遇到许多困难，有人一次就放弃，有的人两次后放弃，也有的人坚持到五次后放弃，不管几次，结果是一样的——失败。其实，失败几次不要紧.只要不放弃，就只有一种结果——成功。困难面前，永远不要轻易说放弃。放弃必然导致彻底的失败。而不放弃，总会找到解决的办法，总会有所收获。所以无论工作有多大的困难，我们永远都不要轻易放弃。不放弃，是我们越过峻岭沟堑的勇气，涉过激流险滩的毅力，拥有了它，我们就会走出今日的困惑，成就坚毅的工匠精神。

（三）工匠精神归于耐心细致的态度

在成功的道路上，如果你没有耐心等待成功的到来，那么，你只好用一生的耐心去面对失败。古今成大事者，没有谁生来就是伟大和成功的。不论多么远大的理想，都需要一步步实现；不论多么浩大的工程，都需要一砖一瓦搭建。平庸和杰出的差距就在一点一滴的积累中，这是一个细节制胜的时代。的确，任何一个年轻人都希望在未来社会中有属于自己的一片天地，但你要做的，并不是空想，而是把握现在。认真、踏实地对待每一天，这样才能脚踏实地完成宏伟的目标。很多人知道“蝴蝶效应”：纽约的一场风暴，起始原因是东京有一只蝴蝶在拍翅膀。翅膀产生的振动波被一点点放大，越过大洋，在纽约形成了一场风暴。中国古语“不积跬步，无以至千里”说的也是这个道理：量变积累到一定程度就会发生质变。所以说，不要幻想自己突然脱胎换骨，马上就能成为一个卓越的工匠。要知道，从平凡到优秀再到卓越并不是一件容易的事，你需要做的就是：保持耐心，每天进步一点点。每一个成功背后，都是一点一滴小进步的积累。一点点地累积，最终产生“翻天覆地”的变化。成功就是每天进步一点点。

福特公司的老板就遵循这一原则，他要求公司的每一个员工，技术和服务每天都要进步一点点，就是这每天一点点进步，使得福特公司在经济不景气的情况下，在不到两年的时间里，资产净增了60亿美元。每天进步一点点，持续行动，坚持自己的信念。这一点点看似很不起眼，缺乏诱惑力，但却是在为最终的成功积蓄力量，做着储备，一旦时机成熟，就会转化成巨大的能量使你取得巨大成就。

成功也是一点点积累的过程，一口吃不成胖子，成功来源于诸多要素的几何叠加。今天的行动比昨天多一点点，效率比昨天提高一点点，方法比昨天多一点点……正如数学中50%×50%×50%=12.5%，而60%×60%×60%=21.6%，每个乘项只增加了0.1，而结果几乎翻倍。每天进步一点点，需要具体设计，认真规划，既不能急躁，又不能糊弄，更不能作假，因为这不是做给别人看的，也不是要跟人比较什么，而是出于严于律己的人生态度和自强不息的进取精神。每天进步一点点，不是不切实际的幻想，而是在向有可能达到的地方奔跑和追赶，只要努力，就可达到目标。

水面上的鸭子悠闲高傲，姿态优雅，人们却看不到，水面下它的脚在不停地拨动着水。勤奋的人都像鸭子一样，在不为人所知的地方每一秒钟都在积累。工匠的塑造需要努力，需要一点点地积累，并且能在细小的事情上发现自己的不足，从而改变自己，弥补不足使自己的能力得到提升，不断积累经验，提高技术，才有可能成就工匠精神。

（四）工匠精神是永无止境的探索

持续精进，永无止境地探索就是不满足当下所取得的成就，不停地改进。永远在路上，不让自己止步。“人生就是逆水行舟，不进则退。”要想在这个竞争日益激烈的社会立足，占得一席之地，非有努力进取、精益求精的精神不可。做事精益求精是一种优秀的习惯，这种习惯不仅能使我们心情愉快、精神饱满，还可以使我们的能力迅速得到提升，学识日渐充实，在不断进步中提升人生品位；反之，即便你再有才华，再有能力，没有精益求精的精神总是马马虎虎，你也无法进步，做不出什么成绩来。我们所有的能力、天分、智慧和独创力也可能会消磨殆尽。对自己的技术精益求精，可以让你的技术得到提升。对生活精益求精，可以让你保持更好的生活方式，让你的生活更加美好。

爱迪生、斯旺及许多科学家在同一时期研究电灯，当时电灯的原理已经很清楚了——把一根通电后发光的材料放在真空的玻璃泡里，需要解决的是一些具体问题——如何让它更轻便、成本更低廉、照明时间更长，其中最主要的问题，也是竞争的核心，在于灯丝的寿命。

爱迪生全力以赴地投入了这项研究，有位记者对他说："如果你真的让电灯取代了煤气灯，那可发大财了。"爱迪生说："我的目的倒不在于赚钱，我只想跟别人争个先后，我已经让他们抢先开始研究了，现在我必须追上他们，我相信会的。"当时，爱迪生已经声名赫赫，他仅仅宣布可以把电流分散到千家万户，就导致煤气股票暴跌12%。他本人是冷静的，在设想成为现实之前，他都会像小时候在火车上做实验一样踏踏实实地干。他已经是一个改进电话、发明了留声机、创造了不计其数的小奇迹的著名"魔术师"，但他是这样的人，一旦取得成果，就把它忘掉，扑向下一个。用来做灯丝的材料，他尝试过炭化的纸、玉米、棉线、木材、稻草、麻绳、马鬃、胡子、头发等纤维，铝和铂等金属，总共1600多种。那段时间，全世界都在等着他的电灯。

经过一年多的艰苦研究，他找到了能够持续发光45小时的灯丝，在45小时中，他和他的助手们神魂颠倒地盯着这盏灯，直到灯丝烧断。接着他又不满足了："如果它能坚持45小时，再过些日子我就要让它烧100小时。"两个月后，灯丝的寿命达到了170小时。《先驱报》整版报道他的成果，用尽溢美之词。大街上响起这样的欢呼："爱迪生万岁！"然而，爱迪生用这样的讲演使人们再次惊讶："大家称赞我的发明是一种伟大的成功，其实它还在研究中，只要它的寿命没有达到600小时，就不算成功。"那以后，他在源源不断的祝贺信、电报和礼物中，在铺天盖地的新闻中，默默地改进着灯泡，向600小时迈进，结果，他的样灯的寿命达到了1589小时。

在事业上大凡有所建树的人都有着永不满足、持续精进的精神。马克思曾说过："任何时候我也不会满足，越是多读书，就越深刻地感到不满足，就越感到自己知识贫乏。科学是奥妙无穷的。"人生的价值在于不断进取，在这方面无数成功者为我们树立了光辉的典范。

伟大的西班牙画家毕加索去世的时候是91岁。在90岁高龄时，每当他画一幅新的画，好像世界上的事物还是第一次看到。年轻人总是在探索新鲜事物，探索解决新问题的方法。他们热心于试验，喜欢新鲜事物。他们不安于现状，朝气蓬勃，从不满足。老年人总是怕变化，他们知道自己什么最拿手，宁愿把过去的成功之道如法炮制，也不愿冒失败的风险。毕加索90岁时，仍然像年轻人一样生活着，他不安于现状，一直寻找新的思路和用新的表现手法来运用他的艺术材料。大多数画家在创造了一种适合于自己的绘画风格后，就不再改变了，特别是当他们的作品受到人们的欣赏时，更是这样。随着艺术家年龄的增长，他们的绘画虽然也在变，可是变化不会很大了。而毕加索却像一位终生没有找到自己的艺术风格的画家一样，千方百计寻找完美的手法来展现他那无尽的想象力。

毕加索作画，不仅仅用眼睛，而且用思想。毕加索的画，有些色彩丰富、柔和、非常美丽；有些用黑色勾画出鲜明的轮廓，显得难看、凶狠、古怪。但是这些画启发了我们的想象力，使我们对世界的理解更深刻。面对这些画，我们不禁要问，毕加索看到了什么，什么他画出这样的画来？我们开始观察在这些画的背后究竟隐藏着什么。

毕加索一生创作了成千上万种风格不同的画，有时他画事物的本来面貌，有时他似乎是把事物掰成一块块的，并把碎片向你脸上扔来。他不仅把眼睛所能看到的东西表现出来，而且把我们的思想所感受到的也表现出来。他一生始终对世界充满好奇，就像年轻时一样。

人生是一条奔腾不息的河流，永远不会停留在一个地方，也不会停留在某一阶段，它需要不断地超越。超越，是升华，是蜕变，是人生不可缺少的阶段。正是这种超越，才使人类从愚昧无知的远古走到文明昌盛的今天。

三、涵养执着坚韧的精神气质，做新时代大国工匠

（一）不忘初心，执着理想的境界

执着坚韧的工匠精神追求的是一种非利唯艺的纯粹。柏拉图就是其中最具代表性的一位，柏拉图认为工匠制作产品不是为了换取利益，而是为了追求作品的极致精美，为了追求纯粹的艺术境界。他在《理想国》里这样写道："医术产生健康，而挣钱之术产生了报酬，其他各行各业莫不如此——每种技艺尽其本职，使受照管的对象得到利益。"而且"没有一种技艺或统治术，是为它本身的利益，一切营运部署都是为了对象"。因此工匠通过他精湛的技艺制造出的作品，并不是为了制作者本身获得利益，而是为了对象物得到利益，工匠的精湛技艺完全是出于对艺术作品完美无瑕的追求，与利益无关。

在我们从业中应首先坚持好“非逐利而唯求艺”，把做好本职工作放在首位，尽自己最大的努力让本职工作达到尽善尽美，而不是用利益去衡量一件事该做到何种程度，这一点德国做得非常好。众所周知，德国在当今世界工业强国中占有重要的地位，产生了许多享誉世界的知名品牌，例如保时捷、宝马、奔驰、西门子、麦德龙、阿迪达斯等，这些在全球都赫赫有名，其制造业的发达与一直延续不断的工匠精神有着非常大的关系。德国的企业家首先把自己当作一位改变世界的工程师，其次才是商人。他们把成为一名“工匠”当作一件极为荣耀的事情，在他们的认知里对技术和艺术的追求，超出对经济利益的追求。

亚里士多德说工匠对于作品的精益求精，不仅是因为制作者对自己作品的喜欢和热爱，更因为工匠把“善”作为作品的目的去追求。亚里士多德在《尼各马可伦理学》里这样描述一个制作者对于其作品的由衷热爱，“存在对于一切生命物都值得欲求和可爱，而我们是通过实现活动（生活与实践）而存在，而产品在某种意义上也就是在实现活动中的制作者自身。所以，制作者爱他的产品，因为他爱他的存在”。也正是因为制作者对自身作品的热爱如同对自己的存在的热爱，所以才会对作品进行精益求精的创造和追求。

亚里士多德也认为目的比过程更重要，并且认为工匠制作作品，从一开始就有一个对目的的追逐，他认为“制作活动本身不是目的，而是属于其他某个事物。而完成的器物则自身是一个目的，因为做得好的东西是一个目的，是欲求的对象”。而这个目的又是任何一种活动中竭力追求的“善”，他这样描述这个“善”的目的，“总而言之，对任何一个有某种活动或者实践的人来说，他们的善或出色就在于那种活动的完善。”他认为每种职业都以善为目的，“它在医术中是健康，在战术中是胜利。在建筑术中是一所房屋，在其他技艺中是某种其他东西，在每种活动和选择中就是那个目的，其他一切都是为着它做的”。所以对于产品精益求精的职业品质，有利于职业目的的实现，也是对“善”的追求。

（二）崇德律己，磨炼坚韧的意志

作为一种信念，需要大学生将工匠精神运用到实践学习中，切实发挥其激励作用，真正地做到“外化于行，内化于心”。外化于行即将工匠理念转化为具体行为，以行为活动的方式展现出来，使得工匠精神开花结果；内化于心即将工匠理念内化为理想信念，在心中扎根，成为外在行为的指导理论，提高执行自觉性，亦可称之为“匠于心，品于行”。因此，加强大学生的“心行”是培育工匠精神的重要基石。人无德不立，高尚的职业道德是大学生培养工匠精神的重要依托，大学生在学习中要将遵守道德规范与责任心养成、培育工匠精神与社会实际联系起来。

职业道德是从业者在职业活动中应该遵循的行为准则，并且在这种“准则下进行职场活动，并在活动中表现出来的一种高尚的精神境界”。大学生应在自我教育中融入“自觉、自主、自立、自强”等因素，自觉遵守学生行为准则和校园规章制度，实现自主磨炼意志，实现知情意行中的自立自强，做到有理有据、遵规守矩，养成敬业意识，为将来择业做好精神准备。同时，大学生还要修己为匠，严以修身，从自身做起，从身边小事做起。大学生要时刻怀揣一颗赤诚之心对人对事，不求最好但求尽心尽力，以任劳任怨的匠人精神加强自身道德修养，用此信念作为人生的指南针，争做生活学习和工作中的典范。

大学生的学习活动必须与现实社会接轨，严格遵守社会道德规范，树立“诚信就是道义，质量就是生命”的人生信念，养成高度负责的生命态度，学会不因“善小而不为”。作为新时代的青年人，我们需要向“90后”教授刘明帧、海军特战队员宋玺、敬业的董贵英等人物学习，他们身上背负着责任，从细节、小事做起，为祖国强盛贡献力量。同时，新时代大学生还要学会换一个角度思考问题，学习中能理解同学与老师的严格要求，工作中则能体会老板的严格与苛刻，于自己，则能培养一流的专业技术、一丝不苟的职业态度和精益求精的工匠精神。人不知法则盲，不守法则乱。“责任是社会结构点上的凝聚力、承载力”，遵纪守法不仅是现代公民素养的重要组成部分，也是大学生的必备素养之一。在建设中国特色社会主义法治体系，建设社会主义法治国家的大背景下，大学生应自觉树立法律责任意识、提升法律素养，在学习生活以及未来岗位上不打擦边球，时刻保持清醒的头脑，谋取合理之财。同时，大学生还要充分利用高校和社会提供的培育资源学习国家相关法律法规，并使法治观念深入己心，内化为行为准则，以法律法规涵养自身素养，进而培养工匠精神。

（三）专注专业，在实践中领悟

学业是大学生在校期间的主要任务，在学习中加强内在素养和外在行为修炼是培育大学生工匠精神的关键所在。

首先，大学生要养成良好的学习习惯。一是学习知识要“温故而知新”。大学的专业内容繁杂、项目众多，仅课堂的记忆效果非常有限，只有经常复习已学知识，才能将知识内化为本领，同时要注意增强自身的创新实践能力，俗语说的“师傅领进门，修行在个人”就是此理。二是怀揣谦虚谨慎之心。大学生要戒骄戒躁、踏实稳重、谦虚谨慎才能学得更多知识，习得更多本领，提升自身综合素养。三是要有团体意识。大学生处于不同的集体中，懂得团结协作能力既能促进个人发展亦能实现共同目标，是大学生未来择业、就业、立业的敲门砖；四是增强沟通技能。大学生掌握熟练的沟通技能，有利于开阔思维、拓宽视野、广交好友，有利于学生在社会中顺利地起步和发展，也有利于大学生提升个人的社会竞争力。

学生的首要任务是学习，既包括进修专业知识，也包括道德素养、人际沟通能力、处世能力和实践能力等，不断提高自身综合素养。首先，制定目标与计划，层次递进。俗语“欲速则不达”形象地指出没有目标和计划的学习，是无法到达最终目的的。大学生需要静下心来踏实地制定短期目标、中期目标和长期目标，将学习任务分层次部署实施。例如，一周短期目标中学习与实践的时间分配，一月中期目标的学习总结和自我考核，一学年长期目标的提炼与升华，如此，大学生方能在层次性的目标任务中，安心学习理论知识，兼顾人际沟通、道德学习等实践操作。此外，大学生制定目标与计划应遵循一定的原则，如可行性原则、稳定性、灵活性等原则。大学生只有遵循切实可行的原则，在实施过程中从自身实际出发兼顾灵活性和稳定性，将匠气存于匠心并巩固匠人精神，实现举一反三的作用。

另外，应通过实践教学培养学生的技能，渗透和培养工匠精神。大学教育不但要重视理论知识学习，更应该重视实践应用学习。理论与实践并行不悖，综合吸收。大学生自我培育工匠精神需要一份坚持不懈的韧性和气质，既能脚踏实地在课堂上“受教育、长才干”，一心一意投身实践，又能锻炼自己的匠心匠气，充分发挥自身优势，为社会发展贡献力量。组织活动要从实际出发，根据专业、年级和水平安排实践活动；将社会本位与学生个性发展相结合，实现由“学多悟少”到“学少悟多”的转变。通过理论与实践的综合发展，实现当代大学生的继承性、批判性和创造性思维的发展，培养当代大学生成为一名从容稳重的现代“工匠”。岗位所需的职业素养和职业精神只有在实践当中才可以内化为劳动者的职业素质。因此，要培养学生的工匠精神，就必须将其和实际的工作任务和工作情境相联系，使学生真正地理解工匠精神的内涵和实质，真正地认识其具有的价值，真正从内心愿意去培养工匠精神。

对大学生工匠精神的培养要紧密联系技能训练和实践教学，让学生深刻地认识到其所具有的重要价值。因此，专业课教师要充分结合学生专业方向以及个性特征，重视学生个人能力的培养，使学生在掌握专业技能的前提下提高职业的迁移能力。基于此，学校要强化实训教学，努力创建校内外实验实训基地，在平时的专业教学中利用职业情境，让学生体验职业角色，并在其中渗透职业素养，使学生在细节中养成职业精神。此外，学生还可以通过社会兼职等实践活动，在劳动当中进行创新和探索。

（四）与榜样同行，迈出坚定的步伐

树立模范典型是我们在各项工作的取得成功的重要经验总结，在弘扬和培育新时代工匠精神的过程中也应当积极吸取经验，使弘扬和培养新时代工匠精神收到事半功倍的效果。模范引领具有先进示范、导向引领、激励促进的重要作用。先进示范作用不仅体现为行为的示范，也可以体现为思想精神、道德品质、先进工艺等方面的示范，先进示范可以让青年学生感受得到、摸得着，从而极大地激发学生学习、行动的动力。导向引领作用主要是指通过榜样模范的言传身教，在思想和行为上与群众产生共鸣，让青年学生在行动上与榜样模范尽量保持一致，最大化实现榜样模范的示范作用，使学生更好地跟随、效仿、学习。

纪录片《大国工匠》的播出，很好地诠释了模范典型的作用，《大国工匠》讲述了八位工匠用双手缔造的神话，身体力行诠释了新时代工匠精神精益求精、钻研创新、执着坚韧、认真负责等优秀的精神品质。每一个工匠都是一个鲜明的标杆，都为我们学习、弘扬、践行工匠精神树立了榜样。胡双钱是制造中国大飞机这个伟大事业中的一名普普通通的工人，却是中国大飞机制造团队里不可或缺的一分子，他拥有着非凡的技术，即“金属雕花”，他制作完成了需要通过细致编程的数控车床才能完成的零部件，因为这些零部件的要求0.24毫米的孔精度，相当于一根头发丝的直径。当然这些优秀的工匠精神模范中也有传统工艺的工匠们，在北京举办APEC会议期间，我国为各国元首准备的纯

银丝巾果盘不仅展现了我国的深厚文化底蕴，也让世人再次领略了中国古老的錾刻工艺。纯银丝巾果盘就是錾刻师孟剑锋的作品，作品乍看是一条丝巾搭在果盘里，实则都是錾刻的，果盘的粗糙感视觉效果和丝巾的光感，最终呈现出了纯银丝巾果盘惟妙惟肖的视觉效果。这个作品体现了工匠们精湛的技艺、创新的思维。

纪录片中的八位工匠仅是大国工匠的代表，我们身边还有许许多多这样的工匠，这都需要我们去用心发现，并深入学习他们所透视的工匠精神，不断传承和弘扬。当然在我们的生活中还有千千万万的工匠正在形成，这就需要我们树立典型模范工匠，切实起到模范示范、引领、激励的作用，在新时代下让工匠精神人格化，让人们切实地感受到身边的工匠精神，更好地促进工匠精神的弘扬和培育，进而切实落地践行。

第二节　克服困难、永不放弃，做锲而不舍的拓荒者

锐意进取　为祖国奉献燃烧的爱

一、个人简介

刘宽，男，汉族，1988年10月出生，中共党员，2011年毕业于辽宁石油化工大学化学专业，现为北京市燕山石化公司检验计量中心的分析技术人员。

他的日常工作包括班组技术管理、设备管理、标准管理和培训管理等，他承担着公司内部环保生产分析监督工作并确保分析结果的准确性。刘宽同志秉承着认真负责的态度以及对岗位的热爱，在自己的岗位上勤奋钻研，出色地完成各项任务，时刻践行着雷锋的“五个一”精神；他更是以“为人民服务”为宗旨，在班组里和同事互帮互学。他十年如一日地爱岗敬业和刻苦磨炼的技术赢得了领导和同事们的赞誉和敬重。刘宽同志以自己杰出的表现成为大家学习的榜样，引领大家时刻践行“抚油精神”。

二、工作成果

自2011年加入班组以来，曾获得“公司级安全生产先进”“公司级检修改造环保卫士”“公司级优秀青年工程师”等荣誉称号。

三、先进事迹

1. 深入一线、刻苦钻研促成长

近年来，刘宽同志以锲而不舍的精神，脚踏实地的干劲，由一名学徒慢慢地成长为一名水质化验骨干。职位虽然发生了变化，可他对工作的热情没有改变，促进生产的决心没有改变，以队为家、以岗为荣、实现自身价值、为祖国奉献的精神没有变。自始至终都坚持奋战在水质化验生产的第一线。他热爱水质化验工作，水质化验同样也离不开他。在日常工作中，他深深知道，要想分析数据准确无误，不仅要懂得分析水质的相关操作，还要熟知有关的工艺流程。为此，每次到现场他都虚心向前辈请教问题。因为勤学好问，他对每个工艺流程都做到了心中有数，这些知识也为每个异常数据的分析提供了依据，使得他的工作更加精准。

合成树脂厂低压装置发现氮气管线带水问题，根据燕化公司总调要求，对进入管线的水样进行分析检测，排查进入管道的水源。时间紧、任务重，刘宽同志主动承担分析、检测、排查的任务。针对水样的外观状态，首先对硬度、电导率、磷含量等指标进行了检测，可分析结果无法判断该水样来自什么水源；他又根据多年的分析经验，回想工业废水、循环水、凝结水的特性，利用排除法又进行了氯离子、钠离子含量的测定，以此来判断水源；结果出来后，初步判断是凝结水/循环水泄漏，不是工业废水泄漏。为了进一步确定该水源，他又提出利用TOC（总有机碳）分析仪进行检测，根据TOC含量结果，最终确定是凝结水泄漏。同时，在分析检测过程中对该批水样进行pH值检测时，发现水样的pH值为5.24、偏酸性，判断可能有物料伴随凝结水一同进入氮气管线中。他立即把分析数据反馈给生产厂进行针对性排查。在这次分析过程中，正是由于刘宽同志平时在工作中的积累，充分利用自己多年的分析经验，将“擦亮眼睛”落到实际工作中，为生产装置排忧解难，真正使分析成为装置的“眼睛”。

2. 攻坚克难，技术比武创佳绩

作为一名技术人员，他深知分析数据的准确性会直接影响一线生产的安全问题。为了确保班组内的分析数据准确无误，他经常利用工余时间维护校准班组内各个分析仪器。定期对仪器设备进行核查。在排查中发现异常数据，他总是一丝不苟地进行分析化验。为了确保分析数据的准确性，他经常在水质化验室，翻阅有关水质化验的书籍，与标准进行对照，全面地掌握水质化验的流程，为水质检验分析工作的正确性与严谨性奠定了坚实的基础。无论领导如何调配，他都义无反顾、竭尽全力地完成各项任务。

任何工作做得多了都可能变得枯燥，但他并没有局限于每天简单重复地劳动，而是与其他职工一起从日常化验工作中发现问题，进行攻关。在完成日常工作的同时，他坚持参加QC活动，积极投身于难点、热点问题的技术攻关，先后取得了多项QC成果。

在2020年，刘宽同志获得了参加全国行业职业技能竞赛——第十二届全国石油和化工职业技能竞赛的资格。对他来讲，这是一项艰巨的任务。为了取得更好的成绩，在备战过程中，他坚持每天晚上对白天学习的知识进行总结，对不熟悉的知识反复琢磨。在实操的练习过程中，他对每次操作出现的问题都会进行总结，并在一次一次的练习中逐步完善。宝剑锋从磨砺出，梅花香自苦寒来。在11月初举行的竞赛中，经过与全国选手的激烈角逐，他终于代表燕化公司取得了团体金奖的好成绩。这次的比赛在他的人生阅历上增添了浓墨重彩的一笔，对他自身的成长也有了很大的帮助。让他相信，通过自身的努力不仅能够提高自身实力、充实自我，还能为企业增光添彩、为国家奉献燃烧的爱。

3. 疫情暴发，以岗为家保生产

随着新冠肺炎疫情的暴发，岗位上人员减少，班组重新整合，没有形成规范，新的仪器设备又要投入使用。每一项工作的完成都是一个极大的挑战。此次疫情来势凶猛，形势严峻，大部分职工被封控在家，无法返岗，在人员紧缺的情况下，刘宽同志舍小家、为大家，义无反顾地重返岗位挑起重担，一人身兼数职、分饰多角，到处都能见到他忙碌的身影。他为生产全力以赴，奋斗在一线；他从未懈怠，为生产装置的稳定运行奉献他的力量。正是这位勇往直前、逆风而行的工作者，担负起整个班组工业废水、防腐样品中的油含量、COD、氨氮、

pH、氯离子含量等十余项分析项目重任。尽管疫情当前，他也毫不犹豫地投身其中，担负起实验任务，始终以严谨的态度对待工作。刘宽同志凭借着钢铁般的意志、肩上扛着石化人的责任与义务，始终牢记使命、坚守在第一线，为公司的抗疫保产保驾护航。

与此同时他利用零碎时间重新安排其他返岗的分析人员，使分析任务顺利完成，并且积极调试仪器，推进班组仪器自动化，开发新的环保分析项目代替原有的分析项目，对岗位人员进行新项目的操作培训。在这过程中，他进行了无数次的实验，对比各种方法，以确保新仪器可以正常应用。

现在，全自动水质分析仪、气相分子光谱仪、流动注射分析仪等自动化仪器已经应用到生产当中，这不仅大幅缩短了分析时间，提升了班组整体的工作效率；更为装置生产提供了快速有效、实时精准的数据支持，有效地减少了试剂消耗，提高了分析废液的速率，可谓是一举多得。

为了提升员工基本功和技能水平，将每个分析项目的规范操作拍成了视频，并编写操作规程。组织班内成员定期学习，纠正员工在分析中出现的错误，并对特殊样品的分析方法进行指导。这大大提高了员工日常分析数据的准确度，提升了员工的工作能力，也为新到岗位的职工能更快适应分析操作提供了学习途径。

2023年在专家工作室的应用中刘宽同志也贡献了自己的力量，他利用工作室内的仪器对新入职员工进行操作培训，由于新入职员工分析经验欠缺，他应用分析项目的操作视频来对员工进行讲解。通过多媒体的方式进行培训，使员工可以直观地学习，接受得更快，也能够及时发现日常分析中出现的问题。这使他们在仪器操作和理论知识上都有了较大的提升，并在之后的实操考试当中取得了满意的成绩。这使专家工作室在培育新人中起到了重要的作用。

他不仅在工作中尽心尽力，业余时间也会积极参加各个部门组织的文体活动，充分发挥自己的特长，为集体争得荣誉。他热爱自己的本职工作，正确认真对待每一项任务；在开展工作之前做好个人计划，有主次有先后地及时完成各项工作，热心为大家服务，认真遵守劳动纪律、保证按时出勤、保证工作按时完成；在作风上能遵守章纪团结同事、务真求实、乐观上进，始终保持严谨、认真、求实的工作态度和一丝不苟的工作作风。在以后的日子里，他将继续不断提升自己，完善自身的素质，发挥自身的潜力，在平凡的岗位上展现风采，在细微之处闪现光辉。

永不放弃，为企业唱响青春之歌

一、个人简介

金怀宝，中共党员，齐鲁石化氯碱厂一线技术人员，2016年9月至2020年6月，就读于辽宁石油化工大学无机非金属材料工程专业，毕业后就职于齐鲁石化氯碱厂。

二、工作成果

荣获齐鲁石化优秀入职员工、齐鲁石化公司操作能手、齐鲁石化公司优秀共青团干部、齐鲁石化公司青年岗位能手、齐鲁石化公司设备信息员技术比武银牌、齐鲁石化公司氯碱厂优秀共产党员。

三、先进事迹

1. 业精于勤，脚踏实地

大学期间，得益于母校优越的学习条件、形式多样的展示平台，金怀宝大学四年先后取得了英语四级证书、计算机二级证书、普通话二级甲等证书、二级CAD高级绘图师证书、计算机技术与软件专业技术资格证书、教师资格证等。两次获得了国家励志奖学金，考入学校的学雷锋示范班，多次被评为校级优秀学生、优秀学生干部，优秀团干部。在社团中，担任校文艺类社团会长，多次成功组织并举办了大型活动，带领社团成员参加抚顺电视台节目录制。在班级中担任班长，以身作则、团结友善，营造良好的学习氛围，努力提升班级整体成绩，帮助同学顺利摆脱学业警示，解决生活的困难。在大学期间，保持寝室卫生干净整洁，所在的寝室多次获得“免检寝室”荣誉。他与寝室同学按时打扫卫生、互帮互助，曾获评校级文明寝室。在学院担任党支部宣传委员，处理党建工作，组织开展党课学习，开展志愿服务活动，并在活动中加入抚顺市红十字会，成为一名光荣的志愿者。在创新实践中，积极参加大学生创新创业项目省级立项并担任负责人，获得了“互联网+”优秀奖，并先后在CSCD以及中国科技博览中以第一作者发表论文。每一个荣誉，每一个奖项都彰显了其求真务实、开拓进取、脚踏实地的精神，都是其锲而不舍、努力奋斗的结果，量变促成质变。金怀宝毕业后进入了一家国有企业，开启了新的人生之旅。初出茅庐的他时刻追求卓越。执着专注、精益求精、一丝不苟、追求卓越的工匠精神激励着他不断向前。入职齐鲁石化氯碱厂后他成为一名化工人，从事一线工作，面对新的挑战，他迅速适应了工作环境，入职几年来，中控操作、现场处理、班组事务等均已熟练掌握，是班长最信赖的“助理”。通过不断地积累经验，积极投身于生产安全排查工作当中，及时处理并避免了生产波动。他关注到一个生产流程上的问题——结晶器经常结晶堵塞。于是，提出了一项改进方案，通过优化冲洗流程，成功提高了结晶脱硝的效果。这一创新举措不仅提高了生产效率，也为企业节省了大量的成本。他经常在闲暇时间学习各专业知识，缺什么就学什么，多次荣获所在单位“一站到底”擂台赛擂主，荣获2020年齐鲁石化公司优秀员工。在2021年齐鲁石化公司组织的一线操作技术练兵比武活动中，努力学习，精细操作，荣获技术练兵比武技术能手称号，作为青年员工，哪里有困难冲向哪里，不断提升业务水平，2022年荣获公司青年岗位能手称号，在学习工艺的同时利用工余时间学习设备知识，细心观察设备运行情况，多次发现设备隐患，获得了领导的好评，并在公司2023年组织的设备信息员技术比武活动中荣获银牌。

2. 来日漫漫，知恩反哺

在谈及母校的时候，他说：“离开母校的日子，时刻都在想念母校，想念母校的花草树木、教室长廊。也时常与同学们视频通话忆起昔日同窗的模样，聊起‘我们的家’，心中满满的都是回忆。虽然时光回不到过去，心却时刻挂念着那里。无论是母校微信公众号的一个推送，还是官方微博号的一句早安问候，都把自己的思绪带回那里。今天的我已经步入工作岗位，有太多感谢的话语想说给母校您听，是您的雷锋精神让我懂得了如何去做一个善良的人，全心全意为人民服务；是您的‘抚油精神’让我懂得了如何去履行好自己的责任，坚守初心；是您的‘问学穿石、修身诚化’让我在工作的道路上不再迷茫，善于学习，一步一个脚印，踏踏实实地走好自己的每一步，成就心中的那个自己。是您陶冶了我的心灵，提升了我的品格，您是成才的土壤，更是成长的摇篮；是您给我指明了人生的方向，扬起了理想的风帆；是您带我从迷惘中走出，鼓励我张开翅膀，搏击风浪。自从离开母校我便始终将校训铭记于心，将其作为自己的座右铭，激励和劝勉自己，始终保持谦虚谨慎的心态，不骄不躁，让自己在工作岗位上实现更大的价值。母校是我们远行路上的罗盘，坚定着我们前进的步伐，那些深深的脚印都永远地铭刻在每一个人的心底，任岁月匆匆，雄关漫道，前进的脚步始终坚定而从容。饮水思源常怀感恩之心，感谢母校给了我成长的平台，让我懂得了在该奋斗的岁月里，对得起每一寸光阴，让我能拥有充足的知识去迎接新的工作。”

3. 兢兢业业，迎接挑战

潜心钻研，锐意创新，是攻坚克难的不竭动力。2020年金怀宝入职氯碱厂，是这一年唯一一名被分配到电化车间的员工，恰好赶上所在车间的公司级重点项目一次盐水改造，车间要求去现场进行学习，掌握现场流程和改造方案等，同时要求学习DCS改造，掌握操作技术、工艺流程等。通过三个月的学习，他融入新工作中，熟悉现场与中控操作，并在开车一个月后开始独立顶岗，处理事故。他还参加了厂组织的一次盐水改造技术练兵比武，取得了第三名的成绩。可以说他是和车间的一次盐水新装置一起成长起来的，通过一年的学习与钻研，在公司团委组织的一年出徒考试中，他的专业知识取得了满分。在日常工作中，金怀宝逐步优化生产指标，保证合格率。大检修期间承担车间部分项目，与车间技术员共同完成检修项目，优化工艺流程，多次参加车间组织的精准培训，带领青年突击队做好项目跟进工作，完成流量表、压力表校验工作。大检修对于他来说，是一次非常宝贵的学习机会，通过大检修他不仅学到了专业知识和业务技能，更学到了身边老师傅们吃苦耐劳、勇于奉献的担当精神。他认为作为青年，要在大检修中磨炼意志，为完成大检修任务贡献自己的一份力量。他将自己的收获分享给新入职的同事，携手青年员工共成长。在工作上他认真负责，参与了车间操作法与操作规程的修订，提出多项创新点子，其中一项已应用到实际生产中。他还将“7+1”制度应用实际工作中，并在现场作业中发现存在的隐患，对车间国产化实时数据进行更新升级，全面提升工艺流程指标实时化。在2023年5月6日开展的“五一”职工代表恳谈会中他作为代表发言，提议在做实员工培训方面，要将内容与实际结合，每一次培训计划都要有对应的实践活动。他们车间近期开展的会前安全教育直接作业环节违章案例学习分享活动取得了显著的成效，通过每日分享经典案例，车间领导结合实际作业进行详解，很容易让职工学习真本领，不断温习，不断提高。在2023年7月他通过竞聘成为一名工艺技术人员，同时兼职车间团支部书记工作。他常说："同先辈比，我们身上少了'吾辈当自强'的家国情怀，少了'十年磨一剑'的坚韧毅力和'刀在石上磨'的过硬本领。但我们身上充满青春活力并具有理论知识。同对新时代中国青年的期望和时代与企业发展要求比，我们会牢记谆谆嘱托，不负殷切期望；要学如弓弩，才如箭镞；要珍爱青春，珍惜时间。我会继续践行母校的"抚油精神"，投身石化行业，在自己的岗位上再创佳绩，再立新功。未来我要做到的就是学以致用，与自身工作相结合，多向前辈及同事们学习宝贵的工作经验，更加努力提升基本素养，培养自己多学习的意识，掌握更多的操作本领，从发现问题到解决问题，进一步成长成才。现在，青春是用来奋斗的，将来，青春是用来回忆的，长路漫漫，不忘初心、牢记使命、风雨兼程、砥砺前行。"

锲而不舍，在校园绽放青春之美

一、个人简介

周琪琪，女，1999年1月生，辽宁省营口市人，2019年加入中国共产党，2021年毕业于辽石化大，获得学士学位。现在是辽石化大马克思主义学院研究生。

二、先进事迹

1. 脚踏实地，勤奋刻苦

2017年入学，就读于辽宁石油化工大学经济管理学院国际经济与贸易专业，入学后严于律己，努力全面提升自己。她是班级里的团支部书记，曾经多次参加志愿服务活动，并从中收获了很多。2017年加入团委组织部，2018年担任组织部副部长，获得2017年度院级"优秀团员"称号，2018年获得校级"优秀学生干部"称号，以及校级"优秀学生"称号，荣获2018年全国大学生英语竞赛校级二等奖、校一等勤奋奖学金、三创校三等奖，荣获2019年粤港澳校友英才奖学金，2021年荣获优秀毕业生称号等。这些成绩的取得，都源于她脚踏实地，勤奋刻苦。她深知自身还存在许多不足，还要继续严格要求自己，勤奋钻研、勇往直前。她最喜欢的一句话是，人生的悲剧不是无法实现目标，而是根本没有目标去实现。

2. 天道酬勤，恪尽职守

2021年9月，她考入马克思主义学院。她积极参加校和院组织的各项活动，如冬日除雪，打扫学院资料室等。她也积极参加科技项目比赛，2022年6月参加智慧经济项目荣获省级三等奖。2022年11月荣获大学生智慧农业电商创意与科研实践大赛省级一等奖。2023年荣获“正大杯”市场调查大赛研究生组省级一等奖。此外，她还荣获优秀大学生、优秀团员等荣誉称号，并在2023年6月荣获校级二等学业奖学金。她思想端正，时刻牢记自己党员的身份，以党员的标准要求自己，常为支部做一些力所能及的事情，比如帮助党支部整理相关文件、审核党员转入审核表等。在学习方面，她上课认真听讲，按时完成老师布置的各项任务，并且课余时间阅读相关书籍，提高自己的文学素养。在生活中，她总是十分热心，帮助同学复习经典原著考试，帮助学弟学妹们答疑解惑。在暑假和寒假期间，她能够把理论运用于实际，在补习机构做兼职老师，把自己的学习经验分享给他们，和他们打成一片。

三、寄语母校

感恩母校恩师！十年树木，百年树人，愿母校永远辉煌，永远充满生机！追忆往昔，岁月峥嵘，桃李满天下，人才辈出。展望未来，前景光明，齐心协力，再创辉煌！

以梦为马，做华润燃气耀眼之虹

一、个人简介

谢雯，女，2000年2月生，辽宁省丹东市人，2019年加入中国共产党，2022年毕业于辽宁石油化工大学，获得管理学学士学位。现就职于丹东华润燃气有限公司。

二、先进事迹

1. 在大学全面发展

2018年入学，就读于辽宁石油化工大学经济管理学院，曾任会计学专业本科生党支部副书记、学生会主席团成员、会计1801团支部书记，会计2001级班导生。曾获第七届创青春中国青年创新创业大赛国家级铜奖，辽宁省大学生网络营销技能大赛省级银奖，大学生创新创业训练计划省级铜奖，辽宁省普通高等学校本科大学生电子商务三创挑战赛省级铜奖，一等奖学金，优秀学生党员，优秀学生干部标兵，优秀学生等荣誉。

修学乃立足之本，在老师和同学们的指导与帮助下，在班级和专业中成绩一直名列前茅，大学期间每年都获得奖学金。努力学习理论知识固然重要，但她深知理论知识是为了帮助自己更好地实践。因此，在努力学习课本知识的同时，她还积极参加了各类学科竞赛来提升自己的综合能力。在社会实践和创新能力方面，她虚心请教、认真学习，理论联系实践，学以致用。随着当今社会的不断发展，自主创新能力也成为衡量当代人才的一个重要指标。她积极参加各类学科竞赛，作为队长，带领团队先后荣获第七届“创青春”中国青年创新创业大赛互联网创意营销大赛国家级铜奖；第七届“创青春”中国青年创新创业大赛（互联网组）国家级优秀奖；2020年辽宁省大学生网络营销技能大赛省级银奖；2020年大学生创新创业训练计划省级铜奖；2020年辽宁省普通高等学校本科大学生电子商务“创新、创意及创业”挑战赛省级铜奖、第六届“互联网+”大赛校级二等奖、第七届市场调查与分析大赛暨2020年辽宁省大学生市场调查与分析大赛校级三等奖等。

同时，谢雯积极参加各类社团活动，德智体美劳全面发展。先后荣获辽宁省大学生游泳锦标赛第二名、辽宁石油化工大学游泳比赛第一名等。

思想支配行动，思想是行动的先导和动力。在思想上，她积极向党组织靠拢，于大一上学期参加了党校培训并顺利结业，2019年成为一名共产党员。

2. 在岗位平凡闪光

2022年7月至今，谢雯担任丹东华润燃气有限公司计划财务部核算会计一职。入职后迅速学习财务实操知识，从出纳工作入手，在各个板块进行轮岗学习。通过轮岗，熟练掌握相关财务实操。现负责日常财务报表的编制工作及集团商业计划及年度预算编制工作。除本职工作外，作为一名党员，积极参加公司举办的各项活动。参加“优青班”荣获优秀学员；参加诵读活动，作品成功入选，并被华润集团党建平台发表。

习近平总书记曾说：“青年代表着希望、代表着未来。”作为新时代的青年，谢雯努力做到有理想、有本领、有担当；在未来的道路上，将继续不忘初心、牢记使命，砥砺前行、奋发向上。青年兴则国家兴，青年强则国家强。作为新时代的有志青年，谢雯始终把个人成长与国家富强、民族振兴紧紧联系在一起，立鸿鹄志，做奋斗者，在未来道路上，将继续坚定信念、永葆初心、不断充实自我、完善自我，乘着新时代的春风，在祖国的万里长空放飞梦想，做让党放心、让人民满意的优秀党员，不负时代使命，不负青春芳华！

三、寄语母校

忆往昔，恩师言传身教诲人不倦；看今朝，母校桃李满园五湖四海。百年风雨，百年沧桑，百年树人，英才辈出，母校功勋卓著。衷心祝愿母校发扬优良传统，为培育时代英才，再谱华丽篇章。

勇闯难关，用实干护航生命之线

他，19年扎根基层一线，栉风沐雨终见彩虹，从一个基层青年技术人员成长为优秀的企业管理者。

他，先后参加了举世瞩目的东北管网新“八三”管道改造、铁锦线、铁抚线、哈沈气线、通辽输气支线、中俄东线天然气管道投产等工程项目建设。

他，春华秋实成绩斐然，完成了从“普通劳动者”向“中央企业劳动模范”的精彩嬗变……

他就是国家管网集团北方管道沈阳输油气分公司副经理、安全总监刘宝明，以一名共产党员的责任与担当，用辛勤的汗水和不服输的钻研精神走出了一条成才之路，成为在输油气安全生产战线上勇闯难关、连创佳绩、不断超越的“管网工匠”。先后被评为北方管道公司优秀青年、安全生产先进个人、第四届“十佳青年”，荣获河北省国资委“五四”青年奖章、集团公司反恐先进个人、中央企业劳动模范等荣誉称号，在推动企业高质量发展的征程中奏响了人生理想与价值的多彩乐章！

一、真抓实干 扎根一线彰显责任担当

“从来不讲回报，干事雷厉风行”“对自己要求严格，对工作耐心细致”“毫不保留给我们传帮带，有责任敢于担当”……参加工作19年来，无论是公司领导还是部门领导，无论是技术同行还是后辈新人，说起刘宝明的实干精神无不啧啧赞叹。

“你用怎样的态度面对人生路上遇到的困难，那么你的人生就会给你怎样的回报”，这是刘宝明一直坚信的人生信条。19年前，刘宝明怀着对青春美好的憧憬和向往，从辽宁石油化工大学油气储运工程专业毕业，迎接他的却是新疆荒无人烟的戈壁滩和猎猎风沙。但是恶劣的自然环境没有吓倒性格坚韧的他，他放下了简易的行囊，来到塔里木的输油小站，开始了实习生活。披星而作、戴月而归，每天一身疲惫地回到宿舍，他来不及擦擦身上的尘土就坐下来开始做记录、钻研专业知识……阅读了大量专业书籍并虚心向老师傅们请教学习，以不断加深对工作性质和方法的认识、提高自己的工作能力和水平。

2005年，刘宝明实习期满后回到了沈阳输油气分公司所辖最偏远的一个基层站队——昌图输油站，从技术员开始干起。24岁的他年轻、好胜，骨子里天生就有一种不服输和倔强的品质。他坚信“一个人的经验是在刻苦中得到的，也只有岁月的磨炼能够使它成熟”，在生产区中，常常能够看到他和老师傅们蹲在地上，用粉笔画流程图作讲解。不论何时悟出点道理，他都会立刻记到笔记本上，翻看他的记录，全都是密密麻麻的阀门、阀号、工艺流程走向……凭着勤思善钻的探索精神、吃苦耐劳的实干作风，他练就了一套过硬的技术本领和扎实的业务功底，很快成为青年中的佼佼者，把工作交给他，同事安心，领导放心。他也从一名普通的基层技术人员迅速成为分公司管道科和生产科主管、生产科副科长、铁岭输油站站长。不积跬步无以至千里，不积小流无以成江海。今天成绩的取得，离不开平日里一点一滴的积累，“实干+精通”成为刘宝明的独特标签。

二、坚守使命　推动管道建设飞速发展

在担任生产科副科长和铁岭输油站站长期间，众所周知，铁岭输油站是东北管网最大的枢纽，国家重要的原油商业储备基地之一，设备繁多，工艺流程复杂，年操作流程6000余项，稍有偏差，便会造成整个东北管网的瘫痪，他深知所担负的责任和使命的重要性，不管是晴天、雨天，还是节假日，他每天不到6点便起床，到生产区查看，沿着巡检路线对设备进行巡检，发现设备的细微变化和异常他都会一一记录下来。一圈下来，往往要花费2个多小时，可他从未间断过，总是以负责的态度、务实的作风积极应对各项工作任务。“他就是站里的顶梁柱，站里有他在，我们一百个放心。”输油站里员工们经常这样说。

随着管道建设的大发展，东北管网扩能改造建设如火如荼，刘宝明先后参加了庆铁三线、四线、铁抚线、铁大复线、铁锦线、秦沈、大沈、哈沈输气线建设，庆铁干线、铁大线、铁秦线、铁抚线干线扫线及站场隔离。在哈沈气线投产作业中，为确保各气头检测及时，他通过精确计算编制各气头预计到达时间表，还采用了定点检测气头并计算出气头实际运行速度的方法，为后面的检测点提供更为准确的数据，保证了全线顺利投产。根据投产扫线预热用油需要，积极部署提前安排铁岭站进行俄、庆油的储备和升温预热工作。由于铁锦线和铁抚线投产时间顺序和工艺流程调整，他组织认真编制工艺运行方案，合理安排铁岭站罐区各条线的收、发油工艺流程。在站内各项改造动火施工方案中，他还参与了新项目投产、老线扫线过程中的各类站内外管线动火改造等百余次一级动火施工。特别是在铁锦线、铁抚线、哈沈气线、通辽输气支线相继建成投产期间，原铁抚、铁秦线扫线封存，各项动火改造任务繁重，他带领站内员工对站场设备设施进行反复检查，对阀门状态进行多次确认，深入现场监护动火预制、组织动火投产风险分析，确保了各项投产扫线动火工作万无一失，为新“八三”管道的全面升级做出了贡献。

三、直面挑战　迈入管网改革发展新征程

2020年9月30日，国家管网集团正式挂牌成立，油气管网事业踏上新征程、掀

开新篇章。作为新的“国家队”一员，刘宝明始终牢记“央企姓党”的政治本色，秉承“服务国家战略、服务人民需要、服务行业发展”的初心使命，发扬“越是艰险越向前”的精神，以超常决心、超常举措、超常力度，啃下一块块“硬骨头”。

刘宝明主持进行铁岭输油站燃料油罐储存油品改造，历经2个多月施工调试，将原燃料油罐储存油品由庆油改为俄油，由于俄油物性取消了燃料油管线伴热，大大降低了能耗指标，每年可节约电费80余万元。配合分公司开展铁抚线增设变频调节器工程施工，主持开展施工现场安全施工监督检查，确保了工程安全施工、顺利投产，铁抚线变频器投入使用后让输油泵运行噪音大幅降低，设备运行稳定性增强，节流由1.2兆帕降至0.1兆帕，一年节约电量540万千瓦时，年节约资金高达324万元。

面对世界关注的跨国能源大动脉——中俄东线，投产任务重、压缩机组国产化设备联合调试难度高、建设工期和投产时间紧等诸多困难和挑战，刘宝明铁肩担重任，带领员工开启“5+2”“白+黑”“三餐随意”模式，站场里、阀室里、管道沿线遍布他的身影和足迹，零下二十多摄氏度的严寒天气里，脸冻得红肿、手脚冻得冰冷，他的身影挺立在天地之间，甘愿坚守岗位与设备为伴、与严寒搏斗。2022年11月，分公司管辖的中俄东线中段沈阳联络压气站4台17兆瓦压缩机组正式投产，在投产前，刘宝明带领团队驻守在东北地区最大的天然气枢纽压气站，日夜奋战、连续坚守40余天。在此期间，带领员工完成了变电所及压缩机组投产前各项调试，对照操作原理、施工图及设备说明书进行逐一核实。那明亮的灯光，陪伴着他度过了一个个不眠之夜，眼睛熬红了，人累瘦了，他毫无怨言，发起一次又一次的“冲锋”，攻克了一个又一个的“堡垒”，提出改进建议10项，逻辑错误3项，其他问题45项……一次次闯关挑战、一次次成功探索，这是责任给他的动力，这是使命铸就的辉煌。11月18日，在4台压缩机组顺利通过72小时试运行的那一瞬间，沈阳联络压气站内响起了热烈的掌声，欢声笑语连成一片，标志着沈阳地区第一个长输管道压缩机组项目正式投入运行。通过“一键启停”创新技术应用，实现了机组单次启动工作效率从“10人1小时”到“1人1分钟”的巨大转变。

在同事们心里，刘宝明不仅是沈阳分公司永不停歇的“金刚钻”，更是引领航向的“指南针”。他的奋斗经历已经成为年轻一代管网人的榜样。在他的带领下，多名青年已快速成长为专业的“行家里手”、作业区的“业务骨干”。日复一日、年复一年，刘宝明坚守一线，坚守着管网人的初心，用他那份不服输和追求完美的工作态度认真对待每一次蜕变。2023年1月，刘宝明被辽宁石油化工大学石油天然气工程学院聘为“硕士研究生指导教师”，他将带着那抹耀眼的“管网橙”，继续向前，以“直面挑战、坚定前行”的毅力，不断推动企业高质量发展，为创造出一个又一个奇迹而奋斗！

永不放弃，青春绽放在平凡岗位

一、个人简介

李爱琳，女，1999年1月生，四川省成都市人，2018加入中国共产党，2021年毕业于辽宁石油化工大学，获得学士学位。现任中建凯德电子工程设计有限公司采购工程师。

二、先进事迹

1. 在大学全面发展

2017年入学，就读于辽宁石油化工大学经济管理学院物流管理专业，担任班级团支部书记、工商管理专业本科生党支部副书记，学院团委办公室主任。入学后始终保持着一种积极向上的心态，在各方面都严格要求自己。在校期间获得英语六级证书、计算机二级证书，获得的主要奖项有国家励志奖学金、校一等勤奋奖学金；校优秀团干部、校优秀学生干部、校优秀学生干部标兵、优秀共产党员；辽宁川渝学生联合会“暖冬行动—关爱留守”优秀志愿者、全国川渝学生联合会“快乐学校·暖冬行动”优秀志愿者；市场调查与分析大赛校级二等奖、三创赛校级二等奖、“互联网+”创新创业大赛校级二等奖、“普译奖”全国大学生英语写作大赛优秀奖。曾在经管先锋发表《“五四”之火永不熄》《不忘初心，定能守得一方云开》等文章。

2. 在岗位平凡闪光

2021年9月参加工作，在中国核工业第五建设有限公司海南昌江核电项目部担任采购专员，2022年到中建凯德电子工程设计有限公司担任采购工程师。现主要采购方向为新能源单晶硅产业链、光伏集成建设等行业内的基础工程、主体结构及土建装修、电气系统、消防系统、机械系统和洁净室系统材料设备。先后参与公司海外AT&S马来西亚奥特斯项目、国内广东芯粤能半导体碳化硅芯片制造项目、兰钧14GWh锂离子电池电芯和模组生产项目等的采购物料需求计划收集整理，编制采购方案，制定采购计划，能运用专业知识和正确的判断做到货比三家、开拓新品牌货源、优化进货渠道，通过多方面的对比分析，执行并完善成本控制方案，为公司降低采购成本，执行采购订单，确保项目部施工正常运行。并负责公司供应商资料审核及考察认证、合同签订、风险防范及控制等工作；及时调查供应市场行情，监督采购工作做到结果合理、采购过程合规。

三、寄语母校

“鲜衣怒马少年时，不负韶华行且知”。“桃李不言，下自成蹊”，感谢母校，感谢所有传授我们知识的老师们，传道授业解惑，定将一生铭记，感恩一生。祝福母校光辉历程更辉煌，人才辈出代代强，桃李天下扬四海，硕果累累振中华！

恪尽职守，做金融领域研究尖兵

一、个人简介

葛洋灼，男，2000年7月生，河南省安阳市人，2020年加入中国共产党，2022年毕业于辽宁石油化工大学，获得学士学位。现于山西财经大学攻读金融学硕士学位。

二、先进事迹

1.脚踏实地，勤奋刻苦

2018年入学，就读于辽宁石油化工大学金融学院，入学后严于律己，积极全面地发展自己。2022年通过研究生考试进入山西财经大学攻读硕士研究生。

他带着对金融学浓厚的兴趣，勤奋刻苦，一丝不苟，为自己制定长期和短期学习计划并严格执行，在紧张忙碌的学习生活中，充分利用课余时间提高自己的各方面能力。分秒必争，拓宽自己的专业知识范围，优化自己的专业知识结构，培养自己全方位思考的能力。

2. 天道酬勤，恪尽职守

金融行业一直以来都是人们关注的焦点，随着世界经济的不断发展，金融领域需要更加专业的人才。攻读金融硕士研究生不仅为他的职业发展提供了广阔的舞台，同时也是追寻财富智慧之路的重要里程碑。学术深造与实践结合方面，攻读金融硕士研究生需要扎实的理论基础，同时也需要将所学应用于实践中。在课程的学习中，他深入研究金融理论，了解各种金融工具和市场，掌握分析金融风险和决策的方法。同时，研究生课程还注重实践能力的培养，通过模拟投资、实地考察等方式，提高自己的实际操作能力。这种学术与实践相结合的学习方式，为他将来投身金融行业打下了坚实的基础。在深化专业知识方面，攻读金融硕士研究生是进一步深化和拓展金融知识的重要阶段。在课程研究中，他涉猎金融学的各个领域，包括金融市场、投资管理、风险控制等。通过系统学习和论文写作，他进一步夯实了相关知识，并培养了批判性思维和创新能力。这些专业知识是他作为金融从业者必备的，有助于他在职业生涯中更好地把握机遇和应对挑战。在团队合作与沟通能力方面，攻读金融硕士研究生过程中，他经常会遇到小组讨论、项目合作等形式。这要求他必须具备良好的团队合作和沟通能力。在团队合作中，他们互相学习、分享经验，共同解决问题，培养了良好的合作意识和团队精神。同时，研究生的学习还要求参加学术研讨会和进行专业报告，这锻炼了他的演讲和表达能力。团队合作和沟通能力的提高，为他在职业生涯中的协作和领导能力提升提供了宝贵的经验。职业发展与人脉拓展：攻读金融硕士研究生不仅仅是为了获取知识，更是为了抓住职业发展的机会。在此过程中，他结识了来自不同地区和领域的同学，与他们建立了宝贵的人脉关系。人脉的拓展为他将来的职业发展提供了更多的可能。同时，学校和行业内的活动和交流也为他提供了与金融业界交流的平台，增加了他的对金融行业的了解。

三、寄语母校

辽宁石油化工大学！在离开你之前，我想向你送上最真挚的祝福。愿你辉煌发展不断前行，为更多的学子提供优质的教育资源和培养平台。愿你的名字在学术界和社会中熠熠生辉，成为一座教育的灯塔。愿你在师生的共同努力下，走向更加美好的未来。

我深深地怀念校园、教室和同学们的欢声笑语。在未来的日子里，无论身在何处，我将时刻怀念我在这里度过的美好时光。谢谢你，亲爱的母校，祝福你永远充满活力、光彩夺目！

第六章　恒：明确奋斗目标

恒即持久不变，是工匠精神的应有之义，恒对于工匠精神就意味着严谨专注、专心致志，铸就时代伟业、在本职岗位上建功立业需要在明确奋斗目标的前提下，严谨专注、专心致志，善始善终又善作善为。

第一节　严谨专注是工匠精神的特质

作为工匠精神特质的“严谨专注”需要我们厘清其深刻内涵和培育“严谨专注”特质的必要性，在此基础上，探寻严谨专注特质的培育路径。

一、严谨专注的释义

南京时期的朱熹将《学记》中“敬业乐群”的观点加以引申，提出“敬业者，专心致志以事其业也”“敬者，主一无适之谓”。“敬”最初指谨慎、严肃、认真、努力等，是一种道德修养的方法，后来引申为“主一无适”的执事态度。在儒家学说看来，“敬”是自我修炼、自我提升的重要途径，是一项普遍性的行事原则。主张做任何有价值的事情都应专心致志、心无旁骛，持之以恒，这一执着态度得到了中国工匠的普遍认同。

习近平总书记指出，领导干部对待工作要有“工匠精神”，对待工作要精研细琢、精雕细刻、精益求精。严谨专注是工匠精神的特质。工匠在制作过程中，是严谨认真、高度专注、心无旁骛的，这是一种高度集中注意力的工作状态。对于每件产品，在设计、生产、销售任何环节中，工匠们都是以严格的行业标准来鞭答自己，依照已有的生产标准分毫不差地执行，这就体现出工匠们严谨的工作态度。在具体的实践中，工匠们在执行标准的同时更需要专注和耐心。工匠们用心做好每一件产品，专注于提高产品的质量，在制作过程中应细致、认真和踏实。

（一）严谨专注的文化溯源

勤劳勇敢的中华民族不仅造就了一件件独具匠心的精品，更在实践中凝结智慧，创造出具有工匠精神的民族文化。中国传统文化中处处蕴含着严谨专注、锲而不舍、持之以恒的工匠精神。严谨专注是中国传统文化的内容之一。严谨的关键，需要孜孜不倦地专注钻研。荀子《劝学》一文中说道："锲而舍之，朽木不折；锲而不舍，金石可镂"，说的正是工匠精神中体现的一种对知识和学问的专注、坚持不懈的精神。我国古代就有头悬梁、锥刺股，囊萤映雪的故事，都体现了古人苦学不倦的专注求知精神。

世界上最早的手工制造业百科全书《周礼·考工记》载："知者创物，巧者述之守之，世谓之工。"事实上精湛的造物技艺对工匠而言，不过是观念意识的再制造，"制造"并不是工匠造物的最终目的，"创造"才是工匠智慧和灵感的集中体现。工匠精神的创造精神，首先表现为精益求精，工匠精神的核心目的就是要打造行业的精品。其次体现为勤于创造，人类所从事的实践活动本身就蕴含着一种不断突破自我的创造精神，工匠正是结合中华民族的文化观念、审美意趣、生活准则、道德规范、行为方式等社会内容，勇于突破，将社会文化演化成一种物质形式，用工艺产品的形式表现出来。

在中国早就有"艺痴者技必良"的说法，如"庖丁解牛"的故事《庄子·养生主》中记载："庖丁为文惠君解牛，手之所触，肩之所倚，足之所履，膝之所踦，砉然响然，奏刀騞然，莫不中音。""庖丁解牛"的故事淋漓尽致地表达了工匠们严谨专注的职业精神，在解牛的过程中不仅要求匠人自身有超高的技艺，更需要工匠一直保持细致、耐心和负责任的态度。《庄子·徐无鬼》中记载了一则故事：木匠石挥舞沉重的斧子，砍掉郢人鼻尖上的白灰，却不伤郢人分毫。"匠石运斤"由此得来，形容其技艺精湛。制造领域尤须提倡工匠精神提升"匠石运斤"能力。明代名篇《核舟记》中记载了一位奇人王叔远，能在寸木之上，刻宫室、鸟兽、木石，且各具形态。其刻人，人物容色各异呼之欲出；其刻物，物品精巧细致历历可数。《核舟记》体现的就是严谨专注的工匠精神，如果雕刻者有一丝的不严谨，也许我们今天就领略不到这些“只应天上有，不应凡间现”的珍宝了，雕刻家对待每一件事情都是极其专注的，专注已经成为他们的习惯。

贾岛关于“推敲”的匠心，也体现了古代学者严谨的匠人精神。无论是求学还是做事，都离不开中华民族的历史悠久的严谨专注精神。严谨专注，是中华民族的优良品德，是工匠精神的特质。

“厚德载物、自强不息”是中华民族的品格，“苟日新，日日新，又日新”是中华民族不断进取的创新精神。自强不息的进取精神根植于中华文化的沃土之中，不断滋养着中华儿女锐意进取、严谨专注的卓越品质。

（二）严谨的含义

严谨是形容态度严肃谨慎，不胡乱说话。做事细致、周全，追求完美。宋代欧阳修《尚书工部郎中欧阳公墓志铭》：“君讳载，字则之，性方直严谨。”该句话的意思是：你的名字是载，字是则之，性格正直，为人追求完美。《诗经》用“如切如磋，如琢如磨”描绘手工业者认真仔细、反复打磨的生产过程。后来，朱熹把精雕细琢的生产提炼成一种精益求精的精神特质，“言治骨角者，既切之而复磨之；治玉石者，既琢之而复磨之，治之已精，而益求其精也。”为精益求精赋予了道德意义，为工匠追求严谨的精神提供了道德的依据。

严谨是一种踏实、办实事的工作态度，反映了一种工作作风。工作态度严谨，就是对一切事情都有认真、负责的态度，一丝不苟、精益求精，于细微之处见精神，于细微之处见境界，于细微之处见水平；就是把做好每件事情的着力点放在每一个环节、每一个步骤上，不心浮气躁，不好高骛远；就是从一件一件的具体工作做起，从最简单、最平凡、最普通的事情做起，特别注重把自己岗位上的、自己手中的事情做精做细，做得出彩，做出成绩。严谨的工作作风要求立场坚定，严守党的政治纪律和政治规矩，坚定理想信念。要能力过硬，努力提高政治觉悟、调查研究、联系群众、合作共事能力。要作风扎实，以严谨务实、一丝不苟的态度做好每一项工作。要廉洁自律，明底线、知敬畏、守廉洁。要争做合作共事、发扬民主、求真务实、廉洁奉公和联系群众的模范。

（三）专注的内涵

专注是指一种全神贯注投入的状态。工匠精神包含的专注内容更为丰富，既包括了对工作的热爱之情，也包括了对工作的使命感，还包括了对工作的满足感。所谓“干一行，爱一行”指的就是对工作的热爱之情，对工匠而言，在工作中永远充满激情，精力充沛是积极进取的重要表现；使命感是工匠奋发向上的自主力量，专注于工作和责任，才能把工作做到极致；满足感是工匠逐步积累经验、战胜困难、不断进步的自我效能感，是工匠对工作极度热爱的追求状态。“锲而舍之，朽木不折；锲而不舍，金石可镂。”这说明了专注具有强大的力量，时刻保持专注的精神状态，就能不断超越自我，做到精益求精。

专注是内心笃定而着眼于细节的耐心、执着、坚持的精神，这是所有“大国工匠”所必须具备的精神特质。从中外实践经验来看，工匠精神意味着一种执着，即一种几十年如一日的坚持与韧性。“术业有专攻”，一旦选定行业，就一门心思扎根下去，心无旁骛，在一个细分产品上不断积累优势，在各自领域成为“领头羊”。

著名哲学家柏拉图曾说：“为了把大家的鞋子做好，我们不让鞋匠去当农夫，或织工，或瓦工。同样，我们选拔其他的人，按其天赋安排职业，弃其所短，用其所长，让他们集中毕生精力专搞一门，精益求精，不失时机。”这样工人专注于所从事的职业，才能制造出质量更好的产品。假如让鞋匠做木匠的事情，木匠做鞋匠的事情，不仅不能制造出优良产品，还会扰乱社会秩序，这为工匠的专注品质提供了道德依据。

在古代，工匠不断磨炼技艺，在生产的各个环节严格要求，最终目的是制造高质量的产品。新时代劳动者仍然需要脚踏实地的专注品质，无论身处何种岗位都应秉持执着的坚守精神，专注于自身岗位工作，在劳动中精雕细琢和创新创造，才能确保成果的完美，以及自身劳动价值的实现。

二、严谨专注是国家发展的重要支撑

严谨专注的精神特质不仅助推欧美国家走向世界，而且促进了东亚日本经济的腾飞，更使我们国家在部分领域实现弯道超车、世界领跑。

（一）严谨专注让德国制造走向世界

德国制造业发达与德国人严谨专注的工作作风密不可分。回溯德国的现代化进程，我们发现在20世纪之前德国工业产品大多是粗制滥造，山寨抄袭的低端产品，其形象并不乐观。

与英法等国相比，同在欧洲大陆上的德国工业革命发生得略晚。在工业化初期，由于缺少核心技术，为了快速享受工业化的成果，谋求经济效益，德国曾大量仿制英法等国的工业产品。有些企业伪造英国品牌的商标，企图鱼目混珠冒充英国品牌，进行大量生产和销售。"山寨式"的仿制，让德国制造在那时被打上了"劣质、假冒"的烙印，遭到世界各国的鄙夷排斥。当时世界上最强大的工业强国英国甚至明文规定，所有自德国进口的商品必须标注"德国制造"，以此来区分英德两国的产品，在一定程度上这是一项针对德国制造的侮辱性条款。

卧薪尝胆的德国政府决心"扶大厦之将倾"，制造出具有竞争力的精美产品，扭转德国制造的不利局面，改变德国的形象。在此背景下，德国政府重拾被忽视了半个世纪之久的工匠精神，在政府支持下，1907年成立了由企业家、艺术家、技术工人群体组成的德意志制造同盟，提出"艺术、工业、手工业结合"的主旨。1917年成立了民间非营利协会——德国标准化协会（DIN），在制定行业标准、国家标准方面做出了巨大贡献。通过这些举措，德国工匠精神被重新激活，包括西门子、宝马、奔驰、蒂森等企业逐渐声名鹊起，拥有8000万人口的德国创造了2300多个世界知名品牌。德国及时吸取了经验教训，坚定地走上一条"质量立国"之路，不仅很快就让英国人刮目相看，也支撑了德国在随后的一百余年内重新崛起成为世界强国。

今天在德国人的价值观里，奉行着"要么不做，要做就做最好"的原则，始终坚持严谨专注的工匠特技，将质量置于数量之前，将品质置于利润之前，认为"没有质量的数量是毫无意义的，没有品质的利润是不能长远的"，正是这种坚持，使得"德国制造"发生了由劣变优的转变，自20世纪中叶以来，成为全球市场上毫无争议的"质量和品质"的代名词。

（二）严谨专注是日本发展的基石

德国人的严谨偏向准确、精密、程序化；日本人的严谨偏向细腻、周全、极致化。纵观日本，"专注严谨"行为随处可见：日本茶艺大师被称为工匠。他们对与众不同的事物有独特的审美能力，对于茶叶、茶杯、煮茶等过程非常苛刻，精益求精。他们认为将茶道做好是一种工匠的责任。

“职人”在日本指的是自己能够独当一面，独立完成整个产品从原件到成品的手工艺者。这里的“职人”不包括学徒，学徒还处于向师父学习的阶段，一名真正职人必须经历师徒传承制。从一个学徒向职人的转化，要经过长年的磨炼，一般来说需要十年左右，这就需要学徒具备十年如一日的专注力。

在日本工厂的车间内，为了防止员工走路时恰巧遇到门开，而导致碰撞，每个门的周围都会画一个半圆的图形，这个图形正好是门打开的范围。再如为节省时间高效率地工作，在其车间的每个工作区域都规划出用时少，又便捷的最完美路线，而且为了方便员工记忆且用最快的方式找到路，在地面上都会用不同颜色标记，并用脚印形状标识等；在产品生产过程中，每一个员工都必须严格按照生产步骤对产品进行反复检查，否则自动化的生产线就会终止下一步工作。诸如此类的细节还能看到很多很多，可以说日本制造在其方方面面都体现着严谨专注的操作习惯，甚至每一个步骤都有着对严谨专注的行为文化近乎完美的诠释。

中国实现从制造大国向制造强国转变，呼唤严谨专注的工匠精神，需要从“粗制滥造”功利化生产意识，转向“精雕细琢”的质量意识。当前，中国制造2025、“一带一路”建设等正在实施，制造业必须树立民族品牌方能跻身世界前列，这需要在生产过程中树立质量意识，对产品精雕细琢，对产品质量精益求精。此外，把技术看成一门艺术，不断创新生产工艺从而达到“游于艺”的状态，在擅长的专业领域精益求精。

（三）严谨专注让中国制造世代流芳

“老字号”是指历史悠久，拥有世代传承的产品、技艺或服务，具有鲜明的中华民族传统文化背景和深厚的文化底蕴，取得社会广泛认同，形成良好信誉的品牌。我国一批代表着中华民族数百年商业和手工业水平的老字号企业，之所以能屹立不倒，与其严谨专注的企业管理理念是密不可分的。

六必居酱园始于1530年（明朝嘉靖九年），是根据中国古代做酒做酱的6种必需的工艺而命名的商号。六必分别是：“黍稻必齐，曲蘖必时，湛炽必洁，陶器必良，火齐必得，水泉必香。”古书《礼记》上就有记载，所以起名为六必居。“六必”在生产操作工艺上可以解释为：用料必须上等，下料必须如实，制作过程必须清洁，火候必须掌握适当，设备必须优良，泉水必须醇香。如此严谨的生产理念，让六必居酱园成为京城历史最悠久最负盛名的老字号之一。

始建于1853年（清咸丰三年）的北京内联升鞋业有限公司，以生产制作千层底布鞋而闻名中外，是目前国内规模最大的手工制作布鞋的生产企业，其企业管理有“五训”：工必为之纯，品必为之精，业必为之勤，行必为之恭，信必为之诚。

北京同仁堂是中药行业的老字号，创建于1669年（清康熙八年）。“炮制虽繁必不敢省人工，品味虽贵必不敢减物力”，这句话是北京同仁堂药店的古训，长期恪守这条古训，是同仁堂历经数百年依然不倒的最根本原因。在300多年的风雨历程中，同仁堂人始终恪守严谨专注的工匠特质，造就了制药过程中兢兢业业、精益求精的严谨精神，其产品以“配方独特、选料上乘、工艺精湛、疗效显著”而享誉海内外，产品行销40多个国家和地区。中华老字号全聚德烤鸭能够驰名世界，也是得益于其“食不厌精、脍不厌细”的工匠精神。

海尔是全球大型的家电品牌之一，创建于1984年的海尔集团也是国内早期走出去的企业之一，而且海尔的家电质量也是相当出色，曾经董事长为了达到海尔的质量标准，下令砸下了自家几十台冰箱！三一集团是国内最大、全球前五的工程机械制造商，是中国首家“破千亿”的工程机械企业，也是名副其实的跨国集团。三一集团一直致力于“品质改变世界”的使命感，严谨专注的工作作风让三一集团以极高品质的产品和服务改变着中国产品在世界的形象。格力工业制品在秉持先进的生产制度的基础上，从产品设计到包装出库，将严谨精神贯彻到底，高要求严格自身，为客户、市场创造了一批批精品。

面对市场竞争愈加激烈的今天，质量显得尤为重要。工匠们喜欢不断雕琢自己的产品，不断改善自己的工艺，他们对细节有很高的要求，追求完美和细致，对精品有着执着的坚持和追求。小米科技创始人、董事长雷军曾经说过，“工匠精神就是在看不到的地方也要做精致。”原来，我国每年有3000家公司在做插线板，供两亿人使用。如果将这些插线板打开，暴露在人眼前的，是粗糙的焊接。而“小米插线板不仅要满足功能性需求，还要做得精致，打开也是一件艺术品”。正是将严谨的工匠精神融入小米企业，才实现了小米手机的不断创新，实现了小米品牌国际化。

中国制造一路前行和发展壮大，离不开一代又一代奋战在各个岗位上的具有严谨专注精神的工匠们的伟大贡献。回望过去，立足今天，我国涌现出许许多多严谨专注的能工巧匠，他们默默无闻却锻造出精彩而真实的奇迹，他们已然成为带有民族文化意义的符号，他们用自己的汗水铸就了中国工业的辉煌，奠定了制造强国之基础，推进着中国前行的道路。

在航天科技集团九院工作的铣工李峰，负责加工火箭“惯组”中的加速度计，“惯组”是长征七号的重中之重。加速度计更是“惯组”的重中之重。在他的工作模式里，速度不来自表面的急促紧迫而源于每一个工作行为的准确有效。李峰进厂的26年里只干过一个工种——铣工。李峰的父亲李发祥也在这个厂里干了一辈子，30多年的磨工让他成为厂里成品率最高且返工率最少的模范。李峰从父亲手里接过了无形的“冠军”奖杯。严谨专注已经成为父子的一种信仰。被誉为“火药雕刻师”的航天人徐立平专注雕刻火药30余年，仅凭手感就能将药面整形误差从0.5毫米提高到0.2毫米。从事数控加工20年潜心钻研的秦世俊将飞机零部件的误差控制在0.01毫米，誓让中国制造更有话语权。他们执着于自己选择的事业，专注于自己投身的领域，自觉不断提高业务水平，始终努力向前，一生敬业奉献、永不言弃。弘扬工匠精神，就要立足本职工作，爱岗敬业，以敬畏之心对待工作，尽心竭力提升专业能力和专业素养。

如马克思刻画的劳动过程一般：“在劳动者方面曾以动的形式表现出来的东西，现在在产品方面作为静的属性，以存在的形式表现出来。”中国的大国工匠，都是严谨专注、敢于开拓创新的推动者。严谨专注精神倡导的并不是机械地重复，而是立足传统技艺，在技艺积累的基础上实现技术的改进和产品的创新。纪录片《我在故宫修文物》中的一位文物修复师说，故宫的文物是有生命的，工匠在制作的过程中，总是要把自己想办法融进去，让物承载人的意识，创造出新的物品。工匠在制造产品的时候，隔绝外界纷扰，秉持严谨专注的执事态度，以恭敬的态度对待每一个细节，心无杂念、专心致志，把每一道工序、每一个环节、每一个细节都做得周密严谨，为每件产品注入灵魂。

精益求精，是高标准严要求，是好了还要更好。干一行钻一行。术业有专攻，精益求精是对品质的追求，对一流的追求。这种对极致的追求，也许是我们看得到的精雕细琢、巧夺天工，也可能是我们看不到的精密精准、胜在毫厘，于毫厘之间体现“如切如磋，如琢如磨”的精准。严谨，就能做得更好；专注，方能成为本领域的专家；深入钻研，才能不断提高技术技能水平。

一丝不苟，是严谨专注，是追求细节完美。失之毫厘，谬以千里。偏毫厘不敢安，做好一件事，必须从细节入手，从小事开始，在每个细节上做足功夫。古人云："天下难事必作于易，天下大事必作于细。"优秀的工匠能从小处见大，在细节的追求上没有终点。坚持细致工作，从细节入手，才能汇涓涓细流成江海。

三、严谨专注精神的培育

严谨专注是实事求是精神的体现，是科学精神的体现，是爱岗敬业精神的体现。国家的发展离不开严谨专注的精神。

（一）培育严谨专注精神的意义

1. 培育严谨专注精神有利于继承和发展我国优秀传统文化

中华民族深厚的历史文化底蕴，形成了博大精深的中华文化。严谨专注精神既是民族传统文化的重要组成部分，又是优秀传统文化的象征。因此，弘扬中华民族优秀工匠精神，不仅是时代发展的要求，还是继承和发展中华民族优秀文化的现实需要。严谨专注精神集中体现了中华优秀传统文化，培育严谨专注精神是对我国优秀民族精神的传承。我们要积极发扬严谨专注精神，学习中华民族优秀工匠，传承优秀的匠人品质及其精神信念。在新的社会发展阶段下，继承和弘扬民族优秀传统文化精髓是我们应当肩负的历史使命。培育新时代严谨专注精神能有效继承和发扬我们民族传统文化的精髓。培育新时代严谨专注精神，有利于传承我们民族文化当中"如切如磋""如琢如磨"的高超技术与不屈不挠、严谨认真的精神品质；培育新时代严谨专注精神有利于传承传统文化；培育新时代严谨专注精神有利于传承古代工匠们坚韧不拔、勇于探索和创新的精神。正是中国古代的匠人们将自己所有的严谨与专注融于技艺之中，才使得当时国人的工匠精神被世界所崇尚。严谨专注精神是卓越的技艺和优秀的精神品质的结合，培育新时代严谨专注精神对我们中华优秀传统文化的继承和发展具有深远意义。

2. 培育严谨专注精神是培育和践行社会主义核心价值观的客观需要

"一个民族、一个国家的核心价值观必须同这个民族、这个国家的历史文化相契合。"这一科学论断表明，社会主义核心价值观必须传承中华优秀传统文化。社会主义核心价值观是中华优秀传统文化的创造性转化和创新性发展，是马克思主义与中华优秀传统文化有机结合，是社会主义核心价值体系的集中体现。培育和践行社会主义核心价值观需要重塑和培育中国传统文化当中的工匠精神。

严谨专注精神是中华优秀传统文化的重要组成部分，它与社会主义核心价值观高度契合，两者同根同源，只有重塑和培育工匠精神才能促进社会主义核心价值观的培育和践行。严谨专注精神与社会主义核心价值观具有辩证统一性。一方面，严谨专注精神是社会主义核心价值观的历史文化溯源。严谨专注精神不仅成就了中国古代经济文化的繁荣，而且彰显了中华民族的伟大创造力和文化软实力。正是具有严谨专注精神的中华民族传统文化为当代中国特色社会主义核心价值观提供了丰富的历史文化资源。另一方面，社会主义核心价值观是重塑和培育现代严谨专注精神的价值坐标和根本指引，使之彰显时代特征和科学属性，必须以社会主义核心价值观为价值坐标和指引，倡导爱国、敬业、诚信、友善，使工匠精神为建设富强、民主、文明、和谐的社会主义现代化国家服务，为构建自由、平等、公正、法治的社会主义和谐社会服务。因此，培育严谨专注精神是培育和践行社会主义核心价值观的题中之义。

3. 培育严谨专注精神是推动当代中国社会转型发展的现实需要

我国改革开放的过程实际上是一个社会转型的过程。社会转型必然会引发各种矛盾，尤其在经济全球化加速推进的国际背景下，各国间经济文化交锋激烈，人们的职业价值取向多元，培育严谨专注精神，提升全体公民特别是青年学生的职业道德素质，助推“中国制造”向“中国创造”转化，能有力地推进社会的转型和发展。

当前我国已成为一个制造大国，但还不是制造强国。抓住新一轮科技和产业革命机遇，推动制造业从数量扩张向质量提升的战略转型，是目前中国制造业发展的重中之重，而严谨专注精神是推进高品质“中国制造”的文化基础。培育严谨专注精神，提升产品质量，促进产业优化升级，打造优质品牌，增强市场竞争力，才能推动经济社会的可持续发展，做到稳中求进。

4. 培育严谨专注精神是实现中华民族伟大复兴中国梦的迫切需要

实现中华民族伟大复兴的中国梦，离不开经济实力的增强，离不开文化水平的提升，更离不开优秀民族文化的传承和创新。培育严谨专注精神可以提高国家的创新能力，培育创新型技术人才，形成大批技能高超的职业技术人员，打造创新驱动型经济，形成“大众创业，万众创新”的良好社会氛围。严谨专注精神作为我国优秀传统文化的重要内容，反映中华民族追求卓越、创造求新的精神品质，体现了中华儿女坚韧执着、崇尚道德的文化品格。可以说，严谨专注精神在整个社会文明的发展过程中发挥了巨大的推动作用。因此，培育严谨专注精神，有助于增强国家的综合实力，实现中华民族伟大复兴的中国梦。

（二）培育严谨专注精神品质的途径

“让严谨专注成为一种习惯”并不是简单的口头上的一种“豪言壮语”，而是应该真正贯彻于个人的各个方面、每一个细节中。严谨专注就是履职尽责，就是一丝不苟，就是多年如一日的执着专注。细节决定成败，“天下大事必作于细”。任何人的成长进步，都是从做好身边的细微工作开始。严谨专注是一种态度，但严谨专注不只是一种做事的态度，也应该是一种做人的态度。严谨专注的人会自省、会反思，会努力创造一个更好的自己。严谨专注是一种责任。在工作中一丝不苟地做好每一件工作就是责任与担当的表现，责不分大小，任无论轻重，不管自己的工作多么平凡、多么渺小，只要从思想上重视起来，严谨专注、全心全意投入，怀着一种把平凡的事做好就是不平凡、把简单的事做好就是不简单的信念与追求，就能完成好自己的工作，尽到自己应尽的责任。严谨专注是一种能力。这种能力需要长期的培养，绝对不是一朝一夕就可以达到的。严谨专注，难在始终，贵在经常。一时的严谨专注并不难，难的是一辈子的严谨专注。严谨专注本身就是一种艰苦奋斗，需要付出持之以恒、不怕反复的艰辛努力，需要有锲而不舍、常抓不懈的恒心和毅力，需要有不抓到底不回头、不解决问题不撒手、不达目的不罢休的韧劲和魄力。

1. 实践是培育个体严谨专注的重要途径

古代有一个叫作陈尧咨的年轻人，这个人在箭术方面有很深的造诣，在当时可以说是举世无双，很少人能够与他相比，他心里面也是一个骄傲的人，年轻气盛的他十分爱这个虚名，经常夸耀自己的箭术。他还收了很多的徒弟。

很多弟子恭维陈尧咨，说自己这个师父实在是太厉害了，其他人都没法比，而且能够跟着师父去学，实在是一个非常聪明的选择。这些徒弟们还说自己以后还要跟着师傅多多学习，才能让自己的箭术有更高的造诣。因为这些人都想从陈尧咨这里学到箭术，所以他们说出来的话都是带有恭维性的，这让陈尧咨觉得非常开心。有一次，陈尧咨带着徒弟在院里面训练，一个卖油的老翁正好在旁边经过，便停下来看热闹。陈尧咨想要展示一下自己的箭术，他举起了弓箭，快速地射出了十支箭，而每一支箭都正中红心，他的徒弟在旁边拍手叫好，觉得陈尧咨实在太厉害了，陈尧咨也觉得很有面子。他非常神气地向那个老人家仰了仰头，问他觉得自己的箭术怎么样，谁知道那个老人家只是点了点头，没有做任何的表示。

当时陈尧咨心里觉得不舒服，弟子们也都谴责那个老人家。大家问这个老人家，难道不觉得陈尧咨厉害吗？陈尧咨问这个老人家是否会射箭，提出来要比试一番！老人家说自己是不会射箭的，说他这个技术好是好，但是只是平常的技术，陈尧咨听到这话就不干了，他觉得老人家是瞧不起人。老人看到陈尧咨确实生气了，他知道陈尧咨的自尊心比较强，于是就说自己会倒油，而且技术还过得去。老人家拿一个铜钱，放到一个葫芦上，然后往里倒油，可以发现油一点都没有沾到那个铜钱，全部倒进了那个葫芦里面，陈尧咨看到这个惊呆了。后来老人家给他讲了一个道理，其实这些所谓很厉害的技术都是通过多做多练而练就的，只要勤奋刻苦就能掌握相应的规律，并且能够找到很多的窍门。如果因此而炫耀就没有多大意思了，这没有什么值得炫耀的，只是平常的技术。陈尧咨听到这话感觉很羞愧。之后他就刻苦地研究箭术，在箭术领域获得了很大的成就，而且他的人品跟箭术变得一样好了。

这个故事讲述了严谨品质和专注品质培育重要性的道理，技艺的练成、职业素养的养成离不开实践操作，正如卖油翁所言“唯手熟尔”。严谨专注精神需要在实践中认同、在实践中学习、在实践中强化。

不管哪个领域，只要努力掌握相应的规律，就能做好。人既不要看轻自己，也不要过于看重自己，那样会让自己止步不前，只要找出相应的窍门，工作起来就会感觉得心应手了！

严谨专注包含了精雕细琢、精益求精、追求卓越的理念。引申到具体工作中，就是要高标准对待本职工作，全力以赴地抓好工作落实，努力使本职工作成为精品。要有精益求精的意识。真心热爱工作，用心专注工作，全心钻研工作，始终以高标准对待工作，对手中大大小小的工作，一律一丝不苟、严谨认真，以“做就做到最好”的态度坚决把每一项工作做精，坚决杜绝差不多、一般化、过得去的错误思想，要追求过得硬。要有精雕细刻的能力。注重自身能力素质的提升，勤学苦练，加强业务学习，熟练掌握开展工作应具备的理论知识和工作技能；要敢于揭短亮丑，不断校正错误，努力增强自身高标准落实工作的本领，实现自我跨越。要有追求卓越的标准。不满足于现状，总有更高的目标追求，树立勇于突破自我的精神，始终保持干事创业、积极进取的精神状态。

“严谨专注”体现了对产品反复打磨的耐心和专注。培育“严谨专注”的品质，就要以叫较真较劲、只争朝夕、锲而不舍的精神一干到底，做到不达目的决不罢休。要较真较劲，不怕挑战。实现全面振兴发展面临着诸多困难和挑战。我们必须敢于担当、直面困难、破解难题，针对事关发展大局的热点难点问题，不掩盖、不回避、不推脱，敢于碰硬，善谋良策，坚决杜绝推诿扯皮、拈轻怕重，遇到问题绕着走、遇到矛盾就上交的“滑头”做派。要只争朝夕，雷厉风行。要有一张蓝图绘到底的恒心，以“踏石留印、抓铁有痕”的劲头，以钉钉子的精神，切实干出成效。

2. 培植严谨专注的企业文化

注重严谨专注的企业文化，培育工匠精神必须创造良好的外部环境。企业文化是企业在经营业务、生产特定产品、从事企业管理过程中形成的特定文化网络和价值原则，是企业在建立和发展过程中逐步形成并稳定下来的文化积淀，为企业员工共同认可和遵循，具体包括共同意识、价值观念、职业伦理、行为规范、经营实践等。作为一种复合形态的企业文化包括企业所传承的工匠精神，企业的员工接受企业的专业训练，也包括传承企业的工匠文化，这是培育严谨专注工匠精神的重要环节。企业应该深入发掘企业精神文化资源，增强企业文化自信，打造企业中严谨专注的工匠文化。企业既要加强对员工的职业技能的培训，又要强化员工的责任意识与规范意识，铸就员工严谨专注的职业追求。同时，企业可适当设置激励标准与措施，在广泛宣传严谨专注精神的基础上充分调动员工的学习积极性，让员工在耳濡目染中切身体会到严谨专注的巨大作用，并真正应用到生产实践之中。

3. 营造严谨专注的社会氛围

社会因素尤其是社会风气因素，是严谨专注精神培育的重要影响因素，一个社会若形成敬业守信、求真务实、尊重劳动、追求卓越的社会风气，将对严谨专注精神的培育具有良好的助力效果。反之，如果社会风气浮躁、过度追求物质利益、粗制滥造横行，无疑将会遏制严谨专注精神的培育与践行。社会价值导向决定了社会行为的取向，是社会发展的精神支柱。随着社会经济的发展进步，人们也面临着多元价值主义的冲击，如享乐主义、拜金主义等，人们普遍追求“快时尚”，社会风气浮躁而复杂，渐渐将精细、坚守、一丝不苟等优秀品质抛诸脑后。

社会风气的好坏对严谨专注精神的养成，具有潜移默化的影响作用。改善不良的社会风气，营造敬业光荣、踏实肯干的社会风气和积极向上的劳动文化，让学校培育、企业培训与社会风气的价值导向一致，才能更好地培养严谨专注的人才。

4. 在优良家风中孕育严谨专注精神的种子

家风是一个社会文化的缩影，良好的家庭教育对严谨专注起到积极的促进作用，因此，家庭教育的影响力不容忽视。习近平总书记在全国教育大会上指出："家庭是人生的第一所学校，家长是孩子的第一任老师，要给孩子讲好'人生第一课'，帮助扣好人生第一粒扣子。"列夫·托尔斯泰说过："全部教育，或者说千分之九百九十九的教育都要归结到榜样上，归结到父母自己生活的端正和完善的举止上。"每个在家长影响下成长与生活的个体，一举一动在无形中都体现着其家长的行为范式。家长以身作则，用榜样的标准要求自己，严谨专注的行事风格会起到榜样作用，有利于培育个体严谨专注的优良品质。如果家长榜样示范作用不够，在日常生活中，他们出尔反尔，将承诺过的事情抛诸脑后，遇到困难就选择放弃，做事粗心大意，他们的孩子自然而然地也容易形成退缩、粗心大意、意志力不强等不良品质。但如果家长自身做事严谨专注又充满创新，孩子从小就在家长的良好示范下长大，从日常行为中就会学习到家长的品质，养成严谨专注的行为习惯。因此，要通过发挥家长的榜样示范作用来培育个体严谨专注的优良精神品质。

有关劳动的家风、祖训是先辈劳动者在劳动生产中逐渐形成的积极的劳动价值观念，对家庭子女的处世理念、价值观念、人生修为有着长达一生的深远影响。"孟母三迁""岳母刺字""陶母还鱼"等脍炙人口的故事反映了中国传统文化中对家风的重视。优秀的家风是中国优秀传统文化中不可或缺的载体，家风中的多数理念与社会主义核心价值观相契合。优良家风蕴含的有关做事的品行规范和伦理教化内容，既是一种日常生活行为准则，又是一种优化社会风气，提升子女道德素养的精神助推力，有着重要的教化价值，为严谨专注精神的葳蕤生长提供了珍贵的种子和养分。

家长是工匠家风教育的第一责任人，日常生活中的熏陶是传承优良家风的基本路径。家长在日常工作生活中所表现出的职业观念对学生的择业观塑造具有重要的作用。弘扬优良家风，家长首先应当以身作则，实现"蒙以养正"。在日常的工作和家庭生活中，家长要做到爱岗敬业、严谨专注、尊重劳动，以严格的职业道德标准和工匠精神严格要求自己，做好子女的第一任老师，树立良好的榜样，在言传身教中诠释严谨专注精神的魅力，让严谨专注精神在子女心里生根发芽。家长要多为子女讲述自己或身边劳动模范的事迹，注重向子女传播正能量，营造良好的家庭教育氛围，帮助子女树立正确的劳动观念和工作态度，推进社会风尚改善。

严谨专注精神的培育主体应当努力发掘作为一种传统文化的优良家风资源，在甄别创新的基础上古为今用，使之源源不断地输送养分，让家庭、学校、社会、媒体凝结成合力，将有利于严谨专注精神培育的家风资源融入工匠精神教育内容之中，同时相关部门还可以利用民间征文活动、网络微电影大赛、专栏追踪报道等，对民间优良家风进行深入挖掘和总结宣传，增加劳动者自豪感，让劳动者的优良家风在全社会范围内形成更加广泛的影响，引导广大家庭以好家风筑牢好的社会风气。

5. 善用媒体宣传严谨专注精神

大众传媒是传播严谨专注精神的重要途径，应当充分重视大众传媒在严谨专注精神宣传和传播中的作用。严谨专注精神的社会传播主要指以政府为主导的、利用主流报刊和大众传媒所进行的严谨专注精神宣传活动。首先，可以利用主流报刊、电视媒体、网络媒体推广宣传严谨专注精神，组织青年劳动者观看《大国工匠》等优秀纪录片，彰显严谨专注精神的价值引领作用。其次，在网络学习平台如“学习强国”App上推出严谨专注精神学习专栏，筛选投送严谨专注精神伦理观念相关文章和人物事迹，结合主旋律文化传播正能量。最后，在主流报刊、电视、网络等传播渠道中以新闻采访、节目访谈、专题报道等方式，对行业先进劳动者的从业经历、道德抉择、社会贡献等，进行典型宣传和热点引导，发掘优秀工匠背后不为人知的匠艺与匠心，营造全社会尊重劳动、重视严谨专注精神的氛围，以此鼓励包括工科大学生在内的更多年轻人未来走上各自行业的匠人之路。

无论是在校学生，还是已经进入职业岗位的从业者，利用业余时间通过大众传媒获取碎片化的信息已经是现代生活的常态，刷抖音、刷微博越来越成为当代人的日常习惯。网络媒体、自媒体所传递的信息对当代国人的价值观念有着不可忽视的影响。2022年3月，央视与全国总工会共同录制并发布2021年“大国工匠年度人物”活动就有很好的示范宣传作用。其中，“七一勋章”获得者、年过七旬仍坚守生产一线，焊接行业的领军人物艾爱国；让专用量具达到微米级的军工人周建民；传承传统手艺，让珍贵文物重现荣光的手工艺人刘更生等，他们在平凡的工作岗位上做出不平凡的成就，是各行各业严谨专注的劳动者的缩影。通过对践行严谨专注精神的模范人物的宣传，带动致敬匠人、坚守匠心的社会风气的形成。同时，通过媒体广泛宣传推广，也增加公众对于该行业的认知度，提升了相关行业人员的职业自豪感和职业认同感。《指尖上的传承》讲述了传统手工艺人在制作工艺品时几十年如一日的专注，让人们感受到新一代手工艺者将传统与现代相融合的创新精神。组织观看优秀的影视作品，以“贴地气”且轻松的形式获得人们的认可，让人们在潜移默化中感受严谨专注精神的魅力。

可举办劳动模范、工匠代表、工匠世家的演讲宣传系列活动。让人们倾听先进人物在平凡的工作岗位上严谨专注的事例，感悟工匠就在身边，在知与行方面向模范看齐，播撒严谨专注精神于心的种子。例如，《我在故宫修文物》播出后，与故宫厮守40年的钟表修复师王津收获无数“粉丝”，被人们称为“故宫男神”，他也应邀到不少高校讲演，畅谈“大国工匠，表里如一”的故事，教育效果事半功倍。

鼓励人们挖掘身边的严谨专注精神案例，如家庭成员中践行严谨专注精神的案例，对接家风，贴近生活，更能引起人们共鸣。企业、学校、社区可以开展一些研讨会、分享会，以风格多样、形式活泼的呈现方式展现严谨专注精神，如可以录制一些严谨专注精神教育的短视频，在大街小巷宣传严谨专注精神，让严谨专注精神影响更广泛的社会群体。还可以举办“工匠文化周”等活动，排练讲述严谨专注精神事例的话剧，使公众喜闻乐见的艺术方式与严谨专注的传统文化相结合，一举两得，陶冶公众情操的同时弘扬严谨专注精神。

6. 形成严谨专注精神的社会合力

严谨专注精神在个体之间的传播实际上就是回归传统工匠精神师父带徒弟的模式。中国传统工匠精神强调个人经验与体会，工匠精神的传递多以个体之间的直接传授为主，这是一种最基本的人际传播。手工艺师傅在传授学徒制作工艺的同时，也将严谨专注精神的价值观念传递给继承者。发展现代学徒制度，是培育严谨专注精神的有效手段。中国古代传统学徒制传承千年，至今这种教学模式在传统工艺的传承中仍然存在。传统师徒制教学模式本质是一种经验教学，其优点在于现实性、实践性，弊端在于封闭性。单纯依靠课堂教学，无法全面调动学生学习严谨专注精神的积极性，即便依靠学校实践教学、校园文化活动等，仍然因为缺少严谨专注精神的实践场所而浮于表面。在国家政策的支持下，积极开展学校与企业的合作，可以充分弥补实践不足的缺点。

校企合作办学模式在发达国家已经有很长的发展历史，德国借助“二元制”校企合作教学模式，培养出了一大批制造业人才，帮助德国制造在世界市场竞争中取得有目共睹的成就。国内职业院校在校企合作的发展中也取得了宝贵的经验，对于职业教育的发展起到了至关重要的作用。对于工科大学生严谨专注精神的教育，可以借鉴这些积攒下来的经验，积极与企业合作，为学生提供多样化的实习场所，在“产教合一”中培育工匠精神。校企联盟有助于将严谨专注精神的理论传授与实践教学相衔接，时间上前后相继。目前我国多数职业院校已经开始借鉴德国“二元制”教学模式的成功经验，广泛与企业合作，开展“订单式”教学。学生在学校中学习必备的基础知识，经过考试或考核取得相应学分后，再去合作企业进行劳动技能学习。校企合作模式实际上发展了传统师徒制，克服了其封闭性的缺点，传承了尊师重道的传统美德，有效提高了学生的职业素养。现代学徒制度依赖于校企合作、产教融合，需要课程内容与职业标准对接、专业设置与产业需求对接。学生在企业“从师学艺”的过程中，不仅可以积累生产实践的经验，还能够更加深刻地体会与认同严谨专注精神的内涵与意义。因此，需要构建合理有效的“校内外双导师”制或教师与师父“双导师”制，校内导师负责学生专业知识的学习与考核，对考核标准进行严格把控，确保真才实学。企业导师提供实习实践场所，进行职业技能培训、生产实践学习。“校内外双导师”制将现代教育的效率优势与师徒制的经验优势强强联合，共同承担培育学生严谨专注品质的职责。

严谨专注精神群体传播或组织传播主要指以行业协会、企业为主体的工匠精神宣传与传承。群体传播的信息量较大，受众也能及时地反馈自己的观点，在群体中也更具有感召力。严谨专注精神群体传播所采取的方式可以多种多样，如可以将行业、企业先进模范人物的事迹整编汇集为宣传册；可以通过微电影、短视频等方式在行业内分享传播，扩大先进劳动者的示范作用；可以选取行业内优秀青年代表组织跨行业青年交流活动，为不同行业间青年的交流提供平台，让不同行业青年人更好地感受工匠精神所具有的共通性价值。

追求卓越，是不断进取，是敢于开拓创新。千万锤成一器。在工作中追求完美、追求卓越，要以创新求突破。广大劳动者要有强烈的创新意识，不断培育创新能力，超越自我、勇攀行业顶峰，这是工匠精神的必然追求。新时代要实现高质量发展，离不开勇于创新、追求卓越的干劲，离不开顽强拼搏、锐意进取的时代精神。匠心筑梦。只要每一位劳动者都努力践行工匠精神，干一行爱一行专一行，爱岗敬业、精益求精，重细节求品质，敢创新求卓越，我们一定能以优异的业绩奉献新时代、以出色的答卷回应时代主题！

第二节　专心致志、持之以恒，做善作善成的攀登者

千淘万漉、狂沙吹尽，奠基工匠之路

一、个人简介

赵明，共产党员，2017年毕业于辽宁石油化工大学工程管理专业。

2017年，我加入了中建八局装饰工程有限公司。2020年2月至2021年8月，在中建八局装饰工程有限公司总部商务管理部担任业务经理。

2021年8月入职中国建筑国际建设有限公司。2021年8月至2022年1月，在中建国际国内事业部总部，负责制度建设、结算管理、员工培训等。

在职期间参与了5个项目，包括2个EPC项目，2个施工总承包项目，1个装饰项目，并获得职位晋升。

二、工作成果

在多年的学习和工作中获得了许多荣誉：

2022年荣获“2022年度中建国际城市建设公司业务标兵”“中建国际商务管理工程量算量大赛一等奖”等荣誉，在学术期刊发表论文一篇。

2021年荣获“中建国际国内事业部第一届计量计价大赛一等奖”。

2020年2月荣获中建八局装饰工程有限公司“优秀员工”。

2018年9月荣获中建八局装饰工程有限公司“优秀导师带徒学员”。

2017年7月荣获中建八局新砼人训练营上海区域“优秀学员”。

2017年6月荣获辽宁省“优秀毕业生”。

2017年1月荣获2016年度中国大学生自强之星提名奖。

在校期间曾任学生会主席、抚顺学联主席、辽宁省学联副主席。

三、先进事迹

1. 铸雷锋精神，燃学子之志，获傲人成绩

“用雷锋精神建校育人。”在我的记忆中，这句话在我来到这所新学校后感触最深，大学四年，我从一知半解、似懂非懂、拓展认知到有所感悟。起初，我眼中的雷锋精神大抵就是献爱心、帮助人；逐渐地，我开始明白雷锋“五个一”精神又蕴藏着对个人、团队、思想、态度、行为方方面面的指导，雷锋“五个一”精神也一直鞭策、引导我，从学生时代到工作生涯，不断攻克难关、创造新的成绩。

“一颗钉”的刻苦钻研精神，让我在学业上始终保持优异的成绩。我连续三年在专业排名中跻身前10%，在三年专业综合排名中更是位列前3名。我曾两次获得国家励志奖学金，并荣获国家一等助学金、抚顺“圆梦”助学金等奖项。这些成绩的取得得益于我对学业的专注和钻研精神。

“一滴水”的团结友善精神，让我在团队合作中始终发挥作用。我多次整合社团资源，探讨社团活动改革工作。我提出了许多可行性设想，改变了社团活动学分登记方式，提高了工作效率。我还带领学生干部团队设计了一系列指导性方案，为社团活动的管理提供了规范和指导。

“一片叶”的无私奉献精神，让我在志愿服务活动中始终积极参与。我去养老院、特殊教育学校、社区等地参加志愿服务活动，照顾老人，辅导留守儿童，并为贫困地区的孩子们募捐物品。我深知传播志愿精神的意义，因此经常参加、组织、宣传各类志愿活动。

“一块砖”的爱岗敬业精神，让我在学生会工作中始终保持高效和专注。我担任校学生会主席、副主席期间，积极推动学生组织改革，提高工作效率；开创毕业季系列活动（毕业灯光下、再饮母校一杯水、跳蚤市场等）；带领新成立的权益维护部，打造了学生权益维护平台，帮助同学们维护自身权利。

“一团火”的忠诚为党精神，让我始终记得那些在困难时期帮助过我的人们，我决心将这种志愿精神和雷锋精神传承发扬下去。我将继续努力，不断提升自己的能力，为学校和社会做出更大的贡献。

雷锋“五个一”精神已融入我的学习和生活，始终规范着我自己，是我为人处世的标准。作为一个充满活力和激情的学子，我在学业、志愿服务和学生干部工作中都有杰出的表现。我不断追求卓越，努力提升自己的能力，并以此为动力，为学校和社会做出更大的贡献。我坚信，只要我持之以恒，自强不息，勇往直前，必将实现自己的理想，并为社会贡献自己的力量。豪情万丈，才华魅力，将是我追逐梦想的翅膀，也将成为我在人生舞台上绽放耀眼光芒的原动力。我也因此曾荣获“挑战杯”大学生科技创新大赛二等奖、辽宁省建设类院校专业技能大赛二等奖、校三好学生、优秀团干部、学风建设先进个人、优秀志愿者等奖励与荣誉二十余项（次）。

2. 全新挑战，雷锋精神指引，奠基工匠之路

初入职场，作为新员工我也怀揣梦想。毕业三个月后，我响应国家“一带一路”建设号召，踏上非洲西部、大西洋东岸某个国家的土地，在这里开始了一段异国他乡的工作和生活之旅。这里与国内相差甚远，无论是生活习惯还是工作环境，对我来说都是极大的挑战。在这里，我已经脱离了从前的舒适圈，我需要更加专注，更加努力。

因为海外工作的特殊性，尤其是非洲国家的诸多现实因素，平时工作中常遇到许多意想不到的困难。国外情况特殊，管理人员少、事情杂，工作都是一专多超，男人当超人使，既要做好本职预算员工作，又要当好采购员，做好资料员、安全员、施工员，还时常客串司机的工作。每天都是早上早起做安全教育，之后现场交底、检查施工作业，再做收入与成本确认工作，中午接送往来人员、给工人送饭，下午采购材料、对接其他单位及国内同事，晚上整理总结归纳。常常忙到没时间吃饭、没时间与家人联系。

为了保质保量完成工作，夜以继日地工作已经成为我的常态。长时间的高强度工作，加之长时间身处异国他乡的孤单感，让我在一段时间内有了放弃的念头，我不知道在这儿坚持的意义是什么。也正是这个时候，我在我随身携带的“辽宁石油化工大学团委”红皮本中，看到了学习时记录的笔记：“雷锋五个一精神，一颗钉、一滴水、一团火、一块砖、一片叶。”是啊，身为一个工程建造行

业的工作者，身为一名中国共产党党员，身为辽石化大雷锋“五个一”精神的传承人，无论身处何地，都应该秉持着始终如一的工作态度，做到爱岗敬业，做到刻苦钻研，越是在困难时期越要保持赤子之心，保持对职业的敬畏之心，保持对生命的负责与敬畏。

在后续的时间里，我的精神面貌焕然一新、斗志昂扬。工作中，我团结同事、认真负责，对业务刻苦钻研，我的工作内容包括了施工图预算、工程量清单、招标、合同签订、总分包月度结算与收付款等环节。就这么度过了一个又一个日夜，当我一个人做完这些工作，再去面对并非我的专业领域的商务知识时，虽说不上融会贯通，得心应手，但是至少也能够应付自如。也正是脚踏实地、团结拼搏、不断钻研的态度和精神，让我在海外工作的这两年半中，历经3个项目，从行业小白成长为代理商务经理，为公司创造直接利润4000余万元，连续两年年底考核为A，荣获“优秀学员”“优秀员工”等荣誉。

3. 刻苦钻研，精益求精，工匠精神养成

回首过去的几年，我踏入了工程建设的领域，参与了多个重要项目，积累了宝贵的经验。师父的关怀让我走出迷茫，雷锋精神的鼓励让我大步向前。这段职业旅程对我而言，仿佛是一场精神的狂欢，一次心灵的革命。

2020年初，回国后我被调到公司总部，从项目部跨越分公司直接来到单位总部，对我来说无疑又是一项新的挑战。在总部期间，我努力学习业务知识，刻苦钻研业务技能，迅速完成从项目执行者到公司管理者角色的转变，团结同事、协调分公司及项目工作，全力做好总部成本管控各项工作。在总部的一年时间里，我对所负责的云筑网管理模式进行了完善，提高系统录入效率63%，对成本库进行补充升级，降低公司招采成本近千万元，完善审核制度流程，大大提高了公司的审核效率。

之后我加入某项目，多年的项目实践经验得以全部发挥。该项目是公司首个该类型项目，落户当地后的第二个项目、当地首个定额组价EPC项目，与当地未来重要战略客户首个合作项目，是代表公司进军新赛道、尝试新转型的开拓性项目，在公司内无可借鉴经验，项目重点、难点、核心创效点及最终成败的关键全部集中在项目商务口径。从公司总经理、商务部到项目商务，均感觉使命重大、压力空前，公司层面多次开会研讨具体事宜，并指派相关项目团队开展工作。项目开展2个月后，时任商务经理、项目经理，纷纷因无法应对挑战进行了职位调整。在此时刻，我临危受命，担任项目商务经理，挑起这副重担。我愿做革命一块砖，哪里需要哪里搬，任命后我第一时间投入工作，加班加点刻苦工作，及时梳理项目前期遗留问题，解决项目劳务争端，避免了项目重大劳务风险。之后我开始重点关注、解决项目创效关键问题，我非常重视团结协作，与同事一起研讨项目合同条款，提出合同优化条款32款，一同讨论、编写项目施工方案25个，优化项目施工图纸、增加项目策划35项，并得到业主方签确资料。对于商务上的专业问题，我一头扎进当地定额文件、造价政策中，不断学习、钻研当地计价业务知识，通过3个月的不断钻研，往返咨询单位、业主单位、造价处，不断沟通谈判，最终该项目商务造价突破当地行业传统规则5个，更为项目带来了数千万元可观的经济效益。项目后续实施过程中，我始终保持认真负责的工作态度、脚踏实地的实干精神、精益求精的优良作风，不断攻克一个又一个系统问题及困难，将项目前期公司提示的策划指标全部完成，潜在风险全部化解，将公司未曾想到的或者觉得无法实现的，也均取得突破、实现效益，最终，该项目效益也定格在了所有人未曾想到过的41个点。我也因此荣获“公司业务标兵”荣誉，同时在业务比赛中两次获得第一名，并发布学术论文一篇。

正是大学四年的思想培养，工作多年的理念践行，让我一步步坚定地走上了正确的方向，工作六年来，历经5个项目，为国家及企业创造超亿元利润。

时代之于你我，是无尽的汪洋大海，有人乘着豪华邮轮，有人乘着冲锋快艇，有人撑着打鱼船，在这片海上，众人为乘风破浪，可谓各显神通。时代的浪潮要去向何方，对于今日之你我都是不可预测的，但身为一名共产党员，身为雷锋精神的传承人，事在人为的理念让我相信，只要拥有了成熟的掌舵技术，无论浪潮如何席卷我所乘的这艘船，我都可以破浪而出，驶向我的目的地。时代是海浪，经济和科技是你我所乘之船，而能带领我驶向理想之地的舵，则是我始终如一坚持着的工匠精神。经济和科技或许是一艘足以让我们在一段时期内安逸享乐的豪华邮轮，但若无居安思危之心，即使邮轮这样的庞然大物也会在巨浪来袭时顷刻崩塌，“大厦将倾，不过尔尔”。一味躺在便捷工具上睡大觉的人，势必会成为倾覆时的第一批遇难者。

2014年至今，我真正实现了从少年、学生，到成年人的跨越，我的年岁渐长，心性得到磨炼与沉淀，我这壶水从无到有，从冷水到温水，如今正在慢慢沸腾。一壶水最终的沸腾，要依靠薪柴的燃烧或动力的供应，钻研精神，工匠精神，便是能够燃起熊熊火焰，促使我沸腾的薪柴和动力。过去的成就只是一个阶段的书签，当我拿起这枚书签，便可看见这些书页里令人惊叹的词句，但过去的词句并不足以描绘将来的风景，过去的页面也只能作为闲暇时的回味。至于将来的篇章，要重新创作。我也将始终秉持坚持不懈，始终如一的工匠精神，在将来创作出脍炙人口的新篇章，乐于磋磨、忍受枯燥、坚定如一的工匠精神，也将带领我顺应时代浪潮驶向理想之地。

专心致志、博采众长，尽展工匠风采

一、个人简介

谭启龙，中共党员，2018年毕业于辽宁石油化工大学石油化工学院化学工程与工艺专业，现就职于中国石化燕山石化公司，任燕山石化烯烃厂芳烃区域制苯装置安全环保总监，从事工艺安全环保工作。作为一名“90后”党员，他在自己的岗位上兢兢业业，勇当先锋做闯将，以认真的工作态度，扎实的专业技术，不断为烯烃厂安全绿色高质量发展贡献力量。

二、工作成果

2022年全国行业职业技能竞赛裂解汽油加氢装置操作工职业技能竞赛金奖；
2022年中国石化青年岗位能手；
2022年中国石化技术能手；
2022年燕山石化技术能手。

三、先进事迹

1. 博采众长，不断“完善自我”

“信念是辉煌的光，照遍周围也引导着人自身成长。”理想信念是精神支柱、是政治灵魂、是青年成长成才的引航明灯。2018年8月，谭启龙来到了燕山石化，从第一次接触化工装置，到现在一转眼已是五年有余。他清晰地记得化工装置展现给他的宏伟和神秘感，纵横穿越的管线和林立的塔群让他的内心激动又忐忑。工作的第一年，他总会跟着班组师傅们学习室内调表、现场搬阀，从最基础的学起，慢慢进步。他拿来厚厚的规程、操作法，从点滴学起，一遍遍记忆着工艺图纸，一点点梳理现场错综复杂的管线阀门，他的工作生活看似平凡而枯燥，却磨砺了他的内心，坚定了他的理想，并点燃了他对工作的热情。他时常在想，什么时候能像师傅们一样顺利地完成日常操作调整？什么时候能够对现场流程“胸有成竹”？什么时候能像青年骨干那样亲自指挥装置开停工，成功处置应急情况，让生产装置“化险为夷”？他带着这些想法不停地学习着，跟随着前辈们的脚步不断提升自己，他坚信通过努力，也能够完美地把控自己的工作。

2023年是全面贯彻落实党的二十大精神的开局之年，是公司全力打造“四个基地”、加快推进“两个领军企业”、持之以恒推动安全绿色高质量发展的一年，作为燕化公司的一名青年职工，通过在一线锤炼，参与生产运行、技改项目、安全环保的管理，谭启龙感受到自身本领的欠缺，需要进一步提升自我、完善自我、超越自我，坚定干事创业的信念，不断提升应对困难挑战的能力，提升自我综合素质。“千锤万凿出深山，烈火焚烧若等闲”，要想提升思想境界，就要经受各种考验，在生产实践中锤炼，在困难中成长，在学习中进步。青年人作为企业新鲜血液，他们朝气蓬勃，思想活跃，敢打敢拼、敢于承担重任，面对急难险重的情况不退缩，清晰认识到自我的职责，始终保持强烈的责任感和甘于奉献的精神，履职尽责，为烯烃厂的发展贡献自己的力量。

2. 埋头苦干，坚持“爱岗精神”

“爱岗敬业，忠于职守。”爱岗敬业是思想认识上的“标配”，对工作要保持一丝不苟，精益求精的态度，尤其对于化工生产装置而言，安全生产无小事。作为一名青年员工要时刻牢记自身的责任使命，并用行动去诠释，在平凡的工作岗位做出不平凡的业绩。在实际工作中，谭启龙总结之前的工作经验及知识技巧，不断研究开停工过程、生产调整过程，身体力行、知行合一，加强对装置的掌握，以更高的标准要求自己。从2021年至今，经过制苯装置数次的生产波动调整的历练，进一步提升了他从装置全局角度思考和开展工作的能力，也让他对加氢、抽提蒸馏技术有了更深刻的认识。在日常工作中端正自己的态度，脚踏实地，做到“干一行、爱一行”，除了完成相应的基础技术管理工作，一有时间他便跑去现场，梳理现场流程，厘清管线分支及工艺作用，提升对装置的认知，争取在脑海中构建出装置的“3D流程”，全面巩固自己的基本功。

2022年，对谭启龙来说，是收获的一年，也是成长的一年。经过选拔，谭启龙和另外四名同志代表燕山石化公司参加全国裂解汽油加氢装置操作工职业技能竞赛。本次竞赛为国家级二类竞赛，共有来自中国石油、中国石化下属的19家企业、76名选手线上同台竞技。通过综合知识考试、DCS仿真操作、HSE应急仿真演练、多媒体纠错、综合答辩、决赛抽考作答等多个项目竞赛，全面考察参赛选手职业素养、技能水平和专业知识。在两个多月的集训时间里，他全身心投入，加深对《汽油加氢装置操作工》《中国石化裂解汽油加氢装置生产管理指导意见》等资料的学习，坚信好记性不如烂笔头，将每次考试的错题、平日学习中遇到的疑难点问题、知识点等记录在笔记本上，以便复习使用，每天做到“温故知新”。十年磨一剑，一朝试锋芒。凭借着一丝不苟的敬业精神和勤学苦练的学习态度，最终在全国裂解汽油加氢比赛中，谭启龙成功摘得金牌，燕山石化公司也取得了团体二等奖的好成绩。他积极践行“三勇”理念，勤学苦练，自我加压，精益求精、不断突破自我，在大赛中获得较好成绩，展现出了燕山石化员工队伍过硬和良好作风，为企业赢得了荣誉。入职的时候他就想趁着自己还年轻，择一个平台，从头到尾干一把，为自己的青春拼一回。他是这么想的，也是这么做的。他以饱满的热情、过硬的专业能力、严谨的工作作风投身于化工事业。他一心扑在自己的工作上，勤勤恳恳，组织协调能力进一步提高，及时总结分析工作中成绩和不足。团结同事，和员工同上同下，吃苦耐劳，踏实工作。能独立完成复杂工况组织处理并在工作中不断创新，工作态度积极，工作质量、效率和工作效益都得到了领导和员工们的认同。他深知自己的进步，离不开领导的关怀和大力支持，也离不开同事们的关心和帮助。

3. 开拓进取，保持“朝气蓬勃”

“利剑千锤成器，精铁百炼成钢。”阔步新时代，奋进新征程。青年职工要始终保持积极向上的朝气、开拓进取的锐气、知难而上的勇气，干实事、干成事。作为一名业务人员，不仅要掌握技术方面的知识，对于设备、安全、环保、管理制度方面也同样需要了解掌握，争取做一名复合型人才。突破自我的“舒适圈”，积极接受新事物、新技术、新理念，时刻监控并调整装置控制指标，优化能耗用量，探索加氢、抽提单元低负荷工况下的工艺参数，为降本减费、生产优化贡献自己的一份力量。作为一名装置工艺员，他对装置生产的各个环节，生产设备的运转情况以及生产流程的特性都有清晰的认识。日常工作中牢固树立安全第一的观念，掌握安全生产相关内容，规范自身行为，制止不正确操作，让装置始终处于安全平稳运行的状态。制苯装置罐区安全隐患改造项目开展以来，他进一步熟悉了罐区流程。原有罐区新旧流程交织在一起，如何辨别、区分、隔离并处置好是个细致活。项目开工后，土建、管道、电仪等方面工作的开展让他开阔了眼界，让他对技改项目的实施过程有了更深的认识，也进一步提升了自己的业务本领。作为装置安全环保总监，他经常去现场巡检，查看设备运行异常、查摆装置隐患。有一天，在现场发现了两处安全隐患，一台泵漏红油，还有一个丝堵存在漏点，他马上进行拍照记录，积极和区域主管沟通，一下午工夫就落实整改完成，成功消除了装置运行隐患。

这更让他意识到，作为青年党员，要始终保持强烈的责任心和甘于奉献的精神，在平凡岗位上履职尽责，做出不平凡的事迹，成就青春梦想。面对生产异常，以开阔的思维和全局的视角去开展工作，勇于承担重任，敢于突破难点，确保装置安全平稳运行。以激昂的斗志和永不满足的创新精神，为装置实现安全绿色高质量运行贡献力量。满怀着对人生的憧憬，对工作的激情，谭启龙在这平凡的岗位中，不断刷新自己的成绩，曾经奋斗的脚步已渐渐汇出了康庄大道的轮廓，在今后的征程中，他将继续砥砺奋进，绘出满意的青春画卷。

秣马厉兵、精益求精，彰显工匠精神

一、个人简介

王跃，中共党员，2013年毕业于辽宁石油化工大学应用化学专业，进入国能榆林化工有限公司，注册安全工程师，人力资源管理师，现任技术质量部分析工程师。

她是全国技术能手；她是陕西省“五一劳动奖章”的获得者，享受榆林市劳动模范待遇；她是国家能源集团十大杰出青年；她是陕西省十七届运动会火炬手；她是中央（在京）企业党代表；她是全国石油和化工行业技术能手；她是国家能源集团巾帼建功标兵；她是中国神华煤制油公司优秀员工、优秀共产党员、巾帼建功标兵；她也是国能榆林化工技术岗位标兵、首届十大杰出青年，她更是一位乘风破浪、奋斗在煤化工行业的“铁娘子”。

二、先进事迹

1. 潜心钻研，练就“工匠技艺”

“干一行，爱一行，干一行，专一行”，工业分析专业的她，大学毕业后毅然决然地选择了离家1000多千米的毛乌素沙漠，有人问她：后悔过吗？她只是轻轻一笑说：学有所用，很值得。她是这么说，也是这么做的，成为一名化验员，是选择也是一种热爱！在公司甲醇下游加工项目建设、开车过程中，她积极参与到化验室的初期筹备工作中，从调试仪器到建立分析方法、从编写操作规程到创新攻关，她始终坚持用学习武装自己，短短几年时间，掌握了从原料进厂到中间控制，再到成品产出、水质及环境监测等全方面的煤化工分析。

作为一名操作工人，参加技术比武是提高自身素质及技能的重要途径。在历次公司技能比武中王跃均名列前茅，2018年，经过层层选拔，她被推荐参加第十届全国和化工行业职业技能竞赛，经过40天的艰苦集训，她代表公司参加大赛，比赛汇集了来自全国各大企业的61个代表队，经过理论考试、仿真考试、实操考试三轮比拼，最终以三项综合排名第一名的成绩，获得“全国技术能手”称号。

“脚踏实地，仰望星空”，这个倔强的姑娘，靠着持之以恒的学习和一丝不苟的钻研，以踏实的脚步在追梦。因为投入而甘愿付出，因为付出而心生热爱，因为热爱而始终坚持。她用自己最真诚的方式在工作中创造价值，用自己的实际行动诠释着执着与奋斗的工匠精神。

2. 创新技术，成为“攻关达人”

“宁要一个过得硬，不要十个过得去”，作为一名分析化验员，她总是在工作中“吹毛求疵”。她每天把大部分时间都用于一线岗位找“麻烦”，哪个方法可以提高检测准确度，哪个方法可以提高检测效率，她总是主动带领岗位青年员工一起解决。

在进行聚乙烯产品拉伸性能测试过程中，她发现聚乙烯样品经常出现断裂位置超出范围的情况。经过调查研究发现，同类企业针对该问题进行了多方面的改进，效果始终不明显。为了解决这个问题，她查阅大量文献，并对比试验数据，建立了测定聚乙烯产品断裂拉伸应变的新方法，独立撰写并发表论文《采用移位法测定聚乙烯树脂断裂拉伸应变》，并获得公司青年创新成果奖。

针对化验室水质氨氮分析方法弊端，王跃研究并建立了一种新的分析方法——利用阳离子色谱测定污水和废水中氨氮。新方法不仅能够及时准确监测污水和废水中氨氮，还能为生产异常情况及时提供有效依据，避免了由于水质波动影响生产装置的负荷。同时，为污水回收利用、节能减排提供有力保障，实现对公司外排水氨氮的及时检测，预计每年节约成本约29.49万元，获公司五小成果二等奖。

这些年，她参与撰写并发表论文六篇，其中有两篇获得化工公司优秀论文奖，六篇专利已授权。作为QC小组带头人，承担科技项目5项，在公司评比中，多次获得一等奖。

3. 秣马厉兵，筑梦“无悔青春”

“合格了、合格了”，这无疑是榆化人无比激动的时刻，因为这一刻公司年产40万吨乙二醇项目成功产出了合格的乙二醇产品，实现项目首次投料试车一次成功。而这里需要我们注意的是“合格”二字，这两个字看似简单却饱含了王跃无数的心血。作为技术质量部乙二醇项目分析工程师，如何检测乙二醇产品，达到什么样的标准才算合格绝不是一件简单的事。在乙二醇项目筹建初期，她就开始查阅大量资料，研究乙二醇生产工艺，对乙二醇生产中对原料的要求、反应过程的检测方法以及可能产生的副产物研究了个遍。作为工程师她没有脱离实践、高高在上，而是时刻与大家在一起，从简单的酸碱滴定、水分分析到气、液色谱仪器调试与方法建立再到编写操作规程都有她的身影。那一段时间，化验室的每一个人都有一个共同的想法，那就是我们在上班的时候跃姐在上班，我们下班的时候跃姐还在上班。经过这样日复一日的努力，终于在项目开车前建立了一整套乙二醇分析方法，把好了乙二醇项目投产的最后一关。

4. 匠心不改，传承“精益求精”

2021年9月13日，对于榆林化工员工来说是个激动人心的日子，习近平总书记来到国能榆林化工视察，并在年产40万吨乙二醇现场发表重要讲话。作为青年员工代表，她站在第一排，近距离见证了这个光荣而难忘的时刻。总书记说你们是一支年轻的队伍，欣欣向荣，希望寄予你们，希望也寄托在新兴产业上，这是鼓励也是期许。她深感使命光荣、责任重大，经过100多天的日夜奋战，终于不辱使命，圆满完成了乙二醇项目的分析任务，在此期间也培养打造了一批精兵强将，如今原班人马再次投入公司年产5万吨PGA项目分析中，为公司向“高端化、多元化、低碳化”转型升级贡献力量。

2022年，她荣获国家能源集团“巾帼建功标兵”的荣誉称号，她真抓实干，不放过任何细节，作为技术质量部工程师，她不仅注重本部门工作的落实，也非常关心员工技能水平的提高。“学非探其花，要自拔其根”，她这么要求自己，也这样要求化验室的员工。在新员工上岗培训期间她虽忙碌却总是挤出时间抽查大家的学习情况，并要求师父在场，从师父教到徒弟学两手抓，要求大家不仅要懂得怎样分析操作，而且要懂得为什么这样分析，使大家意识到分析工作不仅是简单地摇瓶子、称样品、看颜色。工作中遇到问题时她常常由小及大、拓展范围，为大家讲述更多的专业知识，一场场的实操考试总是在不知不觉中变成集中培训课堂，她渊博的学识与耐心的讲解使在场的每一个人都深深折服。她常说：“日日行，不怕千万里，常常做，不怕千万事。”分析工作虽然烦琐复杂，但绝不是毫无章法，工作中积累经验，工作外自学培训，同行中技艺切磋都是学习的途径，入职十载，她早已练就一手“快、稳、准”的绝活，并毫不藏私地将这绝活传承了下去。

2022年7月12日，她担任陕西省第十七届运动会火炬手，在接过第33棒省运会火炬时使命感油然而生，体育竞技追求更高、更快、更强，这与榆林化工“高端化、多元化、低碳化”的发展目标不谋而合，她希望将这种不断拼搏、奋勇前进的体育精神传递给每一个人，在完成火炬传递后，她将火炬传递过程中的所见、所闻、所感，分享给身边的员工，提升员工在工作中的“精、气、神”。在工作之余，主动走到员工身边，了解他们在工作中遇到的难题与思想动态，针对不同员工的性格特点与个人专长，采取了个性化的引导方式，通过分享她个人的经历并结合公司的多通道培养方案，为员工的个人发展提出建议，她常说希望每一个人都能在榆林化工找到属于自己的舞台。

2022年10月16日，党的二十大胜利召开，作为中央（在京）企业党代表，她感到无比自豪，她说：作为榆林化工的一员，这五年，深深地感觉到了国家和企业的巨大转变，也更加坚定了岗位建功的信心决心。在新的伟大征程上，将直面挑战，坚守初心使命，争做勤于学习、勇于创新的煤化工产业工人，加快关键核心技术攻关，丰富企业高端化产品结构，优化产品质量控制，在绿色低碳发展的道路上继续拼搏奋进，在分析化验的岗位上发光发热。

“要有铁人的‘拼’，‘十年磨一剑’的‘专’，孜孜不倦的‘精’”这是王跃自创、秉持的新“三字经”。她用最真诚的工作方式在自己的人生中创造价值，在她身上，工匠精神有着最好的诠释。

砥砺前行、勇攀高峰，点燃工匠之火

一、个人简介

马晓楠，女，1993年8月生，2016年毕业于辽宁石油化工大学，现为中韩石化检验计量中心环境监测站二班副班长兼中心团支部书记。

2012年考入辽宁石油化工大学教育实验学院（现创新创业学院），曾任学院文体副主席一职。大学四年，她勤勉努力，连续四年获得学院奖学金。她积极参加校院两级活动，组织策划数十次校级、学院级比赛，大型活动及迎新晚会，担任校级晚会活动的主持人。她发挥所长勤工助学，利用课余时间兼职市内商演走秀模特的领队、商业主持以及乐队表演的主唱，演出场次过百，用实际行动践行自己的梦想。四年里，她荣获校级散文朗诵比赛冠军、演讲比赛一等奖、辩论赛团队名次第二及最佳领队奖等。

二、先进事迹

2016年7月，马晓楠入职中国石化武汉分公司。作为一名在武汉工作居住的非武汉籍青年，她始终抱着主人翁的态度积极工作，时刻以一个优秀青年的标准来要求自己，在工作上认真负责，敬业爱岗；在生活上严于律己，宽以待人；在学习上，不断进取，将理论与实践相结合，用实际行动践行着敢为人先、追求卓越的理念。

2021年5月，她就职于中韩石化检验计量中心。作为监测站的新鲜血液，始终保持着积极的工作热情，立足岗位做好每一项工作，逐步成长为环境监测站的业务标兵。她对环境监测和水质监测控制标准、分析方法、仪器设备都十分熟悉，经常自行或协助技术人员处理各种分析中出现的问题和异常，得到了中心领导和同事的一致好评。

她始终怀揣着梦想，在圆梦的道路上砥砺前行。在辛勤付出的同时，她的努力也获得了认可和回报。荣获全国百名最美生态环保志愿者、湖北省青年环境友好使者、中国石化企业文化宣讲大赛金牌讲解员、中韩石化第一届业务竞赛企业宣讲青年技术能手、中韩石化“三八”岗位女能手、“武汉就这young”抖音大赛二等奖、武汉市抗疫防护先进青年、中韩石化新闻宣传新人新事奖、中韩石化十佳通信员、中韩石化优秀团干、中韩石化十佳青年志愿者等称号。

“花开花落几春秋”她就是这样一朵盛开不落的花朵，走上石化之路、爱上这条路并不断碰撞出耀眼的火花。

1. 脚踏实地，做业务技术领头人

在中心的悉心培养以及自身不断钻研的过程中，马晓楠迅速成长为可以独当一面的技术能手。平均年分析项次7204项，加样项次296项，并绘制出多项标准曲线，为仪器操作编写标准操作法。作为项目负责人，为解决TN/TOC仪器故障率高、数据重复性低的问题带领团队开展年度技术攻关项目，从试剂质量、参数设置、仪器干扰等多个方面探讨和论证操作控制要点。解决燃烧管和捕集器的使用寿命问题、定期重配标液、重做标准曲线，达到减少仪器耗材更换、提高分析数据准确性及分析结果重复性的目标。

2. 善于发现，做服务管理有心人

作为中心的团支部书记，她善于观察，主动申报环境监测站全自动氨氮岗位为中韩石化青年安全生产示范岗，并正式立项。激励引导中心的团员青年在安全生产主业主责中充分发挥生力军和突击队的作用。

每逢新仪器新设备的调试和验收，她都积极主动参与，仔细查看说明书，认真学习使用方法、维护要点，与厂家技术人员交流讨论，尽可能地将仪器学通悟透。在中心的岗位练兵和技术比武中获得最高积分奖励。

在副班培训中，自己制作PPT课件并上台讲课，与同事们共同学习讨论水质分析的基本原理，将理论与实操相结合，经过站室技术员严格审核把关，使大部分人都有收获和进步。

3. 吃苦耐劳，做勇于担当表率人

积极配合设备工程部开展技术攻关活动，开展无磷水处理剂工业试验，进入钼酸根分析岗位，开展标样测试，提供分析数据，过程中及时发现药剂异常，并配合更换药剂前后多次进行复测验证工作。

节假日期间进入应急监测车随时待命，多次开展应急监测。走航车正式投用后，按照环保部要求，于厂界及重点装置区域17个点位走航监测、5个固定厂界点位全分析监测，确保公司环境空气VOC达标排放。

身体力行骨干人员关键仪器承包制，对气相分子光谱按照维护内容每月不定期检查、确认仪器状态，进行各类比对、标准曲线制作等，做好仪器的维护、维修档案记录。对于基本问题和故障做到自己动手处理。

4. 不断钻研，展望未来

未来将继续配合公司生产，及时提供准确的分析数据，为各装置平稳运行、安全环保保驾护航。保质保量完成各项常规分析及加样分析任务，配合安环部组织的VOC治理工作，继续进行各类加样及攻关任务的分析检验工作。配合各装置的查漏工作，确保分析数据及时准确，做好装置平稳运行的“眼睛”，为生产调整及时提供可靠的数据参考。

同时继续加强仪器设备维护工作，加大现场仪器设备的维护检查力度，争取故障及时处理不过夜，定期做好预防性检查并制订应对措施，最大限度延长仪器及配件使用寿命，做好仪器设备方面的降本增效工作。

5. 敢于创新，追求卓越

在工作期间，她负责新媒体宣传讲解，主持公司的各类比赛，积极参与各项志愿者活动。作为中国石化网红主播、品牌主理人，她经常深入兄弟单位进行企业文化传播，从情暖驿站大型公益项目、大学生记者训练营、南亚国际商洽会等品牌活动，到甘肃东乡及湖南凤凰一线扶贫行动，处处都有她的身影；她还在共青团中央的推荐下，进行网红品牌推广，响应祖国的号召为打响脱贫攻坚战奉献自己的力量；同武汉市团市委合作录制“青春流汗不留憾”的公益推广视频；作为绿色企业大使，同武汉市生态环境局合作录唱环境日主题曲；在武汉市团市委推介下，担任2019年第七届世界军人运动会的直播主播；在中国石化第三季、第四季、第五季公众开放日活动中，作为企业文化讲解员接待公众1000余人，网络直播在线人数累计达到5千万余人；2020年新冠肺炎疫情暴发初期，赴武汉市红十字会捐赠消毒物资，为传递国有企业责任担当、振奋抗击疫情士气做出突出贡献。

立足岗位、行胜于言，抒写工匠之章

一、个人简介

李晨炜，女，1998年9月生，辽宁省丹东市人，2019年加入中国共产党，2021年毕业于辽宁石油化工大学，获得工学学士学位。现就职于中国联合网络通信有限公司丹东市分公司。

二、先进事迹

1. 在大学全面发展

2017年入学，就读于辽宁石油化工大学经济管理学院，任工程管理专业本科生党支部副书记、工程1701班学习委员，在校期间曾荣获国家奖学金、中石油奖学金、中国大学生自强之星、全国大学生英语竞赛国家级三等奖、2021年校优秀毕业生、优秀共产党员、优秀学生标兵等多项荣誉，并被聘任为工程1901班班导生。

2. 在平凡岗位上闪光

2021年8月至今，就职于中国联合网络通信有限公司丹东市分公司，担任政企中心大客户经理。入职以来，感触很深，收获颇丰。在近两年的时间里，李晨炜完成了从学生到企业员工的角色转换，逐渐融入了集体，并且一直以一名优秀青年共产党员的标准来要求自己，在工作上认真负责，爱岗敬业；在生活上严于律己，宽以待人；在学习上，脚踏实地，不断进取。人只有向着更高层次的目标不懈追求，才会不断成长进步，她也一直秉承着这个理念而努力奋斗，在完成基础工作的同时，力争参加各项活动，全面发展自己。

工作期间主要荣誉：

（1）中国联合网络通信有限公司丹东市分公司“深入宣贯企业文化理念体

系，打造联通幸福家园”主题演讲比赛优秀奖；

（2）丹东联通第十二届迎春长跑比赛女子10公里一等奖；

（3）2022年度丹东联通“优秀共产党员”。

三、寄语母校

忆往昔，恩师言传身教诲人不倦；看今朝，母校桃李满园五湖四海。作为一名辽石化大学子，定将学校的以雷锋精神建校育人理念传承下去，有一分光发一分热，做最好的自己。一片绿叶，饱含着对根的情谊；一句贺词，浓缩了我们对母校的祝福，祝愿母校再创辉煌，谱写绚丽华章！

思想引领，持之以恒　服务社会发展

一、个人简介

沈继奔，男，中共党员，辽宁石油化工大学财务会计专业1990届毕业生，曾任山东临沂市和海口市副市长，现任国家开发银行研究院副院长（副局级）。

作为辽宁石油化工大学会计学专业第一届毕业生，沈继奔学习态度认真，成绩优秀，团结同学，积极参加各项活动，思想素质过硬，在同学中有较高威望。于1993年9月至1996年7月攻读中国人民大学财政金融学院投资经济学专业硕士研究生，1996年9月至1999年7月，攻读中国社会科学院研究生院国民经济学专业博士研究生，博士毕业后就职于国家开发银行。

二、先进事迹

沈继奔曾在中国石化安庆石化总厂计划财务处工作3年，1997年参加首批博士团到重庆市挂职，先后任重庆市建设委员会主任助理和市计划委员会副主任，1999年到国家开发银行工作，先后在财会局、政策研究室、综合计划局、规划局工作，2001年起历任财会局财务计划处处长、政研室研究三处处长、综计局综合处处长、规划局方法与制度处处长，2011年任规划局副局级高级规划策划经理，曾在山东临沂市和海口市挂职副市长，现任国家开发银行研究院副院长（副局级）。熟悉投资学、金融学、宏观经济学、区域经济学、产业经济学，对政策性金融尤其是开发性金融的理论与实践、区域与产业布局有比较深入的研究，起草各种领导讲话、文件、综合报告等材料百万字以上，参加数十项国内外规划编制，牵头完成《科学发展规划理论与实践》（31.6万字，中国财政经济出版社出版），在《中国投资》《改革》《管理世界》《财经问题研究》等刊物发表论文数十篇。

三、寄语母校

愿辽石化大桃李满天下，春晖耀四方！

踏实进取、砥砺前行，勇攀工匠之峰

张永海出生在辽宁抚顺，小时候经常听父亲讲铁人王进喜的故事，从小便立志要做一个像王进喜那样的石油人。工作13年来，他从一名普通操作工成长为公司青年科技创新带头人，现任独山子石化公司聚烯烃一部副总工程师，先后荣获新疆维吾尔自治区青年岗位能手、独山子石化公司劳动模范等称号，2023年获评集团公司第十二届“十大杰出青年”。

一、踏实进取的“实力派”

2010年8月，从辽石化大毕业的张永海，就职于独山子石化聚烯烃一部全密度聚乙烯装置聚合岗位。他暗下决心，一定要在这个聚烯烃新材料领域干出个名堂来！他开启了“疯狂”学习模式：上班跑流程，下班学理论，见人追着问，小本不离身。那两年，他把所有业余时间都用在了学习上。凭借“不学懂决不罢休”的劲头，他用最短的时间掌握了整套装置各岗位的技能，成为车间通过全岗考试的第一人，是名副其实的“技术大拿”。

正是由于对待工作学习的“钻劲”，工作仅4年，张永海就作为独山子石化开工专家，赴四川石化聚乙烯装置执行开工指导任务，装置一次性开车成功。2021年，他又作为独山子石化全密度开工队领队，赴塔里木石化分公司执行原始开工任务，连续45天奋战在项目驻地，实现一次性开车成功。

张永海不畏险阻、敢为人先，带领团队骨干七年奋勇攀登，全身心投入茂金属产品开发中。从前期与外商沟通转产方案，到施工作业风险评估、现场“三剂”准备，再到系统保运、局部改造，在试产达到安全平稳可控的效果后，他们先后开发了铬系高强膜、中空料、茂金属系列膜料等11个牌号的新产品，填补了国内空白，打破了国外技术垄断。2020年，张永海参与的“PE-RT管材专用料开发”“降低停工物料损失”等技术攻关，获独山子石化公司科技攻关一等奖和集团公司科技进步成果奖二等奖。

从一名新员工，到承担聚烯烃一部安全生产指挥重任的副总工程师，张永海用勤学苦练、甘于奉献的精神，诠释着新时代石油青年的责任和担当。

二、产品高端化的“开拓者”

茂金属生产工艺被称为化工行业的“殿堂级技术”。茂金属产品性能好、附加值高，被誉为塑料中的“软黄金”，是高端聚烯烃市场上的抢手货。国内同类产品大量依赖进口且价格昂贵，不少石化企业曾尝试工业化生产，但因生产难度大，大都不了了之。

“我们就是干这个的呀！外国人行，我们怎么就不行？”2015年，张永海和他的团队开始了茂金属攻关。200多个日夜，70余版技术方案，在经历了反应器结块、聚合换热器堵塞等重重考验，实施了18项优化技改项目后，他们终于突破了茂金属生产的技术壁垒。2018年7月，独山子石化茂金属2个体系5个新产品研发工作全线贯通。

紧接着，更大的挑战摆在了张永海的面前：茂金属不同体系之间的连续转产，这在国际同类装置中没有先例。面对困难，张永海带领团队骨干根据已有的生产经验，将每个转产节点和关键参数合理化，研究出适应实际生产工况的最佳数据，然后再讨论、再优化……

最终，装置成功完成全世界首次不同催化剂茂金属产品的连续转产，并且转产时间由56小时缩短至6小时。这项技术成果不仅节省了原料，还给装置节省了300多万元的检修费用，他所在的运行部也被独山子石化公司授予集体三等功。

三、提质增效的“淘金者”

为落实集团公司提质增效、低成本发展的战略举措，张永海带领团队从转产优化、增产降耗、三剂优化等方面深挖装置潜能。他牵头挂帅的12个项目，成效显著，年均增效4500余万元。2021年，他所在的运行部5条树脂生产线创造了非计划停工为零的历史最好纪录，全密度装置铬系、BMC产品不断刷新长周期运行纪录。

2022年一季度，茂金属产品市场活跃。为了抓住生产销售最佳时机，张永海率领团队仅用了3个月就高质量完成了6个月的生产加工任务。在转产过程中，由于新疆冬季气温低，茂金属聚乙烯物料流动性较差，取样口常常出现外观酷似“爆米花”的粒料。这些“爆米花”在出料时如脱水不干净，极易造成旋转阀和料仓底部冻结、粒料无法输送。为了减少“爆米花”的数量，延长挤压机长周期运行时间，张永海提出人工提前干预的办法。他和几名小伙子站在狭窄的膜板前，用两天时间，人工疏通了4800个膜孔，提前完成了茂金属的生产加工任务。

2020年至2023年，聚烯烃一部生产防疫原材料聚丙烯S2040产品43万吨，可供生产医用口罩1600亿只，受到了国务院联防联控机制的致信感谢。2022年，独山子石化的三元共聚聚丙烯热封膜料TF1007、PE100级管材料等一批新产品实现规模化生产，优质聚烯烃产品达到150余万吨，其中PE-RT地暖管、茂金属聚乙烯等新材料产量达27.7万吨，集团公司排名第一，张永海做出了突出贡献。

生逢盛世，使命在肩。作为扎根一线的新时代石油青年，张永海不忘初心，砥砺前行，不断发挥自身技术优势，带动更多青年积极投身于保障国家能源安全的实践中，为打破国外高端化工产品领域技术垄断贡献青春力量。

第七章　合：锤炼意志品质

合寓意为符合、适合、融洽。在工匠精神的培育过程中，将职业素养提升作为基石，锤炼劳动者的意志品质，使劳动者的职业素养与工匠精神相符合，以较高的职业素养，坚定的意志品质，培育担负民族复兴大任的有理想、有本领、有担当的时代新人、大国工匠。

第一节　职业素养是工匠精神的基石

工匠精神简单说就是一种职业精神，工匠精神是大学生将来在工作中，必须坚持的一种人生的价值取向。工匠精神和大学生的价值观、人生观有着非常紧密的关系。而职业素养是工匠精神的基石。采取积极有效的措施，使工匠精神和提升应用技术型人才职业素养有机结合，对于培养学生树立职业目标、养成良好的职业素养，具有极其重要的作用。在人才职业素养的培育过程中融入工匠精神。保持各环节教育影响的一致性，使工匠精神在职业素养的塑造中贯穿于教育教学的全过程。培养大学生具备职业规划能力。将工匠精神融入人才职业素养教育，已成为人才培养发展趋势的必然要求。为着力培养担负民族复兴大任的有理想、有本领、有担当的时代新人打下坚实的基础。

一、职业素养的内涵

（一）概念界定

追根溯源我国很早就开始使用“素养”一词了。《汉书·李寻传》中提到：

“马不伏历，不可以趋道；士不素养，不可以重国。”其中“素养”为修习涵养之义。素养，即由训练和实践而得到的技巧或能力，是个体在行为、思想、知识及技能方面表现出的一种综合品质。

关于职业素养的概念，学术界较为认可的一种解释是：职业素养是指劳动者在从事专业技能学习和生产劳动过程中逐渐形成的、较为稳定的职业道德与意志、职业行为和习惯等方面的素质。它是个体通过长期劳动实践获得的、在工作过程中表现出来的内在的规定性要求及外在的行为，这是其要素维度。由职业素养的要素可知，它通过长期的劳动实践获得，因此具备稳定性、持久性；它是个体工作的内在规定性要求，因此具有内在性，是个体积累经验并内化的结果；个体在工作的各阶段表现的行为特征不同，因此职业素养还具备可训练性、发展性。这是其特征维度。此外，借鉴素质冰山理论，职业素养可以分为显性职业素养和隐性职业素养。露在水面上的一角属于显性素养，包括职业技能等，而藏于水面以下的大部分冰山属于隐性素养，由职业道德、职业意识和职业行为组成，其短时期内不易被鉴别，需要在长期工作过程中才能表现出来。这是其结构维度。

因此，职业素养界定为：人们在从事某项工作时需要的、通过长期实践与培养获得的、具有稳定持久性和可训练性的本质个人属性，是各项品格特征、行为规范的集合，包括职业技能、职业意识、职业行为、职业道德。

（二）内涵阐释

1. 职业技能素养

职业技能素养包括个体的智力技能及动作技能水平，智力技能即个体的知识理论水平、思维水平、问题意识和解决问题的能力，动作技能即个体在实践和工作过程中需要进行反复练习的操作能力。

2. 职业意识素养

职业意识素养包括职业知识、职业态度、合作意识及忠诚度。何谓职业知识？它是职业人在职业活动中形成的职业的认识、情感和态度，分为职业的基本知识、价值知识、生涯规划知识、情感知识和理想知识。

职业基本知识是职业院校学生择业和从业的基础，对于职业本身的理解，对各个职业的要求定位及其与自身匹配性的了解，职业价值知识是职业平等意识及认同感，生涯规划知识是对于未来就业路径的基本构想，职业情感知识是自身对职业岗位的兴趣，职业理想知识是关于职业的阶段性目标。职业理想是个体为满足内心需求而形成的对于未来职业道路的设想，包含着个体的职业理想、职业发展，对其成长起引导作用。

3. 职业行为素养

职业行为素养是个体在职业生活中具备的作风及行为习惯，①是职业意识的外显结果，包括学习行为、日常行为、语言行为等。亚里士多德认为道德教育的成功依靠天性、习惯和理智，行为习惯对于道德教育的培养非常重要，因此职业行为素养是道德素养形成的关键条件。

学习行为方面，包括刻苦钻研、态度严谨、勇于创新，用行为展现出学习成果；严格执行规则标准，注重效率；通过反复操作、测验强化经验知识。如漆艺大师钟宏云从事漆艺四十余年，依然坚持每日练习、创作，在先前的作品基础上不断进行细节的改进。现代工匠对本职工作严肃认真，并且善于探索创新，将自己的专业知识融入操作，严格按照标准进行操作，通过精密的流程保证效率。如竹编手艺人马吉林编竹时严格遵循“压二挑二”，压两根竹篾接着挑起两根，编一段时间便需要反复察看，保证编造的准确性，这种经验性知识需要不断的检验、反馈和自省才能逐渐形成。

日常行为方面，包括个人习惯上注重仪表和工作环境的整洁；人际关系上具备沟通能力、组织协调能力，能够合理平衡协作与竞争的关系。沟通能力是在人际交往中表现出的协调能力，掌握得体的沟通方式是保证工作效率的关键。组织协调能力是以工作任务为出发点，调动、分配、控制和使用资源从而完成工作目标的一种能力，也是职业院校学生入职后快速适应工作情境、熟悉工作流程的要素能力。协作能力是建立在合作精神、大局意识基础上的能够保证个人和集体利益统一的能力，竞争能力是能够激发自身竞争意识、与他人公平竞争的一种能力。

语言行为方面，包括语言表达上的规范，足以自洽的逻辑，待人处世时的礼仪，一定交际知识的掌握等。工匠能够将操作流程、需具备的条件以及制作产品时的精神态度进行阐释，在表达内心想法和观点时遵循一定的逻辑，并且态度诚恳、语气平和、礼貌待人。此外，注重交际知识的运用，善于适应各种书面、网络、通信工具等进行交际。

4 职业道德素养

亚里士多德提出，道德教育的目的在于通过练习及实践使儿童形成公正、节制及勇敢等优良品行。职业道德素养是个体发展过程中符合专业要求的道德观念、道德准则、道德情感和道德品质。

职业道德素养包含职业品德、职业责任、职业纪律及职业胜任能力。职业品德是个体在工作过程中表现出的道德修养，包括尊重他人、诚信待人等；职业责任是工作者需要具备的对本职工作的责任意识和敬业精神。责任意识包括对自我、他人、集体、社会以及工作上的认知、情感及态度，能够遵纪守法、主动承担责任；职业纪律是工作过程中需要遵守的职业规范，包括操作规范、行业规范等；职业胜任能力是个体对于本职工作的驾驭能力，其专业知识与职业要求相匹配。如浙江工业职业技术学院将思政的案例植入进教学，把职业素养的内容融入专业教育，以技能训练为平台培养隐性职业素养，再以案例教学为教学组织形式进行教育。

（三）职业素养的三大核心

1. 职业信念

“职业信念”是职业素养的核心。那么良好的职业素养包含了哪些的职业信念呢？应该包含良好的职业道德，正面积极的职业心态和正确的职业价值观意识，是一个成功职业人必须具备的核心素养。良好的职业信念应该是由爱岗、敬业、忠诚、奉献、正面、乐观、用心、开放、合作及始终如一等这些关键词组成。

2. 职业知识技能

“职业知识技能”是做好一个职业应该具备的专业知识和能力。俗话说“三百六十行，行行出状元”，没有过硬的专业知识，没有精湛的职业技能，就无法把一件事情做好，就更不可能成为“状元”了。所以要把一件事情做好就必须不断地关注行业的发展动态及未来的趋势走向；就要有良好的沟通协调能力，懂得上传下达，左右协调从而做到事半功倍；就要有高效的执行力，我们研究发现：一个企业的成功30%靠战略，60%靠企业各层的执行力，只有10%的其他因素。中国人在世界上都是出了名的“聪明而有智慧”，中国人不缺少战略家，缺少的是执行者！执行能力也是每个成功职场人必须修炼的一种基本职业技能。还有很多需要修炼的基本技能，如职场礼仪、时间管理及情绪管控等，这里就不一一罗列。各个职业有各职业的知识技能，每个行业还有每个行业知识技能。总之学习提升职业知识技能是为了让我们把事情做得更好。

3. 职业行为习惯

“职业行为习惯”，职业素养就是在职场上通过长时间的学习—改变—形成，最后变成习惯的一种职场综合素质。信念可以调整，技能可以提升。要让正确的信念、良好的技能发挥作用就需要不断地练习、练习、再练习，直到成为习惯。

二、职业素养与工匠精神的关系

2017年2月6日，习近平总书记主持召开中央全面深化改革领导小组第三十二次会议，审议通过了《新时期产业工人队伍建设改革方案》，指出“强化职业精神和职业素养教育，大力弘扬劳模精神、劳动精神、工匠精神，引导产业工人爱岗敬业、甘于奉献，培育健康文明、昂扬向上的职工文化，在精神文明建设中发挥示范导向作用”。

工匠精神是凝结在从业者身上的、在制造或工作过程中追求精益求精的品质。工匠精神和职业素养不仅具备层次上的一致性，特征也存在密切耦合。

（一）工匠精神与职业素养的核心内涵相通

工匠精神是工匠群体所具备的职业准则，是职业素养的极致体现，对于高校学生群体来说，需要培养的是以工匠精神为引领的职业素养，即蕴含于工匠精神中的职业素养。

工匠精神和职业素养在内涵取向方面有高度的一致性。职业素养是从事某项工作时需要的、通过长期实践与培养获得的、具有稳定持久性和可训练性的本质个人属性，是各项品格特征、行为规范的集合，包括职业技能、职业意识、职业行为、职业道德。职业技能为职业素养的发展奠定基础，职业意识是动力性因素，职业行为是外在表现，职业道德是内化于心的要素。这四个方面互为补充、相互依存，并通过以下几种形式得以实现。

职业素养中的职业技能是工匠精神的客观物质载体。工匠精神中的第一层次便是专业技能的掌握，追求“尚巧”、精益求精，同时这也是职业素养的根本——职业技能所注重的领域；职业素养的职业意识素养是工匠精神的内在体现，职业意识包括职业知识、职业态度、合作意识及忠诚度，工匠精神的内在体现即专注、精雕细琢的态度，而这正是职业意识所包含的内容；职业素养的职业行为是工匠精神的外在表现，工匠精神通过规范的行为得以体现，这是具备了一定技能水平后对于规律的灵活运用；职业素养的职业道德是工匠精神的价值提炼。工匠精神的价值层面中包含了天人合一、遵从内心、具备高度责任感等，与职业道德所强调的职业品德、责任意识、职业规范、职业胜任能力相对应。

工匠精神和职业素养核心内涵的一致性为两者的契合奠定了坚实基础，同时，两者的内涵层次也指向其成长模式，包括技能层次、意识层次、行为层次和价值层次。先掌握了专业技能，后拥有了专业态度，也就是一种情感认同，其后形成了自觉性修为，开始追求创新性和审美性，最后获得了天人合一的价值理性，追求产品的去时间化，在世间长久地留下自己的印记。整个成长模式环环相扣，从而实现了工匠精神和职业素养逻辑上的耦合。

（二）工匠精神与职业素养的特征契合

冯友兰先生提出人生四境界，自然境界、功利境界、道德境界和天地境界，自低到高的境界由个体的精神觉悟来决定。工匠的基本要求是具备道技合一的品质，在掌握技术的前提下，最重要的是坚定对人生境界的追求，拥有一定层次的理想信念。现代技术发展的特点之一是社会功能的增强，而在使用技术的过程当中，只有通过协调人与自然的关系才能达到社会价值的最大化，这种协调意识是工匠所必需的，也是职业素养培养的目标之一。不仅目标层面有共性，二者在各个要素的特征层面也是相契合的。

1. 技能水平具生成性

职业素养具有自发生成性、主动性。首先，职业素养是个体由内心自发生成的，仅依靠外力而没有自我主动性是无法稳定的。由于经验的形成来源于人对环境主动产生的力以及被动承受的环境下的力的统一，经验由主动成分和被动成分构成，这两个因素特殊地结合着，所以学生的主动参与可以获取更多个人经验，从而逐步促使职业素养的形成。正如卡尔·波普尔所言，自主性观念是第三世界理论的核心（第三世界即客观理论、客观问题和客观论据的世界），自主性观念像其他动物的产物一样，可以主动创造它的自主性领域。学生的内在自发性是促使其职业素养形成的最大动力。

而工匠精神最主要的特征是技能水平的精湛，具备高超的技艺是工匠最基本的能力，马克思也提出，个体在制作或应用器材的过程中，其本性都是关于技艺的创造性活动。技能水平的提升需要由内心生成、由个体主动完成，通过获取外界经验而达到相对稳定性，因此，职业素养和工匠精神的生成性是相贴合的。

2. 情感认同具累积性

职业素养是可累积的。个体的素养是凭借学习、实践的平台，以参与的活动为外显形式而存在，主体参与的活动改变时，其职业素养也会发生变化，因此，职业素养培养需要较长的周期，在原有素养的基础上逐步累积。

工匠精神中对本职工作极高的、可累积的情感认同度则正是工作持续性的前提。根据动机理论，个体需要满足不同的需求。在进入较高阶段时，人的需求层次会更高。工匠具有发自内心的认同感和高度的热情，始终抱有发现的好奇心和解决问题的兴趣，从而主动寻找解决方案，在工作过程中生成内在满足感、连贯性，探索问题为完成工作并且随着时间的累积逐渐增加对其的情感投入，将本职工作看作奋斗一生的事业。职业素养与工匠精神共同具有的可累积性为两者融合奠定了基础，正是由于职业素养需要较长周期，可在先前基础上累积，才促使其对工匠精神的借鉴有更充分的吸收空间。

3. 文化自觉具内隐性

职业素养具有内隐性。职业素养是一种蕴含于个体内心，无法用外在标准进行量化的素养。它是内隐的，能够使学生在工作岗位上由于习惯化、发自内心的高度认可以及深度理解化而迅速适应工作情境。波兰尼提出知识具有默会的成分，它在很大程度上是无法用语言表达的，即知识具有个人性，职业素养具有难以言喻的特点，包含公认的但不容易言传的属性。正如野中郁次郎所提出的知识螺旋，是经历社会化、外化、组合、内化的过程，将隐性知识消化吸收的过程。

工匠精神包含强大的内部文化自觉性。对于工匠来说，一方面，默会知识是其知识库中的核心内容。工匠需要主动进行知识的积累，将学习、实践过程中习得的经验进行内化，转化为各领域的知识，再进行分类、系统化。通过内部知识的累积，形成对于技艺的独特见解，从而提升自身的创造力。创造力包括创造认知力以及创造实践力，拥有创造力才会对设计独具匠心、对技艺优化革新、对质量精益求精。工匠为了提升创造力，必须掌握专业理论知识，为创造实践奠定基础；另一方面需要实践训练，创造力的提升建立在技艺水平的基础之上，通过实践才能将所学精髓提炼出来，凝结在行为上，实现成果的创造后才能进一步反观自身、精进技艺，完成阶段式提升。

由于职业素养的内隐性同工匠精神中文化自觉的内化相一致，因而借鉴工匠精神中自觉修为对于职业素养的深入培养大有裨益，学生由此能够自觉、主动地将知识和技能习惯化并内化于心，为后续追求极致境界奠定基础。

4. 价值信念具持久性

职业素养是持久性的。由于职业素养是个体主动生成、内化于心的，并且需要较长的培养过程，对个体本身的基础条件有着较高的标准，因此，职业素养的培养一旦形成就具有稳固性、持久性。

工匠精神包含着对于本职工作从一而终的信念感，充分热爱本职工作、拥护内心的职业理想，并且为达到理想确立各个时期的职业规划。具有工匠精神的群体能够站在长远的角度考虑问题，以信念支撑在其某个领域进行长期、专注、持续地学习并不断打磨、掌握核心技术和技能。价值信念的持久性是将工匠精神融入职业素养培养的根本前提，能够充分保障职业素养培养的稳定性、长效性，促使基于工匠精神传承的职业素养获得阶段性、持久性提升。

（三）工匠精神是高校职业素养培养的价值引导

高校的学生职业素养缺乏的根本原因在于文化层面，即意识形态上缺少正确的价值观引领。学生需要正面的价值追求导向来丰富其精神生活，这样才能进行自我约束、自觉提升自身的素养水平。而大国工匠作为高校学生成长路径中的重要选择，能够起到动力支撑的作用，在学生职业素养的培养过程担任价值引导者的角色。

1. 工匠精神是职业素养培养的价值方向

工匠精神包含着对本职工作的信念感，正是这种对工作岗位的高度热爱支撑着工匠孜孜不倦追求事业的高峰，为实现自我价值追求和职业的社会价值奠定坚实基础。合格的工匠将本职工作看作神圣之事，全身心投入其中，不容旁人亵渎。由工匠对于本职工作的信念感、自豪感以及奉献精神可以看出，职业无高下之分，职业的平等通过各行各业群体在其岗位上兢兢业业得以体现，为自己的工作而感到骄傲便是工匠精神的核心所在。

当前，经济高速运转，社会风气浮躁，相当一部分人奉行结果导向的原则，对于过程中的付出则极力避免甚至予以矮化，导致各类方法论和厚黑学大行其道。高职院校在培养学生的职业素养过程中也不免染上浮躁之气，这体现在注重结果导向、片面追求技术型人才的培养，且教师在授课过程中偏向工具理性，将学生看作产品，换言之，往往受到机器大生产时代主流理念的遮蔽而混淆了人与机器的关系，未能充分尊重人的主观能动性，挖掘学生职业素养方面的潜力。因而，将工匠精神中的潜心钻研、敬业守业之心贯穿至高职学生职业素养的培养是符合当前职业素养培养现状的应时之举。

2. 工匠精神是职业素养培养的历史源泉

工匠精神的至高境界即从审美角度观照世界，此时的工匠能够摆脱本职工作的外在属性，将技术和“道”相结合，赋予技术与其相匹配的价值，真正以部分群体的高标准重新定义了本职工作相应的社会地位。工匠型人才以产品叙述的形式将其工作的价值充分展示出来，从而获得相应的社会认同。具备工匠精神的群体能够将其具备的技术水平内化为“道”和价值信念，再外化为质量上乘的产品和相匹配的社会地位。

我国的传统思想中仍然有一部分观念在大众意识中根深蒂固，如儒家思想的“万般皆下品，唯有读书高”仍是当前社会唯学历论的依据，这种刻板印象极大阻碍着高职学生职业素养的进一步培养，而在就业时，学而优则仕的观点反过来又影响着高职学生的择业，学生往往优先选择社会地位高、待遇丰厚的工作。因此，将工匠精神中自我挖掘、自主定义社会地位的境界融入职业素养的培养中，方能去除传统观念的负面影响，树立学生正确的价值观，并在一定程度上保证工匠文化的历史延续。

3. 工匠精神是职业素养培养的文化土壤

工匠精神得以历久弥新的核心因素便是其对物的“真”和敬仰，这种抱诚守真的特点将人与物融为一体，并且进一步拉近了人和人的关系。工匠精神包含着一种对自我的审视，能够在一定程度上实现自我监察、激发个人的责任意识，做到“慎独”，这种自我内化、观照促使个体向极致的境界迈进，从而持续性完成强化自身地位的行为。

我国高职院校当前的职业素养培育理念恰恰缺少对于人与物关系的嵌入，导致学生对自我、对物缺少高标准的约束，相当一部分学生对自我价值的认知存在障碍、缺少对于某岗位胜任能力的信心。此外，学生接受的价值观教育、道德熏陶不足，学校的文化氛围不足。职业素养的成长需要一定的文化土壤和环境，而工匠精神便是其培养的有力根基和生长土壤。将工匠精神与职业素养的培养相结合，营造积极的文化氛围，方能有效实现学生的“抱诚守真”。

三、大学生职业素养的培育

（一）大学生职业素养培育的特点

大学生职业素养培育就是在遵循职业素质养成规律的基础上，通过大学生自我培养、高校教育培养和社会实践培养等途径，塑造和发展大学生在未来职业活动中发挥重要作用的外在行为方式和内在素质的教育实践活动。大学生职业素养培育具有基础性、实践性、拓展性、系统性等特点。

职业素养具有系统性。职业素养培育是一个系统化工程，掌握专业知识和技能是职业素养培育的基础，职业道德是职业素养培育的重点，职业意识是职业素养的内在动力，职业行为是职业素养的外在表现。总体来说，职业素养的培育强调系统化发展，在时间和内容上比较重视连贯性。

职业素养教育具有实践性。与其他素养教育相比，职业素养教育的实践性特征更加突出。随着经济的发展，社会分工越加细致，职业结构越加复杂，但只要大学生有良好的专业知识和技能，有高尚的职业道德和健康的心理素质，就可以从事任何社会职业。而职业素质是大学生经实践和磨炼等后天不断学习而获得的，并不是天生就具备的。

职业素养教育具有基础性。职场中虽然有许多不同种类的岗位，但是其对职业素养的基本要求是一致的。每个人在职场中都需具备职业素养，如爱岗敬业、诚实守信、团结合作、踏实勤奋、创新创造等，这是一个人生存和发展的主观条件，也是职场适应所必备的基础性素养。

职业素养具有发展性。一方面，社会的进步和发展，对人们提出了更高的要求，人们需要不断学习，提高自身的职业素养；另一方面，良好的职业素养能够激励我们不断提高自身的能力，正确规划职业生涯，促进自身发展，实现个人价值。

（二）工匠精神提高学生职业素养的路径

1. 内部路径

（1）尊重学生职业素养培养的主体意识

马克思曾指出人始终作为主体而存在，学生作为受教育者，应是有目的的认识活动及实践活动的承担者。这种主体性思想在罗杰斯的“非指导性教学”中有所体现。非指导性教学的出发点便是使个体的潜力得到发挥，令学生充分提升自我意识。那么，如何提升学生的自我意识呢？由马克思的人的科学发展观可知，人要实现全面发展需要具备自由个性，即高校需要保护并挖掘学生的个性，使学生了解自己的优势。

首先，丰富人才培养标准内涵。

人的主体性是工匠精神形成的源泉，当前高职院校学生职业素养培养机制的刚性支持向度需要凭借人这一主体。因此，高职院校应更新人才培养标准，将培养重点放在学生的明确自我定位、明确对专业和就业前景的认知。

此外，强化价值观领域的考查标准，价值教育应着重激发高职学生自主探索、追求价值本质的欲求。首要的是情感价值，只有情感才能充当人的内在尺度，并成为教育拥有创造性、促成价值的理性的前提。高职学生对于未来岗位忠诚度的缺失很大程度上是情感的缺失，因此要着重对于情感的教育，使学生树立正确的情感价值目标，形成健全、独立的人格。

其次，创建以人为中心的课堂。

部分高职学生在入学之初尚未建立对未来职业的兴趣，此时学校应帮助学生培养想象中的兴趣，突出学生的自主性，创设以人为中心的课堂，提升其自信心。

其一是发挥目标效应。引导学生确立可分解性的目标，时间期限由未来就业细化到一学年、一学期乃至一周、一天、一节课，养成确立可达成目标的习惯，逐步实现小的目标，为长期目标做好铺垫。

其二是向学生传达职业的意义、社会价值。个体兴趣的激发需要建立在对该领域有充分认知的基础之上。因此，学校需要使学生了解未来所从事职业的意义、当前摄取的知识与工作岗位的联系以及工匠精神对于世界产业的推动，提升学生的学习动力。如采用讲座、校园宣传的形式，吸引学生主动了解未来工作岗位，加深学生对工匠精神的认知。

其三是培养自我效能感。自我效能感是个体对自身是否能运用自己已具备的能力做完某项事务的自信的程度，它的激发需要培养自信。学校需要尊重所有学生的自主性，创设以人为中心的课堂。可以运用非指导性教学法中的技巧，保持师生间积极的交往互动。同时，教师应注重阶段性的鼓励和正面引导，帮助学生从正向角度完成自我评价。

其四是树立问题意识。在实训实习阶段引入企业工作流程，建立真实工作情境，将真实问题展现给学生，使其在解决实际问题的过程中强化自身的参与感，继而巩固、修正认知，逐渐享受成功带来的正面情绪。

其五是创设利于个性化发展的氛围，充分激发学生的潜力。高校可通过开设兴趣技能班、各类特长比赛，树立学生的自信心。对于学生来说，自我意识的涌现来源于被需要的感受。高校应注重强化学生之间的合作，通过团体协作提升学生的自我价值感，形成集体荣誉感和责任意识。

（2）强化学生职业素养培养的动力机制

初始的工匠往往利用自然工匠以适应环境或采用新工具，人在其所创的文明中感知主体的位置。到了工业技术时代，形成了以技术物品为中心的价值体系。文明发展到一定阶段后，技术文化成为思想的存在方式，文化需要得到技术的认可及满足，并听从于技术。人作为主体性而存在，需要充分发挥个体的价值，不断进行自我反思与超越。而批判性思维是实现个体反思与超越的精神要素，它涵盖了肯定思维与否定思维，前者保障工艺传承，后者促进创新超越的实现。机器大工业生产使劳动者成为机器的附庸，机器的统一化标准消解了人对产物的更高追求，使人被机器所控制，主体性被消弭，主体的独特性也被削弱，缺少批判性思维，因而无法实现自我反思与超越。只有重建并充分发挥人的主体地位，才能实现工匠精神的复归，从而建立职业素养的动力机制。

首先，重视个体间的正面影响。

荣格集体潜意识理论中的核心内容是自性理论，即原型自我，认为自性是“意识与无意识相互补偿所形成的心灵完整性”，而自性化是以自性为中心的整合的过程，能够使个体认识到其在某些方面的独特性，使人寻找到真正的自我。这种自我实现的思想影响了其后罗杰斯、马斯洛的人本主义心理学理论，将人自我实现的关键归因于个体对自我潜能的发掘。因此，为树立学生对职业的认同感便需要从挖掘学生的内在动力入手，这个内在动力便是自我潜能的发挥。对学生潜能的挖掘首先源于日常生活，而与学生朝夕相处的教师所带来的影响尤为巨大。由库利的“镜中我”理论可知，在本我意识中，他人对自身的看法有利于自我认知和反省，正向的人际相处有利于正确认识自我。因此，高校应注重教师职业素养的提升，鼓励教师自我约束、自我提升，坚持严谨敬业的态度，为学生做好表率。

教师对学生的认可是学生自我素养提升的极大动力。教师应从各个方面发掘学生的闪光点，适时予以认可。定期总结学生的日常行为表现，表彰表现优异、有所提升的学生，激发学生的自我认同感。教师应具有教学思政化的意识，结合工匠精神的内涵要义，在课堂中进行演化，将学生的各项素养对应于工匠精神的各级层次，引导学生自我提升，并为取得进步的学生提供展示的平台。

其次，树立实践意识和生涯规划意识。

教师在激发了学生的内在动力后，便需要鼓励其付诸行动。通过在教育理念中增加实践思维，使学生形成善于解决实际问题的意识，从而将理论知识应用于实践。职业素养培养的根本途径在于职业活动，高校应增加职业活动模拟，并提升学生在真实工作情境中的主观能动性。如引入企业实训流程，以实际操作事故为例讲解注意事项等，以培养学生的职业道德、责任意识、规范意识为突破口，提升其可持续发展能力。

在学生形成实践意识后，学校及教师可帮助学生对学业和未来就业进行自我规划，激发学生的生涯规划意识。学校应以工匠精神中的乐业态度为宗旨，结合学生的兴趣挖掘其潜力。此外，制定生涯规划的可操作性目标，具体到某个专业、某个方向所对应的各个工作岗位。并且重视职业生涯规划课程，增加关于各企业、就业平台对于求职者的具体要求以及就业信息，使学生明确自我定位以及未来的努力方向。

（3）提升学生对工匠精神的感性认知

其一，宣扬工匠精神的专业态度。

为提升学生对工匠精神的感性认识，首先需要建立学生对其的深度认同感。通过宣传大国工匠有关事迹，邀请大国工匠入校讲解工匠的具体待遇等，使学生能够切身体会到工匠的价值和社会地位，对工匠和工匠精神产生向往和敬仰之情。在课堂教学过程中，向学生普及典型的工匠精神，如日本的秋山手工创始人秋山利辉对其学徒的工资规定是技术工资占40%，人品工资占60%，人品较之技术更为重要，学徒需将心性磨炼成熟。这样工匠才能在此后的工作中对产品的质量标准怀着一丝不苟的态度，追求卓越和尽善尽美。通过工匠精神的案例分析工匠成才的原因，发挥其榜样示范作用。

宣扬工匠精神的方式应秉持多样化原则，如北京工业职业技术学院开展“大国工匠进校园”活动，邀请工匠大师进校园，现场展示专业技术、举办讲座和主题沙龙。还可以借鉴泉州轻工职业学院建立大师工作室的方式，通过开办诸如木雕、民间艺术等大师工作室，培养工匠的优质师资群体，使学生直接感受到工匠精神的要义。

其二，渗透工匠精神的情感教育。

国内外关于工匠精神皆有研究，工匠精通某个领域的大量专业知识，能够运用技术知识分析问题；善于运用、改进工具和确定统一化标准；通过多种方式传授经验性的知识，并借助反馈机制强化隐性的知识。因此，发挥工匠的榜样作用有利于提升高职学生对工匠精神的认同感。

那么，如何发挥工匠的榜样作用？可以说进行情感教育是一种有效的方式。包括增加课堂授课中关于工匠内容的传授、加强校园中关于工匠的文化建设、以工匠精神作为校园文化建设的素材等。当前，不乏高职院校以工匠精神为例进行情感教育。如北京工业职业技术学院将精益求精的精神、对技艺的传承创新、对事业的敬畏执着融入人才培养，使学生自然而然地对工作岗位抱有使命感和认同感，并具备较强的适应能力和跨领域劳作能力，能够快速适应不同的工作环境，实现职业素养的迁移。

2. 外部路径

（1）培养工匠精神提高学生职业素养的文化建设

第一，弘扬中华优秀传统文化。

中华文化博大精深，在优秀传统文化中蕴含着浓厚的民族精神，也是现代社会文明发展的源泉。在当代社会中，中华优秀传统文化承载着全新的责任。其蕴含着工匠精神的珍贵思想及丰富经验，激励我们不断探索。工匠精神是我国由来已久的传承，其蕴含着中华民族深厚的文化基因，现代工匠精神的传播，应以此为前提，结合时代特征，才能够有效提高学生职业素养。

第二，加强校园工匠精神文化建设。

校园文化建设是教育发展的重要组成部分，院校应大力弘扬工匠精神，以校园文化建设为启发，切实利用校园文化教育资源，创造工匠精神文化环境，加强学生职业素养校园文化建设。同时，各高校工匠精神的培养应针对本校的实际情况，充分体现出工匠精神的综合性、特色性和时代性。

第三，推进高职思想政治教育建设。

在工匠精神培养过程中，思想政治教育是不可或缺的部分。思想政治教育是规范学生行为的重要途径，高校在培养学生技能素质的同时，必须加强对学生的思想政治教育，关怀学生的成长。可以在思想政治教育工作中融入工匠精神的培养，做出针对性的目标策划，井井有条、一步一步推进学生工匠精神的培养。同时建立科学、合理的传播机制，充分利用院校的各种传播媒介，如微信、微博等，多渠道弘扬工匠精神。此外，还需建立科学的动态考评机制，对学生进行实际评价。

第四，积极开展大国工匠进校园活动。

工匠精神要求课堂与实践的结合，大国工匠具备较高的职业素养，是学生职业素养培养的最好范例。大国工匠进校园可以与学生互动沟通，通过课堂教学可以启发学生对工匠精神的向往，调动学生主动实践工匠精神。

（2）培养工匠精神提高学生职业素养的校企合作建设

通过培养工匠精神提高高职学生职业素养是现代社会发展的需求，学生职业素养培养必须以满足社会发展的需求为前提，充分发挥企业合作的价值，确立校企合作的建设路径。高校可以选择一个或多个与专业相同或相近的企业进行产教整合，建立合作型人才培养机制。学生也以选择与自身专业相关的岗位进行实习，从基础部分做起，体验企业生产经营，增强专业实践能力，在实习中增强对工匠精神的理解。

第一，树立校企合作培养工匠精神理念。

经济的快速发展，使得社会对人才的需求不断增大和提升，尤其是一些高素质岗位对人才的职业素养需求更甚。只有加快提高学生职业素养，才能推动社会的快速发展。校企合作能够快速、有效地培养出企业急需的人才，从根本上解决人才供给不足的问题。服务发展、促进就业，一方面符合高校的办学方向，另一方面也是高校产教融合、校企合作的客观要求。

企业应顺应校企合作培养工匠精神的社会要求。培养工匠精神提高学生职业素养，离不开企业的支持，企业是校企合作的重要参与者，在校企合作中发挥着无可替代的作用。培养工匠精神提高学生职业素养，最终是服务于现代化建设的，具备高素质的人才是企业未来优秀员工的接班人。校企合作培养高素质人才，对于院校、企业和人才来说都是共赢。此外，院校不仅为企业输送人才，还可以发挥资源优势，为企业安排教师兼职岗位，助推企业的持续发展。

校企合作培养工匠精神离不开政府的大力支持。在校企合作中，学校和企业是重要的参与主体，不过在现实中，校企合作有悖于最初的意愿。主要是由于高校对校企合作的重视程度不够，企业对于校企合作持冷漠的态度，还有就是政府在这个过程中没有起到主导作用。政府应充分发挥协调和管理作用，对培养工匠精神的校企合作给予强有力的法律说明和保障，起到主导串联作用。

第二，建立健全培养工匠精神的校企发展机制。

高职院校与企业在合作中都是主体，两者的利益分配问题不容忽视。高职院校与企业的合作是培养工匠精神的有效途径，在这个过程中，必须建立共赢的激励机制，充分考虑双方的利益所在，充分发挥合作效益的价值。从目前来看，校企合作大部分停留在表层，没有达到进一步的深化，究其根本原因还是利益的博弈，主要表现为企业的利益不明确，没有强烈意愿参与合作。只有建立共赢的合作机制，才能够保证合作持续、稳定地进行。

建立风险共担的协同机制。校企合作有收益就会有风险，两者同时存在，比如投资风险、管理风险、企业信心信息泄露风险、学生安全风险等，只有建立风险共担的协同机制才能够保证双方的利益。

（3）培养工匠精神提高高职学生职业素养的教育建设

职业素养是从业能力的综合体现，如从业人员所掌握的知识、技能和态度。职业素养是人才培养的核心，培养工匠精神是职业素养提高的有效手段。

第一，在学生职业素养教育中融入工匠精神，使教育理论不断深化，从而全方位提升学生职业素养。高校学生要想在社会中立足，必须有过硬的职业技能，因此，高校必须重视学生对专业知识的认知，让学生意识到专业知识的重要性。专业知识是职业发展的根基，没有扎实的基础知识，职业发展举步维艰，只有重视基础知识，才能继续推行工匠精神的培养。学校应调动学生的学习兴趣，提倡学生多动脑、多实践、多钻研。制订出具体的策略，在教育中融入工匠精神。

第二，在学生职业生涯教育中融入工匠精神。职业生涯教育引导着学生职业的发展，贯穿于学生职业教育始终。职业生涯教育依托心理学、教育学，多层面、多角度分析职业行为，主要包括认知、能力、环境等，并从社会学、经济学角度对职业行为进行更深层的分析。高校应深化职业生涯规划课程，为高校学生职业生涯做好准备工作。同时，高校师资队伍也是职业生涯规划课程的主体，职业生涯教育课程具有较强的专业性，对教师的要求也很严谨，丰富的专业知识和实践工作经验缺一不可。目前我国职业生涯教育相关师资配置还处于起步阶段，亟待提高和加强，工匠精神与课程的结合还需院校发挥作用，制订科学、合理的实施计划。

第二节　自律自信、协作共赢，做团结奋斗的合作者

团结协作，绘就华南管道蓝图

一、个人简介

朱本廷，男，出生于1980年7月，硕士研究生，中共党员，2010年7月毕业于辽宁石油化工大学油气储运专业，毕业至今在中国石油天然气管道工程有限公司珠海分公司从事油气储运设计及企业管理工作，现任中国石油天然气管道工程有限公司珠海分公司副经理、工会主席。

二、工作成果

1. 参与的工程项目

自参加工作以来，朱本廷完成了60余项工程设计工作，担任其中10余项工

程的项目经理，10余项工程的项目副经理，30余项工程的专业负责人。完成的项目主要有天府新区集输气管道项目龙泉支线管道工程可行性研究设计，华能重庆两江新区冷热电三联供项目天然气管道工程初步设计、施工图设计及竣工图设计，海西天然气管网二期工程（漳州—龙岩）施工图设计等。

2. 学术论文、论著

（1）《企业生存的法宝——区域分支机构差异化发展探讨》，被列入2022年09月由中国石化出版社出版的《油气储运技术论文集》（第十八卷），独著。

（2）《设计院项目经理的管理实践》，刊登于2017年09月科技部西南信息中心主办的《工程技术》期刊，合著，第2作者。

（3）《原油管道工艺计算中流态变化的分析》，被列入2013年09月由石油工业出版社出版的《油气储运技术论文集》（第九卷），合著，第2作者。

（4）《浅谈“市场开发+项目管理”市场开发模式》，刊登于2016年06月由石油管道企业管理协会主办的期刊，合著，第1作者。

3. 项目获奖情况

（1）华能重庆两江新区冷热电三联供项目天然气管道工程荣获2020年度石油工程建设优秀勘察设计三等奖；

（2）珠海市天然气管道一期工程路博润管道项目荣获2020年度珠海市优秀市政公用设计三等奖。

4. 个人荣誉称号

（1）获得“2020年度企业文化建设创新标兵称号”，省部级，中国企业文化建设峰会组委会，2020年11月；

（2）获得“2017年度广东省企业文化建设优秀工作者称号”，省部级，广东省企业文化建设专家评审委员会、广东省企业文化研究会，2018年01月；

（3）获得“2017年度珠海市企业文化建设优秀工作者称号”，局级，珠海市企业文化协会，2017年12月；

（4）获得“2015年度先进工作者称号”，“2017年度先进工作者称号”，处级，中国石油天然气管道工程有限公司；

（5）获得“2015年度优秀通信员称号”“2016年度优秀通信员称号”，“2017年度优秀通信员称号”，处级，中国石油天然气管道工程有限公司；

（6）获得“2015—2016年度优秀共产党员称号”，处级，中国石油天然气管道工程有限公司，2016年06月；

（7）获得“2018年度市场开发先进个人”“2020年度市场开发先进个人”，“2021年度市场开发先进个人”，处级，中国石油天然气管道工程有限公司。

三、先进事迹

1. 立志献身管道事业

朱本廷在攻读油气储运专业硕士研究生的时候，就曾立下为中国管道建设事业奉献终身的宏愿，在入职中国石油天然气管道工程有限公司后，更坚定了他的信念。作为中国第一条长输管道“东八三”管道工程（大庆—铁岭原油管道）的建设的参与者，“八三管道精神”的缔造者，中国石油天然气管道工程有限公司承担了国内70%以上的长输管道工程勘察设计业务，是中国首批工程勘察、设计“双综甲”设计企业，迄今为止中国唯一的长输管道工程勘察设计咨询专业企业、唯一参与中国四大能源通道建设的行业指导设计企业。

工艺专业是中国石油天然气管道工程有限公司的龙头专业，学习油气储运专业的他在这里找到了发挥自身专业特长的平台，在与参与西气东输、中缅油气管道、中亚管道、兰郑长、兰成渝等国家重点能源通道设计的老专家、老管道人的沟通交流学习中，他深刻感受到油气管道建设对于国家经济发展的重要性，也感受到老一辈管道人对中国管道建设的敬业、奉献精神，更深切体会到管道人传承“八三”艰苦奋斗光荣传统，使大庆精神、铁人精神、“八三”精神薪火相传。这些石油人精神在他心底逐渐扎根，发芽、茁壮成长，他立志为管道事业奉献终身的信念愈发坚定。

十几年的石油管道勘察设计工作，铸就了他执着、务实的性格，形成了他在工作中勇于拼搏，坚决果敢的职业素养；怀着对职业的赤诚和对管道事业的热爱，他从一点一滴的小事做起，钻研技术、创新管理，用实际行动谱写着、传承着石油管道人的光荣形象。

2. 问学穿石铸精品工程

勤学苦练，逐步提升设计能力。刚一参加工作，他就有幸参与了中山—广州天然气管道工程民众分输站施工图设计，刚毕业的他对施工图设计可谓一窍不通，就连制图工具CAD基本的操作也不会，但他在接到工作任务后，没有丝毫推脱和畏难情绪，并向项目负责人保证按工期提交设计文件。CAD不会，他就从最基础的一横一竖学起，边制图边学习，白天时间不够晚上就加班到深夜，通过不懈努力，在设计快结束的时候他已经能熟练地运用CAD；画图不会，他积极主动地向导师和老专家学习，从制图理念学起，每做出一个设备布置方案就第一时间跟校对人和审核人沟通，商讨方案设计合不合理，直至确定最终设计方案，为了按期提交设计成果，他经常废寝忘食，自我加压，功夫不负有心人，最终他顺利地按期完成了该项目的设计工作。

他始终坚持“做项目就要做成精品工程”的设计理念。日常设计工作中遇到不懂的问题，他虚心向身边的同事和专家请教，做到“问学穿石”，对每项设计做到不仅知其然还要知其所以然。华能重庆两江新区冷热电三联供项目天然气管道工程是他第一次作为项目负责人参与的中大型项目，该工程线路长81千米，设计压力6.3兆帕，新建两座站场，四座阀室。该工程是华能电力集团自主投资建设的第一条电厂天然气专供管道，对解决重庆两江电力供需矛盾、增强电网调峰应急能力也具有重大意义。本着“安全、经济、绿色、先进、适用”的设计理念，他带领设计团队对工艺流程、设备选型、线路选择等技术方案进行了多次论证，确定了最终设计方案，并顺利施工投产。在设计过程中，嘉陵江定向转穿越遇到难题，同期建设的铜梁—相国寺天然气管道工程定向转施工时出现塌孔，导致穿越失败，两个项目穿越的位置仅隔15米，穿越地质情况相当，消息传到建设方，建设方对他们的穿越设计方案产生怀疑，担心出现穿越失败影响项目工期和投资。为此，他带领设计团队反复研讨穿越方案，最终确信设计方案没有任何问题，并向建设方做了详细的汇报，打消了建设方的顾虑，在定向转施工时与施工方密切配合，顺利地一次性穿越成功，赢得了建设方的高度赞誉，该项目最终荣获2020年度石油工程建设优秀勘察设计三等奖。

十几年来，在技术成长的道路上他始终遵循校训“问学穿石”，通过数十个项目的磨炼和自己的刻苦钻研，他已成长为一名优秀的勘察设计工程师，为中国的管道建设做出奉献。

3. 扎根珠海花开华南

他从一毕业就被分配到珠海工作，工作13年来，参与设计的项目遍布广东、广西、福建、海南等华南区域，先后参与广东管网、福建管网、广西管网、海南管网的项目设计工作，在中国华南管道蓝图上，他指着一条条管道说，这个项目我参与了前期调研，这条管道我参与了设计工作，这条管道我参与了校对工作，骄傲自豪的情绪溢于言表。

他所在的珠海分公司，从原来只有三十几人的服务窗口发展成七十多人的设计公司，业务从单一的天然气管道设计扩展到成品油管道、油库、城市燃气、市政、新能源等多元发展。他自己也从设计工程师成长为精通技术、企业管理、市场经营的复合型人才。

“路漫漫其修远兮，吾将上下而求索”，作为辽宁石油化工大学的优秀学子，他将继续秉承“管道为业，四海为家，艰苦为荣，野战为乐”的“八三”优良传统，践行“我为祖国献石油”的庄严承诺，紧随管道设计技术的发展，主动作为，为中国管道事业的高速发展继续贡献青春、添砖加瓦。

团队攻关，守正创新管网逐梦

一、个人简介

邱姝娟是国家管网集团公司西部管道公司的技术专家，中共党员，2006年在辽宁石油化工大学油气储运学院硕士毕业后，到中石油西部管道公司工作，有16年的生产管理经验。

二、工作成果

邱姝娟获省部级科技进步奖5项，主导或组织油气管道标准编写修订，承担国家管网集团公司科研项目3项，西部管道公司级26项，编制专著3部，专利3项，发表科技论文30余篇；获得中石油集团公司“技能西部行”活动先进个人、优秀共产党员、技术创新突出贡献奖等荣誉。

三、先进事迹

1. *求新：在热爱与坚持中突破自我*

邱姝娟2006年研究生毕业后主动选择到西部管道公司工作，为西部能源大通道默默奉献着自己的青春和智慧。入职初期围绕西部地区和中亚进口高凝含蜡原油输送难题，组织开展了研究和大量工业性试验，创新实现了西部原油管道顺序超低输量常温输送工艺，确保了原油管道安全、节能运行，这项研究获得新疆维吾尔自治区科学技术进步奖一等奖。围绕西部成品油管网航煤等小品种输送难题，组织开展了攻关研究，成功解决了混油精准跟踪问题，实现了航煤的管道输送。在参与的中石油集团公司“技能西部行”活动中，获得了集团公司突出贡献奖；她善于发现生产中的问题，并能够灵活运用所学知识解决问题，作风严谨，在国家核心刊物发表论文20余篇，获得省部级科技进步奖5项，为保障西部油气管道畅通做出了较突出的贡献。

2. *立新：在直面难题中守正创新*

在生产运行管理岗位上，她参与了西部原油成品油管道、西气东输二线三线西段、鄯善和兰州原油商业储备库等国家重点工程的建设、投产及后续的生产运行管理，攻克了一系列技术难题，开创了多个国内“首次”。

2008年底在国际金融危机能源价格持续低迷，中石油集团公司部署油田停止开采，要求西部管道公司研究西部原油管道原油尽可能低输量运行，在公司统一安排部署下，成功应对了2008年国际金融危机下西部原油管道超低输量运行，获得了新疆维吾尔自治区（省部级）和中石油集团公司多项科学技术进步奖，为公司带来直接经济效益50.19亿元，节约14.5万吨原油，160万立方米天然气，4057万千瓦时电量，节约能源折合标煤约26万吨，减少二氧化碳排放67.6万吨，目前已经推广应用十年，平均每年节省7万吨原油的消耗，每年约节省3亿元，经济效果显著，促进了新疆经济跨越式发展。针对国内首次DN1219、X80钢级的西气东输二线安全投产运行，她组织研究水合物预测与防治，为西气东输二线的成功投产奠定基础，“西气东输二线西段管道安全运行关键技术研究”成果获得了新疆维吾尔自治区科技进步奖三等奖。建立了西气东输一、二、三线天然气管网水力模型，以能耗率最低比选各管道运行方式，提出了西气东输三线分段投产的技术方案，自2013年9月起合理安排轮吐支线转供量降低西一线整体输量、提高西二线输量，实施西三线西段霍尔果斯—乌鲁木齐、乌鲁木齐—连木沁、连木沁—烟墩—瓜州、瓜州—67#阀室分段投产，较早地实现了二、三线联网运行，降低管网整体能耗，平均每年节约6亿立方米天然气，节约费用7.68亿元，节能效果显著。

3. 创新：在艰苦奋斗中砥砺前行

创新就是不能总跟在别人后面，要敢做没人做过的事情。专注和执着是所有拓荒者的特质，在未知的世界摸索前行，走创业创新之路。

在国家“双碳”政策背景下，国家管网集团作为管道运营管理的专业化公司，必须在管输新能源介质、节能降碳上发力；尤其是新疆地区风光电资源丰富，有得天独厚的资源禀赋优势。公司在哈密爆破试验场完成多介质多材质试验平台建设后，平台对氢气适应性如何？如何开展测试任务？试验管段如何合理安装？注氢方式如何选择？爆破压力如何确定？氢气扩散后如何点燃？安全距离如何确定？一个个难题就横亘在那里，等着技术人员去逐一解决。由于缺少标准依据，所有的试验细节都需要不断斟酌，试验方案更是需要经过反复论证。邱姝娟带领着她的技术团队，在输氢管道标准基本空白情况下，推敲每个试验细节、反复讨论试验方案、对注氢过程多次推演，确定应急措施，一个问题解决了，又会有新的难题跳出来，每一步都是在摸着石头过河，但又务必保证万无一失。

她坚持以“持续梳理、问题导向、需求引领、顶层设计、集中攻关、重在应用”为科技工作指导方针，秉承着“科研工作从生产中来，到生产中去”的思想，运用丰富的生产运行经验，果断提出乌兰成品油管道低输量下顺序输送甲醇、液氨等新能源介质关键技术、鄯乌天然气管道改输氢气适应性评价，联合国内大型阀门、流量计等厂家开展大口径高压力输氢用阀门技术研发与试用等科技攻关项目，为国家管网集团在新能源领域开拓研究奠定基础，也逐步引领西部管道公司的科技工作从原有的“被动出击”变为现在的“主动作为”。

“蝴蝶效应”不断显现，前方的路越走越光明。正是在创新精神的驱动之下她跨过了一座座大山，取得了一个个新的成就。在科研的征途中，勇于创新、敢于创新，邱姝娟步履不停。

团结奋斗，持工匠钥开节能门

一、个人简介

姓名：于雪飞

单位：中海壳牌石油化工有限公司

政治面貌：中共党员

职务：初级工艺技术工程师

学习经历：于雪飞2013年考入辽宁石油化工大学，就读于环境工程专业，在学生时代就有坚定崇高的政治理想和人生目标，敢于为自己的梦想拼搏，在人生的道路上不断进步。他深知作为一名中国共产党党员，今后在思想上、工作上、作风上都要全面提高自身素质和党性，树立坚定的共产主义信念，积极投身于党和人民的事业当中，维护党和人民的利益。也要以积极的态度面对生活，时刻相信前途是光明的。他坚信只要自己不断努力，不断进步，就会实现自己的人生理想。在辅导员以及老师的引导下，他无论在学习中还是生活中都能严于律己，加倍努力去提高自己的思想政治觉悟和业务水平，把党的事业作为自己最高的使命，为成为一名新时代的优秀共产党员而不懈努力。大学四年综合成绩排名专业第一，除此之外还积极参与学校及社会组织的各项活动。由辽宁省团委、省环保厅、中华环境保护基金会主办，辽宁省青年志愿者协会、中华环保基金会辽宁代表处承办的辽宁省青少年环保公益五年行动“第四季活动”环保调研实践类项目“基于大型底栖无脊椎动物群落特征的辽宁东部河流总氮基准研究”活动中，在对辽宁省铁岭市清河水系流域特性进行调查、对典型河段水质与底栖动物进行采样、对水质进行分析和对底栖动物分类进行鉴定等后，将大型无脊椎动物群落结构特性指标与水体物理化学指标相结合，帮助确定总氮的突变点，为清河水系总氮基准制定提供科学依据，为清河流域水生态的保护提供科技支撑。先后获得了辽宁省政府奖学金、“学风建设先进个人”等。

工作经历：2017年7月毕业后加入中海壳牌石油化工有限公司。参加工作以来，于雪飞同志始终对自己有着严格的要求，认真负责，踏实工作。在装置领导和同事的帮助下，个人的学习能力以及专业技能知识都有了显著的提高。严格遵守公司各项规章制度，尊重领导，团结同事，虚心听取领导和同事的意见和建议。工作中始终保持严谨务实的作风，力求每项工作都做到严、细、实，真正做到把心思放在工作上，把精力用在做事上，把技能用在岗位上，扎实地做好本职工作，铆足干劲，共保装置稳定运行。在进行班组安全培训管理中，不仅做到了提升班组人员的安全意识，同时也培养了班组人员对生产现场的安全把控能力，分析事故案例，掌握安全生产的重大隐患及薄弱环节，结合所处环境引导并参与事故总结教训。争做装置安全生产的主人翁。在六年时间里从一名基层操作员晋升为助理倒班监督和技术工程师，“路漫漫其修远兮，吾将上下而求索”，于雪飞同志时刻做着接受挑战以及提升个人能力的准备。

二、工作成果

当工艺反应催化剂活性新鲜，产品质量较好时，在提高产量和平衡罐存之间存在一定矛盾。鉴于此，打破传统的习惯操作方式，结合当前产品实际情况以及操作经验，大胆尝试降低固有的回流流量以及洗涤蒸汽流量，在这个过程中采取逐次推进测试，克服操作调节困难，匹配好精馏塔塔底热量和回流流量的关系。在稳定工艺和保证产品质量的大前提下，验证了想法的可行性。

通过成功的测试验证，现在已将此操作调节方式写入SI（操作指导）进行应用，测试过程中无额外成本引入，结合实际应用情况每年能节省1000吨的MPS以及2000吨的LPS，约合人民币54万元，约折合200tsrf/y，此测试方法的有效应用不仅在节能降耗上取得了一定成效，同时有助于激发工艺人员的节能潜力，孵化出更多有效的节能成果。精馏是石化行业主要应用的一种分离过程，随着能源价格的不断上涨，精馏系统在节能降耗中扮演的角色越来越重要。但是工艺人员为了保证产品质量，在进行精馏生产的过程中偏向保守，习惯性地维持固有操作参数，有时还会出现过分离现象。因此，结合实际工艺情况，实现系统热量平衡且操作最优化，对提高节能降耗的理念显得尤为重要。

获奖与荣誉：

（1）大亚湾第二届“百佳工人”；

（2）“孟钢劳模和工匠人才创新工作室”成员理事；

（3）2018—2019年度优秀共产党员；

（4）2021年上半年STA荣誉获得者；

（5）2021年第三季度优秀巡检个人；

（6）2021年度“节能标兵个人”；

（7）2021年中海壳牌“从事故中学习”主题活动三等奖；

（8）2022年第一季度优秀巡检个人。

三、先进事迹

1. 匠心独运，精益求精

经过公司的选拔，于雪飞同志被任命为“孟钢劳模和工匠人才创新工作室”成员理事，在日常工作中充分发挥劳模在技术创新和人才培养等方面的示范和引领作用，争做知识型、技能型、创新型的高素质人才；通过创建活动的开展，努力成为企业的智囊团、岗位的创新源、项目的攻关队、人才的孵化器和团队的方向标，带动科技创新活动持续深化；弘扬劳模精神，发挥劳模业务专长和技术优势，积极围绕企业节能减排的重点、难点问题，开展创新活动，推动企业增强核心竞争力；积极发挥劳模传帮带作用。

2. 潜心钻研，追求卓越

作为一名党员，就要发挥党员的模范带头作用，他不仅需要对自己的专业知识和工作技能有丰富的了解和认识，在工作和生活中甘于奉献，勇于担当更是必不可少。他严格要求自己，遵守公司的各项规章制度，以身作则，树立起党员的旗帜，为团队组织的建设起到模范带头作用。积极地向同事普及党员的职责和义务，切实展开批评和自我批评，让同事们看到党员一直在行动。优秀的党员就像一面面旗帜，将大家都凝聚在一起，共同为团队的发展添砖加瓦，只有人人都愿担负起责任，团队精神才能得到真正激发，同时装置安全生产和稳定优化运行才会得到更有力的落实。依托一期苯乙烯环氧丙烷人员的经验和技能，继承优良传统，积极学习，在短期内培养出一批合格的内操人员，确保一期苯乙烯环氧丙烷的安全运行，助力二期苯乙烯环氧丙烷开车的人力支持；夯实员工技能，助力大修圆满成功。由于装置新人多，80%人员无大修经验，工艺物料特性复杂（易燃易爆，聚合、有毒有害），需要带领培训团队进行针对性培训，把过往大修经历作为学习材料，做成PPT，打印成册，每人一份，帮大家快速提高工作技能、积累操作经验，根据各个阶段任务和问题，紧抓动手能力，结合现场模拟操作。经过五个月的累计时长超过9200小时的班内强化培训和现场演习，最终，大家安全顺利完成各项检修工作，实现开停车零泄漏、零污染，及一次性开车成功。

3. 奉献社会，责任担当

作为青年文明示范岗团队负责人，他在班组中给出明确的争创规划、有力的争创措施和有形的争创载体，做到争创活动有计划、有载体、有保障、有效果，落实到位、责任到人；详细记录争创活动内容，及时总结提炼工作经验，确保取得实效。奋斗的青春最美丽，奋斗的姿态最潇洒。于雪飞将继续承载石化产业高质量发展的重任，奋力向上，努力向前，追逐未来，让放飞的青春像旗帜一样迎风招展。

在工作之余，他还积极参加非常有意义的志愿活动。通过参与志愿活动，不仅能够回馈社会，帮助他人，还能够提升社交能力和人际关系，在这个过程中他学会了团队合作。在志愿活动中，通常需要和其他志愿者一起协作完成任务。通过与他人合作，他学会了倾听和尊重他人的意见，也学会了积极沟通以及有效分配任务和解决问题。参加“全国节能宣传周”“节能低碳，你我同行”，“新征程新使命”，“这片沙滩更美丽”等志愿活动，也会使大家更加关注社会问题。此外，还能有机会接触到不同的人群，了解到他们所面临的困难和需求，通过实际行动，为他们提供帮助和支持。参加志愿活动让他感受到了无私奉献的力量，见证了许多志愿者无私地付出自己的时间和努力，为他人带来的改变和希望。这种无私奉献的精神让人深受感动，也激励着人们去关注他人的需求并尽自己所能去帮助他们。总的来说，参加志愿活动是一次难忘的经历，不仅帮助他人，也让自己的能力得到提高和精神得到升华。

于雪习同志的事迹充分展现了一名优秀毕业生的风采和工匠精神，他在学习和工作中始终遵循实事求是的原则，注重细节，追求卓越，为自己的事业赢得了赞誉。他的先进事迹将成为广大学生的榜样，引领着他们在工作和生活中发扬工匠精神，不断追求卓越。

团结奋斗，惟实励新笃行致远

胡中潮于1994—1998年在辽宁石油化工大学机械系焊接工艺及设备专业学习。学校良好的学习氛围以及师长们精心的培养，为他后续攻读硕士及博士学位打下了良好的基础。2008年博士毕业后一直从事和热加工有关的技术以及技术管理工作。工作中刻苦钻研，始终秉持着科学严谨、精益求精的工匠精神，并把自己的科研方向与国家的需求联系在一起。

一、深耕合金，开拓进取

胡中潮始终致力于铝合金强韧化处理方面的研究工作，在工作过程中善于思考并能将书本上的理论知识结合现场的实际情况进行有针对性的改进。能根据各种铸件的结构特点、使用条件结合工厂的实际情况设计合金的成分、热处理工艺、熔炼工艺。

高压开关企业应用的Al-Si合金采用盐剂进行精炼变质对现场环境和工人的健康危害大。胡中潮针对这一问题开发了氩气旋转喷吹精炼和中间合金变质技术，促进了企业低碳绿色生产。该技术已在高压开关铸造行业推广应用，提升了整个行业的技术水平并改善了环境。高压开关用超大型铝合金罐体长5米、罐体重量600千克，对于铝合金铸造来讲属于超大型铸件。铸造合金是罐体开发的核心，针对罐体的使用以及铸造的工艺性确定了元素Si和强化性元素Mg的含量。对于该合金杂质元素Fe带来的不利影响，通过炉前熔炼加入Mn元素，在凝固过程中改善AlFeSi相的形貌，减弱Fe带来的不利影响。针对罐体铸造开发了一种短流程熔体处理技术，使除气、细化和变质同时完成，提升了熔体处理的效率和质量。该罐体最终成功应用在高压开关上，该项目被评为科技部火炬项目。在刚接触到液态模锻工艺时，行业上普遍认为该技术具有工艺范围宽的优点，既可以用铸造合金生产也可以用固态锻造合金生产，不需要开发新的合金。胡中潮没有被传统观念束缚，在对该工艺充分研究的基础上认为液态模锻成型有自己的工艺特点，既区别于传统的铸造工艺同时也有别于固态锻造工艺，如果采用现有的铸造或者固态锻造牌号合金进行生产，虽然能满足基本的使用要求，但不能充分发挥该工艺的优势。在充分考虑了液态模锻成型的工艺性以及合金热处理后的强韧性后，针对该领域开发了一种专用合金，填补了国内外行业的空白。

工作时他基本上每天都在一线解决现场发生的技术问题，甚至可以根据铝合金熔体表面的状态、断口的形貌就能了解合金变质效果以及熔体的含气量是否达标。长期的合金应用研发，使他深入了解合金的成分对组织、性能以及工艺的影响，往往开发合金能在工艺性、使用性和成本之间建立平衡。

二、科学严谨，求真务实

胡中潮在科学研究过程中始终保持着求真和严谨的精神，不经过充分验证从不轻易下结论，工作中也不为了名利偷奸取巧。

液态模锻工艺没有自己的合金体系，多使用牌号合金进行生产，不能充分发挥该工艺优势，团队决定把开发液态模锻专用合金作为方向。研制的初期获得了非常好的效果，团队有些人认为应该快速推进新合金的应用并申请专利和发表论文。作为团队负责人的胡中潮始终认为，新合金应用需进行充分的验证，查找问题，排除隐患，而不是急功近利。经过1年的反复实验，获得上百组数据，根据实验暴露的问题经过几十次改进，最终一种新的液态模锻合金研发成功，并应用于航天特种车重载铝合金车轮的生产，为航天特种车轻量化做出了贡献。虽然推迟专利的申请和论文的发表影响了职称晋升，他也没有为此后悔，胡中潮始终认为科学研究应该建立在求真务实的基础上。

在主持修订《汽车轮毂用铝合金模锻件》国家标准立项时，工作组成员建议只对原标准中不符合现在行业发展的技术指标进行修订，这样所需要的成本最小，标准也最容易完成。作为起草负责人的胡中潮力排众议，认为标准就是要能够指导研发、生产以及交易的全过程，做到真正引领和规范行业发展。最终决定将产品涉及整个工艺路线上的技术要求全部纳入标准条款中来，这样一来制定标准的工作量和难度大大增加。起草团队成员都有繁重的日常工作，标准修订过程中的大部分讨论工作只能安排在晚上进行，多次从傍晚讨论到凌晨，第二天继续工作。在标准的修订过程中，他曾有过一天之内出差5个不同的城市来协调标准起草工作的经历。在标准验证过程中有的标准条款需要验证几百个小时才能完成，在过程中需要记录和分析大量的数据，胡中潮为此连续1个多月没有休息，最终实现标准的顺利颁布和实施。该标准技术指标全面并充分体现了国内技术水平，能够指导汽车轮毂模锻件的生产和研发全过程，是国内外相关标准覆盖面最广的。全国有色金属标准化技术委员会对国家标准进行了综合评定，确定标准达到国际先进水平。

三、需求引领、科技报国

胡中潮始终把自己科研的方向建立在国家和社会的需求之上，以解决国家重大需求为己任。

“十二五”期间我国需要大力发展高速铁路运输，枕梁作为高铁的核心部件最初为瑞士AMG独家生产，价格昂贵并且交货不及时。为了实现高铁的快速发展，中国铁路总公司决定实施枕梁的国产化替代工作。合金作为枕梁的关键技术对于能否实现国产化替代至关重要。胡中潮针对枕梁结构特点和使用要求开发了一种专用铝合金。在工艺上通过金属型腔结合砂芯复合成型机制，确保枕梁工件的顺序凝固并大大提升了外观质量，行业内首先实现了枕梁的国产化替代，且价格由进口的20万元一件降低到9万元一件。为我国高速铁路的发展做出了贡献。

航天某型号特种车由于整车重量大且采用的钢制车轮导热性能差，影响了整车的性能。采用更轻、导热性更好的铝合金车轮迫在眉睫。但是“铝代钢”后的车轮要求重量轻、单轮负荷大，并且从产品研发到交货期只有2个月时间。航天集团在行业内找了很多家公司，均认为项目的难度大交期短，无法完成。抱着试试看的态度他们找到了胡中潮，把难题摆在了他的面前。胡中潮始终认为科技工作者要有家国情怀，国家有需要必须迎难而上，他毫不犹豫地接受了该任务。由于时间紧任务重，他带领团经常连续作战，夜以继日地工作，一种方案验证不合格马上提出改进继续验证。在铝合金车轮试制的关键时期父亲病重，胡中潮晚上照顾病重的父亲，白天回到试制现场主持车轮的试制工作，最终仅用45天就研发出了航天特种车用重载铝合金车轮，而且重量比要求的还低，超额完成了任务。该车轮在70周年国庆大阅兵上进行了展示受到了军方的奖励。

依据国家“十三五”技术标准科技创新规划的要求，胡中潮积极参与国家和行业标准的制修订工作。作为第一起草人或者主要起草人参与了《轮毂用铝合金模锻件》《铸造用硅砂》《铸造铝合金液减压凝固试样密度检测》《铝合金车轮铸旋件》等4项国家和行业标准的制/修订工作。标准涵盖铝合金熔体的精炼检测技术、汽车零部件产品标准以及铸造的造型材料，为实现铸造行业的绿色发展以及铸造铝合金的高质量应用、汽车关键零部件轻量化做出了贡献。

凝心聚力，协同作战油气装备

一、个人简介

王军，男，汉族，1987年11月出生，中共党员，高级无损检测应用工程师，国家石油天然气管网集团有限公司质量安全检查专家组成员。2007年9月至2011年7月，就读于辽宁石油化工大学机械工程学院测控技术与仪器（检测技术）本科专业，无损检测专业课成绩全优、获得国家励志奖学金；2011年7月至2021年9月，就职于兰石集团石油钻采和炼化设备两大核心板块：兰石国民油井石油工程有限公司和兰州兰石重型装备股份有限公司，主要从事API石油钻机和特种设备压力容器的无损检测技术工作；2021年9月至今，就职于辽宁辽河油田澳维检测有限公司，任公司技术负责人、项目经理，主要负责公司在建项目的技术运作、指导开展压力容器和长输管道PA、TOFD、DR等新技术的检测实施，全面负责西气东输三线中段（中卫—吉安）项目中卫—枣阳段线路检测第十四标段项目部工作。

王军自参加工作以来，长期奋战在检测一线，从事石油钻采、炼化设备、长输管道等油气装备全流程无损检测工作12年，一次性考取国家市场监督管理总局颁发的UT-Ⅲ、RT-Ⅲ、MT-Ⅲ、PT-Ⅲ、RT（D）-Ⅱ、PA-Ⅱ、TOFD-Ⅱ等资质，广泛掌握各类缺陷及其成因，至精至微全流程检测，毫不懈怠对每次检测结果进行综合评价，在本职岗位上创造了非凡业绩。

二、工作成果

2012年2月至2012年12月，王军团队研究的课题“API产品无损检测技术研究与应用”，获得兰石集团科技进步奖二等奖，获得科学技术进步奖证书（编号：2012-02-01-R07）。

2015年获得兰石集团优秀青年员工；2015年和2016年任兰石集团重装公司探伤室超声组组长，带领班组连续两届获得兰石集团先进班组。

2017年获得兰石集团先进个人。

2018年1月至2019年7月，担任QC小组副组长，研究的课题“提高压力容器焊缝TOFD检测的一次成图率”，获得2019年度甘肃省质量管理小组活动一等奖。

2018年9月，王军团队研究的课题“TOFD检测时焊缝母材缺陷的识别与判定”，获得兰石集团重装公司2018年度技术论坛三等奖。

2019年获得兰石集团重装公司技术类文章优秀通信员。

2020年获得兰石集团重装公司技术论文类“铜笔杆”奖。

2022年申报实用新型专利1项，专利名称：一种无损检测辅助装置，专利号：ZL 2022 2 0455946.7。

撰写技术论文20余篇，分别为《TOFD检测时焊缝母材缺陷的识别与判定》《TOFD扫查面盲区的分析和解决方法》《奥氏体不锈钢焊缝超声波检测》《薄壁焊缝超声波检测技术》《超声波相控阵检测（PAUT）与TOFD技术比较》《大厚度纵缝UT漏检原因分析及改进措施》《低温环境渗透检测技术研究》《对接焊缝超声波检测中回波识别的探究》《管子管板角焊缝射线检测技术的研究》《厚壁大直径容器TOFD检测工艺改进》《厚度小于8mm的焊接接头及特殊接头的超声波检测》《射线检测底片伪缺陷的识别》《提高焊缝TOFD检测的一次成图率》《未焊满缺陷的TOFD+UT识别及应对措施》《现场RT检测安全距离实验》《纵向焊接接头超声波检测时的缺陷定位分析》《基于SY/T 4109—2020标准的PAUT点状缺欠评定》

《长输管道PAUT裂纹缺陷的识别与判定》《长输管道PAUT根部缺欠的识别与判定》《长输管道PAUT检测质量控制点常见问题及解决方案》等。

三、先进事迹

1. 铭记校训企训，助职业精神塑造

大学时期，王军秉承“问学穿石，修身诚化”的校训，努力学习，以专业课全优的成绩毕业并获得国家励志奖学金。因为热爱无损检测，所以毕业后选择坚守专业。先后在“钻无止境，炼就一流”的兰石两大核心板块——石油钻采和炼化设备做无损检测技术工作。

（1）心态归零，扎根检测一线苦练技艺。入职后，王军的一线超声波检测完成工作量达10万米以上，对缺陷波形判别准确，漏检及误判率为零。累计完成400余台压力容器的TOFD检测工艺参数计算、审（评）图和报告出具工作。

（2）重技术，强管理，做带头好青年。担任超声组组长期间，成功组织班组成员进行了“嵌入式A类缝”的超声波检测、“球片坡口”的磁粉检测等技能比赛，达到了提升全员综合素质的目的。同时，坚持技术创新，对生产现场遇到的技术难题进行专项攻关，比如管板+壳体焊缝（一侧削边）的TOFD检测技术问题，打通阻碍产品检测的技术瓶颈，提升了团队整体技术水平。

（3）兰石工作期间，因责任心和执行力极强，被选举为职工代表、党支部组织委员，负责工资考核、党务管理工作期间，严格自律，一切按照组织赋予的权利和义务办事，未发生任何违规违纪行为。

（4）一次性考取国家市场监督管理总局颁发的UT-Ⅲ、RT-Ⅲ、MT-Ⅲ、PT-Ⅲ、RT（D）-Ⅱ、PA-Ⅱ、TOFD-Ⅱ等资质。编制企业无损检测工艺规程6项，参与公司内外部讲课50余次，撰写无损检测技术论文20余篇。

2. 专注技术应用，助力公司市场开发

相控阵超声检测（PA）标准SY/T 4109—2020于2021年2月1日实施、NB/T47013.15于2021年8月26日实施。2021年9月至2022年5月，正值辽宁辽河油田澳维检测有限公司PA检测技术应用推广时期，王军入职后受领导重托，带领3名徒弟日夜兼程，从工艺规程、操作指导书编制、PA配件采购开始，一步一个脚印，开展了工艺验证、现场检测、评图和出报告等一系列全流程检测工作，主要成果有双台子储气库群一期地面工程输气管道123道PA检测、辽河石化公司大检修管道800余道PA检测、辽河石化公司2台减压塔TOFD检测、双台子储气库双向输气管道工程PA工艺验证及百口检测。

团队最终圆满完成了PA检测业务，同时培养出了3名优秀的检测技术人员，为公司后续PA检测培养了可用之才，使公司获得了更大的发展，谋求了更高的经济效益。

3. 创新团队发展，助公司形象提升

2022年6月，王军调任辽宁辽河油田澳维检测有限公司西气东输三线中段（中卫—吉安）项目中卫—枣阳段无损检测第十四标段项目经理。项目工期两年，全长87.29千米，涉及PAUT+TOFD、AUT、DR、RT、UT、MT、PT等检测方法。王军在项目开始阶段提出全流程检测思路和综合评价模式，在后续的缺陷识别过程中亮点突出，深受业主赞扬。

（1）王军作为党小组组长，从第一道缺陷焊口开始，创新以往项目管理模式，充分以党建促技术的思路，综合运用PAUT+TOFD、AUT、DR、RT、UT、MT、PT等无损检测技术进行全流程检测，开展缺陷的综合验证与评价，确保了裂纹、未熔合等危害性缺陷进行准确判定。未出现错漏评和母材缺陷漏识别等质量问题。

（2）王军带领团队全力维护好公司在管网参建单位第一梯队的良好形象，规范派工流程、班前喊话，规范DR检测安全防护，做到安全、优质、高效检测。项目部每个季度的绩效考核在全检测标段均保持第一名，在确保安全检测和实体质量不出问题的前提下，实现了绩效考核高积分、在公司树立了好形象。

4. 开放技术服务，助行业合规发展

（1）2018年至2021年，王军受聘于中国机械工程学会无损检测分会无损检测人员考试中心、甘肃省和青海省特种设备无损检测考委、兰石集团职业技能鉴定小组，开展了UT、RT、MT、PT理论，工艺和实操讲解；2022年9月，受邀给辽宁石油化工大学机械工程学院材料专业毕业生做了一次DR、PAUT、TOFD等新技术应用介绍和无损检测行业就业分享，深受学员喜爱。

（2）2022年9月至2023年6月，由国家管网集团公司工程部、工程质量监督检验有限公司组织，王军作为无损检测专家参与了江苏滨海LNG外输管道（滨海LNG—合肥）阜宁电厂专线工程、川气东送殷汇阀室—石台支线工程、西气东输三线仙桃—潜江联络线工程、兰郑长—154国储库—长郴管道工程、魏荆线隐患整治项目、文23储气库项目（二期工程）、穗莞项目、惠州—海丰项目、西气东输四线天然气管道工程（吐鲁番—中卫）、古浪—河口天然气联络管道、河口输气站埋地管道隐患治理项目、西气东输三线中段（中卫—吉安）项目中卫—枣阳段工程、锦州—郑州成品油管道工程干支线雄安新区段管线迁改工程、天津液化天然气（LNG）外输管道复线项目等14个项目无损检测单位的资质、机构设置、检测能力、质量控制、RT底片、AUT/PAUT/DR图谱评定，检查出“PAUT点状缺陷评定方法不一致”“密集缺陷评定不准确”等140余项典型技术质量和安全问题。

（3）王军受聘于中国船级社质量认证有限公司广东分公司，开展PAUT图谱复评，屡次发现横向裂纹、表面未熔合等典型缺陷焊口，经验证准确无误。

（4）王军运营个人微信公众号“无损评价NDE”，发表原创技术文章12篇，其中《S304（0Cr18Ni9）奥氏体不锈钢对接接头TOFD实验性检测与评价》《Q245R+S11306不锈钢复合板压力容器环焊缝相控阵超声检测（PA）应用与评价》《关于插入式、安放式、嵌入式的几点区别》等多篇文章受到中国特种设备安全与节能促进会的转发推广。

（5）2023年5月，王军被公司推荐至辽宁省盘锦市特种设备专家库。

和许许多多朴素的劳动者一样，王军是平凡的，他的工作也是平凡的。但他始终发扬辽石化大“问学穿石，修身诚化”的教育精神，不骄不躁，奋发前行，在平凡岗位上为我国油气装备的无损检测行业贡献力量，用平凡积聚了力量，用平凡筑就了伟大。

第八章　新：秉承守正创新

第一节　守正创新是工匠精神的核心

一、从工匠精神出发理解守正创新

（一）工匠精神内涵的时代发展

关于工匠精神，在不同国家和民族，或同一国家和民族的不同历史时期，都会有不同的理解，但其基本内涵不会改变，那就是精益求精。只是对于精益求精这一基本内涵的认识与阐释，会由于认识主体的综合认识能力和经济社会发展需要的不同而具有一定的差异。人类社会的发展进步离不开对工匠精神的认识与培育，对工匠精神全面而科学的认识需要有全球视野和战略高度下的国家意识、民族意识、时代意识和政治意识。工匠精神的承担者是工匠。所谓工匠，是指有工艺专长的匠人，他们能够专注于某一领域、针对该领域产品的研发或加工全身心投入，一丝不苟、精益求精地完成整个工作流程的每一个环节。工匠属于是一个传统的称呼，最初指机械地重复劳动的工作者。在流水线生产盛行之前，工匠需要完整地掌握整个工作流程和每一道工序，非常烦琐。想要技艺娴熟必须反复操练，久而久之，熟能生巧。由此可见，传统的工匠精神的载体是生产的工匠，关注的是他们的技艺水平，是实实在在能看得见的存在。随着“科学管理之父”泰勒的科学管理理论的兴起，在谋求最高劳动生产率的根本目的下，复杂的工艺流程被分解成若干道工序，每道工序由几个简单的动作组成，再将工序分给不同的工人负责。此时的工人即工匠，差别有两点：一是工作内容更单一，更容易掌握；二是工作方式更枯燥。在这样的工作条件下，有些工人忠于岗位、热爱本职工作、兢兢业业、勤于思考和钻研、勇于革新、改良生产工艺和技术，在简单的工作中创造不简单，在平凡的岗位上创造不平凡。这是此时所提倡的工匠精神。因此，此时的工匠精神强调的是毅力、不怕苦不怕累、精益求精的精神，上升到了精神层面。从人类文化视角来看，工匠精神属于理念文化的内核部分，表现为人对自己的"作品"在真、善、美方面的价值追求，属于人的价值活动中的主体客体化的过程，即人的内在价值追求理念不断在客体"作品"上得到外化的过程。

在新时代我们更加需要工匠精神。那么，新时代下的工匠精神被赋予了怎样的内涵呢？在我国经济进入新常态、经济增长进入中高速、经济结构迈入中高端以及推进供给侧结构性改革的大背景下，提出重塑工匠精神确是大有深意的。我国制造业在经历了引进国外技术、模仿和山寨外国产品的发展阶段之后，逐渐步入瓶颈期；中小企业的发展亦是如此，不仅模仿之风盛行，企业的产品和技术相互借鉴，而且"用工荒"和工人稳定性也成为一大难题；经济管理方面，虽然我国掌握了一套符合国情的具有中国特色的管理理念和管理方法，但是过于粗放，也存在一些负面作用，仍然有很大的进步空间。在这样的时代背景下，工匠精神重新走进人们的视野。较之传统的工匠精神，其内涵更为丰富。首先，新时代的工匠精神存在于各行各业中，是一种象征意义，并未局限于制造业和工人中；其次，工匠精神仍然重视娴熟的技术和精湛的工艺，是对员工技能的严格要求；再次，工匠精神强调精益求精、追求极致的精神，是对员工职业态度的要求；最后，新时代工匠精神最突出的特征就是创新。2016年，国务院政府工作报告首次将工匠精神写入其中，报告提出，"鼓励企业开展个性化定制、柔性化生产，培育精益求精的工匠精神，增品种、提品质、创品牌"。此外，工匠精神源于工匠，高于工匠。作为一个大国所推崇的时代精神，工匠精神的时代内涵早已超越了工匠这个群体，而是涉及任何一个行业或职业群体，不仅存在于制造业，也存在于服务业领域，不仅物质生产领域需要，精神生产领域也同样需要，体现为整个社会物质和精神的生产者、服务者职业精神的崇高境界。因此，我们今天所说的"工匠"并不完全等同于通常意义上的"工匠"，而是新时代不仅具有精湛技艺技能且具有创新精神，对真、善、美不懈追求的"工匠"，他们是先进生产力的杰出代表，引领着时代的发展风范。综上所述，新时代的工匠精神是一种职业态度和职业理念，是从业人员的职业价值取向和行为表现，高超的技艺和追求卓越的精神的兼而有之，是守正和创新的有机结合。

（二）守正创新具有重要的哲学方法论意义

守正创新，是习近平总书记在治国理政中提出的一个重大概念。2018年8月，习近平总书记在全国宣传思想工作会议上提出守正创新的概念，指出宣传思想战线进入了守正创新的重要阶段，对宣传思想工作提出“守正创新”要求。此后，习近平总书记把守正创新概念引入治国理政各领域各方面，在许多重要场合和重要指示中，都提出守正创新要求。

习近平总书记在学校思想政治理论课教师座谈会上指出：“我们通过守正创新形成了中国特色社会主义理论体系。”这一重要论述把守正创新与党的理论创新成果联系起来，将其当作党的思想方法来看待。这之后，习近平总书记对此又作了进一步揭示和阐述。在党史学习教育动员大会上指出：“一百年来，我们党坚持解放思想和实事求是相统一、培元固本和守正创新相统一，不断开辟马克思主义新境界，产生了毛泽东思想、邓小平理论、‘三个代表’重要思想、科学发展观，产生了新时代中国特色社会主义思想，为党和人民事业发展提供了科学理论指导。”在省部级主要领导干部学习贯彻党的十九届六中全会精神专题研讨班开班式上指出：“我们要准确把握时代大势，勇于站在人类发展前沿，聆听人民心声，回应现实需要，坚持解放思想、实事求是、守正创新，更好把坚持马克思主义和发展马克思主义统一起来，坚持用马克思主义之‘矢’去射新时代中国之‘的’，继续推进马克思主义基本原理同中国具体实际相结合、同中华优秀传统文化相结合，使马克思主义呈现出更多中国特色、中国风格、中国气派，续写马克思主义中国化时代化新篇章。”这些重要论述把守正创新与解放思想、实事求是联系，实际上是将守正创新提升为马克思主义中国化时代化的思想方法。党的二十大报告将“守正创新”写入大会主题，并将其作为“六个必须坚持”之一列入习近平新时代中国特色社会主义思想的世界观和方法论。习近平总书记强调“必须坚持守正创新”时指出，“守正才能不迷失方向、不犯颠覆性错误，创新才能把握时代、引领时代。我们要以科学的态度对待科学、以真理的精神追求真理，坚持马克思主义基本原理不动摇，坚持党的全面领导不动摇，坚持中国特色社会主义不动摇”。中国共产党始终坚持用马克思主义科学理论指导人们正确认识世界和有效改造世界。解放思想、实事求是、与时俱进、求真务实，这些是中国共产党人在不同历史时期，运用中国语言对马克思主义认识世界和改造世界理论精髓作出的凝练概括，它们的内涵中都逻辑地蕴含着守正创新的要求。守正创新在认识世界和改造世界方法论中具有相对独立的重要地位。

（三）从工匠精神出发理解守正的含义

中华工匠史也是一部中华工匠的精神史诗，从中我们可以参悟守正这一宝贵的精神品格的深刻含义。

根于工正，持中守正。“巫史同工”是史前工匠文化的重要特征。史前匠人以虔诚的宗教信仰谱写了一部巫史文明，他们敬畏自然与神灵，用制器尚象的朴素理念为人类早期的器物生产提供造物原则，通过泥土和火焰的碰撞创造了史前陶器，并创造了史前石器、玉器、漆器等巫史文化标识。他们用朴素的线条与符号，对自然、物象与宇宙进行原始表达，记录下人类童年时代的梦幻与精彩，形成了中华工匠的初始精神品格。古人很早就用“正”来为工匠官职命名，如车正、陶正、木正等，显示出中华工匠精神的本源属性。“正”为王室官职，乃规范、标准之意，其内涵及行为指向坚守正义、守正为公、守正为民。古公亶父不仅勤于营建匠事，胸怀“周原”，还礼让豳地；车正奚仲心系人民疾苦而苦思发明车辆，解决治水材料的搬运问题；“科圣”墨子始终站在服务人民的立场，勇于探索工匠造物实践……早期中华匠人心系百姓，持中守正，以工匠精神铸成了中华匠人的守正精神品格。自西周至隋文帝时期，司空制度、少府制度与工部制度为中华工匠精神的形成发展提供了制度前提，也促进生成了中华匠人的民本精神品格。官的信条与宗旨要藏富于民，反映出工官以民为本的精神品格。周代工匠在司空制度体系下逐渐形成属于时代的工匠精神，即民本精神。在制器尚象中发轫中华工匠的守正精神，在制度涵养中铸造民本精神内核，在人文情怀与崇尚科学中冶炼出至善求真的精神典范。中华工匠是中华民族精神的承载者、实现者、体现者，他们的精神品格是中华民族精神品格的重要体现。

（四）从工匠精神出发理解创新的含义

党的十八大以来，习近平总书记对创新发展提出了一系列重要思想和论断，把创新发展提高到事关国家和民族前途命运的高度，摆在了国家发展全局的核心位置，并明确提出“创新就是全方位、各领域、全覆盖的全面创新”。创新是指以现有的思维模式提出有别于常规或常人思路的见解，利用现有的知识和物质，在特定的环境中，本着理想化需要或为满足社会需求，而改进或创造新的事物、方法、元素、路径和环境，并能获得一定有益效果的行为。创新可以拆分为“创”和“新”两个字，有着不同的含义。“创”的本义是“割”，意指受伤，后来引申为“突破”，指在原有的基础上有所改变和突破，进而“创造”出某种东西。“新”与“旧”相对，表示一种有异于“旧”的状态和性质，也有“性质改变得更好”之意。“创新”的本质是突破，即突破旧的思维定式和常规戒律。创新活动的落脚点在“新”上，通过创造达到变革的目的，可以是产品结构、性能和外观的变革，也可以是表现形式和手段的创造，还可以是内容的丰富和完善。创新一般分为文化层的创新、器物层的创新和制度层的创新三大类。文化层的创新，即知识创新，是指通过科学研究获得新的基础科学、技术科学等方面的知识，并将新知识引入原有的知识体系。具体又包括了文化创新、观念创新等。器物层的创新，即技术创新，是指应用知识、工艺等现实存在而改进或改变现有的技术体系，包括改变现有的生产设备和工艺流程、开发生产新的产品、提供新的服务等。一般来说，技术创新可细分为产品创新、技术创新、服务创新等。制度层的创新，即管理创新，是对管理思想、方法、工具和模式的创新，是组织面对技术和市场变化、适应现实和管理需要而进行的改进和调整。一般来讲，知识创新、技术创新和管理创新隶属于同一个体系，相互关联，互相促进。

（五）守正和创新统一在工匠精神之中

守正创新体现了变与不变、继承与发展、原则性与创造性的辩证统一。守正、创新是具有悠久历史文化传统的中国话语，是中华民族长期发展中秉承的思想观点和方法。

守正，出自《史记》：“循法守正者见侮于世，奢溢僭差者谓之显荣”，强调坚守正道。其后，历代文献屡有“守正”记载，对“守正”的倡导沿用至今。创新，最早见于南北朝时期魏收所著《魏书》：“革弊创新者，先皇之志也”，其义为除旧迎新，意为国家治理的变革与更新。唐代及以后，“创新”一词频繁出现，既体现了古人朴素的“创新观”，也反映出当时人们创新意识活跃、创新领域的不断扩大。世代相传的守正与创新的意识和主张，激发了中华民族创新奋进的强大力量，推动中华民族在守正与创新的实践中克服了一个又一个困难，战胜了一次又一次挑战。

守正与创新相辅相成、辩证统一。“正”可以理解为事物的内在规定和质的要求，“新”可以理解为新的理论认识和创造性实践探索。守正创新，就是根据事物发展的内在要求，在遵循客观规律的基础上形成新判断、进行新创造、推动新进步。守正创新既是对中华优秀传统文化中恪守正道、革故鼎新观念的传承和弘扬，也是我们党推进理论创新、进行实践创造的重要经验。

守正与创新揭示了变与不变的辩证关系。守正中的“正”指事物的本质和规律，守正就是要坚守正道、追求真理，立足现实情况。创新意味着对“旧”的突破与超越，其目标是“新”，即新的认识和实践成果。守正是创新的前提和基础，真正意义上的创新一定是有所依凭和本源的，是行进在历史正确方向之上的。也就是说守正不能偏离根本，不是刻舟求剑，还要往前发展、与时俱进，否则就是僵化的、陈旧的、过时的。创新是守正的路径和发展，只有敢于说前人没有说过的新话，敢于干前人没有干过的事情，才能以新理论指导新实践，才能把事物推向新发展阶段。单讲守正而不求创新，守正就会陷于故步自封的抱残守缺；只讲创新而罔顾守正，所谓“创新”就必然滑向迷失方向的历史泥淖。

守正创新是新时代的鲜明气象，也是习近平新时代中国特色社会主义思想的显著标识。在学习贯彻党的二十大精神研讨班开班式上，习近平总书记对推进中国式现代化需要处理好的若干重大关系作出深刻阐释、提出明确要求，其中之一就是正确处理好守正与创新的关系。这既是对推进中国式现代化提出的重要要求，也是对我们党探索现代化成功经验的深刻总结。与此同时，在工匠精神的培育过程中注重守正与创新的统一也正是这一理念在具体的建设中的实践探索。守正创新统一于工匠精神之中是在治国理政实践领域中的具体应用，也必将有力推进中国式现代化的开拓发展。守正才能不迷失方向、不犯颠覆性错误，创新才能把握时代、引领时代。我们要正确处理好守正与创新的关系，在守正中把稳舵盘、保持航向，在创新中寻求突破、扬帆远航。

在推进中国式现代化这项前无古人的开创性事业、探索性事业过程中，还有许多未知领域，需要我们在实践中去大胆探索。我们要紧跟时代步伐，顺应实践发展，以满腔热忱对待一切新生事物，不断拓展认识的广度和深度。把创新摆在国家发展全局的突出位置，顺应时代发展要求，积极识变、应变、求变，大力推进理论创新、实践创新、制度创新、文化创新以及其他各方面创新，不断开辟发展新领域新赛道，不断塑造发展新动能新优势。进一步激发全社会干事创业的活力，营造让干部敢为、地方敢闯、企业敢干、群众敢首创的好环境好生态，让创新创造的活力充分涌流、竞相迸发。

二、守正创新是工匠精神的核心

习近平总书记指出，“人类是劳动创造的，社会是劳动创造的。”在中国传统文化中，工匠在各行各业中扮演着“审曲面势，以饬五材，以辨民器”的重要角色。在我国工艺文化历史的长河中，工匠精神根植于中国传统文化，经过时间的洗礼后沉淀为中华民族宝贵的社会财富，被赋予了深厚的历史内涵和现代意义。

（一）工匠精神因守正创新而积蓄力量

在精进不休中提升个人能力，爱岗敬业的“内生动力”越来越丰盈。工匠精神是人类千百年来积累下来的、在手工业时代达到顶峰的一种精神文化，每一位手艺人、匠人用源源不竭的创造力和坚持不懈的实干精神诠释了“执着专注、精益求精、一丝不苟、追求卓越”的工匠精神。成为匠人容易，而拥有匠心则需要坚持对精品的追求、对过往的革新和对品质的初心，这大抵就是“匠心独运”的意思。对个人而言，工匠精神作为一种崇高品质，让爱岗、敬业、专注与创新相辅相成，将职业道德、职业素养、职业能力和职业行为紧密相连，使个人技能、工作行为、道德素养和性格品格环环相扣，为个人在各自的工作岗位上取得不平凡的业绩提供了一把钥匙和一串密码。

在蹄疾步稳中焕发生机，守正创新的“引擎动力”越来越强劲。“惟改革者进，惟创新者强，惟改革创新者胜。”要有“十年磨一剑”的决心和“百二秦关终属楚”的魄力。新时代，实现中国式现代化，需要一支扛起守正创新旗帜的队伍，以精益求精的工匠精神，一步一个脚印地深耕细作出更多高质量的产品。只有每个组织、企业、个人都以执着专一、追求卓越为工作理念，才会使整个社会释放出更大的潜力，为社会进步提供源源不竭的创造力和行动力。

在行稳致远中传递社会能量，协作共赢的“不竭动力”越来越强大。工匠精神之所以能够引发强大共鸣，正是因为它高度契合了社会发展的需要，是我国实现从制造大国到制造强国的有力抓手，是我国实现从中国制造到中国智造的重要推手，更是提升广大劳动者技能素质的坚实力量。守正创新彰显了工匠精神的时代气息，大国工匠们凭借着丰富的实践经验和永不止步的思考，用担当的精神和牺牲的信念带领团队协作共赢，实现了多项国家重大技术革新和技术攻坚项目，为提升我国工匠精神文化软实力和工艺制作硬实力提供了充足且有力的人才资源，他们身上的守正创新正是我国时代精神最好的表现。

工匠精神正将“中国梦”这幅美丽画卷变为现实，一张张“大国名片”背后无一不是一个个奋斗的“大国工匠”。新时代的工匠精神既是对中国传统工匠精神的继承和发扬，又是劳动精神在新时代的一种新的实现形式，成为激励广大人民助力实现中华民族伟大复兴中国梦的强大精神力量。

（二）工匠精神靠守正创新追逐时代步伐

习近平总书记指出：“创新是一个民族进步的灵魂，是一个国家兴旺发达的不竭动力。”一个民族的创新离不开技艺的创新。在现代工业条件下，对于工匠技艺的要求已经不仅仅像传统工匠那样，只是从师傅那里学得技艺从而保持和发扬祖传工艺技法。实际上，传统工艺也是在传承与创新中得到发展的，我们要将传承与创新统一起来，在传承的前提下追求创新。现代机械制造尤其是现代智能制造，对技艺提出了越来越高的难度和精度要求，不仅要有娴熟的技能，而且要求技术创新。每一个产品的开发，每一项技术的革新，每一道工艺的更新，都需要有工匠的创新技艺参与其中。

新时代的工匠精神强调的是创新，守正是根基，创新是源泉，只有创新才能跟上时代的步伐，满足人们日益增长的物质文化生活的需要，有无“追求卓越的创新精神”是判断新时代“工匠大师”的一个重要标准。那些卓越工匠，不仅具有高超的技艺，而且具有强烈的创新意识和创新能力。创新能力，不是对以往工艺的墨守成规，而是对现有的生产技艺的大胆革新，给行业技艺带来突破性贡献，促进生产技艺水平提升，推动社会经济发展。

对于工匠大师而言，守正，是指完整地继承人类所创造和积累的文明成果，准确地理解历代大师的精辟见解和笃实结论，向先贤前辈和身边的能人精英学习，也指胸怀正气，恪守正道，维护正义。创新，就是敢于挑战权威，善于探索新知，正确看待失败，不断超越自我。在守正创新的前提下，锻造独具特色的匠心，树立高远的理想追求和深沉的家国情怀，把个人的前途、命运同国家前途、民族命运结合在一起，多下苦功、多练真功，实现新作为。

（三）工匠精神因守正创新而散发光芒

守正之于工匠精神，有着非常的重要意义。配享“工匠”称号的人，首先应该是一个令人敬重的人。在工匠精神内涵中，“行端守正，以事其业”是行为层面的规范准则。“行端”是指行为活动符合社会公序良俗，“守正”是指做人恪守处世正道。“工匠精神”是后天形成的，且需要在长期的生产实践中培养。在此过程中，生产劳动对大多数人来说是枯燥的、劳累的。在嘈杂的世界里，劳动者的内心必须安静、强大，需要耐得住寂寞、受得住冷遇、守得住底线，有坚强的毅力和执着的个性坚持下去。当今社会，金钱和权力的诱惑无孔不入，行得端、坐得正，有追求、有原则，不忘本心才能坚持自我，不走捷径才能制造精品。立身正行是本分工作的基础，但守正不代表守望，在时代的需要和感召下，工匠们也可以走到台前，勇毅担当，发光出彩。

创新之于工匠精神，同样具有不同寻常的意义。创新是一个民族进步的灵魂，是工匠精神的重要组成部分，也是技术工匠灵感迸发的源泉。“独具匠心、勇于创新”是目标层面的最高要求。技能传承不代表因循守旧、一成不变，中国古代就有“苟日新、日日新、又日新”的创新意识。在分工日细的现代社会，在科技日新月异的时代背景下，工匠精神与生产劳动者的创新能力是密切关联的。工匠之能不仅在于不断重复熟练的动作，还要在适应科技发展的同时，同步革新技术、创新工艺。产品的设计与研发，工艺的改进与突破，都需要工匠们的创新精神。我国自古就有指南针、印刷术、造纸、火药四大发明，这些无一不是劳动者在工匠精神的引领下，勇于创新的结果。一个社会的经济发展需要先进的生产工具，更离不开高明的生产劳动者。新科技时代的工业化大生产逐渐替代了手工劳动，敞亮厂房逐渐取代了传统小作坊，但中国许多传统工艺和现代技能的继承和发扬仍然离不开工匠，更离不开工匠精神。在历经了改革开放40多年的规模壮大和高速发展之后，国家开始重新审视自身的经济发展政策和人才需求导向，社会开始越来越注重高质量、可持续的发展，企业越来越需要掌握高超技能、具备工匠精神的产业工人，这也是我们呼唤、研究工匠精神的初衷。按照工匠精神的内涵析辨，我们不可能人人都成为工匠，但是理解和掌握工匠精神的内涵，我们就可以在社会上弘扬“工匠价值”，在企业里融入“工匠文化”，在学校里培育“工匠意识”，营造良好的工匠精神培养内外部环境，从而为加快实现经济从规模发展向内涵提升的飞跃创造良好条件。

工匠精神所表达的守正创新意义非凡。工匠精神意义上的守正创新的专业素养，就是生产劳动者在工作中表现出的牢固产品的基本特性、坚守产品的优秀特点，并在此基础上，根据更高的时代要求，改善产品价值的专业品质。守正创新是与创新的统一，是坚守基础上的创新和创新视野中的坚守。守正创新是实事求是，是思想路线在产品制造上的贯彻与落实，是中国工人阶级实事求是的先进性素质在生产劳动中的体现。守正创新的专业素养，在中国工人阶级领导社会主义建设和中国特色社会主义改革开放过程中得到了很好的体现。社会主义建设初期，基于我国薄弱的工业基础和有限的建设条件，在当时的国内外背景下，根据我国的资源分布，我们优先进行了工业建设，坚持独立自主、自力更生的主基调，守住了新中国稳定的基础，也在国际支援下发展了新的产业，填补了工业的空白，很好地体现了守正创新的实事求是精神。改革开放以后，我国的现代化建设站在了新的历史起点上，我们坚持独立自主基础上的对外开放，充分借鉴发达国家的文明成果，为增强我国的发展实力服务，盘活存量、做大增量，引进先进生产经验、管理方式和经营理念，创新发展的体制、机制和产品，实事求是地走出了一条中国特色社会主义快速、健康发展之路。中国特色社会主义建设道路，是改革开放的社会主义自我完善和发展之路，守住了社会主义的根本，发展了社会主义的成就，创新了社会主义道路，开辟了社会主义的未来，是实事求是精神在国家发展之路问题上守正创新的生动体现。大国工匠们体现的工匠精神，集中表达了实事求是的守正创新精神，显示了工匠们高度的专业素养和创新意识，蕴含着鲜明的时代气息。大国工匠们凭借丰富的实践经验和不懈的思考进步，实事求是地带头实现了一项项工艺革新，牵头完成了一系列重大技术攻坚项目。他们在各自工作岗位上表现出的守正创新的专业素养，正是我国劳动人民实事求是的先进性素质在生产劳动中的最好展现。

习近平总书记强调：“新征程上，我们一定要坚持中国特色社会主义道路，坚持党的基本理论、基本路线、基本方略，坚持自信自强、守正创新，在自己选择的正确道路上昂首阔步走下去，以中国式现代化全面推进中华民族伟大复兴。”前进道路上，我们要守好中国式现代化的本和源、根和魂，毫不动摇坚持中国式现代化的中国特色、本质要求、重大原则，确保中国式现代化的正确方向。同时，推进中国式现代化是一项探索性事业，还有许多未知领域，需要我们在实践中去大胆探索，通过改革创新来推动事业发展。我们也应当在全社会积极培育和弘扬工匠精神的过程中，认真学习和领悟习近平总书记关于守正创新的重要论述观点，学思悟道并重，知行合一，要在工匠精神培育过程中开创新路径，取得新突破。

三、如何弘扬工匠精神的核心——守正创新

工匠精神是一种严谨认真、精益求精、追求完美、勇于创新的精神。党的十八大以来，习近平总书记多次强调要弘扬工匠精神。党的二十大报告提出：“加快建设国家战略人才力量，努力培养造就更多大师、战略科学家、一流科技领军人才和创新团队、青年科技人才、卓越工程师、大国工匠、高技能人才。”在新时代应如何深入把握工匠精神的基本内涵、时代价值与培育路径，应如何重塑职业精神，重构职业价值取向，成为我们迫切需要解决的突出问题。

（一）积极传承弘扬工匠精神，承继守正创新传统

我国自古就有尊崇和弘扬工匠精神的优良传统，一些工艺水平在世界上长期处于领先地位。瓷器、丝绸、家具等精美制品和许多庞大壮观的工程建造，都离不开劳动者精益求精的工匠精神。《诗经》中的“如切如磋，如琢如磨”，反映的就是古代工匠在切割、打磨、雕刻玉器等时精益求精、反复琢磨的工作态度。《庄子》中讲庖丁解牛游刃有余，“道也，进乎技矣”。可以说，我国古代非常注重工匠精神，形成了“尚巧工”的社会氛围。新中国成立以来，我们党在带领人

民进行社会主义现代化建设的进程中，始终坚持弘扬工匠精神。无论是“两弹一星”、载人航天工程取得的辉煌成就，还是高铁、大飞机等的设计与制造，都离不开工匠精神，都展现出我们对工匠精神的继承与发扬。

弘扬工匠精神有助于提高创新能力、加快建设制造强国。我国是世界制造业第一大国，在世界500多种主要工业产品中，我国有220多种工业产品的产量位居世界第一。但总体而言，我国制造业大而不强，实现制造业转型升级迫在眉睫。加快建设制造强国，加快发展先进制造业，关键在于提高创新能力，而工匠精神是助推创新的重要动力。工匠精神不是因循守旧、拘泥一格的“匠气”，而是在坚守中追求突破、实现创新。把工匠精神融入生产制造的每一个环节，敬畏职业、追求完美，才有可能实现突破创新。我们要通过弘扬工匠精神，培育劳动者追求完美、勇于创新的精神，为实施创新驱动发展战略、推动产业转型升级奠定坚实基础，加快建设制造强国，推动经济高质量发展。

弘扬工匠精神有助于提升中国品牌国际形象。品牌是企业走向世界的通行证，也是国家竞争力的重要体现、国家形象的亮丽名片。近年来，我国品牌建设取得长足进步，但在国际上真正叫得响的品牌还不多，这与我国作为世界第二大经济体、第一制造业大国的地位很不相称。提升品牌形象，要求把工匠精神融入设计、生产、经营的每一个环节，做到精雕细琢、追求完美，实现产品从“重量”到“重质”的提升。通过弘扬工匠精神，让每个劳动者恪尽职业操守，崇尚精益求精，进而培育众多大国工匠，不断提高产品质量，打造更多享誉世界的中国品牌，建设品牌强国。

（二）感悟工匠精神时代内涵，浓厚守正创新社会氛围

弘扬工匠精神，需要培养尊崇工匠精神的社会风尚、构建相应体制机制，营造守正创新的社会氛围。一个国家、一个民族的发展，离不开各行各业劳动者的共同推动。社会对各种人才的评价会直接影响劳动者努力进取的方向。我国虽然有“尚巧工”的传统，但技能人才在传统社会一直得不到应有重视。当前，社会上依然存在轻视职业教育、不重视技能人才的现象。2019年9月，习近平总书记对我国选手在世界技能大赛取得佳绩作出重要指示强调：“劳动者素质对一个国家、一个民族发展至关重要。技术工人队伍是支撑中国制造、中国创造的重要基

础，对推动经济高质量发展具有重要作用。”“要在全社会弘扬精益求精的工匠精神，激励广大青年走技能成才、技能报国之路。”这就要求我们倡导尊崇工匠精神的社会风尚，为弘扬工匠精神营造良好社会氛围。弘扬工匠精神，还要形成相应体制机制。健全技能人才培养、使用、评价、激励制度，注意提高劳模和技能人才的政治待遇、经济待遇、社会待遇，为劳模和技能人才发挥作用搭建宽广舞台，使他们在经济上有保障、发展上有空间、社会上有地位。

弘扬工匠精神，是新时代的使命呼唤。弘扬工匠精神，要营造浓厚的氛围。没有劳动光荣、创新伟大的社会氛围，就很难营造有利于工匠精神培育的社会环境。要在全社会倡导“崇实尚业”之风，涵养尊敬技能劳动者的社会氛围，提升工匠的社会地位，增强各行业从业人员的职业荣誉感和责任感，形成劳动光荣、知识崇高、人才宝贵、创造伟大的氛围。弘扬工匠精神，要勇于创新。创新是战略之举、强国之路。只有不断增强创新驱动力，才能在高起点上实现更高质量、更可持续的发展。弘扬工匠精神，就是要以崇高的家国情怀、职业的敬畏情怀、负责的担当情怀、精益的卓越情怀，守正创新，既继承优良传统，又紧跟时代步伐，不断推陈出新。

（三）依托工匠精神立新功，引领守正创新进步风尚

习近平总书记在全国劳动模范和先进工作者表彰大会上强调，“大力弘扬劳模精神、劳动精神、工匠精神”。并深刻指出，在长期实践中，我们培育形成了“执着专注、精益求精、一丝不苟、追求卓越的工匠精神”。工匠精神是时代精神的生动体现，折射着各行各业一线劳动者的精神风貌，为各个专业领域高质量发展不断注入精神动力。

弘扬工匠精神是培养尊崇劳动、积极奉献的社会风尚的具体实践。一个国家、一个民族的发展，离不开各行各业劳动者的共同推动。劳动者素质对一个国家、一个民族发展至关重要。在弘扬工匠精神的同时一定要坚持建立在自信基础上的创新和奉献，坚持持续打磨精湛的技术技艺。要形成相应体制机制，为劳模和技能人才发挥作用搭建宽广舞台，使他们在经济上有保障、发展上有空间、社会上有地位。

近年来，“科研人员、企业家也应有工匠精神”的说法非常普遍，工匠精神

日益成为各行各业从业者共同遵守的职业信条和行为操守。开启新征程，扬帆再出发，亟待一大批具有工匠精神的劳动者挥洒汗水、贡献智慧。执着专注。工匠以工艺专长造物，在专业的不断精进与突破中演绎着“能人所不能”的精湛技艺。实际上，得心应手的技能、巧夺天工的技术和出神入化的技艺，正是来源于专注。工匠始于学徒、技工，应学会干实事、细事、小事。选择了某个行当，就应沉潜下来，不能心猿意马。要在一个领域精雕细琢、精耕细作，必须不忘初心、坚守理想，坐得了冷板凳，耐得住寂寞。精益求精。工匠们练就了炉火纯青之技，成为行业“绝活”的创始人、传承者。在技术创新的各领域，有那么一群“隐形冠军”企业，他们瞄准细分市场，集中力量进入并成为领先者。中铁二局二公司隧道爆破高级技师彭祥华在软若豆腐的岩层间精准爆破，误差控制远小于规定的最小误差；沪东中华造船公司焊工张冬伟手工焊缝长14千米厚0.7毫米的内胆，先修“心境”而后达“技境”。古人说“熟能生巧”，正是因为不断精益求精，才能不断自我超越。一丝不苟。工匠必须具有严谨的态度，不能造伪器。每一项具体技术的研究开发与应用扩散，往往都具有严格的规程和标准，来不得半点马虎，走捷径搞变通是行不通的。就像拧螺丝这种简单技术，拧几圈回几圈以及施加多大扭矩都要遵守严格规定，否则就可能造成严重误差。“炮制虽繁必不敢省人工，品味虽贵必不敢减物力。”不放过任何一个细节，不忽视任何一个细微之处，一丝不苟、倾注匠心，才能创造出巧夺天工的精品。追求卓越。当技能达到一定水平后，根据边际报酬递减规律，持续以单一时间要素投入获取的技能提升增量会逐渐下降。此时就要通过改变要素投入组合，改变其他投入要素的量，或者投入其他要素，实现工艺改造和产品创新。在数字经济时代，技术的更新换代加快，技术生命周期呈现出新旧共性技术演绎创造性破坏的特征。正因此，弘扬工匠精神就要追求卓越、敢于创新，永不满足于现有水平，永不停滞于当前状态，向更高、更好、更精的方向努力。我们之所以要大力弘扬工匠精神，是因为它适应了时代的需要。弘扬工匠精神，把新发展理念贯穿到每一个车间，把高质量发展体现于每一道工艺，我们就能以更多微观创新汇聚起转型升级的宏观动能。

（四）把工匠精神融入职业教育人才培养，强化学生守正创新意识和能力

大力弘扬工匠精神，培养更多高素质技术技能人才、能工巧匠、大国工匠，

才能为全面建设社会主义现代化国家、实现中华民族伟大复兴的中国梦提供有力人才和技能支撑。立足新时代，在全面建成小康社会基础上，全面建成社会主义现代化强国，开拓中国式现代化事业，这是职业教育大力弘扬以工匠精神为核心的职业精神的时代背景。这对于职业教育有很强的现实意义和历史意义，更是职业教育的核心职责。

工匠精神作为一种精神气质方面的内在要求，其构成要素与高素质技术技能人才培养质量之间是正向关系。如果从人的自然性和职业教育的社会性分类来看，“高素质”可以理解为良好的道德品质、正当合法的社会行为、优良的职业素养和责任感等，即经过系统教育和引导后，自然生成的内在能力。这与工匠精神关于爱岗敬业、恪尽职守的职业精神状态在动力源泉上是统一的。“技术技能”就是强调职业教育的产出须充分体现人在科学技术探索、发现、改进等方面的创新之力、应用之力，这与工匠精神关于极致求精、专注持恒、唯精唯一的精神气质在价值取向上是一致的。所以，工匠精神是职业教育高素质技术技能人才培养内在要求上的升华，不仅是应时应景之需，更是时代赋予的重大职责。

将工匠精神融入职业教育人才培养过程是一个建构性问题。只有将工匠精神的基本内涵镶嵌在教育教学各个系统模块中，才能有效地整合各种教育教学资源，形成基于工匠精神的人才培养机制，并通过人才培养去实现工匠精神对质量提升的内生推动作用。确立以工匠精神为核心追求的人才培养与创新发展理念。结合学校人才培养社会需求导向，梳理工匠精神基本内涵，充分应用校内各种载体，采取灵活多样方式，大力宣传与阐释工匠精神的历史与现实意义，形成人人崇尚、以此为标，事事践行、以此为准的良好氛围与文化自觉。制订以工匠精神为文化先导与育人内核的人才培养方案。在人才培养源头，首先确立以工匠精神指引并推动高水平人才培养的标准。例如会计专业，要在专业建设标准、人才培养质量上更加突出精细、精准、唯精等指标与标准；在生产、制造类专业上，要更加突出守正创新、专注持恒等课程改革与设计，让学生在参与教育教学与实践活动过程中，不断涵养工匠精神。

把工匠精神培育落实到教育教学全过程。在人才培养方案中要落实工匠精神的课程标准与实施路径，并通过文化育人这一形式进行有益补充，其特点就是需要注重全程介入与着力点突入。将工匠精神的培育深入校风学风建设和师德师风教育的工作中，使工匠精神理念深入育人工作各个环节，并纳入全员育人、全方位育人、全过程育人的思想政治育人架构，完善网络育人、课程育人、实践育人、文化育人等培育过程。

创新工匠精神育人模式。积极创新工匠精神育人模式改革，充分利用校企合作、产教融合这一机制与抓手，把工匠精神的培育与企业质量提升、品牌打造、文化涵养有机结合，在校企一体化育人机制中落实工匠精神人才培养的企业需求指向与社会化取向，更好地推动人才培养质量的落地性与效益性。

将工匠精神融入校园文化建设体系。工匠精神培育的实质是精神文化育人，文化育人的特点在于渐进式润物无声的教育与影响。职业院校在自身校园文化建设过程中，要以工匠精神的培育为切入点，围绕职教德育主线开展内容丰富、形式多样的校园活动，尊重与推崇职业精神，提倡与坚持规范操守，用工匠精神指引学生人生追求的价值取向，努力培育学生专注坚持、一丝不苟、精益求精的职业精神素养，培养技艺精湛、具有现代工匠精神的职业人。

劳动者素质对一个国家、一个民族的发展至关重要。习近平总书记指出："我国工人阶级和广大劳动群众要大力弘扬劳模精神、劳动精神、工匠精神，适应当今世界科技革命和产业变革的需要，勤学苦练、深入钻研，勇于创新、敢为人先，不断提高技术技能水平，为推动高质量发展、实施制造强国战略、全面建设社会主义现代化国家贡献智慧和力量。"工匠精神反映劳动者的精神风貌，是时代精神的生动体现。培育和弘扬工匠精神是一项系统工程，需要加强多方面协同合作，形成合力。

第二节　恪守正道、勇于超越，做锐意进取的开拓者

扎根一线、爱岗敬业，弘扬劳模精神

一、个人简介

宫跃兵，2008年至今就职于辽宁迅达检验检测工程有限公司，任技术总经

理，工作期间参加中国特种设备检验协会组织的各种学习，先后取得RT Ⅲ级、UT Ⅲ级、MT Ⅲ级、PT Ⅲ级、ECT Ⅲ级、TOFD Ⅱ级、PAUT Ⅱ级、DR+CR Ⅱ级、MLF（AUTO）Ⅱ级、AE Ⅱ级无损检测资格证书。

2008年7月至2009年5月——昌图太阳山风电项目技术员。

2009年5月至2009年11月——蒲石河抽水蓄能水电项目技术员。

2010年3月至2010年10月——中海油（营口）沥青有限公司检测责任师。

2012年9月至2012年11月——格尔木炼油厂大检修检测责任师。

2013年10月至2015年5月——抚顺—锦州成品油管道工程项目经理。

2015年5月至2016年10月——中海油气（泰州）石化一体化项目技术负责人。

2017年3月至2018年10月——辽阳石化俄罗斯原油加工优化增效改造项目技术负责人。

2019年3月至5月——大连西太平洋石化2019年度大检修项目经理。

2019年6月至2019年10月——西南管道天水分公司2019年环焊缝开挖验证项目经理。

2020年1月至2022年12月——辽宁迅达检验检测工程有限公司技术总经理。

2023年1月至今挂职中俄天然气管道五大连池压气站项目负责人。

二、工作成果

1. 发表论文

在《无损探伤》2019/3第43卷总第236期发表《小径管双壁单影透照工艺的探讨》，辽宁省无损检测学会授予优秀论文证书。

在《无损探伤》2022/2第46卷总第253期发表《DR在制氢装置转化管中的应用》。

2. 个人荣誉

2017年获得辽阳石化2017年度质量管理优秀个人；

2018年获得抚顺市新时代好工人；

2019年获得抚顺“五一劳动奖章”；

2023年获得辽宁“五一劳动奖章”。

三、先进事迹

1. 工作中的“为什么”

大学毕业对于很多人来说是一种释怀，意味着可以扔掉书本，奔赴社会实践，刚出校门的宫跃兵其实也一样。但是对于行业内的老师傅来说，宫跃兵就是纯纯的小白，说着幼稚的话，做着幼稚的事。直到他发现工作中的实践与书本上所讲的并不一致，才开始在心里问自己为什么，才又重新找到书里所讲，找到标准一条条去对照，于是“为什么”开始贯穿他的整个工作过程。

2015年在中海油气（泰州）石化一体化项目工作中，评片时宫跃兵发现几张底片有异常，询问公司老师傅后，认为是母材裂纹。此时他心中的疑问并没有消除，为什么新到厂管线母材会有这么多裂纹？于是果断拿着返修通知单去了现场，找到焊接技术员一起去一看究竟。焊口的表面并没有裂纹，于是喊来焊工师傅，切开一道口一看，宫跃兵瞬间释然，管材里面是干裂的泥巴。原来当地因为台风天气强降雨，导致已经焊接的焊口在堆放地被水覆没，水退去后，泥巴在管内干裂。宫跃兵很庆幸，他这个“为什么”为他挽回了一次误判。

2015年至2016年，宫跃兵两次去考中国特种设备协会的超声Ⅲ级未通过，他此时心里开始对自己产生怀疑。于是带着“为什么”，一字一行一遍又一遍地看标准，针对标准中的每一条都会在心里问自己“为什么”。为什么要这样规定？不这样规定会产生哪些后果？带着“为什么”再次翻开教材，寻找答案。当无数个“为什么”变为“原来是这样”的时候，终于在2017年，超声Ⅲ级考试顺利通过。“问学穿石、修身诚化”，宫跃兵想这句校训中“问学穿石”更能诠释他的“为什么”。

2. 实践出真知

无损检测行业是一个实践大于理论的行业，大学毕业的宫跃兵，一度认为丰富理论知识就好。但是当他真正地从事这一行，才知道那些理论知识是多么苍白。刚开始评片时，仅仅知道书本上的焊接缺陷，也从书本上知道缺陷的成因，但是经常有老师傅指出他评的底片存在错评漏评，这让宫跃兵一度对自己产生怀疑。实际的缺陷是什么样？自己的评定对不对？带着这样的疑问，他拿上返修通知单，去了焊接现场，向焊工师傅学习。焊工师傅拿着角磨机剖开焊缝，缺陷的形貌一点点清晰起来。这时焊接班长也过来了，给宫跃兵讲解为什么会产生这样的缺陷，同时告诉焊工如何避免此类缺陷的产生。在焊接班长讲解时，他会拿着相机记录，在电脑中编辑成底片缺陷影像和实际缺陷对比。就这样坚持了将近3个月，每次发现缺陷都会去找焊工师傅。不知不觉中，理论与实践完美地结合。

刚毕业的大学生对于扛着沉重的检测机器去现场拍片都是比较反感的，而宫跃兵因为尝到实践的甜头，主动申请去检测现场。和检测的老师傅一步一步学，如何布片、如何透照、如何设置检测条件、如何洗片。实际操作过后，再对照教材中所讲，所有的疑问烟消云散。其实所有的检测过程大学时都学过，但书中得来终觉浅，绝知此事要躬行。作为工科毕业生，要敢于实践，只有经过实践检验过的理论知识才是印象最深刻的。

3. 始终坚持在一线工作

毕业至今，宫跃兵始终坚持在一线工作，因为想要知道自己的不足，想要知道公司有哪些创新点，就只有深入一线。2021年抚顺石化大检修期间，石化公司的领导在现场找到他，问他小接管母材和小接管管座角焊缝经常发生跑冒滴漏现象，有什么好的检测方法。接到任务后，宫跃兵立即组织人员开展小接管检测专项课题研究。为此采购了小接管专用漏磁检测仪、小接管管座角焊缝相控阵检测工装，并撰写了《小接管检测创新》专项课题报告。脚踏实地、日复一日，在实践中认识自己的不足，然后去学习、去钻研，一点点地弥补不足。同时，也深知客户的需求，客户的需求也就公司的创新动力，用自己所学去持续钻研。

4. 干一行爱一行专一行精一行

毕业至今，已经过去15年，这15年中宫跃兵一直从事一个行业——无损检测。从最开始的小白到现在公司技术总经理，感触最多的是，不管哪个行业、哪个专业，只要做到极致，只要去热爱、去钻研，就会有你的用武之地。同期毕业的同学中，有一些一直在跳槽和转行中，最开始很羡慕，直到他的坚持慢慢被认可。刚开始拿起超声波探头的时候，宫跃兵心里总是发虚，因为自己都无法判断检出的到底是不是缺陷。带着疑问开始研究仪器曲线制作、超声检测原理，对照已知的模拟试件一遍又一遍地重复，找到规律，分析缺陷波形，区分哪些是缺陷回波，哪些是形状回波，哪些是干扰回波。直到拿着超声波探头很肯定地告诉焊工，这个肯定是缺陷，是哪种缺陷，解剖后的缺陷也与我的判断相同。当行业内有了TOFD（衍射波时差法）和PAUT（相控阵超声检测）时，作为声学检测比较先进的技术，超声检测的实践给宫跃兵提供了很大的助力。在公司引进这两项技术时，宫跃兵作为技术主要负责人，主动承担了任务，为公司顺利通过行业认证积极工作。干一行爱一行，是要把全部的精力去投入工作中，专一行精一行，是要不断地学习和实践，精益求精。

5. 劳模创新、攻关实践

2019年荣获抚顺市“五一劳动奖章”，同年7月在抚顺市总工会的大力支持下，在辽宁迅达检验检测工程有限公司成立以宫跃兵命名的劳模创新工作室。

工作室承担着技术攻关，创新实践等任务。工作室成立以来发表两篇论文。

《小径管双壁单影透照工艺的探讨》为公司以及无损检测行业小径管双壁单影透照技术提供了理论支撑。

《DR在制氢装置转化管中的应用》解决了抚顺石化公司制氢车间转化炉夹套管内管焊缝无法检测的难题，并为公司创收40余万元。

工作室代表公司参加了辽宁省无损检测技能大赛、全国特种设备无损检测技能大赛，并取得优异成绩。

2023年4月宫跃兵被授予辽宁“五一劳动奖章”。

习近平总书记在致信祝贺首届大国工匠创新交流大会中说：“技术工人队伍是支撑中国制造、中国创造的重要力量。”

创新离不开技术工人，劳模创新工作室大胆引进多项国内外先进的检测技术，刻苦钻研从理论到实践，技术工人始终是检测服务工作的主力军，企业依靠先进技术增加产值20%，节省成本40%。

劳模是工人阶级的佼佼者，劳模引领，创新驱动，已经成为多数企业的主要经济增长点，也必将成为中国制造到中国创造的重要模式。新时代的工人阶级应目标坚定且远大，在工作岗位上牢记习近平总书记的贺信精神，团结职工，立足本职工作，为企业创收，为国家的社会主义现代化建设贡献自己的力量。

以梦为马、着眼未来，提升创新能力

一、个人简介

吴世龙，博士毕业后，一直从事聚合物流变学研究工作。所有工作均围绕缠结及缔合高分子体系的流变行为展开，在缔合高分子缔合点解离动力学和链松弛动力学行为、缔合高分子的脆韧转变机制和缠结聚合物熔体体系非线性拉伸增稠机理等方面做出了突出的贡献。现主持了一项国家自然科学基金项目，一项中国科学院原始创新项目子课题项目以及一项日本京都大学国际合作项目，并获CSC资助作为访问学者将前往PSU交流访问学习。

二、工作成果

截至目前，吴世龙共发表学术论文20篇，其中包括以第一作者/通信作者在高分子领域顶级期刊Macromolecules发表论文5篇、在ACS Macro Letters发表论文1篇及在流变学领域顶级期刊Journal of Rheology发表学术论文2篇，另外申请发明专利三项。曾在第十三届全国流变学会议（湖南湘潭）、德国哈勒莱比锡—中国科学院院长春应化所青年研究者交流会（吉林长春），泰国高分子学术论文报告会（泰国清迈），第十三届东亚流变学交流会（韩国济州岛）以及第十九届世界流变学学术会议（希腊雅典）等国内外会议上做口头报告。

三、先进事迹

1. 坚定理想信念　努力提高党性修养

“党员标准，严于律己”。刚踏入大学时，吴世龙便以党员的标准严格要求自己，旗帜鲜明，立场坚定，坚决拥护党的领导。在思想上积极进取，树立正确的人生观和价值观。入校不久便向党组织递交入党申请书。平时认真学习马列主义、毛泽东思想、邓小平理论、“三个代表”重要思想和习近平新时代中国特色社会主义思想，关注时政，在实际行动上为同学树立良好的榜样，虚心求教，接受监督。

“坚定信仰，知行合一”。2020年以来担任中国科学院应用化学研究所高分子第六党支部支部书记至今，他深知自己肩上的责任和重担，十分注重加强党务知识学习，以胜任和适应新时期党务工作。在工作之余，坚持每天阅读各类报纸杂志，学习领会并及时掌握党和国家的路线、方针、政策，特别是认真学习习近平总书记系列重要讲话精神。始终坚持在行动和言论上同党中央保持高度一致。作为支部党建工作带头人，充分发挥政治学习先锋模范作用，严格落实“三会一课”、主题党日教育学习制度，组织所在支部定期开展“每周一学”。在书记上党课的基础上，鼓励党员干部上微党课，以带学、请学、互学等形式强化理论武装。同时建立了积极分子培养考察台账，制定了发展对象推荐细则，每学期根据党总支的要求，从符合条件的积极分子中优中选优，通过征求支部委员、支部党员的意见，确定发展对象。认真贯彻落实支部发展、转正、学习等任务，每学期开展民主评议工作等。每次的支部发展、转正大会，都会邀请群众代表参加，接受群众监督。及时做好院党委会、党员大会、理论学习的人员通知和记录工作。并规范培养、发展、转正程序。几年的工作不仅坚定了其坚决维护共产党领导的信念，全心全意为人民服务的决心，而且培养了其高度的责任感，这份责任感帮助他出色地完成了党务工作。

2. 立足基础科研　着眼未来科技发展

随着人类生活水平的提高，全球塑料废弃物的总量在爆炸性增长，其根本原因在于高分子材料循环利用技术亟待突破，迫切需要研究新一代高分子材料，兼有热塑料易于回收循环的特性和热固性高分子优异的使役性能。近二十年来，高分子化学和物理学者从多个角度对此进行了探索。

吴世龙攻读博士期间关注类玻璃高分子的链动力学和官能团反应动力学之间的关系，阐明上述关系是理解类玻璃高分子的塑性、自修复等性能的关键。同时，也是认识类玻璃高分子的物理本质和反应机制等核心物理问题的突破口。

为了在更宽的温度范围内研究该模型体系（即基于二氧杂硼烷复分解反应的类玻璃高分子体系）的动力学和热力学行为，根据其之前的研究选择了玻璃化温度（T_g）更低的聚甲基丙烯酸己酯作为高分子基体，使得材料在200℃以内具有流动性，增加了材料在流变测试中的稳定性。通过对该体系开展流变学研究，发现该类玻璃高分子体系具有非常新颖的热力学和动力学行为。以上研究有助于深入而准确地理解类玻璃高分子的黏度的特殊的弱温度依赖性物理本质和反应热力学控制机制，完善类玻璃高分子的理论，指导分子设计和加工技术。

3. 聚焦“卡脖子”关键问题　提高技术创新能力

一架飞机冲向蓝天，离不开“脚”上一双能够在高载荷、高温、高冲击条件下正常工作的“鞋子”，这双“鞋子”就是航空轮胎。由于其制造技术壁垒极高，航空轮胎一向被视为轮胎制造行业“皇冠上的明珠”。

2020年9月16日，在中国科学院“率先行动”计划第一实施进展情况的发布会上，中国科学院院长白春礼表示，要把美国“卡脖子”的清单变成中国科学院科研任务清单。中国科学院作为一个科研机构，不能包打天下，还是要聚焦关键的核心技术，瞄准关键的基础材料、关键核心的工艺、基础算法、重大装备等基础性、战略性的关键核心技术的需求，在光刻机、航空轮胎、高端芯片等方面，争取主动揭榜发挥多学科的综合和建制化优势，集结精锐力量组织系统攻关，有效解决一批“卡脖子”问题。这其中的“卡脖子”技术难题中就包括航空轮胎。

我国军用航空轮胎生产企业主要有沈阳第三橡胶厂、曙光橡胶研究院，国内军机配套基本来自这两家单位，但民用航空轮胎目前还处于研发阶段。国内民航飞机所用轮胎全部采用租赁的方式，租借国外米其林、固特异、普利司通三巨头所生产的轮胎，并按照起飞次数与滑行距离缴费，三巨头依靠先进的研发技术和强大的品牌影响力对我国民航轮胎产业形成垄断。产生这种现象的主要瓶颈有四个方面：

（1）关键原材料瓶颈。天然橡胶是航空轮胎最核心的原材料，根据CTSO-C62e、NY/T 733—2003与GJB 7269—2011规定，航空轮胎采用的天然橡胶生胶的性能检测项目14项，外观检测项目11项，并且要求天然橡胶在基础配方下的拉伸强度>21MPa，断裂伸长率>800%。国产天然橡胶很难满足众多的检测指标，并且不具备高强度、高断伸的机械性能。

（2）技术研发瓶颈。航空轮胎兼具工程胎的载荷与赛车胎的速度，这要求航空轮胎耐高温、耐磨、低生热，能够经受高速起降产生的巨大冲击力。

（3）资质瓶颈。民用航空轮胎出于对驾驶员与乘客安全的考虑，实行严格的适航管理政策，任何企业必须通过技术标准规定项目申请书（CTSOA）后才具备航空轮胎的生产资质，适航批准门槛高、难度大，对企业资金、技术、影响力要求较高。除此之外，所生产的轮胎必须通过供应商繁杂的资质认定程序，才可取得装机批准资格。

（4）品牌瓶颈。长久以来，飞机使用单位对轮胎品牌已经形成了固有的消费观念，对三巨头生产的轮胎有很高的信任度、满意度以及很强的依赖性，航空轮胎的零容错率使民航业在新产品的使用上存在较高的顾虑。作为全球轮胎的产销大国，我国航空轮胎却大多依靠进口。材料，是制约我国高端航空轮胎发展的首要因素。

为突破以上瓶颈，打破国外航空轮胎的垄断技术，中国科学院长春应用化学研究所牵头负责该技术的攻关，吴世龙有幸参与该项目的研究工作，主要研究工作包括采用旋转流变仪、毛细管流变仪和橡胶加工分析仪研究其线性黏弹性，加工流变行为和非线性松弛行为，并探索其分子结构与流变行为之间的关系。经过三年的辛勤工作，现申请发明专利两项，为仿生橡胶的开发做出了积极的贡献。

以梦为马，不负韶华。吴世龙的研究成果为化学领域发展贡献了力量，推动中国科技创新。他对于苍穹星空的仰望，为国家贡献力量，是他学术进步、追求真理的巨大动力。他坚持自己的梦想并为之奋斗，不断突破、不断创新，在其所钻研领域添砖加瓦，勇往直前。

善于钻研、勇于担当，推动创新发展

一、个人简介

胡厚道，1996年出生，2015年考入辽宁石油化工大学高分子材料与工程专业（卓越计划班）。2019年大学毕业至今工作于宁波镇海炼化利安德化学有限公司，2020年6月获得一操作站外操操作资格，并于同年从事外操岗位。2022年11月获得一操作站内操操作资格，2023年2月晋升为一操作站内操。

二、工作成果

在大学期间曾获得校级一等勤奋奖学金、校级化工设计大赛特等奖、校级计算机设计大赛三等奖等。工作以来，积极学习生产工艺相关知识，并利用所学知识对装置生产异常现象进行分析，撰写相关技术文章，多次获得公司组织的技术论文竞赛、技术分析竞赛、操作行为规范编写竞赛奖项。

获得奖项如下：

2020年技术论文征集和评比活动荣获一等奖；

2021年获得2021年度公司操作规范编写二等奖；

2022年撰写论文《浅谈空气湿度对氧化反应器影响》在公司2022年技术论文征集和评比活动中荣获三等奖。

获得称号如下：

2019年度宁波镇海炼化利安德化学有限公司新员工入职培训获“典范学员”称号；

2021年获得宁波镇海炼化利安德化学有限公司“优秀员工”称号；

2021年获规范行为观察者“积极行动者”称号；

2022年获规范行为观察者“积极行动者”称号；

2022年在镇海炼化“优师带佳徒”活动中获得2022年度镇海炼化分公司“最佳师徒”称号。

三、先进事迹

1. 勤于思考　善于钻研

2019年初到工作岗位的胡厚道对生产上的一切都还很陌生，看着复杂的工艺流程图和装置里各式各样的塔罐，在感到新奇的同时也倍感压力。刚到岗时师父就告诉他正常情况下，操作工做的事情都是非常简单的，无非是一些巡检、采样、机泵切换、流程改动等简单操作，难就难在操作人员在紧急情况下的现场处置和对于装置各个流程的熟练把握，作为一名操作工，要熟练掌握生产过程中每次流程改动是如何进行的，包括阀门开关的顺序、要更改流程的原因、改动流程后注意事项。

胡厚道跟在师父的身后从日常的巡检、采样开始学起，慢慢地对装置生产有了一些了解，了解了装置内流程的大致走向以及每条管线内所流动的物料，并对装置内一些物料的特性有了一些了解，在进行每周的常规工作时有一项启泵外送的工作让他产生了浓厚的兴趣。

装置内的一个C_3分离塔和一个精馏塔塔顶的气相物质含有醛类物质，这些物质正常是排向火炬燃烧的，在排放火炬的途中会经过一个火炬分液罐，脱出其中的液相部分，这些液相也会含有一定的醛类物质。由于醛类物质在合适的温度压力下会发生聚合反应，且两个塔的气相排放量较小，因此火炬分液罐的液位上涨速度并不是很快，罐内的液相置换并不频繁，这就导致了醛类物质在罐内停留的时间延长，发生了聚合反应，最终导致火炬分液罐的底部积累了厚厚一层醛类聚合物。这些醛类聚合物会在启泵外送的时候堵塞过滤器，一方面在清理过滤器的时候会污染周围的环境，另一方面这些清理过滤器的工作将增加人工成本，操作站的其他员工都很头疼此项工作。

师父告诉他，最基础的化工人只需要会改动流程，能在紧急情况下做出正确的应急处置就算合格，但是像他们这样的本科生，以后是作为工程师培养的人才，需要对装置的生产现象以及生产异常情况有自己的思考，并适当地提出自己的想法与解决问题的方案。听了师父的建议胡厚道感触颇深，于是开始收集相关的工艺技术资料，在生产之余与老员工及工程师们进行讨论，在回家的时候也利用学校的资源查询相关的文献资料。当听到同事的想法有一定的可行性时，就会回家阅读相关的文献，找到有利用价值的部分进行研究，并将研究的结论汇报工程师，与工程师一起探究解决方法。

在不懈努力之下，终于提出了两套比较可行的处理方案，一套是与研究院进行研究，向罐内加入阻聚剂类物质，减缓醛类的聚合，另一套方案是单独在两个塔顶制作气相分液罐，让这两个塔顶的气相单独排放火炬，这样就避免了醛类物质对火炬排放管线及火炬分液罐造成的影响，并于当年撰写了相关的科技论文，获得了当时科技论文一等奖。而这篇论文的第二套方案，也在2023年大修期间，经过设计院的设计后，该流程投入实施。

对于此次技术论文的撰写，胡厚道深深地感受到了解决装置问题的乐趣，也感受到了在工作中只要刻苦钻研，一定会得到你想要的成果，生产工艺虽然看似复杂，但是作为应届毕业生，只要能吃透装置的生产原理，并勤于思考，一定能为公司的平稳生产，为石化行业的节能降耗尽一份绵薄之力。

2. 疫情暴发　坚守一线

2022年是新型冠状病毒肆虐的最后一年，12月下旬随着疫情政策的逐步放开，感染的员工逐渐增多，为了保证装置的平稳生产，公司号召企业员工携带洗漱用品及被褥，做好常驻公司的准备。胡厚道积极响应公司号召，选择常驻公司，并自愿牺牲休息时间，帮助公司做一些力所能及的事情，包括在现场捡垃圾、进行员工技能的培训、公司物资的采集等。

但是由于疫情蔓延速度进一步加快，导致大量员工感染，班组人员严重不足，为了保证生产运行，公司内核酸检测仍为阴性的员工主动从家里奔赴岗位，他们家中有待产孕妇、有要照顾的病人，有嗷嗷待哺的孩子，却仍义无反顾地来到公司，坚守自己的工作岗位。并纷纷表态，“我没问题！”“我不累”。运行部领导下沉班组盯现场，管生产；党员骨干主动补位，哪里缺员顶哪里。在家员工利用工具软件居家办公，保证沟通不断线。

胡厚道被同事及党员同志的这种主动奉献的精神所感动，在感染新冠病毒后的第二天也毅然出现在装置生产的第一线，主动放弃了本年度未享受的假期。并在公司药物匮乏的时候，主动拿出家中常备的感冒药、退烧药，分享给患病的同事，为装置的平稳运行贡献出自己一份力量。

3. 紧急时刻　挺身而出

2020年9月的一个中午，虽然已经立秋，但是中午的气温依旧很高，外操员工忙碌了一个早上早已经疲惫不堪，纷纷进入休息室内准备休息。在接近中午吃饭的时候，内操突然发现循环水场的一台透平运行出现了问题，该台透平的振动突然间升高，并且可能因此原因，导致速关阀链接的刀口脱落引发了透平的跳停。于是公司领导马上通知外操前往现场进行处置。

胡厚道接到指令后心急如焚，他深知该透平的重要性，透平跳停将会导致循环水管网的压力大幅降低，短时间内将导致装置内停循环水模块启动，装置将大面积停工，会造成有几千万元的经济损失；火炬外排量将增大，引起周边居民的恐慌；并且循环水用户不只是本公司的装置，也涉及周边的生产企业，若是循环水供应不上，将会导致其他装置的停工，最终会导致镇海炼化的效益受损。当前可以做的只有想办法去启动备用的循环水泵，避免循环水管网压力的进一步恶化。

对于这一任务胡厚道感到了巨大的压力，由于该台备用水泵在他进入公司后还未曾开启过，他对于启动水泵这件事感觉心里没底，但他仍旧顶着烈日迅速前往循环水场，在3分钟内到达了备用水泵，启动了操作柱上的按钮。但是一切并没有想象中的那么顺利，机泵第一次启动时压力很低，明显发生了气缚。这让他更加紧张了，但是他立刻命令自己冷静下来，选择立即停泵，准备对现场进行排气。他凭借着设备操作的经验，及时开启了备用泵旁边的真空泵，对备用泵排气管线进行排气，并再次启泵，最终在10分钟内开启了备用水泵。随着内操汇报循环水压力逐步上升，他悬着的心也落了下来，虽然又累又饿，但是及时避免了公司的巨大损失，他感到万分高兴，更进一步地了解到要在日常工作中加强自己的基本功训练，这样才能在工作中及时处理危险情况。

扎根边陲、痴心科研，当石化顶梁柱

一、个人简介

王超，2009年毕业于辽宁石油化工大学石油化工学院化学工程与工艺专业，现为中国石油塔里木油田公司油气工程研究院二级工程师，中共党员，在校期间担任石化学院学生会副主席、化工0505班班长，曾荣获“优秀学生干部”“三好学生”等多项荣誉。

王超入职后在中石油新疆设计院负责油气田地面工程设计及科研攻关，先后承担过新疆三大盆地内塔里木油田、新疆油田、吐哈油田及海外油气田相关地面工程设计工作，有着丰富的国内外油气田地面工程设计经验及科研攻关能力。先后从事工程设计、项目管理工作，曾担任中石油海内外重点工程项目经理、分院副院长，2022年通过中石油集团内部成熟人才引进由中国石油工程建设有限公司调入塔里木油田公司工作，目前在塔里木油田公司油气工程研究院负责油气田地面工程建设技术管理及科研攻关研究工作。近几年，作为项目经理主要负责新疆油田公司、塔里木油田公司、哈萨克斯坦阿克纠宾油气股份公司、伊拉克MISSAN油田公司等油气田地面产能建设及科研攻关工作，掌握各大油气田主体工艺及建设模式；作为新疆设计院塔里木分院副院长负责整个分院生产管理工作，熟知油气田地面工程项目管理的工作流程及管理模式；作为塔里木油田油气工程研究院二级工程师，主要负责塔里木油田所有的前期设计、科研攻关、生产支撑、决策支持等工作，把关塔里木油田地面工程设计质量，指导地面工程建设前沿技术发展方向及新技术应用分析。

二、工作成果

2011年起，王超先后担任了塔里木油田、新疆油田、吐哈油田新疆三大油田的项目负责人，同时也积极走向海外，担任哈萨克斯坦阿克纠宾油田、伊拉克MISSAN油田、哈萨克斯坦PK油田、南苏丹Gumry油田、委内瑞拉PDVSA油田等多个海外项目的负责人，从业十余年来，曾担任新疆油田10亿吨级玛湖油田项目经理、塔里木油田央企十大超级工程超深层10亿吨级富满油田项目经理，开展了大量的沙漠油田建设模式及新技术研究，积累了多个国家各类复杂油气藏的地面工程设计经验，同时主持完成《富满油田奥陶系碳酸盐岩油藏开发规划方案》《阿克纠宾油气股份公司油田地面工程建设总体规划》《塔北西部试采地面工程专项规划》《伊拉克MISSAN油田开发采出水处理及清水处理工程》等几十项地面工程设计。带领团队深入研究，承担国家重大科研专项《海相碳酸盐岩油气规模增储上产与勘探开发技术研究》，负责《油气田地面绿色清洁井站及高效标准建设技术研究》《油田地面集输工艺系统精益化设计技术研究》《塔里木油田地面工程标准化设计》《塔里木油田地面工程标准化设计》《超高压注水系统设计研究》《复杂压力地面系统工艺研究》《稠油SAGD开发地面工艺技术研究》《塔里木油田地面集输工艺系统精益化设计技术研究》《塔里木油田碳酸盐岩常温集输工艺技术研究》等十余项股份公司级或油田级科研课题，完成了《英语系（美标）工程项目设计文件编制规定模板》《英语系（美标）工程项目统一技术规定模板》《俄语系工程规范对标》《委内瑞拉PDVAS规范对标》《壳牌公司DEP规范对标》等基础建设工作。

王超多年的潜心研究换来了多项奖励和成果，其中《阿克纠宾油气股份公司油田地面总体规划》获得国家级工程咨询成果优秀奖，《富满油田奥陶系碳酸盐岩油藏开发规划方案》获得中国工程咨询协会优秀工程咨询一等奖，《伊拉克MISSAN油田开发采出水处理及清水处理工程》获得省部级优秀工程设计二等奖，

《博孜—大北区块地面骨架工程》被评为2023年股份公司优秀标准化设计工程，《稠油SAGD开发地面工艺技术研究》获得科技进步奖一等奖，获奖累计30余项。

此外获得相关专利2项，发表论文5篇，参编石油工业出版社出版的国外油气勘探开发丛书1项。

其个人荣誉：

三次荣获中石油工程建设有限公司先进个人；

三次荣获中石油工程建设有限公司优秀共产党员；

荣获克拉玛依市优秀团干部；

荣获中石油集团公司优秀团干部；

荣获中石油集团公司青年岗位能手；

荣获塔里木油田“完整性管理先进个人”；

《伊拉克MISSAN油田开发采出水处理及清水处理工程》获得省部级优秀工程设计二等奖；

《阿克纠宾油气股份公司油田地面总体规划》获得国家级优秀工程咨询奖。

三、先进事迹

1. 十年磨一剑，海外工程谱新篇

2010年开始，王超接受公司安排，承担哈萨克斯坦阿克纠宾股份公司四大油田及KMK油田项目的现场配合及地面工程设计工作，战线覆盖让那若儿油田、肯基亚克盐上油田、肯基亚克盐下油田、北特鲁瓦油田、科克日杰油田、库姆萨依油田、莫尔图克油田等七大油田，累计配合时间长达两年多，海外工作期间他在油田现场一住就是两个月，国外的饮食与国内有很大区别，长时间的驻扎对其身体是很大的考验，简陋的住宿环境更是雪上加霜，但这些并没有难住他，不管多艰难他都坚持完成现场调研任务，克服现场恶劣的作业环境，每天穿梭在各油田之间，详细了解现场每个地面系统，并将大量项目信息进行整理归纳，通过前期的放线、选站及后期现场施工中对图纸的优化、简化，直接为股份公司及KMK公司节省投资2300余万元，得到了阿克纠宾股份公司及KMK公司的充分肯定和表扬。

2014—2016年，王超承担伊拉克MISSAN油田地面工程设计项目，项目一开始，他就深入现场进行调研，顶着伊拉克夏季将近50℃的高温，不放过任何一个设备或管线，全英文与外国专家沟通设计思路，从专业角度给用户提供经济可靠的方案，在超高压注水及高腐蚀性水质等研究方面取得多项成果，为后期施工图开展打下坚实基础。现场施工阶段王超一待就是三个月，酷暑和不稳定的外部环境，对他都是极大的考验，但他始终秉承一颗精益求精的心，全力保障工程顺利实施，提出了多项改进措施，很大程度上减少了重复施工和过度设计，最终该项目于2016年一次性投产成功，并取得多项奖励，随后，王超被公司评为服务标兵及先进工作者。

他孜孜不倦、任劳任怨，披荆斩棘、勇往直前，用饱满的精神、精湛的专业知识，积极投身公司海内外工程项目建设，努力当好加快建设世界一流企业的先锋，以新作为书写新时代石油人的担当与奉献。

2. 大漠探油田，总体规划获领先

2019年，王超承担全球迄今埋藏最深、规模最大的碳酸盐岩油藏——塔里木富满油田10亿吨级特大型油田——富满油田总体规划设计，带领青年科研人员在新疆零下30摄氏度的极端天气下，连续3个月坚守现场，调研走访大大小小20个站场，摸排将近2000多千米管线，为整个油田规划设计奠定坚实基础，为确保项目的顺利批复，他5天只睡了6个小时，攻克了碳酸盐岩原油常温集输工艺及大气液比混输工艺难题，研发了碳酸盐岩油藏地面工程设计多项关键核心技术，支撑总体规划在国家发改委及中石油股份公司一次性通过，该规划同时也获得了中国石油工程建设协会优秀咨询一等奖，并成功入选央企十大超级工程，目前处于中国工程咨询协会大奖申报中。

他树牢“只有荒凉的沙漠、没有荒凉的人生”的人生观，扎根大漠天山，挑战生命禁区，奋战在我国油气能源保供的基层科研一线，支撑了我国陆上第三大油气田的效益建产和西气东输安全平稳供气，为当好国家能源保供“顶梁柱”、推动新疆经济社会发展做出了积极贡献，有力践行了习近平总书记对高校毕业生“把个人的理想追求融入党和国家事业之中”的殷殷嘱托。

扎根行业、厚积薄发，扛起创新使命

一、个人简介

常诚，中共党员，现就职于上海移远通信技术股份有限公司（深圳分公司）担任技术支持工程师兼任IPC行业组长。2015年7月于辽宁石油化工大学信息与控制工程学院，获得学士学位，2019年7月获得辽宁工程技术大学电气与控制工程学院硕士学位，2019年入职深圳市有方科技股份有限公司担任海外技术支持工程师，2021年入职比亚迪美洲汽车销售事业部乘用车项目部担任项目经理。2022年入职上海移远通信技术股份有限公司（深圳分公司）。

大学期间曾担任班长和院学生会副主席，曾获得优秀学生干部、三好学生等荣誉。研究生期间授权实用型专利1项。就职于有方科技期间曾获得优秀员工、杰出员工等荣誉，完成客户原理图评审50余篇，输出技术积累8篇，支持完成项目100余个。就职于比亚迪美洲汽车销售事业部期间，参与完成乘用车立项与改型6项。就职于上海移远通信技术股份有限公司期间，输出行业积累1篇，支持完成项目50余项。

二、先进事迹

1. 细节决定成败

在有方科技股份有限公司期间，常诚同志一直担任海外技术支持工程师。海外客户的支持不仅仅是知识与技术的交流也是一场文化认知的考验。在此期间，常诚同志除了在技术上不断的追求精益求精，在英文学习及地区文化学习上面也是不断地深入。印度是公司支持的一个重要市场。印度联邦行政区划中的一级行政区域包括28个邦、6个联邦属地及1个国家首都辖区，不同区域有着不同文化及节日。因此，一方面需要在不同的节日给相应区域的同事及客户送去问候，另一方面也需要合理的规划项目调试日程。

印度某重点两轮车客户中控通信屏的案子基本功能已经调试完成，到了最关键的天线射频性能的调试环节。由于客户对于此类调试经验不足，提出要到中国进行调试。常诚同志在此期间，主动提出协助客户调试。在客户来到中国之前积极和客户沟通测试内容，在射频测试方面指导客户，由于时差经常加班到很晚。经过充分沟通与了解后最终敲定了测试实验室，将客户来中国测试的事情落地。客户来到中国后常诚同志全程陪伴去实验室测试，并为实验室工作人员与客户做翻译。由于预约的实验室时间有限，便与客户每天汇总测试结果，并讨论第二天的测试计划以提高测试效率。在调试的过程中发现客户设备的射频指标参考3gpp标准较低，怀疑是设备内部存在干扰，需要用频谱仪扫。客户设备较大，元器件较多，扫起来需要耐心。常诚同志不畏艰险，不急不躁，通过加屏蔽，去掉元器件等方式逐一对扫出的怀疑点进行排查，经过十几组不同的方案对比最终找到了最优解并顺利通过测试，从而使客户实现了量产。

在印度市场深耕多年，公司实现了在印度区域销售量的稳定提升，最终登顶。在上面故事中有一个细节，前来调试的印度客户是两位素食主义者，这是在一次沟通中偶然发现的。于是，常诚提前做好安排，满足他们的饮食需求，没有引起尴尬。客户对于此次中国之行感到非常的满意。不积跬步无以至千里，不积小流无以成江海。事情的成功一定是由一个个小细节累积而成的。正所谓细节决定成败。

2. 千里之行始于足下

常诚同志目前就职于上海移远通信技术股份有限公司，担任技术支持工程师。刚入职时由于移远的产品线多，覆盖面广，学习产品知识成了一项艰巨的任务。首先需要学习产品的命名定义。他从产品不同的网络制式，不同的封装形式及大小，不同的芯片平台，不同的功能入手，分别做了思维导图。俗话说，好记性不如烂笔头。最终，在思维导图的帮助下，很快熟悉了产品。由于习惯了Windows系统的可视化界面，对于Linux系统的很多操作方式很不习惯。但是本着熟能生巧的原则，对着常用命令列表逐一测试，就像一个牙牙学语的孩子从最简单的abcd学起。逐渐对于一些基础知识例如，文件夹查看、文件编写、网卡查询等有了初步了解，结合客户问题实例不断地进行实操。将网卡拨号、驱动安装、日志抓取等常用实操流程积累成文档。用了一个月的时间就达到了可以对接客户的水平。

模组的低功耗的功能在诸多行业中有着重要的应用，客户对于模组在唤醒后的再休眠时间一直很关注。常诚在学习之初对于这个有很是不解，在领导的“多测测看”的提醒下，经过反复的对比测试发现唤醒后再进入休眠的时间似乎并不是一个固定值，他怀疑不是模组的主动行为。查看网络日志后发现，这个时间与基站释放RRC连接的时间强相关。

人们常说：“成功，始于心动，成于行动。”只有心动而没有行动，任何成功的渴望都将以失败告终。若想步行千里，首先要做的就是要迈出第一步，然后是第二步，第三步……直至达到千里终点。作为一名工程师也一样，只有贯彻“多测测看”，从实践出发，才能更好地服务客户，解决问题。

3. 耐心方可积累，厚积方可薄发

物联网是对互联网的延伸与扩展，而通信模组作为传输层的关键部分是实现万物互联的关键，通信模组需求随着物联网连接数的增长而增长，随着通信模组行业的不断发展，应用通信模组的行业也是百花齐放。为了可以长远地发展，深耕行业变得尤为重要。针对不同的客户类型公司成立对应的行业小组，为深耕行业打下基础。常诚同志担任了网络摄像头（IPC）行业的组长。作为行业组长，每周会收集IPC项目的相关问题进行筛选过滤，针对不同的芯片平台，不同的问题类型做好梳理。对于短期内共性问题进行集中推动，让研发加快解决问题。对于已经解决的问题做好总结，形成积累。

某重点IPC客户在量产30K时出现了挂测频繁掉线的问题。客户出货时间紧迫，如果因为掉线问题导致出货延期将面临巨大经济损失。在时间紧，任务重的情况下，常诚根据以往经验迅速列出相关的怀疑点，并对客户的原理图和PCB进行了检查。最终确定为射频辐射干扰到USB信号及PCB走线中电源走线，USB走线及SIM卡走线未做独立包处理导致。给客户制定了临时方案让其首先解决迫在眉睫的问题，顺利出货。与此同时，为提高下一代产品稳定性，协助客户针对存在问题的PCB走线进行改版。IPC的内部空间小，而受成本约束，一般PCB只能走四层半，这给PCB的布线带来了巨大的挑战。经过了无数个人日日夜夜，前后进行了5版修改，最后成功将设计问题解决掉。但实际的挂测才是最重要的一步。常诚同志在实验室中协助客户进行了十几轮的挂测，证明了改版的有效性。最终该客户第二代的产品也顺利出货，在市场上取得成功。

随着IPC的广泛应用，应用场景也变得更加复杂多样，对于功耗的要求也越来越高。常诚同志针对低功耗场景进行了重点研究，最终梳理出了一整套的低功耗方案的逻辑应用流程，简化了客户的开发难度，提高了客户的开发效率。

一个典型问题也许是一个共性问题，一个成型的方案也许是一个市场的普适方案。因此，深耕一个行业，不断在问题中做积累，在积累中做总结。最终，让通信模组在这个行业中发挥其重要作用，其意义是深远的。

如今，我们生活在这样一个和平的时代，不必忍受寒冷饥饿的苦痛，也没有战火连天任人宰割的忧虑，我们比历史上任何时期都更接近、更有信心和能力实现中华民族伟大复兴的目标。作为祖国的一颗螺丝钉，我们应该扎根行业，夯实基础，不畏艰难，厚积薄发，在各自岗位上发光发热，扛起时代使命，努力去奋斗、去追逐梦想，不辜负这个伟大的时代！

扎根岗位、刻苦钻研，勇攀创新高峰

一、个人简介

刘建锋，中共党员，2006年7月毕业于辽宁石油化工大学油气储运专业，研究生学历，目前就职于中国石油天然气管道工程有限公司，为公司油气储运专业高级技术带头人。自参加工作以来一直从事管道油气储运的设计、科研工作，参与过一百多项国际、国内项目，在管道工艺系统分析、管道工艺设计方面具有丰富的知识和技能储备。

二、先进事迹

在多年的工作中，刘建锋通过个人的刻苦努力和埋头钻研，取得了一定的成绩。获得了1项国家级奖项，5项省部级奖项，10余项局级奖项，获得国家专利3项，专有技术多项。

在完成繁重的生产任务外，刘建锋还参与了多项省部级、局级课题研究，其中担任1项课题的课题长，1项课题的专题长；参与了8项DEC文件编制，其中担任4项DEC文件的负责人；参与3项国家管网企业标准的编制；在核心期刊发表论文8篇。

刘建锋作为公司输油专业技术委员会委员，负责科室输油管道设计方面的技术进步、疑难问题解决、公司标准立项申请与编制、人才培养等工作。自参加工作以来，把主要精力放在了输油管道设计领域，一直在生产项目、科研项目一线工作，时刻跟踪国内外的技术创新和发展，随时掌握国家管网业主的思路和想法；多年的设计和科研经历，使其具备了较为扎实的理论基础、多项国际项目设计和管理经验、较为突出的科研能力。

在科研课题《泄压系统优化设计》中他担任课题长，课题研究成果已成功应用到西部管道公司、北方管道公司、西南管道公司的21条管道上，目前国家管网也已明确，将在国家管网大部分输油管道采用泄压系统优化保护措施，为公司提升知名度、创造效益。

在《西部成品油管道一键启停输》项目中，他任负责人，该项目是他国首次成功在长距离、高压力、多分输注入、顺序输送管道实施一键启停输技术的项目，目前运行良好，为降低劳动强度、提升管道智能化做出了贡献。他通过该项目的实施，总结出了“液体管道一键启停输技术”，该技术采用模块化设计方法、压力检测启停站时机以及设置完善的安全保护程序，可切实保障管道的运行安全；该技术已由国家管网推广到漠大一线、漠大二线、云南成品油管网等；预计在未来会有更大的推广空间。

刻苦努力得到了公司的认可，多年来刘建锋获得了管道局优秀见习生、优秀新员工、优秀共产党员、先进工作者等各种荣誉10多项。

他参与的中缅管道是中国四大能源通道项目之一，主管工艺计算布站，由于管线全长2400多千米，穿越中国、缅甸两个国家，并且地形条件复杂，山脉众多，设计难度极大，他和项目组同事一起，对工艺布站、输油泵配置、大落差管道设计比选等多项技术难题反复讨论、研究、修改、完善，最终攻克了难关，形成了比较完善的布站、配泵方案，为项目做出了较大贡献，同时，根据项目设计的相关成果，在核心期刊发表了多篇论文。在项目组提交A版报告前夕，他突然发现某个中间分输站没有设置分输泵，但是由于管道里程高程已发生了多次变化，通过工艺计算，必须得设置两台分输泵，他马上将这一情况报告了技术经理，项目组紧急启动，修改工艺、电力、总图、经济等专业内容，各专业同时运作，使问题得到及时解决，他的严谨求实精神也得到了项目组表扬。

在参与西部管道低输量改造项目时，业主要求进行加热原油间歇输送的可行性分析，由于管道在地下铺设，土壤温度时刻在变化着，而加热炉负荷一定，必须利用软件模拟管道全年的运行状态才能得出比较准确的间歇运行结果，公司以前还没有做过类似的管道模拟，面对重重困难，他深入研究土壤传热原理，反复实验模拟，修改程序，最终写出了逻辑控制程序，模拟出了全年管道动态运行状态，得到业主好评。

2011年，伊拉克米桑省原油外输管道工程急需专业技术人员。领导找到他说明情况，没有一丝犹豫，他毅然奔赴了伊拉克。当时的伊拉克刚刚经历战争，满目疮痍，路上都是废弃的轮胎和破旧的卡车，市里餐厅的墙上也满是弹孔。当地武装还不时地骚扰、进攻营地，也不是真的进攻，就是经常会在营地外打几枪，吓唬人，不过害怕归害怕，他还是在荷枪实弹的安保人员的保护下，每天去施工现场，就是在这样危险的环境里，坚守了5个多月，直到圆满完成任务才撤回国内。

作为一名共产党员，他始终对自己高标准、严要求，扎根岗位，刻苦钻研，为公司发展做出自己的贡献。

第九章　精：致力追求极致

习近平总书记指出："在长期实践中，我们培育形成了……精益求精、一丝不苟、追求卓越的工匠精神。"新时代工匠精神传承了传统工匠精神中"精湛职业技能"的内涵，结合新时代的诉求，发展为精益求精、追求卓越这一基本要义，这也是工匠精神中最为核心的理论特质。党的十八大的召开昭示着我国进入新时代，我国的发展站在新的历史起点上，生产力总体得到显著提高，人们的美好生活需要更为广泛，但是当前传统制造业的大规模生产形式已经无法满足消费者日渐复杂的个性化需求，工匠精神中"精益求精"的基本要义在新的时代背景下应该充分发挥其价值。

第一节　精益求精是工匠精神的理念

精益求精、一丝不苟、追求卓越的工匠精神，对一个国家、一个民族发展至关重要。当今世界，综合国力的竞争归根到底是人才的竞争、劳动者素质的竞争。这些年来，中国制造、中国创造、中国建造共同发力，不断改变着中国的面貌。从"嫦娥"奔月到"祝融"探火，从"北斗"组网到"奋斗者"深潜，从港珠澳大桥飞架三地到北京大兴国际机场凤凰展翅……这些科技成就、大国重器、超级工程，离不开大国工匠执着专注、精益求精的实干，刻印着能工巧匠一丝不苟、追求卓越的身影。工匠精神的核心是精于工、匠于心、品于行，精益求精就是工匠精神的精髓。一项事业要取得成功，行事者不仅要敬业，还要做到精业，追求精益求精。只有精益求精，不断钻研，从尽职尽责上升到尽善尽美，才能从优秀跨越到卓越，才有可能提高工作技能，出色完成本职工作。我们每一个人在工作中都要具备精益求精的职业道德，尤其是教书育人的工作者，职业的特殊性更要求业务上的精益求精。

一、精益求精的内涵

（一）精益求精是中国文化自信的重要表达

精益求精从意识层面看，它是一种理念、态度、行为，与社会主义核心价值观提倡的敬业、乐业、奉献等价值观念，与社会主义核心价值观的核心理念是高度统一的。精益求精是中华优秀传统文化的重要组成部分，是工匠精神的核心灵魂，大力倡导精益求精，使每个劳动者的劳动得到尊重和认可，也可以使人们充分认识和尊重博大精深的中国优秀文化，更好地推动中华民族优秀文化的传承与弘扬。

我国工匠精神的萌芽时期可以追溯到4300年前。据记载，舜帝时期，“陶河滨，河滨器者皆不哭窳”，记录了舜帝早年在河滨制陶时，追求精益求精、精雕细琢，以自己的身体力行感染周围百姓并杜绝粗制滥造的事迹。自舜帝以来，史书就对“工匠”二词开始记载，并且它的含义也伴随我国古代社会、经济、政治、文化等领域的不断发展而日益丰富，从而催生了我国历史悠久、内涵独特的工匠文化和工匠精神。

南宋的朱熹在《论语集注》中说：“言治骨角者，既切之而复磋之；治玉石者，既琢之而复磨之，治之已精，而益求其精也。”后人由此提炼出成语“精益求精”。明代王夫之在《宋论·太宗》中说：“精而益求其精，备而益求其备。”清代陈森在《品花宝鉴》中说：“一切人情物理，仲清不过略观大概，不求甚解；子玉则钩深索隐，精益求精。”夏敬渠在《野叟曝言》中说：“继老之言原是精益求精之意，他山之石可以攻玉，虞兄何必如此。”孙中山在《地方自治实行法》中说：“凡是助双手生产之机械，我当仿造，精益求精，务使我能自造。”毛泽东在《纪念白求恩》说：“白求恩同志是个医生，他以医疗为职业，对技术精益求精；在整个八路军医务系统中，他的医术是很高明的。”姚雪垠在《长夜，致读者的一封信》中说：“一个有成就的好作家……必须在写作上不断提高，精益求精，到死方休。”“精益求精”原意是已经很精致了，还要更加精致。精：

完美，好；益：更加。比喻已经很好还求更好。栗洪武、赵艳则认为，“大国工匠精神其精髓是注重细节，追求极致，诚心正意，术有专攻，大国气魄，匠人风骨。”

在古代，“精益求精”指的是工匠在切割、打磨、雕刻玉器、象牙、骨器等器物过程中细致认真、再三推敲琢磨的工作精神和不断追求极致的工作态度。然而随着经济社会的不断发展和科学技术的不断进步，大机器生产逐渐替代了手工业生产，“精益求精”不再局限于手工业生产者从事的具体而特殊的行业，而是泛指各行各业的优秀工匠们共同具有的思想特质和从业准则，即追求极致、追求永无止境的品质提升：“要做就做最好”“没有最好，只有更好”。

精益求精从语言层面，通常在句中作谓语、定语，也可以用作主语、宾语、状语和补语。含褒义。指已经非常好了，但还要追求更加完美。“精益求精”是形容词性的成语，可以受“非常、十分”等程度副词修饰，不受“很”修饰，“很”是单音节，成语是偶数音节，因此韵律上不搭配，故一般不用“很”修饰；例如，面对激烈的市场，必须比客户想得再多那么一点点儿，才能做到真正的精益求精，而不是关上门自我感觉良好。“精益求精”作谓语时，可与“使、让”等使役动词构成兼语结构，也可与其他谓词性动词构成联动结构，例如他们对航空事业的高度的责任感，对技术精益求精；“精益求精”可直接与“不”构成否定形式；“精益求精”常常与定语构成定中结构一起作宾语，也有与介词构成介宾结构作状语，另外通常前加“在……上”表示在某方面怎么样。例如，该产品以精益求精闻名于世，其产品“碧绿液”素有“水中香槟”之美称。

（二）精益求精是西方至善至美的生动体现

由于文化的属性和发展的形态不同，东西方的工匠精神在具体的表现形式上，也存在着一定差异。相比较而言，东方文化（主要以中国文化为代表）侧重于对柔性要素的重视，在设计和制造上，为追求完美和极致，多强调不惜花费时间精力，反复揣摩，孜孜不倦，匠门意象，依天工而开物，观物象而抒臆，法自然以为师，毕纤毫而传神，既体现出一种精益求精的功能特点，也展现出一种典雅优美的审美特点。如在建筑上，中国传统建筑的设计和建造，在体现实用功能的同时，也追求天人合一的宜人性的审美功效。

古希腊伟大的哲学家柏拉图认为，工匠制作物体的过程就是工匠精益求精的选择与设计过程，在制造过程中，他们悉心地确定每一步程序、选择每一个部件，使每一个物体都达到完美的程度。同时，在工匠的制作过程中，坚持适度的原则，对每一个物品的制作都要坚持一定量的尺度。物品要维系它的有用性和美观，需要一定量的尺度作为保障。技艺就是工匠生命力的体现，工匠要制作出完美的作品、每个人的能力不同，兴趣爱好也大不相同，有的人适合从事这项工作，有的人适合从事那项工作，为了发挥每个人的价值，社会分工是必须的、有价值的。一个人如果从事与其兴趣爱好相适应的工作，他就能为社会生产更多、更高质量的产品。柏拉图提出“为了把大家的鞋子做好，我们不能让鞋匠去当农夫，或织工，或瓦工。同样，我们选拔其他的人，按其天赋安排职业，弃其所短，用其所长，让他们集中毕生精力专搞一门，精益求精，不失时机”。这就体现了工匠在技艺制作过程中的一种执着专注、精益求精的追求。

亚里士多德提出了“至善”目的论。他认为所有事物都拥有寻求至善的秉性特质，技艺活动也是如此。他指出：“每一种人为与探索、行为与追求，都可以被视为指向某种善。”亚里士多德提出，所有的技术、实践活动都确立了目标，这个目标就是“善”。人们在从事某一项活动之前，会确立一个目标，活动自身不是本来的目的，实现目标水平，从而把技艺真正地做到完美极致。“善”就是工匠在制作产品时极力追溯的东西。亚里士多德对“善”的追求其实就是追求一种高超的技艺，工匠制作产品的过程，其实就是对产品的完美的状态的追求，而不是工匠对物质利益的索取。亚里士多德认为，把“善”作为目的，可以极大地促进技艺活动的完善。因为工匠使用技术制作物品的过程就是把“善”这个观念性的概念变成实践性的过程，在这个过程中，把“善”当作目标，按照目标进行活动，使技艺活动在实践中得到细化、加强，提升了技术水平，从而把技艺真正地做到完美极致。

西方文化（主要以欧洲文化为代表）较为侧重对刚性要素的重视，在设计和制造上，非常强调对产品质量的高标准，要求确保每个部件质量的上乘，对产品采取严格的检测标准，无论是使用的材料、设计还是生产流程，都要求优质高效。特别是进入工业化时代后，采用标准化的规模生产，对产品的质量提出了统一的严格标准，以打造本行业最优质的产品。如英国航海钟发明者约翰·哈里森费时40余年，先后造出了五台航海钟，其中，以1759年完工的“哈氏4号”最为典型，在航海实验中，总共64天，只慢了5秒，远比法案规定的最小误差（2分钟）还少，完美解决了航海经度定位问题。

（三）精益求精是马克思主义劳动观的本质要求

劳动观是马克思主义理论体系的组成部分，马克思指出：“整个所谓世界历史不外是人通过人的劳动而诞生的过程”。马克思主义劳动观揭示了劳动在人类社会中的作用，主要包括了三个方面的基本内容：劳动是实现人的本质条件。人作为劳动的伴生物而出现，劳动产生了人类求生与发展所需要的全部物质与精神资料。人和动物有着本质的区别，动物的一切活动就是为了实现生存和繁衍的目的，除此以外没有其他方面的活动，这是一种单纯的生理活动。而人为了满足自己的各种需求会进行劳动和从事各种活动，首先是满足生存需求，这是人活下去的根本条件，在最基本的需求得到满足之后从而发展更高层次的需求，例如审美和自我实现等方面需求。人通过劳动使自己的各种需求得到满足，人类在社会发展中，通过劳动改变了物质世界，同时也使主观世界发生了变化。我们说，正是得益于劳动，人的本质才能得到实现。人类在社会生产实践中为了满足自身的需要，便会不断地进行精益求精的劳动。劳动是促使社会历史发展的根本推动力。在历史发展的过程中，引起社会变化的最终动力就是劳动，人类使用劳动有目的地调整与控制自然界，改进生产方式和工具，推动社会其他因素的改变，使社会逐渐从低级向高级演变。如今，虽然科学技术越来越发达，但是劳动是必不可少的，通过劳动，改变人们的生活，不断地推动社会的发展。

1965年4月5日，根据大型音乐舞蹈史诗改编的电影《东方红》摄制组邀请周恩来题词，他欣然写下“精益求精，后来居上”这八个字。所谓“精益求精”，就是要高标准、严要求，不怕麻烦、反复打磨。周恩来在指导《东方红》摄制时反复强调，“电影要再创作，需要有高要求、高姿态”，“不要急于赶任务，不要怕再三再四地修改”，“现在多磨一磨，把它拍好”。所谓“后来居上”，就是电影要比舞台演出有改进和提高。音乐舞蹈史诗《东方红》已经取得了很高的艺术成就，但是在周恩来看来，艺术要不断创新和提高。“把《东方红》搬上银幕，要进行再创作，把舞台上的缺点弥补起来”。他要求发扬艺术民主，走群众路线，打破框框，“创造出新的东西”，“把它升华、提高”。这其中，“精益求精”强调的是态度，而“后来居上”强调的是目标，两者各有侧重，但是又相互统一。只有坚持精益求精，不断精雕细琢、发展超越，才能实现后来居上的目标。

二、精益求精是工匠精神的灵魂所在

工匠精神十分关注细节，精益求精。工匠在拥有高超技术的基础上，不骄不躁，精雕细琢，对产品质量有着极高的要求，追求完美，他们不与其他工匠比较，而是专注于产品的制造，从而生产出高品质的产品，这就是我们所倡导的工匠精神。精益求精展示的是劳动人员的一种精神品质，他们秉持这样的品质，在生产过程中优化生产方式，提高产品质量，专注于所从事的领域，不断满足社会发展的需要，精益求精是工匠精神的主题。在我国古代，工匠们始终专注于自身的工作，不断精进技艺，刻苦训练，同时自身对于崇高理想的追求，造就了对产品精益求精的品质追求。“如切如磋，如琢如磨。”展示了古代匠人专注、精益求精的态度。正是对待自己所从事的工作精益求精、注重细节的态度，才造就了我国古代工匠们精湛的技艺。我们要学习这种品质，培育符合中国特色的工匠精神。工匠精神蕴涵的精益求精的内容，首先体现在工匠拒绝粗制滥造、“差不多”的观念上。“差不多”其实就是差很多，它是一种敷衍了事、不认真的工作态度，这与工匠精神追求精益求精的态度不相符合，具有危害性和消极性。在日常生活中，可能会听到诸如“和别人的差不多就行了”“干得差不多就行了”等话语，许多工匠把这些话语当作自己对待工作的态度，因此制作出粗糙的产品，工作成绩低下。这种“差不多”的心理是不好的，在工作中，一点的纰漏都可能酿成大错，必须抛弃这种“差不多”的思想，端正态度，提高自己的责任心，对自己的工作负责，不满足于细微的成就，制造出高品质的产品。精益求精就是要力求尽善尽美，这是一种基本要求，半途而废的人是不可能成功的。工匠们利用自己的高超技艺，坚持没有最好，只有更好的态度，不断地对作品进行精雕细琢，成就精品。工匠精神体现了一种价值观念，可以促使许多人改掉“差不多”的观念，端正态度，养成一种追求卓越、执着专注、负责任的精神。

“精”是“工匠精神”的重要内涵，前面所有的内涵最终都要向“精”靠拢，因为这是工匠精神最终追求的目标。精益求精的品质精神应该包含三个层面：一是严谨求实的工作态度；二是一丝不苟的工作作风；三是追求极致的工作理念。三者之间既相互补充，又紧密相连、环环相扣，分别从不同的侧面反映了精益求精的品质精神的不同层次和具体内涵。无论我们从事何种工作，都要将品质精神这一核心理念牢记于心，工作之中始终持有精益求精的态度是必不可少的。

（一）严谨求实的工作态度是打造精品的前提

工作态度之精，在做任何一件事情之前，工作者的大脑里都会对自己即将完成的工作有一个构思和想法，这就需要工作者在工作之前尽量地构思完美。在思想上严格要求自己，为自己的行动打下坚实的思想基础。

严谨即对待工作严肃苛刻、细致认真、考虑周全、追求完美；求实则是要先对工作进行客观冷静的观察、分析、思考和探求，从而悟透其内在机理，最后采取最适宜的方式方法去解决问题的做事原则。古语有云："天下难事，必作于易；天下大事，必作于细。"在容易之时谋求难事，在细微之处成就大事。天下的难事，一定要从容易时做起；天下的大事，一定要从细微处着手。凡事都要从小事做起，从简单做起。哪怕是一个细小零件的生产或是一道简易工艺流程的操作，都将"容易"之事当作"艰难"之事处理，将"细微"之事当作"天大"之事来处理，这是新时代匠人对于严谨务实的具体哲学实践，是任何智能化机器和先进自动化生产线都无法取代的。

胡双钱是上海飞机制造有限公司高级技师，现任上海飞机制造有限公司数控机加车间钳工组组长，主要负责ARJ21-700飞机项目零件生产、C919大型客机项目技术攻关及青年员工的培养。先后获得上海市质量金奖、全国"五一劳动奖章"、全国劳动模范等荣誉。胡双钱用规范、标准和精确来对待每一个零件、每一道工艺、每一次检测，将"容易"的事当"艰难"的事做，将"细小"的事当"天大"的事做，这是一个当代工匠对严谨求实工作态度的实践，在当今世界所有大飞机制造过程中，这是任何先进的自动化生产线和精密机床都无法取代的。

工匠有严谨求实的做事原则和工作态度。他们对自己的产品有着非常高的品质要求，因此在工作过程中对自己的工作内容、工艺应用都有着客观精确的认识和细致周全的考虑。他们敬畏自己的工作，用心做事，能够赋予产品独有的精神气质。

（二）一丝不苟的工作作风是铸就精品的保障

工作作风之精，是指对待自己的工作，无论是过程还是结果，都要力求完美，只有在各个环节都做到追求完美，以此为己任，才能保证最终取得一个理想的结果。

一丝不苟是指办事认真，连最细微的地方也不敢马虎。品质来源于对产品生产制作的一丝不苟，一丝不苟既是一种工作作风，也是一种行为习惯，更是一种职业操守。一丝不苟是实现精益求精的必由之路，其主要体现在工作时自始至终严格遵循操作规范和质量标准，一板一眼地工作，坚决杜绝任何形式的投机取巧，将工作的“捷径”当作阻碍工作的最大“弯路”，把敷衍了事看作对自己的“犯罪”；在质量、性能上下功夫，从“凑合用、将就用”向“舒适、科学”转变，不能再单纯地追求低成本、低价格，而是要用精益求精的“工匠精神”来保障高品质的生活。在产品的精、细上下功夫，在每个细节和细微之处精雕细琢，确保产品达到合格标准甚至超过标准，没有任何瑕疵，不留任何缺憾。

管延安：18岁就开始学习钳工；“干一行，爱一行，钻一行”是他对自己的要求。经过二十多年的勤学苦练，他不但精通錾、削、钻、铰、攻、等钳工工艺，而且对电器安装调试、设备维修也是技艺高超。管延安是一个十分较真的人，干什么事情都非常专注，以主人翁精神去解决每一个问题。一个个细小突破的集成，一件件普通工作的累积，成就了大国工匠的传奇。管延安作为中交港珠澳大桥岛隧工程V工区航修队首席钳工，是由农民工成长起来的大国工匠。先后参与了青岛北海船厂、国内最大集装箱中转港等大型工程建设，参加港珠澳大桥岛隧工程建设，负责沉管二次舾装、管内电气管线、压载水系统等设备的拆装维护及维修保养等工作。

关改玉：首批取得国家资格认证的唯一女探伤技工。凭着自己的专业水平和钻研精神，完成了海南东环铁路这项难度大且首次面对的工程。关改玉先后参与了海南东环、京沪高铁、汉宜铁路、宁杭客专、津秦客专、邯黄铁路等6项国家重点工程的建设，在线路上累计步行1500千米以上，平均每个工作日步行16千米；共检测焊头8000多个，准确率95%以上。她先后荣获公司先进工作者、先进女职工，中铁十七局集团“十大杰出女职工”、中国铁建“巾帼标兵”等多项荣誉。

工匠具有一丝不苟的工作作风和行为习惯。他们严格遵循工作规范和品质标准，踏踏实实做事，一板一眼工作。他们不走捷径，在精、细、实上下功夫，把每个动作都做到位。他们注重细节，精雕细琢，不允许自己的产品留有任何瑕疵，竭尽所能将产品做到最好。做任何事情都需要一丝不苟，但对于一个优秀的工匠来说，一丝不苟不仅仅是一种工作态度，还是一种行为习惯、一种职业操守。这其中有两个要素：一是掌握高超的技术技艺，二是严格遵守工艺规程。

（三）追求极致的工作理念是促成精品的根基

追求极致的工作理念，就是要将精益求精的工匠精神发扬光大，通过行动和事实证明精益求精是最好的结果，我们需要通过继续学习与努力，精益求精，勇于创新。

“在人类的工艺设计和制造史上，不论区域和文化有着怎样的差别，在追求精致、卓越、精美、典雅等充分反映人类文化审美创造力方面，东西方基本上都是一致的，因为它代表了人类追求极致。”极致的追求既是对工匠自身技艺的要求，也是对产品品质的严格要求；不再以产品合格为标准，而是将打造精品乃至极品为目标，不只着眼于当前市场的需求，而是不断优化改进技艺，提升产品的品质效能，力求能在世界行业内处于领跑地位，造福世人。极致是什么？它不是最终的结果，也不是固定的终点，它是更好的质量、更优的品质、更高的境界、更完美的事物，是人们心中更高的目标、更理想的状态。追求极致的过程，是从99%到99.9%，再到99.99%的过程，是追求“没有最好，只有更好”的过程，这就是“精益求精”的最高境界。

顾文霞：刺绣大师。1965年起任苏州刺绣研究所所长兼总工艺师，1986年创建中国苏绣艺术博物馆任馆长，1988年轻工业部授予其中国工艺美术大师称号，1995年获国务院政府特殊津贴。2005年中国工艺美术学会授予其中国工艺美术大师终身成就奖，2006年被江苏省文化厅授予江苏省非物质文化遗产（苏绣）代表性传承人。2007年被国家文化部授予国家级非物质文化遗产（苏绣）代表性传承人。2008年顾文霞大师被世界手工艺理事会评为亚太地区手工艺大师。

潘玉华：中国电子科技集团的焊接技师，专注焊接、苦练技术二十年。在2015年“9·3阅兵”，新一代预警机惊艳亮相。预警机是空中指挥所，是整个飞行队伍的神经中枢，而这神经中枢里最精密的一部分器件都是由潘玉华手工焊接的。

工匠都有“要做就做最好”的志向。他们对技艺和产品品质有着“极致”的严苛要求。他们不以生产合格品而以生产精品为目标，不刻意追求当下而是放眼长远。他们不断改进工艺，提高品质，力求在业内能长久地领先同行。对于顾文霞而言，追求极致就是如何发展苏绣的制作技艺，把苏绣猫的形象打造得更加出神入化。对于潘玉华而言，追求极致就是不断提高自身的技术水平，更好地满足精密电子器件小型化、集成化的生产要求，确保产品的焊接质量。对于所有人而言，追求极致都是可以在生活、学习和工作中得以践行的。只要你不满足现在的状态、现有的成果，向着更快、更高、更强、更好的目标去行动、去努力、去奋斗，就是走在追求极致的路上！

严谨求实、一丝不苟、追求极致，三者紧密联系，环环相扣，从不同侧面反映了精益求精的不同层次和集体内涵。虽然工匠所处的行业、所在的企业、所做的工作千差万别。但精益求精的工作要求是一致的。可见，精益求精是对万事万物尽心竭力的态度，经过千锤百炼后再锦上添花。当代社会的迅速发展使得社会大众已经能够基本满足他们的日常所需，但一个社会要想不断进步发展就要不断追求卓越。因此，人们对现实生活的“精雕细琢”，实质上也是在表达对职业的尊重和对美好生活的不断向往。

三、如何才能做到精益求精

有“寿司之神”美称的小野二郎曾说：“一旦你决定好职业，你必须全身心投入职业中，你必须爱自己的工作，千万不要有怨言，你必须穷尽一生磨炼技能，这就是成功的秘诀，也是让人尊重的关键。”将毕生心血奉献给一门手艺、一项事业、一种信仰，精益求精，这是劳动者的自我修养，也是工匠精神的淋漓体现。鲁班用善于发现的双眼探寻生活，用反复的试验发明一件件劳动工具，这是勇于创新的体现；胡双钱用近乎苛责的态度面对一个个飞机零件，用不断提升的技艺为祖国航空事业贡献力量，这是精益求精的体现；周东红三十年如一日坚守在捞纸池边，将毕生心血奉献于传承中国传统技艺，这是坚持不懈的体现。时代虽在变化，百年匠人们却用劳动的双手，默默无闻地将匠心薪火相传。日复一日地劳作使他们练就了善于发现的眼睛，自我提升的要求使他们养成了不断创新的思想，而精益求精的钻研使他们成为建筑行业的先师，广为后世称道。

（一）细节决定品质

天下大事，必作于细。习近平总书记多次强调，要从细节处着手，养成精准思维习惯，干工作不能满足于一般化、大呼隆抓，不能以原则应对具体，要一一回应，具体解决。强调精细，要求在工作中始终保持严谨细致、一丝不苟、精益求精的态度，于细微之处见精神，在细节之间显水平，排斥大而化之地抓工作。

1. 端正态度，提高认识

精益求精的品质精神，要求工匠注重细节。工匠是认真的、极为关注细节的。无论处在怎样的岗位、进行什么样的活动，都应该关注细节，从微小之处入手，严格执行标准，认真地做好每一步，完成好自身的工作。正所谓“不积跬步，无以至千里。不积小流，无以成江海”。

在工作之中，我们都应该拥有一个“要做就做得更好，否则就不做”的心态，不管对于什么样的工作，都应该精益求精、尽职尽责。一个优秀的人对待工作的态度应该是没有最好，只有更好。唯有如此，才能保持旺盛的工作热情，才能把工作做得更好，也才能不断进步。你是如何看待工作的，那么，你也就会获得什么样的待遇。“细微之处见端倪”，细节往往在一定程度上反映出一个人的思想性格和为人处世原则。

细节的实质是一种长期的准备，从而获得的一种机遇。细节是一种习惯，是一种积累，也是一种眼光，一种智慧。只有保持这样的工作标准，才能注意到问题的细节，才能做到为使工作达到预期的目标而思考细节，才不会为了细节而细节。在工作中，如果我们关注了细节，就可以把握创新之源，也就为成功奠定了基础。

伟大源于细节的积累，注重细节，以认真的态度做好工作岗位上的每一件小事，以责任心对待每一个细节，只有这样，才有可能在“平凡”的岗位上创造出最大的价值，才能在事业中更上一层楼。细节的积累产生伟大，这需要用心去实现，这是细节的实质，如果我们不能对生活中瞬息万变的事情用心去发现、去创造，那么就很容易失去机会，“细节隐藏机会”，从某种意义上说，不注重细节也就失去了对机会的把握。一心渴望伟大，追求伟大，伟大却了无踪影；甘于平淡，认真做好每个细节，伟大却不期而遇。这就是细节的魅力，是达到完成后的惊喜。细节的宝贵价值更在于它的独特性，是无法重复的。“差之毫厘，失之千里”，关注每一个细小的事情，才能使得我们的产品或者服务质量更加可靠、稳定。

2. 重视细节，精细养成

在工作中考虑到细节，并且注重细节的人，不仅对待工作认真负责，将小事做好、做细、做精，还能在细节中寻找机会，找到开启成功大门的钥匙。对待事情认真仔细，努力把每一件小事都做得尽善尽美。让注重细节在我们的脑海里形成一种牢固的观念，然后用观念来指导我们的工作，慢慢地，我们自然而然就会养成一种良好的习惯。注重细节，细节决定成败。“精细”要求从大处着眼，从小处着手，落细落小，在每个细节处严格把关。习近平总书记强调，“要从细节处着手，养成习惯。如果对工作、对事业仅仅满足于一般化、满足于过得去，大呼隆抓，眉毛胡子一把抓，那么问题就会被掩盖。”任何一项重大决策部署都需要一步步进行，在进程中任何一个细节的失误，都有可能导致前功尽弃。“世间事，做于细，成于严。”在落实各项工作中，党员干部要认真学习周恩来总理注重细节的领导风范，抓好关键环节和重要细节，做到细致入微。

同时，在工作中要不断提高学习能力和业务能力，用钻、精、细的标准要求自己，细小的事情往往发挥着重大的作用，它可以使你顺利地走向目的地，也可以使你饱受失败的痛苦，1%的错误就会导致100%的失败。正如海尔总裁张瑞敏所说：“什么是不简单？把每一件简单的事做好就是不简单。什么是不平凡？能把每一件平凡的事做好就是不平凡。”所以，我们无论做人、做事，都要注重细节，从小事做起，从点滴做起。细中见精、小中见大，把小事做细做好并坚持就是成功。细节决定成败，小事成就大事，细节铸就辉煌。让我们树立起细节意识，注重细节，把小事做细，做精益求精的执行者。从我们身边的小事做起，把一个个小的胜利果实聚集起来成就一番不平凡的事业。

成功就是一个长期的过程，对待工作，要有一丝不苟的精神，要关注细节，把细小的事都做到完美，这样才有可能成功。我国的工匠们不断展示着精益求精的品质，雪域高原上的爆破工匠彭祥华，把爆炸误差限定在15毫秒以内，攻克爆破难题；高级技师高凤林，把火箭发动机的焊接误差控制在0.16毫米之内，并且将焊接停留时间缩短到0.01秒。这样的工作态度，正是体现了精益求精的工匠精神。在德国和瑞士，他们制造的奔驰轿车、瑞士军刀，都体现着工匠们精雕细琢、注重细节的态度，展示了精益求精的工匠精神。工匠在工作过程中采用严谨的工作态度，不断提升技艺，制作精致的产品。精益求精的工匠精神展现了工匠对产品高质量的追求，对精湛技艺的追求；体现了工匠对生产的产品以及消费者负责任的态度，精益求精是工匠精神的主题。

3. 紧抠细节，减少失误

从工作效率来看，注重细节的人，会更少出现工作失误，从而提高工作效率。注重工作细节，保持良好的工作习惯，不仅体现了职场员工的个人形象，更是提高工作效率的重要保证。在工作中，不能因为是小事就敷衍应付，轻视责任。可能工作中的一个疏忽，到了客户那里就会变成大问题，轻则企业形象受损，重则使企业破产倒闭。因为一个细节就可以左右事情落实与否，左右企业的成败。细节在自己手里就是王牌，在对手手里就是炸弹。把小事做好就是在不断完善自我。伟大的事情是靠细节积累而成的。做好小事情就是在为大事情打基础。注重细节是保证大事能够顺利实现的关键。在日常工作中，对每一个细节的忽视，都可能导致这件事的失败。所以无论做什么工作，我们都要有耐心做好，力求完美，且坚持不懈。做事周到细致是一种工作态度，反映了一种工作作风。周到细致，就要在谋篇布局、干事创业中，把每一个方面、每一个环节、每一个步骤都考虑得周密严谨细致，避免工作出现纰漏。

早在几千年前，我国就有许多像鲁班、梓庆这样对自己技艺严苛要求的匠人，更有像兵马俑、紫禁城这样让人叹为观止的建筑。因此，工匠精神在中国自古就有，可以说中国自古便不缺执着、专注、细致、严谨、追求完美、精益求精的匠人，更是一个具有优秀工匠历史文化的国家。我们所看到的由古代保留至今的陶瓷、玉器、丝绸等技艺精湛的作品，更是古代工匠敬业精神、精益求精最好的印证。鲁班，我国家喻户晓的一位木工巨匠，生活在春秋战国时期，本就是工匠世家出身的他，从小就跟随家人学习到了许多工匠技能。当时拿来伐木的锯子就是鲁班发明创造的，而这个发明创造得益于一次他被带有小齿的叶子划伤。从中得到启示后，他反复用不同材料的带有小齿的工具去实验。在多次实验后，决定用具有一定硬度的带有小齿的铁片试一试，终于成功地锯断了大树。因此，他成为春秋战国时期制造生活用具的能工巧匠。但是，他的才华与智慧不仅仅体现在生活用具的制造上，他更是一位杰出的机械大师。他用竹子做的木鸟可以在天上飞三日，制造了用于攻城的利器云梯。他的一生可以说都在发明创造，这离不开他善于观察、爱钻研的性格，离不开他勇于尝试与追求，离不开他专心致志、追求极致、达不到预想的效果决不放弃的精神品质。李春是隋代著名的桥梁工匠。他的伟大杰作赵州桥距今已经有一千多年的历史了，在经历了多次的地震、水灾等自然灾害，和战乱等人为灾害后几乎没有什么损坏，可见赵州桥是经得起历史考验的。这一切都要归功于执着、专注、精益求精的李春。在建桥之前，他先对这条河做了充分的调查，仅是寻找河流的源头就花了半个多月的时间，为了满足桥梁美观与坚实的需求，经过多次设计，完成了闻名于世的赵州桥，这是我国古代劳动人民的智慧和执着、专注、精益求精工匠精神的具体体现。在他们的身上，让我们看到了古代追求极致与完美的工匠精神。

（二）增强求索动力

罗曼·罗兰曾感叹“世人总是精益求精”。精益求精之后还需学会臻于至善。做事要持之以恒，不达目标不罢休。“工匠精神”体现了对产品反复打磨的耐心和专注。弘扬工匠精神，就要以较真较劲、只争朝夕、锲而不舍的精神去一干到底，做到不达目的决不罢休。要较真较劲，不怕挑战。做事要精益求精，树立高标准。工匠精神的内涵就是要有精雕细琢、精益求精、追求卓越的理念。引申到具体工作中，就是要高标准对待本职工作，全力以赴抓好工作落实，努力使本职工作成为精品。要有精益求精的意识。

“臻于至善”是不断探索。任何事物都不是一蹴而就的，都需要不断探索才能发现真理，达到前所未有的新境界，这个实现企业使命和愿景的过程，就是追求卓越的过程。传统工匠们的精湛技艺来自造物时的经验积累和严谨思考，他们确保每一道生产工序都在自己的精湛技艺下完成。当今时代下，“精湛技艺”已经不能成为生产力发展的决定因素，但是“精湛技艺”一定是工匠们在物质生产实践中通过刻意练习，积累大量造物经验而积淀形成的，这种锤炼自身职业技能时一丝不苟的工作态度与新时代工匠精神中“精益求精、追求卓越”的要义是相通的。

道家的代表人物庄子在《天地》篇中提出，“故通于天者，道也……能有所艺者，技也。”庄子在描写匠人时，抓住其神态，表现出匠人在工作时的一种忘我的境界，而这种境界与道是相通的。技艺的形成过程不只是浅显的生产劳动与手工技术的展示过程，而是融入了“道”的内核。“道技合一”是一种境界，如果能实现这种目标，就可以称为大国工匠。在追求技艺的过程中找到规律、准则，体悟出“道”，同时又用“道”来发展技艺，从而发挥出工匠的价值作用。

例如《庄子》一书中的庖丁，庖丁解牛的过程并不是仅仅展现高超的技艺，而是在于庖丁真正掌握了解牛的规律，做到了道技合一。这提示了人类在发展过程中要掌握和利用规律，反复实践，从而体悟事物的真理。在庄子笔下，还有很多这样的故事，如梓庆削木为鐻、轮扁斫轮、津人操舟如神等，他们都体现了一种“道技合一”的境界。道家建立了一套独特的关于工匠及其技艺活动的标准，认为只有符合自然之“道”，顺应天然之理这一标准，才是判断技艺活动的最终依据，也是工匠通过技术活动所追求的最高理想，这也成为我们所说的义兼于德，德兼于道，道兼于天。实际上，在中华民族五千年的历史文化发展的进程中，正是一代又一代工匠孜孜不倦地追求“技道合一”，将精湛的技艺融入作品之中，视作品为艺术品，对产品充满虔敬之情、不断追求极致完美、对人性的体察与感悟，坚持人与自然和谐共生、对自然的敬畏，以匠心传承技艺，不固守传统、与时俱进、推陈出新，才创造出了灿烂辉煌的中国古代科技文明。我国古代工匠用辛勤的劳动、聪明的才智诠释传统的工匠精神，创造出了世代相传的精品。

中国的传统工艺，在工匠们世代相传的精湛技艺中得以发展至今。它代表着中华民族卓越的创造力，是中华优秀传统文化的重要组成部分，是中国各族人民在长期的生活与生产实践中创造出的具有鲜明特色的工艺产品与技艺手法，具有完整的制作流程与丰富的历史文化与艺术审美价值，更是中华民族工匠文化与工匠精神的重要载体。中国传统工艺是制造业中的一个特殊领域，多是工匠们就地取材，凭借其高超的技艺手法制作而成的具有审美与艺术鉴赏价值的工艺品，具有极为鲜明的民族风格与地方特色。因其工艺的精美性，所以在复杂且精细的制作工程中对细枝末节打磨的耐心、对技艺的改进与创新的工匠精神随处可见。例如，精美的苏杭刺绣、别具一格的大漆工艺、举世闻名的瓷器、独一无二的宣纸工艺等，这些都是传统工艺的杰出代表。这些传统工艺遍及人们生活的方方面面，虽然都具有不同的用途、出产地以及特色，但都有一个共同点，那就是都离不开“精”“妙”二字。这是因为，每一件作品中都饱含了工匠们的心血，每一道工作程序中都蕴含了尊师重道、刻苦钻研、精益求精、勇于创新的工匠精神。

工匠通过欣赏美的事物也创造了各自所在时代的美，他们在创作时是总是追求极致的完美，秉持着精益求精的精神追求，注重细节、不断地打磨，追求每一个细节的美感，不断创造出符合现代审美趣味的高品质作品，持续丰富和满足着人们的审美需求。四大名著老版电视剧之所以长盛不衰，是因为创作者在坚守原著本体的基础上，能够怀着对艺术的追求和精益求精的工匠精神，运用影视技术将原著的经典之处充分展示给大众。其中86版《西游记》制作和拍摄的时间长达6年，在影视数字特效不够先进、交通不便利的20世纪80年代，为确保每一个过场镜头的完美，剧组不惜花费大量时间和精力辗转全国19个省份取景，只为能够给观众带来最为极致的视觉感受。86版《西游记》是一股清流，杨洁导演秉持工匠精神，在自身审美认知下创作了《西游记》这部极具美感的影视作品，在迎合大众的审美趣味的同时，推动人类审美活动得到发展，充分体现出了影视制作中的工匠精神。

各行各业劳动者都应将这种工作态度体现在生产和服务实践中，肩负起创造社会物质财富和精神财富的使命，在工作中极力追求完美中的完美。"精益求精"能够明显地体现在劳动者创造的产品和服务中，如研发和制造产品时每一个微小细节，以及服务性劳动中的每一个行为表现。任何产品研发过程中只要怀有做到极致完美的信心，并在每一处细节上都加以改善，都是对"精益求精、追求卓越"的践行。

精益求精对技术工人提出了"苛刻"的要求，需要不断提升技艺、产品、质量，甚至达到"技可进乎道，艺可通乎神"的境界。党的十九大代表、"80后"的周皓是中国科学院深海科学与工程研究所的一名钳工。他在辽宁省阜新矿业集团机械制造公司工作期间，练就了一身过硬的钳工本领，仅用手触摸就能感知头发丝1/16粗细的痕迹。手工加工两个配合在一起的零部件，接缝处能做到不透水。在参与深海科研设备安装后，技艺要求更加精湛。"但我可以自豪地说，在安装调试过程中，无论遇到何种'疑难杂症'，只要经过我的手，就能得到圆满解决。我至今仍保持着零件加工制作零失误的纪录。"周皓说。一技之长能动天下，"技能强则中国强"。

从17世纪初到19世纪的江户时期，日本匠人逐渐形成了敬业、认真、精益求精的工匠精神，甚至出现了"职业皆佛行"的职业理论，视产品质量如同自己的生命，将技艺与精神、艺术、灵魂完美结合，使日本成为长寿企业最多的国家。日本将工匠精神化入骨髓，并将其凝结形成社会价值观，这也是日本生产的产品作为"高品质"代名词的核心原因。

精益求精要求从业者对每件工作都能够做到追求极致，是一种难能可贵的优秀品质，精益是工匠精神中独有内涵，是对工匠标准的严格限制。相比工匠而言，我党同样要求党员干部在工作中做到精益求精。一直以来，我党始终认为工作能否做好，取决于态度是否端正，领导干部只要态度端正，就能够完成党组织交给的任务。但是在实践中，部分党员干部在事业中取得了一定的成绩，得到相应的肯定，就认为可以一劳永逸，这显然是一种错误想法，更是缺乏“精益求精”的思想意识，不能称为合格的党员干部。作为党员干部，绝不允许产生“得过且过”“差不多、过得去”的错误思想，要端正自己的态度，要对自己实施“高标准、严要求”，要学习工匠精神中的优秀品质，以“精”字当头，不仅要乐于工作，注重工作中的增量，更要有质的飞跃，要实现增质增量。面对党组织交给的任务，党员干部不仅要完成，更要思考如何更好地完成，要始终秉承“如切如磋、如琢如磨”的工匠精神，认真对待每一份工作。在新时期，社会公众对党提出了更高的要求，党员干部也承担了更多的责任，只有在工作中保持“精益求精”的劲头，积极适应新形势下的新要求，将“精”的态度应用到党内工作的各个方面，力求在开展党内工作时做到“零差错”“最完美”的高标准，用匠心精神对待党内工作，才能不辜负党和人民的信赖，才是一名合格的“工匠”、一名合格的党员干部。狠抓落实就要不回避问题、不避忌矛盾，勇于攻坚克难，真干、实干、苦干、巧干，把雷厉风行和久久为功结合起来，以钉钉子精神做实、做细、做好各项工作，一个问题一个问题跟进解决，一个节点一个节点扎实推进，持之以恒，积小胜为大胜。精益求精，方能技高一筹。习近平总书记强调，要强化精准思维，做到谋划时统揽大局、操作中细致精当，以绣花功夫把工作做扎实、做到位。精干不是乱干、蛮干，而是精准地干、精细地干。工作想出彩，就要从大局细处着手，不能“用手榴弹炸跳蚤”，也不能因“细节中的魔鬼”影响大局。年轻干部应常把“一域之象”放到全局中考量，增加认识的深度和广度，做到既能统筹谋划，又能精准施策。追求完美、不厌其烦，注重小事、不弃微末，细抓具体，达到“润物细无声”的程度，用细节上的成功赢得全局上的胜利。

决定成功的也许不是细节本身，而是细节背后所蕴含的那种追求卓越的品质，那种锲而不舍的执着，那种拒绝浮躁的平和以及那种卧薪尝胆的忍耐，正所谓细微之处见精神。我们都应从小事做起，小事成就大事，细节成就完美。

（三）铸就大爱精神

精益求精是工匠们在长期职业实践过程中养成的良好职业素养、彰显的特有职业品质。这种素养品质是职业精神的萃取，是优秀文化的凝练，是成就工匠深层次的逻辑因由，是一种示范引领又是人们追梦出彩的精神资源。正是在这个意义上，工匠精神成为职业教育育人的价值标高，成为职业教育人才“质检”的衡量标尺。它是引领职业教育人才培养方向的新共识、新规范、新目标。

在机械自动化生产的背景下，原本连续且完整的人工劳动，被肢解为分段式的机械化生产流程，人工劳动成为一种简单、乏味且机械的过程，在这个工作过程中，工作者丧失了发挥主观能动性的可能，失去了建立人与人之间、人与物之间的亲密情感的机会，这种情况下，个体是无法在劳动中实现自我价值的。

而传统工匠的工作与此不同，因为“工匠的制造活动是建立在自由精神基础之上的”，弗洛姆在《建群的社会中》清晰地表述，自由的工作过程是工匠工作的特质，这使得他们可以在工作与学习中充分发挥主观能动性，不断提升与锻造其工作技能。所以，工匠的劳作并不是简单且乏味的重复性劳动，他们在工作中不断地精进技艺，修炼心性，视工作为修行，在工作中领悟到生命的真谛。践行工匠精神，在现代工业化的生产体系中发扬尊师重道的工匠品质，可以促进工作者在冰冷的半自动化生产中，增加工作中的情感交流，建立一种同事之间的亲密感情；发扬精益求精、刻苦钻研的品质，将更多的感情倾注于产品中，建立一种人与物的亲密情感，使产品成为包含工作者自我价值的一种外在表达；达到工作成为一项可以使人内心满足的事业的境界，从而实现个人的自我价值。

优秀的工匠从事一份制作的行业，首先要尊师重教，热爱自己的工作与所学的技艺；其次要刻苦钻研，务实力行，树立终身学习的精神，打磨与提升自己的工作能力；再次要精益求精，敬业乐业，视工作为修行，历练一颗淡泊致远的心；最后还要具有创新与求索精神，拥有一颗积极进取之心。这些体现在工匠身上的优秀精神品质与社会主义核心价值观在个人层面上的价值要求相一致，精益求精的工作态度就是敬业精神的体现；而对技术的严苛要求，对产品质量的认真态度，体现的是工匠为人诚实的优秀品质；而工匠刻苦钻研、勇于创新、提供一流的技术与产品，正是中国制造业不断发展、从制造走向“智造”的必经之路，这正是工匠爱国情怀的深刻体现。

亚里士多德认为，工匠致力于制作精品，谋求产品的质量，体现了工匠对制作的产品的热爱。人们的各项活动都致力于探索某一种“善”，就制作活动本身来说，“善”可能通过某种产品的目标展现出来，或是通过一种目的状态展示出来。目标一经确立，就会产生为了实现目的的活动，这是一种生产或操作活动，由此也诞生了一项专业的技术。所以，这些技艺就被看作为具体目的所服务的手段。工匠在制作产品时，饱含热情，在工作过程中积极进取，把制作出完美极致的产品作为目标，工匠的价值通过产品的品质体现出来，这也是工匠对于生命意义的阐释，工匠蕴涵的情感以及追求产品与身心一体的观念成为当代工匠精神的价值体现。

工匠的首要职责是造物，造物过程是工匠本质力量对象化的过程，凝结着工匠的技术和气质，而产品的质量就是这些素质的直接体现，直接关乎工匠自身的职业素质和气度风貌，所以，产品的质量绝对不容忽视，一分的瑕疵反映的是十分的粗心，百分的懈怠，万分的不严谨，绝对的不专业，这样的产品和人品都不足以取信于人。

产品的质量我们姑且可以用一定的量化标准来衡量，但产品的品质却是一种无形的存在，很难用具体的标准来度量。正因如此，工匠对于产品的“质”才会有一种近乎偏执的坚持，只有不断打破质的新高度，才可能达到臻于化境，这种精益求精的执着，不仅是对产品质量的严格把控，更是对自身品质的卓越追求。在这个物质膨胀的年代，当代工匠所要追求的不是量化的比拼而是品质的提升，价廉已经不能满足社会发展的需要，物美对于大众的吸引力反而更大，所有的产品没有最优只有更优，质量的比武更是一场硬仗，没有出色的产品，一流的品质，消费者很难买账，只有锐意进取，坚持精致的产品才能走得更远、更久、更稳。对于现代人来说，产品不只是商品，服务、思想、知识等都是产品，它们都需要工匠以严谨的态度精雕细琢，以最优异的面貌输送给大众，否则就是对人们物质和精神的双重荼毒，粗制滥造的东西势必会遭到抵制和谴责，被世人所唾弃，既损人又不利己，还对社会资源造成了极大的浪费。

工作不仅仅是一种换回利益的行为，更应该是一种生命态度和价值呈现过程。那么为什么现在大多数人工作得如此痛苦？因为他们自己为自己设限，把自己放在痛苦工作位置上。所以，成为一个有魅力的工匠，要从改变价值观开始。你把工作当作一种修行，你会发现，原来工作是生命的享受，大爱无我，终成大我，利他之心，终成大器。弘扬工匠精神，有利于引导各行各业调整心态、端正态度，实现对事业热爱、对工作尽心、对社会负责。如果每个人都践行工匠精神、敬业精神，就能够不断提升个人技能、提高产品质量、夯实发展基础，进而促成认真诚信、务实创新的社会氛围。

培养精益求精精神，核心在践行，关键在要明确和锁定工匠精神所蕴含的目标维度。只有首先确立要达到的培养目标，培养过程才会有方向、有定位、有远方，才能瞄准标高，凝心聚力，逐梦前行。笔者以为，这样的目标就是怀匠心、铸匠魂、守匠情、践匠行。胸怀匠心，以巧妙的心思进行创新；铸造匠魂，以高洁的品德坚守本心；守护匠情，以深厚的情怀面对工作；实践匠行，用求实的态度苦心耕耘。

怀匠心。匠心，即能工巧匠之心，它是指精巧、精妙的心思，本质上就是创新之心。成语中的匠心独运或独具匠心，指的就是这样的灵明独到之心。匠心是工匠精神的第一位要素，是工匠精神的核心价值和灵魂。因为心是精神之宅、智慧之府、载体之本。古人强调："运用之妙，存乎一心。"可见，心是神明，心是主宰。反之，失却匠心，工匠就沦为庸匠，精神也就随之贬值，沦为低阶的、不足为道的存在。换言之，工匠精神如果抽掉了匠心的内涵，只剩下形而下的操作，恐怕离匠气也就不远了。所以培育学生怀持匠心，生成匠意、匠思、匠智，亦即培养学生的创新精神和创新品格，是工匠精神培养的首要任务。

铸匠魂。什么是工匠之魂？是德，是人的品德、品行、品格。德是工匠精神的支柱。古人说："才者，德之资也；德者，才之帅也。"可见，工匠之才是由工匠之德统领的。有学者强调："人因德而立，德因魂而高。"德，就是工匠精神的统领与根本，是工匠精神的内涵和灵魂。因而培养工匠精神必须铸匠魂、立匠德。人有了德之魂，才能立世生存、行之久远。这就是康德所说的："德行就是力量。"反之，人若失去德之魂，就只能算是躯壳和皮囊。所以，职业教育必须践行立德树人的"育人铸魂"工程，与劳模精神和工匠精神相结合，培养学生的职业道德、职业精神、职业素养。要收集和整理具有育人效应的大国工匠、大师劳模们的成长案例，融入德育课程中，让学生在职业学习过程中，眼中有标杆、心中有榜样、教学有依托，真正成为追寻大师、德技双修的人。

守匠情。匠情之情是情怀之意，是人们对事物怀持的或投射在事物之上的积极、崇高、富有正能量的情感与态度的总和。守匠情，即怀持和坚守工匠情怀，这种情怀内在地包含了人的价值取向和职业态度，是工匠精神的重要组成部分。工匠情怀包括热爱情怀、敬畏情怀、家国情怀、担当情怀、卓越情怀等。这些情怀在大国工匠、非遗大师身上都有突出体现。培养学生的工匠精神，就是要培养他们崇高的家国情怀、职业的敬畏情怀、负责的担当情怀、精益的卓越情怀，学习大国工匠身上的这些优秀品质，树立正确的价值观和职业态度，这样才能真正得大师真传、汲精神滋养，将自己磨砺锻造成大写的人。

践匠行。匠行是指工匠们做事的行为和行动。培养工匠精神不是因为它是热点和时尚，为了蹭热点、追时尚、贴标签才随之起舞。它是需要真抓实做、大力践行的。践匠行需要明了匠行基于深厚的历史和文化内涵生成的独到的行为特征：执着、精技、崇德、求新等。如日本寿司之王——小野二郎，历经70多年，90岁高龄仍然执着于寿司制作；高凤林的火箭发动机焊接误差控制在0.16毫米之内；大飞机首席钳工胡双钱生活艰窘，蜗居30平方米斗室30年，却创造了加工数十万个飞机零件无次品的奇迹。这就是匠行的真髓、真谛、真义。培养学生的工匠精神就是要按照这样的准则和标高，去培养学生脚踏实地专注做事的精神，培养学生精益求精、追求卓越的境界，培养学生遵道守德、无私敬业的品格，这样培养出来的学生，才是德润身、技立世、品高端的深受欢迎的人才。

第二节　一丝不苟、千锤百炼，做追求卓越的先行者

以精益求精，铸工匠精神

一、个人简介

刘新伟，男，满族，1986年4月生，辽宁营口人，辽宁石油化工大学材料化学专业毕业，研究生学历，管理学硕士，化工专业高级工程师。

工作经历：

2008年7月至2011年11月，国家能源集团包头化工公司操作工；

2011年11月至2014年6月，国家能源集团包头化工公司甲醇合成工艺工程师；

2014年6月至2017年3月，国家能源集团包头化工公司甲醇装置工艺主管；

2017年3月至2018年8月，国家能源集团包头化工公司甲醇中心技术主管、党总支宣传委员、党支部书记；

2018年8月至2019年3月，国家能源集团包头化工公司甲醇中心业务经理、党总支宣传委员、党支部书记；

2018年9月至2021年6月，内蒙古科技大学工程管理专业学习，取得硕士学位；

2019年4月至2022年12月，内蒙古久泰新材料有限公司化工事业部部长、副高级工程师、党总支纪检委员、生产党支部书记；

2022年12月至2023年3月，内蒙古久泰新材料有限公司总经理助理、党总支纪检委员、生产党支部书记；

2023年4月至今，三一重能股份有限公司绿氢项目部项目经理。

二、工作成果

1. 业务成果

2008年至2010年，刘新伟参与了世界首套180万吨/年甲醇合成装置项目的设计、现场施工、投料试车准备及工作；2013年至2016年，他在检修间负责合成催化剂的更换工作，并通过优化钝化和升温还原方案，成功缩短了还原及钝化时间41小时，实现了甲醇中心提前开车，创造了600余万元的经济效益；同年将抢修时间较计划缩短50小时。此外，他在不同年份担任各个重点项目的负责人并完成了包括解除除蜡瓶颈、回收及分离工艺优化等多个项目。他还解决了多个装置技术改造项目问题、提出了多个合理化建议、优化了多项运行方案、降低了各设备及材料的投资成本，总计为公司创造了千万元以上的经济效益，成功做到提质增效、降本减亏。目前，他正在负责三一重能绿氢一体化示范项目。

2. 科技成果

（1）实用新型及发明专利方面

在工作期间结合工艺优化申请专利20余项，分别是过滤器、甲醇精馏残液处理系统及方法、甲醇合成塔出口高温工艺气处理工艺和甲醇合成系统、甲醇合成系统（1、2）、MTO级甲醇过滤系统、甲醇合成驰放气处理系统、甲醇合成系统升温方法、用于干气密封系统的供气装置及供气方法、催化剂的还原系统、催化剂的还原系统及低碳混合醇合成系统、低碳混合醇产物的分离系统等。

（2）技术研究方面

①DAVY甲醇合成生产中石蜡生成的原因及预防措施：探讨了甲醇合成过程中石蜡生成的原因，并提出了预防和处理石蜡生成的方法。

②K51-9催化剂在甲醇合成系统中的应用：讨论了JM甲醇合成催化剂在甲醇合成中的应用。

③高效甲醇分离器在180万吨/年甲醇装置中的应用：介绍了180万吨/年甲醇合成装置中高效叶片分离器的应用情况，解决了分离效率差的问题。

④180万吨/年甲醇合成系统节能降耗措施探讨：描述了180万吨/年甲醇装置从设计到生产过程中的各项节能措施，并通过能耗比较结果证明了其有效性。

⑤基于QC小组活动在M公司产品质量改进的应用研究：分析了国内外质量管理现状，并以M公司的QC小组活动为例，介绍了其质量管理实践。

⑥合成气多方向深加工技术研究：完成了技术研究论文，并获得神华集团软课题研究三等奖。

⑦参与内蒙古久泰万吨级二氧化碳制芳烃关键技术研究：参与了该项目的关键技术研究。

3. 获得的奖项及荣誉称号

2010年荣获神华包头煤化工公司“青年岗位能手”称号；

2009—2018年荣获神华包头煤化工公司“安全先进个人”称号2次；

2011年获“神华包头煤化工公司科技进步”三等奖；

2011—2018年荣获神华包头煤化工公司“优秀员工”称号4次；

荣获中国神华煤制化工有限公司“劳动模范”称号2次；

2013—2017年荣获全国石油和化工行业“优秀质量管理小组”称号5次；

2013年荣获“中国神华煤制油化工有限公司软科学课题”三等奖；

荣获“神华集团公司员工合理化建议”二等奖4项、优秀奖5项；

荣获“全国优秀质量管小组”称号4次；

荣获“全国石油和化工行业质量管理活动优秀推进者”称号2次；

2015年8月荣获“内蒙古自治区甲醇合成工技能大赛团体”二等奖；

2015年8月荣获“内蒙古自治区优秀技能人才”称号；

2015年10月荣获“第七届全国石油和化工行业技能大赛甲醇合成工竞赛团体”二等奖；

2015年10月荣获“全国石油和化工行业技术能手”称号；

荣获“神华集团第二届职工优秀合理化建议”二等奖、三等奖及优秀奖三项；

荣获神华包头煤化工有限公司年度“优秀党员”称号3次；

2016年10月荣获“中国煤炭工业协会技能大师”称号；

2017年1月荣获“神华包头煤化工公司科技进步”二等奖；

2017年5月荣获“包头工匠”称号；

2017年11月荣获“第二批草原英才”称号；

2017年荣获“集团青年岗位技术能手”称号；

2017年荣获“公司科技进步奖”两项；

2019年荣获内蒙古久泰新材料有限公司优秀党员、优秀中层；

2020年荣获托克托县优秀人才，优秀团队管理者；

2021年荣获内蒙古久泰新材料有限公司优秀党员，优秀中层；

2021年荣获呼和浩特市“青年安全文明示范岗”称号；

2022年荣获内蒙古自治区“草原英才”提名。

三、先进事迹

1. 矢志奋斗　只争朝夕

“千帆一道带风轻，奋楫逐浪天地宽。”2010年10月，刘新伟担任合成主操，任职期间多次独立完成了甲醇合成系统加减负荷、开停车处理及全厂氮气中断应急处置操作，操作期间从未出现安全生产事故，并且对优化合成系统的操作提出了自己的见解。2010年12月由于工作出色担任甲醇装置化工班组副班长，任职后积极协调班组各岗位，优化系统操作。多次组织班组进行合成系统、压缩系统等的开停车，同时多次成功地避免了合成系统停车的紧急情况，在生产过程中实现了节能降耗增效。

2011年3月至2016年5月刘新伟协同装置工艺主管全程负责甲醇装置五次年度技改项目及五次年度检修，通过不断优化年度开停车方案、置换方案，实现了年度开停车置换时间逐步缩短，由最初的96小时缩短至目前的60小时，为公司检修及开车创造了宝贵时间，同时节约了氮气的消耗量。其中在2013年6月大检修及2016年大检修过程中全程参与并负责甲醇合成催化剂的钝化、卸出、装填、升温还原及还原后的开车各项工作。通过编写DAVY甲醇合成催化剂钝化方案有效地指导了首次合成催化剂的钝化工作，并按照计划节点完成了钝化工作，在合成催化剂装填结束后优化了甲醇合成催化剂的升温还原方案，比首炉催化剂的还原缩短了24小时，并且在还原期间未出现合成塔超温的现象。2016年通过优化合成催化剂装填方案，提高还原期间空速，加快氢气的补入速度，使催化剂还原时间比第二炉时间缩短41小时，较计划时间缩短了50小时，并且通过方案优化后在催化剂的升温还原期间甲醇合成塔的床层温度分布更为均匀。2014年大检修期间针对净化槽催化剂无钝化指导说明的情况，编写了净化槽催化剂钝化方案，按照方案如期完成净化槽催化剂的钝化工作。与此同时，在净化槽催化剂装填后通过优化净化槽催化剂升温还原方案，比首炉催化剂的还原时间缩短了36小时，并且有效地保证了2014年度检修后合成系统开车节点。

2. 追求卓越　永无止境

"仰之弥高，钻之弥坚。"2012年生产期间刘新伟多次深入现场，共排查出33条安全隐患，并积极提出合理化建议，避免了生产事故的发生，有效地保证了装置的平稳安全生产，在甲醇中心年度隐患排查排名第一，并获得2011年度及2012年度安全先进个人称号。2012年3—8月作为"减少稳定塔塔顶不凝气排放量"QC主题活动的组长，从主题选定、活动计划、原因分析到实施对策全程参与及监管，通过此项活动实现了年效益约100万元，并在包头煤化工有限责任公司首届QC活动评选中荣获一等奖、荣获2013年度全国石油和化工行业优秀质量管理小组、荣获全国石油和化工行业第32次优秀质量管理小组成果发布会最佳创意奖。2013年10月至2014年5月担任"降低甲醇合成系统合成气排放量"QC主题活动的组长，通过活动开展，达到了预期的经济目标及环保效益，并在包头煤化工公司第三届QC活动评选中荣获一等奖，同时该年度代表公司参与全国石油和化工行业第33次优秀质量管理小组成果发布会，通过精心组织，该成果荣获全国石油和化工行业优秀质量管理小组称号，国家级优秀质量管理小组称号，最佳制作奖。在2014年至2016年，不断优化QC小组管理程序，精心组织装置员工全程参与质量管理小组活动，精心组织好每一届QC小组活动，对质量管理小组活动（如QC，产品质量管理，质量班组的建立等）全程监管。通过不断努力，2014年至2016年代表公司参加全国石化行业QC小组评比活动，荣获国家优秀质量管理小组三次、荣获全国石化行业优秀质量管理小组四次，荣获全国石油和化工行业质量管理小组推进者称号两次，装置班组荣获全国质量信得过班组称号两次，开启了公司质量管理的先河，也将公司质量管理小组活动推向了高潮。

2016年度停车检修过程中通过阅读大量文献编写了停车检修过程操作方案，并对原有方案进行深入优化，提出间歇置换等操作方法，同时优化了以往燃料气管网、火炬管网的置换方式，有效减少了氮气消耗量。并且通过实施甲醇合成系统方式优化，在开车时将系统的压力仅充压至2.0MPa（G），较原有压力降低了1.0MPa（G），同时开车接原料气时将甲醇合成界区阀门全部打开，由上游装置送气，使开车时间较原有时间缩短了近3小时，减少了开车期间物料的损耗，效果明显。与此同时，2016年检修过程中提出并领导多项技改项目；如粗甲醇分离器内件改造，甲醇装置地下排液管网综合利用，蒸汽过热炉消除安全隐患项目等。其中，“粗甲醇分离器内件改造项目”“停车期间对系统内部蜡质进行彻底清理”实施后，大大提高了粗甲醇分离器的分离效果，分离器出口的甲醇含量由原有的13%降低至现有0.7%，大大降低了甲醇合成塔入口甲醇分压，提高了催化剂反应效率，降低了循环气量，降低了汽轮机蒸汽消耗量，在生产过程中取得显著成效，并且该项目的实施，也为公司后续的高负荷生产，创造了有利条件。

3. 为铸利剑　不畏艰险

“心心在一艺，其艺必工；心心在一职，其职必举。”刘新伟在2016年度生产期间，立足本职岗位，从节能降耗、提质增效出发，积极查找装置可以再度优化的项目。2016年度提出并实施的稳定塔塔顶回收甲醇油项目，膜分离单元工艺流程优化技术攻关及工艺优化项目实现经济效益近400万元。实施的合成气/循环气压缩机技术攻关项目，解决了压缩机负荷高影响装置长周期运行的瓶颈问题，实现了装置的长周期高负荷生产。并且以上三个项目在公司年度科技进步奖的评比中分别荣获科技进步奖二等奖，得到公司一致好评。同时在本年度提出了将尾气压缩机的燃料气全部供给蒸汽过热炉，不使用外管网的补充燃料气，送到装置燃料气的综合利用，年度节约燃料气近千吨，获得了环保及经济效益的双丰收。并且实施了循环水优化使用，年度节约循环水360000吨，实现了节约用水。与此同时，提出并实施了综合回收利用甲醇合成汽包排污水的项目，原有的甲醇合成汽包排污水排放至公用工程，一方面增加了公司外排水量，同时也增加了公司外排污水的处理能力，刘新伟从实际出发，将甲醇合成汽包的排污接至循环水回水管线中，既实现了废水的零外排，也实现了循环水补水的减少。

2016年12月至2017年5月刘新伟积极响应公司高负荷生产要求，编写了甲醇中心高负荷生产方案，找到影响装置长周期高负荷生产运行瓶颈问题，积极实施甲醇合成系统高负荷生产的各项优化生产措施，在高负荷生产期间甲醇合成系统负荷实现了107%的月度平均负荷，同时创造了单日最高110%的生产负荷，创造了自原始开车以来的最好运行纪录。

刘新伟在工作期间独立完成了各类检修方案，生产工艺处理方案、修订岗位技术规程、操作法、工艺卡片等，做好装置月度生产及工艺台账的编写、分析工作，为装置安全检修及生产提供了技术支持。在岗位操作法的修订中对合成塔升温操作进行了创新优化，在甲醇合成汽包内无锅炉水的情况下引开工蒸汽，当合成汽包温度达70℃注入锅炉水，通过此举措，保证了甲醇合成塔升温工作的顺利进行，避免了之前合成塔升温期间振动的问题，并且缩短了甲醇合成系统开车时间。在工作期间负责装置的安全管理工作，多次解决装置生产运行问题，配合中心及公司完成月度应急演练、风险预控检查、各级安全检查等，较好地完成了公司各年度的安全生产目标。

焠匠心之火　铸时代之刃

一、工作简介

周建军，2014年毕业于辽宁石油化工大学，现就业于中国神华煤制油化工有限公司鄂尔多斯煤制油分公司，担任鄂尔多斯煤制油分公司煤气化生产中心净化装置操作工。2014年毕业后毅然决然地投身到西部建设中，深耕于生产一线，一步一个脚印锤炼技艺和匠心。

二、工作成果

2014年毕业，周建军选择奔赴祖国西部的一个小镇——鄂尔多斯市伊金霍洛旗乌兰木伦镇，岁月如流，一晃就是十余载。在公司的培养下，周建军个人工作能力不断提高，工作中的不断历练，使他积累了许多宝贵的工作经验。在2021年“国家能源杯”智能建设技能大赛——化工产业职业技能大赛气体净化工赛项获得了团体二等奖、个人二等奖，同年被评为神华煤制油化工公司“智能建设技能大赛”先进个人。在2023年“国家能源杯”智能建设技能大赛——安全风险防控技能竞赛中从国家能源集团35个代表队105位参赛队员中脱颖而出，取得了团体一等奖、个人一等奖的优异成绩。2022年至2023年推动公司安全管控系统建设，并落地运行了公司双重预防机制，实现了公司作业票据线下到线上的数字化转型。

三、先进事迹

1. 少年之志　匠心初成

夜色裹着寒气，灯光透着冷冽。虽已立春，但鄂尔多斯高原夜里零下十多度的寒气依然逼人。“建军，系统流程已切出，系统吹扫也完成，抢修人员马上进场，咱可以撤了。”某一寒冬的深夜，公司气化中心净化装置内，大个头、背负空气呼吸器的周建军弓着身子，在管道设备纵横的变换现场，灵巧避让，小心查看，对突发的合成气渗漏点抢修现场做最后的排查。身后小兄弟一边学着他的样子查看，一边做着提醒。同样背着空气呼吸器，却和他的速度相差甚远，一会儿就被甩出老远。“唉，真不愧是拿过集团大奖的人，同样的负重，这差距不是一般的大呀！”短暂地自嘲过后，小兄弟赶忙加快脚步紧跟，学着周建军的样子，仔细排查每一个隐患，完全忘却了料峭寒意。做事认真细致，性格沉稳持重，讷言而敏行的周建军不仅是同事眼中的“高人”，也是同事眼里踏实肯干、孜孜不倦的“追光人”。十年来，他一步一个脚印，扎根于祖国的西部。凭着耐得寂寞的精练技艺、一线岗位的默默积淀，他用奋斗磨砺青春，以汗水浇灌理想，终于研凿坚壁透见旭光。他常说：“热爱自己的工作，就要对工作认真负责。我的岗位注定了我每天所做的工作是由一件件小事构成的，也许越平凡细微的工作越需要耐心和毅力，细琐之事常常能让人看到其做人的品质。”他时常告诫自己，不管工作有多么琐碎，都要认真地完成它，因为这是自己的工作，必须负起责任，把点点滴滴的细微工作努力做好，才能成为一个对公司、对社会、对国家有用的人。

2. 时光为石　磨砺匠心

人生是一条时间牵引的射线，在不着痕迹中划行、坚守或放弃决定了发展的高度。在别人眼里，自2014年大学毕业后就入职煤制油的周建军，他的人生近乎是一条起伏不大的平行线。近十载的工作简历就短短的一行字：2014年8月入职煤制油公司气化中心，岗位一直是净化装置的操作工，变的只是从初级到高级这样的技术等级，还有从青涩稚嫩到成熟稳重。而同时来的同学和好友中，不少已转岗升职、离职外调，静静流淌的如水时光，考验着一个人的性情和无悔坚守。“建军，人生有几个10年呀，你这一待就是近10年啊，心里就没有不甘和其他想法？”年长的老员工替他着急。“建军啊，你也不能老这样吧，找找领导，把你的想法说说，让领导知道你有进步的意愿。”同龄的师兄弟为他出主意。“建军，你有这么过硬的技术，到哪不能有碗饭吃，性格太软不行呀。”曾经的同事说道。这些善意的提醒和抱不平也不是没有吹皱他的心境，冷静下来后，他也深深思索，如果把工作当作必须进阶的梯子，那带有功利性会影响到自己对技能的追求，在公平公正的人才竞争环境里，精湛的技术、扎实的功底、解难的能力才是最终的利器。与经验丰富的老员工比，自己在处置棘手问题时还是有所欠缺；和专业技术管理者相比，自己创新能力尚有不足，况且基层班组和装置岗位是锻炼的最好场所，时间是磨砺锋锐的最强坚石。

静下心来，转回轨道，他继续保持默默吸纳、刻苦学习的劲头。作为世界首套煤直接液化的“供气者”，在十数载的日日夜夜里，在“绿色转型”和高质量发展的巨幅时代背景下，这种责任更加清晰真实。他深知，自己手中的每一项操作，脑海中的每一个参数，脚下的每一步攀越，都连接着下游的稳定及设备的长满优运行，这些向稳而行的每一步，都需要对技能的钟情，对创新的渴求，对本职的热爱。多年来，他深挖细琢装置工艺、学习物料性质、掌握设备知识。在他的宿舍，摆放最多的是化工方面的图书、图纸等学习资料。

他常说：“我爱好单一，就让专业技能来丰富我的生活。我不善交际，行动就是我的结交语言。”从新员工到经验丰富的老师傅，他不断学习专业知识，苦练实际操作，遇到问题就拜师学艺。不断的积累沉淀让他逐步成为装置的技能“大拿”、攻关小组骨干。凭借丰富的工作能力，近几年在集团大赛上分别斩获了不同类型操作竞赛的个人奖和团体奖。

3. 拼搏奋进　匠心独运

如草木在冬季孕育破土力量，新芽于枝头萌发吐绿生机，十余年无悔坚守与苦练内蓄，使周建军在技术上更加精湛圆润，无论是在集团技能比武中，还是在发现处置问题的装置操作实践中，他都展露出过人的解困攻关能力。

2023年6月，在集团智能建设技能大赛考前集训时，他再次展现出昂扬拼搏的青春姿态，令同行选手和教培老师都记住了这个面色白净、有着书生气质的年轻人。

夏日的集训地秦皇岛，潮湿闷热，对于长期在鄂尔多斯高原生活的他来说感觉非常不适。但全身心投入训练的他已全然不顾气候的影响。本次比赛，时间紧，任务重，他暗自咬牙，早起晚归，争分夺秒记背理论，汗流浃背地苦练科目，每天硬是比别人多练3个多小时，成为赛前有名的“拼命三郎”。用他的话说“人生难得几回搏，只有辛勤付出才有满意收获”。

拼搏终有回报，理论赛场上，他以小组第一的速度完成考卷，并带领小组成员出色地完成此次比赛最难的科目——特殊风险作业及应急救援，出色的表现令裁判员无不眼前一亮，竖起大拇指，也令其他参赛队伍赞叹不已。最终他获得了“国家能源杯”智能建设技能大赛化工产业员工安全风险防控技能竞赛个人一等奖。

4. 荣誉加身　不忘初心

走下赛场回归日常，脱下训服再穿工装。荣誉在身的周建军一如既往地坐在自己的岗位上，工余休息时依然爱穿梭在熟悉的装置区内，而且沉下来学习的劲头更足。用他的话说“竞赛场其实也是校验场，有比才知不足，在集团内相比就看到差距，再与真正的高手相比，需要补学的太多了”。

榜样的力量是有磁性的，在他的带动下，岗位同事学习技术的热情逐渐高涨，和他有共同语言的人群也逐步扩大，技能“强磁场”吸引了青年员工的积极参与。为了激励新入职的青年员工，平时不善于表露自己的周建军也和他们分享了10余年来的感想和成长历程，用自己的事迹打动青年人的心，让思想活跃的青年人“把学习作为一种责任、一种精神追求、一种生活方式”。对向他求教的，他总是热心相帮，倾囊相授，用自己踏实勤恳的作风和对技艺的匠心“痴”求赢得一片赞美。

荣誉面前淡然，成绩面前坦然。在两次斩获集团大奖后，他始终保持清醒的头脑，继续默默奋战在生产一线的基层岗位，用自己精湛的技术为装置稳定运行贡献力量，一如他十数载静心自蓄，不扬不弃。这位对事业有着执着信念的“90后”青年，从入职起就怀揣能源报国的初心，以热血青春和对煤制油事业的钟情，默默厚蓄，一朝薄发，终于追寻到属于自己的旭光，在春色里徐徐升腾。

以匠人本色，当装置卫士

一、个人简介

邱皓，中共党员，工程师职称，现工作于中国石油辽阳石化公司芳烃运行部，担任工艺工程师。2013年毕业于辽宁石油化工大学高分子材料与工程专业。在工作中他始终以中共党员的标准严格要求自己，兢兢业业，恪尽职守，以饱满的精神，扎实的工作作风，在平凡的基层岗位上做着不平凡的工作。

二、工作成果

曾多次参与集团公司和辽阳石化公司的技术改造、科研项目和管理创新课题，领衔解决了所在岗位多套装置的十余项生产难题。

主要成果如下：

解决360#抽提装置提负荷受C0365塔真空度制约影响长周期运行问题；

解决F501加热炉热效率低问题；

稳定优化抽提装置降低环丁砜溶剂消耗；

优化分馏塔回流比操作攻关研究；

工艺平稳运行提升攻关研究；

调整抽提装置溶剂比深化节能降耗；

优化脱氧水流程抽提装置节能降耗；

外购中石脑油机械杂质含量高影响装置运行。

主要荣誉如下：

2018年中国石油天然气集团有限公司“优秀共青团员”；

2021年度芳烃部“先进工作者”；

2021年中国石油天然气集团有限公司一线创新成果大赛三等奖；

2021年，参与“小重整装置预加氢处理高含硅石脑油项目”荣获运行部科技创新大赛三等奖；

2021年，参与“小歧化装置复工复产适应性改造项目”荣获运行部科技创新大赛三等奖；

2021年，参与“抽提装置复合调节剂流程改造提高溶剂质量项目”荣获运行部科技创新大赛一等奖；

2022年度辽阳石化公司“安全环保先进个人”；

2022年辽阳石化公司“科技与信息化创新大会科技进步奖一等奖”；

2023年“装置大检修”个人一等功；

2023年芳烃部“优秀共产党员”；

2023年辽阳石化“青年突击能手”；

2023年辽阳石化“优秀共青团干部”。

三、先进事迹

1. 重担在肩，无惧风雨

2023年4月5日23时，雨后的深夜乍暖还寒，一个身影仍然穿梭于芳烃装置区装置大检修的现场，组织各班组进行装置工艺处理，他就是该装置的工艺负责人邱皓。工作近十年，邱皓经历过多次大小检修，深深体会到石化工人的艰难困苦，同时也传承了辽阳石化“国企种子队”的工匠精神。

2019年邱皓第一次作为组织者参与大修，他负责抽提装置的盲板隔离和细项施工，然而不巧的是这次大修又赶上了他的婚礼。但他毅然决然地放弃了婚假，即使是在婚礼的前一天邱皓还在编制开停工材料，婚礼当天虽然人在婚礼现场但是他的心早就飞到工作现场，婚礼之后的第二天他就回到工作岗位。尽管婚礼事宜都是家人和朋友帮忙操持的，但是这一次检修他却走遍抽提装置的每一处角落，对装置烂熟于心，同时完善并更正了很多台账资料，这也为邱皓日后工艺技术工作打下了坚实的基础。

2023年辽化公司再度提高了对绿色环保的重视度，抽提装置首次进行密闭蒸煮和钝化清洗。抽提装置的同时还需完成扩能改造任务，改造后的年处理能力由60万吨扩至108万吨，项目内容覆盖装置各个角落，对工艺处理的要求更全面、更深入、更彻底。

邱皓作为该装置本次大修的总指挥，认真学习公司对提升绿色环保的指导要求，多次向前辈请教检修经验，在停工前夕，为顺利完成新增平台的框架预制和14台离心泵的改造更换，邱皓积极配合、克服困难，高效组织进行了备泵的工艺处理，对风险隐患严防死守，在保证生产运行的同时，兼顾项目推进有条不紊。

由于本次停工季节早、气温低，而抽提装置使用的环丁砜溶剂冰点较高，27℃以下则会冻凝，且该溶剂在日常生产中会产生变质物，难以避免地残留在各设备中，因此在停工处理阶段，退料冻堵是悬在邱皓心里的一块大石。标记含溶剂的退料部位和出气部位，采取晚拆保温、保持伴热；梳理易堵塞的盲肠死角，准备充足的接油盒和疏通工具，提前预备人员，培训疏通方法；排查高处操作管线，提前搭设脚手架和接绑胶管；做好要求宣贯，树立和转变员工环保新观念。经过多措并举、精心组织，不放任一处细节，邱皓同装置员工不畏寒风、雨中奋战，顺利完成了装置各系统的工艺处理任务。

任何事情都不是一蹴而就的，装置扩能改造后出现了一些生产瓶颈，为了尽快解决生产难题，邱皓组织装置技术骨干组成开工小组，鼓励大家调整心态，坚定信念，敢于打破惯性思维，勇于开拓新思路，直面不足，查找根源，通过头脑风暴，专家指导进行了深度的优化改进。连续十几个日夜他与班组员工并肩战斗，践行和传承着“只要骨头不散架，就要拼命建辽化”的匠心精神。

2.脚踏实地，装置卫士

日常工作中，邱皓每天上班的第一件事，就是到装置现场细致巡检，认真查看每一处管线、阀门、线路，不放过一处安全环保隐患，工作至今已经发现并组织解决大小安全环保隐患数十处。

2017年11月，邱皓在装置现场巡查过程中，发现P62B泵过滤器处，从内向外冒出少量白色气体，他细心观察后，根据蒸汽和油气状态的细微差别，判断出这并非蒸汽，而是油气。他立即向单元和车间汇报情况，由于过滤器外部有保温层，油气渗出现象不明显，极难发现，若不及时发现，造成过滤器破损油气大量泄漏，后果将不堪设想。

2021年9月的一天，某装置反应系统开工引氢期间，可燃气体报警仪ET011突然报警。DCS岗位员工立即呼叫现场人员，正在现场组织引氢操作的邱皓立即跑到歧化压缩机房二楼排查ET011附近情况，在距离他5米的墙根处突然“嘭”的一声，一块水泥板爆开，泄漏出大量气体，掀起的灰尘瞬间布满机房，当时便携式氢气报警表显示浓度已经高达1400。邱皓判断为临氢管线大量泄漏，他立即叫停墙外引氢操作，汇报机房内氢气泄漏位置和实际情况，并准确关闭了泄漏氢气部位的支线阀门；外操岗位员工再次确认关闭各引氢阀门及泄漏部位阀门后，立即撤离现场。此次引氢，临氢管线压力高达2.6MPa，机房内泄漏氢气量大，如果不是及时发现并准确处理，机房内外将发生严重事故，甚至会出现人员伤亡。

邱皓常说：“我们要脚踏实地，做装置的卫士，为装置保驾护航，在日常生产中也绝对不能松懈，要做到及时发现隐患，及时处理隐患，用责任心避免事故的发生。”

3. 工业攻关，科技科研

2022年，邱皓所负责的装置接到公司安排的任务，开展某高效制苯催化剂的首次工业应用，该装置停工长达八年，复工复产难度大，对各停用塔罐设备内的清理工作有着极高的要求。

停产时间久、检修工期紧、岗位员工大量流失，都是本次任务的超级难题。但是只要冲锋号吹响，作为青年骨干的邱皓就决不退缩。为了克服瓶颈问题，解决困难，每天夜里都能看到邱皓工作的身影，他制定了一系列针对新剂的适应性装置改造方案；换剂现场他认真检查和记录换剂质量，严格按照既定方案执行，一丝不苟；分馏开工期间组织新上岗员工勤学苦练，提升岗位员工整体操作水平；塔盘维修阶段，又亲自跟进了150余层塔盘作业，塔里成了邱皓的“新办公室”，他带头钻入塔罐确认情况，组织青年们穿着连体服在塔盘之间爬上爬下，从孔中钻入钻出，不畏闷热与黑暗，满眼浮灰当浮云。经过不断研究摸索、苦练本领，邱皓组织了一支“青年突击队”，贯彻“老带新，师带徒”方针，不断夯实基础和历练才能，邱皓从初出茅庐的旁观者，成为工业攻关的主力军。

作为装置工程师，要全年、全天24小时地对装置负责，邱皓养成了一个习惯，夜里他总是把手机调成最大音量放在床边，担心关于生产的任何一个电话没有接到。装置刚开工时设备运行不平稳，员工操作水平不足，他曾经连续三天三夜待在单位，第四天晚上才回家。但是凌晨一点半，某暖泵线出现泄漏，他接到电话后看了一眼熟睡的妻女，就又连夜赶到现场组织员工进行装置检修。这样的突发状况确实非常棘手，但“责任”二字始终刻在邱皓的心里，为装置保驾护航，把安全生产放在第一位，也是邱皓的座右铭。

最终，克服种种困难，装置成功完成适应性改造和换剂施工，标定过程中运行平稳，该催化剂顺利地完成了工业应用试验。

他还领衔和参与解决了360#抽提装置提负荷受C0365塔真空度制约影响长周期运行、F501加热炉热效率低、稳定优化抽提装置降低环丁砜溶剂消耗、优化分馏塔回流比操作攻关、工艺平稳运行提升攻关、调整抽提装置溶剂比深化节能降耗、优化脱氧水流程抽提装置节能降耗、外购中石脑油机械杂质含量高影响装置运行等多项任务。

以勤学长知识、以苦练精技术、以创新求突破，邱皓把青春奋斗融入一线的工作岗位，并不断绽放自己的光彩。

以匠心匠技，做石化工匠

一、个人简介

刘添智，男，1996年3月出生，中共党员，工程师。

其间担任辽宁石油化工大学学生会主席、化学化工与环境学部学生会主席，曾荣获辽宁省优秀毕业生、全国3D大赛10周年精英联赛暨DigitalMsater2017“一带一路”挑战赛：开放自主命题——数字工业化设计大赛辽宁省特等奖、第十三届挑战杯大学生课外学术科技作品竞赛辽宁省三等奖等荣誉50余项。

于2022年进入天津大学化学工程专业攻读硕士学位，目前硕士在读。

2018年7月于辽宁石油化工大学化学工程与工艺专业毕业后进入中国石油化工股份有限公司天津分公司工作。2018年7月至2022年4月，担任炼油部联合六车间操作工；2022年4月至今，担任炼油部联合六车间工艺员、助理师、团支部书记。主要从事加氢裂化以及加氢精制工艺管理工作，负责轻石脑油、重石脑油、航空煤油、柴油、液化气、干气等生产工艺的操作指导，负责加氢裂化装置和航煤加氢装置相关岗位操作方法、工艺技术规程、开停工方案的编写等工作，保证装置安稳优运行。

二、工作成果

2018年，荣获天津石化优秀团员称号；

2018年，荣获天津石化优秀志愿者称号；

2019年，荣获中国石化集团公司“易捷杯”青春助力扶贫营销大赛半决赛二等奖；

2019年，荣获天津石化优秀团干部称号；

2019年，荣获天津石化青年岗位能手称号；

2020年，荣获天津市优秀共青团员荣誉称号；

2020年，荣获天津石化OPL讲评赛一等奖；

2020年，荣获天津石化青年创效竞赛特等奖“创效之星”荣誉称号；

2020年，荣获天津石化青年岗位能手标兵称号；

2020年，荣获天津石化优秀团员称号；

2021年，荣获全国加氢裂化技能比武银奖；

2021年，荣获天津石化优秀团干部称号；

2021年，荣获天津石化青年岗位能手称号；

2022年，荣获天津市员工优秀“五小”创新成果；

2022年，荣获中国石化技能人才创新成果奖三等奖；

2022年，荣获天津石化优秀团干部荣誉称号；

2022年，荣获天津石化青年岗位能手；

2023年，于中国石化“青年马克思主义者培养工程”培训示范班中荣获“优秀学员”称号。

三、先进事迹

1. 苦练内功　做有本领的石化工人

在现场上下真功夫。在担任操作工的三年时间里，刘添智对车间加氢裂化装置有了更为全面系统的认识。他学习了《2#加氢裂化装置岗位操作法》的岗位正常操作、岗位异常操作部分。他在导师的指导下，深入学习现场流程，能够独立绘制装置流程图，独立处理各项日常生产操作。跟随班组人员完成多次机泵的切换操作，能够协助班组成员完成机泵切换、压缩机切换操作。熟悉装置边界流程的切换操作，能够独立完成液体产品改不合格线、改长循环线、柴油并尾油、轻石脑油改去中沙、改凝结水等操作。利用夜班学习、副班学习的机会，掌握了停净化风、晃电、反应进料泵泄漏等事故的处理预案，了解了事故应急处理程序。

在理论上下硬功夫。刘添智于2021年参加全国加氢裂化装置操作工技能比武，经过车间选拔赛、两次炼油部选拔赛、两次炼油部终极选拔赛，最终成为正式参赛选手。这次全国加氢裂化装置技能比武的经历，对刘添智来说，不单单是一个学习业务知识的机会，更是他成长路上一次意义重大的洗礼、一次来之不易的思想的升华，未来的工作也许会千头万绪，会遇到意想不到的困难，但这段难忘的经历，让刘添智有勇气，也有底气直面一切，不断向前，为装置生产做好保驾护航工作。

在检修上下苦功夫。刘添智以精细检修为目标，克服高温和诸多复杂多变的工作环境，努力在提高检修质量上下功夫，为保证检修效果，刘添智都会按照标准进行验收，不合格的地方限期整改，与班组集思广益，以最便捷、最节能、最有效的方式进行作业，既保证检修质量，又提高检修进度。

2. 钻研创新　做新时代的石化工匠

首产“-50号”低凝柴油。2022年北京冬奥会和冬残奥会圆满落幕，在这场世界瞩目的冰雪盛会中，天津石化有幸被赋予“参与者”的角色，成为北京冬奥会场馆应急用电“特殊”油料保供单位。作为2号加氢裂化装置技术人员，刘添智带领班组员工负责调整操作流程，历时七天七夜优化调整，成功生产“-50号”低凝柴油，开创国内之先河，为北京冬奥会提供能源保障的同时获得了中国石化技能人才创新成果奖三等奖。

全力实现成品油保供。每一步工艺操作刘添智都要思考对设备运行有没有波动、影响大不大，从而有效降低因工艺参数变化造成的设备运行波动，降低设备泄漏率。作为炼油部唯一没有停工装置的车间，更是生产煤柴油的主战场，刘添智分管的三套装置全年高负荷运行，2022年6月，3#航煤加氢装置及2#加氢裂化装置均高负荷运行，航煤生产能力提高至4400吨/天，实现航煤产量历史性突破。9—11月，天津石化迎来柴油盈利窗口期，2#加氢裂化装置通过改变生产方案，达到多产柴油少产尾油的既定目标，2#柴油加氢装置采取开双新氢机措施实现高负荷运行，两套日产柴油达到7400吨，为天津石化全力增产创效开创了新局面，体现了车间新作为。

全面推行网格化管理。刘添智创新推行网格化管理，对所负责的装置设立2个一级网格，8个二级网格，62个三级网格，明确标准内容和职责范围，将个人承包、班组日检、车间周检、月度考核相结合，实现装置现场事事有人管、处处无死角的全员、全过程、全天候、全方位管理。刘添智在装置现场设立风险等级网格化示意图，根据不同介质、不同操作参数等，将泄漏风险按程度标注为紫、红、黄、绿四种颜色，实现风险分级管控，为装置稳定运行奠定基础，2#加氢裂化装置成为公司首个通过“无泄漏装置”验收的装置。

3. 岗位建功　吹响青年建功冲锋号

新冠肺炎疫情期间，刘添智在生活方面摸底隔离青年员工情况和需求；每天以短信的形式向员工的父母汇报公司的政策及各项情况；为隔离青年员工送一日三餐以及日常的生活用品；组建技术研讨小组，通过微信视频对隔离青年员工进行技术教学。一方面杜绝感染保证装置安稳运行，另一方面让青年员工感受到了同事的关心和公司的关怀。

刘添智同志带领团支部积极响应公司攻坚创效行动号召。检修期间，本着“应修必修、修必修好、修必节约”的原则，修旧利废网状除沫器10套、法兰闸阀15台、六角螺栓200余套，节约费用10万余元。在日常生产中，发动青年员工积极参与“金点子”和“员工优秀操作法”征集活动，提出《关于2#加氢裂化柴油产品改白油产品操作法》《2#加氢裂化尾油循环操作法》等5篇，提出生产高附加值产品、窄幅调节产品出装置温度等合理化建议5条，创效达3万元，实施降低循氢机转速节省3.5兆帕蒸气、调节水冷器节约循环水等优化节能减排创效措施共计2项，创效达15万元，为全面打赢“持续攻坚创效”攻坚战做出积极贡献。

刘添智作为团支部书记，工作中，与支部委员结合车间2#柴油加氢装置和2#加氢裂化装置实际生产运行情况，针对炼油部面临的形势和任务，在车间党支部的带领指挥下，开展了一系列活动，提高了团支部的整体凝聚力，锻炼了青年团员的业务水平和工作向心力。团支部开展“青年茶舍”活动，让青年员工畅谈自身的职业发展计划，同时，车间领导班子帮助他们制定职业规划；开展“班组设备员”“手把手教学”“内操摘星”等活动，提升青年员工装置管理水平；开展“书香炼油”“K歌大赛”“青春杯气排球比赛”等活动，更好地提高他们的综合素质；定期为青年员工开展生日会，让青年员工更快地融入车间这个大家庭。形式多样的活动使青年员工的工作劲头也更足了，让每名青年员工真正融入车间这个温馨的大家庭。

俗话说，“学习如逆水行舟，不进则退”，刘添智将现有的差距转化为今后学习和进步的动力，针对自己的不足加以改进，做到理论水平和实际操作齐头并进。作为当代青年，刘添智在今后的工作中，始终用习近平总书记对青年人的嘱托“青年兴则国家兴，青年强则国家强。青年一代有理想、有本领、有担当，国家就有前途，民族就有希望”来严格要求自己，力求德智体美劳全面发展，践行传递青春正能量，为公司的高质量发展贡献一份力量！

以心专一艺，攻生产难关

一、个人简历

王仕文，男，中共党员，汉族，出生于1981年9月，江西吉安人。2004年7月毕业于辽宁石油化工大学化学工程与工艺系石油加工专业，2004年7月参加工作，2018年加入中国共产党，现任职于中海石油宁波大榭石化有限公司。

2004年7月至2006年3月在中海石油宁波大榭石化有限公司运行一部先后担任外操、工艺员、安全员；2006年3月至2008年10月在中海石油宁波大榭石化有限公司生产技术部担任技术员；2008年10月至2011年10月中海石油宁波大榭石化有限公司生产技术部担任技术主管兼节能主管；2011年10月至2019年10月在中海石油宁波大榭石化有限公司生产技术部担任副主任工程师；2019年10月至2023年3月在中海石油宁波大榭石化有限公司生产技术部担任副经理；2019年10月至今在中海石油炼化公司有限责任公司担任专家；2023年3月至今在中海石油宁波大榭石化有限公司担任首席工程师。

二、工作成果

2023年，主持的全流程能量优化诊断机制的构建与创新项目获中海油集团公司“双碳”优秀实践案例。

2022年，主持的大榭石化胺液系统优化攻关项目获炼化公司科技进步奖三等奖；浙江省第十五次党代会代表；主持的乙苯装置低温余热回收项目获国家节能中心第三届重点节能技术应用典型案例。

2021年，主持的炼化企业降本增效管理机制创新与实施项目获十四届石油化工行业管理创新成果奖一等奖。

2020年，主持的循环水电化学技术应用项目获中海油获集团公司科技进步奖二等奖；主持的大榭石化全厂能量利用优化研究与应用项目获中海油炼化公司科技进步奖一等奖。

2019年，浙江省“劳动模范”称号、首批“大榭工匠”称号。

2018年，主持的生产管理部门绩效考核定量积分的构建与实施项目获中海油炼化公司企业管理现代化成果奖三等奖。

2017年，主持的高含盐富硫化氢原油加工工艺研究项目获中海油集团总公司科技进步奖二等奖；主持的馏分油项目氢气气密方案优化项目获得中海油集团公司青年创新大赛一等奖。

2016年，中国海油“十二五”优秀青年科技工作者；主持的高含盐污水深度处理项目获中国海油集团公司科技进步奖三等奖；创建的技术先锋创新团队获“宁波市创新团队”荣誉称号。

2015年，中海油东海管理局“十大杰出青年”。

2014年，获宁波市“五一劳动奖章”，宁波市首批“十大工人发明家”称号。

三、先进事迹

1. 锚定“方向标”，加强理论学习

自入党以来，王仕文认真学习贯彻习近平新时代中国特色社会主义思想和党的二十大精神。坚持用党的理论武装头脑，牢固增强“四个意识”、坚定“四个自

信”，做到“两个维护”。能够自觉抵制不良倾向，自觉维护党在人民群众中的形象，思想进步，服务、创新意识强。时刻牢记创新、协调、绿色、开放、共享的新发展理念，坚定建设现代化世界一流能源业的职业追求。

2. 打造“强引擎”，提升立事之本

王仕文始终以保持民主作风为荣，坚决维护领导和同事之间的良好关系，赢得了同事们的拥护。在公司的岗位练兵、技术攻关、破解生产瓶颈、降本增效、技术管理标准化等活动中，他发挥着先锋模范的作用。自觉贯彻落实中央八项规定精神，积极弘扬“劳模精神”，在青年员工中起到示范引领的作用。

在2020年，他率先在公司推行了“一党员一课题活动”，将党建活动与公司的生产经营有机结合起来，成功让党在公司生产经营活动中起到引领作用，成为大榭石化基层党建的一面旗帜。2017年，他在炼化公司率先建立了以问题为导向的生产性研究课题机制，在解决公司生产难题的同时，培养了公司青年员工的创新能力。目前，这一做法已被全炼化公司采纳并推广。

为解决创新成果落地最后一公里的问题，他积极参与了大榭石化“两室一站”的建设工作，为企业职工和外聘专家创新提供了良好的工作平台。自建站以来，他所在的工作室完成了51项技术创新项目，如“DCC装置增产乙烯、丙烯”“全厂氢气系统优化”“全厂能量利用优化”等，为企业增效超过1亿元。其中，劳模创新工作室荣获浙江省劳模创新工作室称号。他还牵头成立了“大榭石化技术先锋创新团队”，完成了10余项攻关课题研究，包括“大榭石化三期天然气开工试车应对措施研究”“苯乙烯焦油综合利用”和“蜡油加氢长周期运行攻关”。这些研究解决了公司高质量发展过程中的重大生产瓶颈和难题。

在他的带领下，该团队构建了“全面开展、全员参与”的降本增效机制，并荣获了十四届石油化工行业管理创新成果奖一等奖。而他亲自牵头的“基层员工绩效考核定量积分制”项目则荣获炼化公司企业管理现代化优秀成果奖三等奖。由于出色的成果，该团队获得了宁波市创新团队和中海油集团公司质量效益年立功集体等多项荣誉，成为解决公司急难愁盼问题的标兵团队之一。

3. 探索“新途径”，提高产业效率

他一直以成为“新时代的创新青年”为目标，并不断要求自己。在技术和管理方面勇于创新，曾获得3项省部级以上科技进步奖、1项技术发明奖、1项现代化管理创新成果奖、1项技术革新奖以及8项专利授权。

在“双碳”目标的大背景下，他积极探索新的节能减排途径。2011年，他带领创新团队成功将高频电脱盐技术应用于每年225万吨的沥青装置，解决了高酸原油加工过程中乳化聚集的难题，提升了企业处理高酸重质原油的能力，并为国内同类劣质原油处理提供了新方案。2013年至2015年，他率领团队攻克了老化流花原油加工难题，成功处理了多批被海水污染的老化污油，使本来需要支付环保处理费的老化污油变废为宝。这项创新每年为企业增加效益超过8000万元，并对中海油实现5000万吨油气产量目标发挥着重要作用。

2013—2014年，他牵头完成了高含盐水深度处理技术攻关，并与天化院合作开发了“臭氧催化氧化耦合电催化”的高浓度污水深度处理工艺。这一技术解决了传统高含盐污水深度处理技术成本高、处理效率低、运行周期短的问题，每年帮助企业减少外排污水35万吨，实现了增量不增排的环保承诺，同时也为炼化企业高含盐污水深度处理提供了新思路。

2015—2016年，他牵头完成了“循环水电化学处理技术开发与应用”，首次将电化学在线除垢、杀菌、阻垢一体化技术应用于大型炼化企业的循环水场。这项技术使得循环水浓缩倍数从3.5提高到6.0以上，在电化学处理系统的协同作用下，降低了缓蚀剂、阻垢剂、杀菌剂、pH调节剂等药剂成本30%，每年节约新鲜水20万吨。由于循环水在化工企业中是耗水量巨大的环节，这项技术的应用对循环水行业的节水设计起到了示范作用。

2018—2019年，他主持了大榭石化全厂能量利用优化研究，首次应用流程模拟、夹点分析等先进工具进行定量优化分析。从全局角度考虑能源综合利用问题，针对公司低温余热利用困难、梯级利用不合理等问题，提出了乙苯装置低温热水热泵技术应用等一揽子余热利用方案。共计提出了62项优化方案，已经组织实施了8个优化项目，每年实现节能3.7万吨标煤，减少二氧化碳排放10.2万吨，同时为企业降低了6143万元的生产成本。他于2018年还牵头成立了能量优化协作组，应用流程模拟等先进工具对大榭石化进行能量优化，提出了62项优化方案中的44项并得到采纳。这些项目的实施每年可以增加6000余万元的效益，为公司新建项目腾出了3.7万吨标煤的能源空间。其中，乙苯低温余热利用项目被国家节能中心列为工业节能典型案例。

在2022年，他将能量优化理念延伸至大榭石化五期项目的基础设计阶段，并在详细设计阶段实施了35项能量利用优化措施，每年可以减少23万吨二氧化碳的排放，实现了从源头开始的绿色发展。目前，这一做法已经得到了浙江省、国家发改委有关部门以及中海油集团公司的一致认可，并且该创新实践被中国海油评为2022年“双碳”优秀实践案例。

4. 献言“新机制”，聚焦绿色发展

2022年6月，他作为宁波市企业代表参加了浙江省十五次党代会。他深入调查研究，结合企业发展需求积极献计献策，所提出的“构建高耗能企业能量优化诊断机制，加快高耗能企业能效提升步伐”和“聚焦关键要素、强化政策统筹，建立点对点危废资源化利用机制”两项议案分别被浙江省经济和信息化厅、浙江省自然资源厅采纳，分别被列入《浙江省2022—2024年工业节能降碳技术改造行动计划》和《浙江省危险废物“点对点”定向利用经营许可豁免管理试点工作实施方案》，并于2023年3月实现了宁波首例危险废物“点对点”定向利用（即大榭石化DCC废催化剂点对点向镇海炼化RTC装置首次开工再利用，预计减少危废产生量3000吨），为地方政府的绿色发展贡献了海油智慧。

以敢闯敢试，做一流企业

一、个人简介

周杨，2009年7月毕业于辽宁石油化工大学自动化专业，中共党员。2010年7月进入中石油东北销售分公司，先后从事运输统计、运行调度等工作。2017年7月至2021年7月担任中石油东北销售抚顺分公司业务党支部书记、质量安全环保部副主任。2021年7月至今任中石油东北销售广州分公司南沙油库书记，高级工程师职称。2010年至2014年在职就读吉林大学软件工程研究生，获得软件工程硕士学位。

二、工作成果

周杨平时注重专业理论的学习和钻研，习惯把实践工作中的心得体会和经验总结记录下来，将有价值的经验体会编写成文，在国内一些杂志发表，《石油存储与运输行业计量工作的几点思考》《石油储运行业自动化与安全生产的思考》分别在《科学导报》2020年第51期和第69期上发表。他发表的《“三擎聚力”共促党支部建设》专题党课在中石油集团公司基层党建优秀党课评选中获得优秀党课。参与撰写的《有效落实“管生产必须管安全”要求，稳步提升油库现场管理“安全受控”水平工作》论文获得东北销售专业论文二等奖。工作期间，先后荣获中石油东北销售公司“十大杰出青年”“优秀共产党员”“优秀党务工作者”荣誉称号。

三、先进事迹

周杨自参加工作以来，恪尽职守、兢兢业业、立足岗位，不断提升综合素质，在青年员工中，能够起到模范带头作用，以实际行动在平凡的工作岗位上发光发热。

1. 锐意进取，他是管理提升的实干家

（1）在抚顺分公司工作期间。作为质量安全环保部门的副主任，他始终用实际行动践行公司安全环保理念，严守“三条红线”。他坚信“打铁还需自身硬”的道理，日常工作中严格要求自己，虚心向前辈学习，业务能力不断提高，在一年时间内分别考取了油品质量检验员、油品计量员和安全管理人员三项专业资格证书。

（2）在油品质、计量纠纷处理方面，他始终坚持“公平、公正、公开、严格、高效”的工作原则，以丰富的工作经验妥善处理了多起急、难、复杂的商务纠纷，设身处地为生产企业和用户排忧解难，赢得了上下游企业的信任与尊重。历年定期向用户和生产企业征求意见结果反映，满意度都达到了100%。

（3）2017年10月底，周杨接到了某下游客户的油品质量投诉，他第一时间上报上级专业部门，并沟通协调炼化企业，组成商务纠纷处理小组赶往矿区现场处理。那时将近11月，东北地区已经进入冬季，为了赶在初雪前完成回收全部油品的任务，确保不影响客户冬季生产运行，他在寒风刺骨的户外，坚持每天工作8小时，和工人们一起装车、计量，一干就是11天，终于在寒潮来临之前为客户清空3个成品油储罐，确保矿区有充足的储罐储存低凝柴油，保证了冬季生产需要。他在纠纷善后处理工作中尽职尽责的态度和提出的合理有效的处理方案得到了争议双方的充分认可，不仅为客户挽回了经济损失，也维护了中国石油品牌形象。

2. 凝心聚力，他是基层党建的引领者

（1）在广州分公司工作期间。2021年至今，作为广州南沙油库书记，他始终在服务生产运行、发挥“两保”职能上探索实践，积极推动党建“三基本”建设与“三基”工作的有机融合，总结出“发挥‘三个引擎’作用促进党支部建设”工作方法。

善于学习钻研，增强自身素质。作为油库党支部书记，周杨是党的路线、方针、政策的忠实贯彻者和执行者，他能够认真学习贯彻习近平新时代中国特色社会主义思想和党的二十大精神，做到“入脑入心”“见言见行”。同时，在调运组织、安全管理、设备管理方面也积极探索将党建工作融入中心工作新方法。作党政融合的带头人，他能够和支部委员一道，充分发挥基层党支部“桥头堡”作用，努力打造“特色”党支部文化。拓展“党建+生产经营”“党建+安全环保”支部品牌，推进党建“三基本”建设与“三基”工作相融互促，开花结果。以“党建三联”为载体，推行“事故树”分析方法进班组。利用油库班组安全活动，支部委员和岗位员工一同围绕“顶上事件”开展深入交流研讨，并结合油库设备设施现状，共同绘制“事故树”，找出基本原因，完善现有的安全措施，消除安全隐患。

善于身先士卒，发挥自身表率作用。周杨能够以身作则、率先垂范，带头学习专业知识，特别注重工作经验转化，他利用每一次外出安全检查和学习的机会，将学到的油库管理经验结合实际并转化成南沙油库管理措施。牵头制定油库管理提升方案十余个，为油库安全稳定运行提供了工作依据，两年来，他带领南沙油库在安全环保、劳动竞赛、提质增效上取得新突破。

（2）作为分公司青年骨干，周杨能够积极参加公司举办的各项文体活动。在篮球、羽毛球、乒乓球比赛中都能看到他在赛场上拼搏的身影。每年的迎春晚会或各大活动，他总是积极出谋划策，拓展思路，筹备员工喜闻乐见、寓教于乐的活动。

（3）身为分公司“志愿者服务团队”的一员，周杨以实际行动感染、带动身边的青年员工主动投身社会公益事业。几年来，他坚持每年的“七一”和“十一”前后参加分公司所在社区举办的“在职党员进社区”活动，主动认领社区公益岗位、帮助困难居民圆梦和壹元爱心基金捐款等。从2016年起，他主动联系公司所在社区，与其他成员一起援助困难家庭，每逢传统佳节他都会带去生活必需品和节日慰问品，并询问其近期家庭状况，鼓励他们要乐观，想尽办法帮助他们走出难关。他的事迹得到了新闻媒体的广泛报道，周杨被社区授予“在职党员进社区先进个人”荣誉称号。2017年6月参加社区组织的“消灭城市牛皮癣”活动，2018年3月15日到辖区内参加义务除雪活动，6月25日参加社区“美化环境人人有责”活动，在分公司周边区域清理杂物。2019年5月17日在他的筹划下，分公司建立了“环卫工人、快递小哥爱心驿站”，为他们提供临时休息场所，受到了环卫工人和快递小哥的称赞。

3. 敢闯敢试，他是技术创新的领头雁

扎根一线，设备诊断见奇招。来到广州工作的2年里，周杨有无数个深夜是在库区里度过的，每逢节假日他都义无反顾地坚守在生产作业一线，他熟悉这座油库，热爱这座油库，油库里每一个设备的线路走向，都烂熟于心；油库里每一个设备的螺丝规格，都脱口而出。2023年的一天，对讲机传来“报告调度，柴油1号泵运转不正常，压力不稳定”随即当班人员对现场设备进行了仔细检查均未发现问题，“你把对讲机放在泵前，让我听听泵运转的声音”这时周杨在对讲机喊道，“把泵停了，对管线进行泄压，这是管线有气导致的”他又继续说道，随即当班人员进行了操作，果然问题得到解决，这种对设备“听声断病”的技能着实让所有员工佩服。

认真开动脑筋，推进技术创新。在平凡的岗位上，他能把油库设备设施钻研当作一项乐趣。油库里有许多他的创新和发明，他从家用“插线板”功能得到灵感，利用废旧物资，自主创新“移动式多功能接电箱”。将手推车、接线箱、电源线、防爆接头及接地端子合五为一，扩大供电范围，保障油库临时用电安全。他发明了“码头救生圈绳收纳桶”，有效提升了救援物资使用寿命，减少浮绳更换次数。他结合台风影响发明了“码头储物箱防风架”，提升了现场防台风措施。通过在油库开展“五新五小”群众性技术创新活动，激发员工的创新和创造热情，有效提升了油库现场管理水平。

为员工办实事，做到凝心聚力。作为油库书记，他牢记自己的身份、责任和使命，他是油库的“带头人”，也是职工的“贴心人”。基层条件艰苦，工作辛苦，面对的矛盾也最多，最突出，哪里有麻烦都要去解决，他说，躲不过，让不开，就要把责任扛在肩上，勇于付出。“和职工打交道，帮助他们解决困难，只要细心点，换位思考一下，很多问题就会迎刃而解。”以实际行动为员工群众办实事、解难题。为充分调动员工工作积极性，他提出的“切蛋糕”考核分配机制，让员工成为“企业的主人”，从“要我工作”到“我要工作”的思维转变，主动承担急难险重工作任务，彻底打消了“吃大锅饭”的想法。针对油库管理岗、生产运行班组岗位人员不同层面，分类制定考核目标和实施细则，形成了班组间良性竞争、班组内互帮互助的良好氛围，队伍战斗力明显增强。